大戦間期日本のリカード研究

竹永 進 編著

福田徳三

河上　肇

小泉信三

堀　経夫

森耕二郎

舞出長五郎

法政大学出版局

凡例

一、本書は大戦間期の日本のリカード研究から編著者が独自に選んだ六人の研究者による論考を集成したものである。今からすでに一世紀近くも昔となる戦前期に執筆されたこれらの論考は、大戦を前後して大きく変化する前の日本語で書かれており、現代の特に若い読者にはすでになじみの薄くなった文体・字体・語法をもって綴られている。今回これらの論考を新たに日本語で刊行するにあたって、たんに漢字の字体や仮名遣いを改めるにとどまらず、文体や言い回し統辞法まで含めた「現代日本語化」を試みた。文章の形式にかんするかぎり、読者が本書収録の諸論考をあたかも現代の日本の研究者の書いたもののように読めるように努めた。しかし、当然のことながら内容上の意図的な変更はまったくくわえておらず、（経済学上の専門用語も含めて）文章表現の古さのみを改めたつもりである。その反面、旧制高等教育のもとでの人文的教養に裏打ちされた原著者たちの文体の独特の格調や語気はここには再現されておらず、編者の試みたことは彼らのリカード読解の論旨を極力正確に分かりやすく現代の読者に伝えようとするにとどまる。また編者の理解力と注意の不足のため、原著者の趣意が適確に現代日本語に移しきれていないところも存在するであろう。いずれにしても、根本的な研究のためには昔の原文に直接あたることが不可欠であることは言うまでもない。

二、原文の調子を多少とも残すために原著者たちのそれぞれがもちいたRicardoの日本語表記（リカルド、リカアドウ、リカアドオ、リカアド、等）は各章にそのまま保存した。この表記上の問題については編著者による「序論」でふれておいた。ただし、その他の欧米人名・固有名詞は現代普通に用いられていると思われる表記にあらためた。

三、原著者たちによるリカードからの引用は、その時々に利用可能であったリカードの刊本（具体的には同「序論」

を参照）からなされているが、本書ではこれらをすべてスラッファ編の全集（*The Works and Correspondence of David Ricardo*, edited by Piero Sraffa, Cambridge University Press, 1951-55）の該当箇所とその邦訳（堀経夫他訳『デイヴィド・リカードウ全集』雄松堂刊）と照合し、全集版原文の当該箇所を角括弧に入れて追加して示し（たとえば第一巻五一ページは［I/51］というように）、現代の読者の用に供した。また、訳文も原則として、各論考の前後の文脈との整合性を損なわないかぎり、同邦訳のものに改めた。

四．マルクスからの引用についても、原著者たちのもちいている執筆当時に利用された原文・訳文ではなく、原文については新MEGA版の当該巻・ページ数を示し、訳文はMEWを元にした邦訳『全集』版ないしMEGAからの新訳（『資本論草稿集』、いずれも大月書店刊）の日本語文を可能な範囲で借用し、その当該箇所を示した。

五．各章に含まれる諸外国語（主としてドイツ語と英語）による二次研究文献からの邦訳引用についても同様の措置を講じた。現在利用しやすい原文の刊本とその新たな日本語訳がある場合は、参照箇所の指示を原文・訳文ともに新しいものに入れ替え、訳文も前後関係に配慮しつつ新しいものを適宜借用させていただいた。

六．本書の各章の文中で用いられている（ ）ないし〔 〕による挿入は原文中のものであり、［ ］による挿入は編者が加えたものである。後者のほとんどは右の三、四、五の項で説明した引用文献の表示にかかわる。

七．編者は、内容的に本書と重複する英文による編著 *Ricardo and the History of Japanese Economic Thought — Selection of Ricardo studies in Japan during the interwar period* をイギリスの Routledge 社から昨年二月に刊行しているが、本書は右に説明したとおり独自に文体を練り直したものであり、この英文による編著の邦訳書ではない。

八．「序論」は、「大戦間期における日本のリカード研究」と題して『経済論集』（大東文化大学経済学会）第一〇二号（二〇一四年）に掲載した拙稿を、若干の手入れを加えて再録したものである。同学会からの再録についての了承に謝意を表する。

九．本書に収録した著作の原著者は、堀 経夫（第四章）を除いて本書刊行の時点ですでに五十年以上前に他界しており、収録にあたって著作権上の問題は発生しない。第四章については著作権継承者から文書による収録許可をいただいている。

一〇．本書は、二〇一六年度の大東文化大学研究成果刊行助成金による刊行物である。

一一．本書の刊行準備にあたり、法政大学出版局の郷間雅俊氏からは、種々の有益な助言を含めてひとかたならぬお世話になった。複雑な操作を必要とした編集上の瑕疵が多少でも抑えられているとすれば、それはひとえに氏のご助力の賜物である。末尾ながら記して謝意を表したい（last but not least!）。

大戦間期日本のリカード研究／目　次

序　論　大戦間期日本のリカード研究　竹永　進

第四章　リカードの賃金論　堀　経夫　191
『理論経済学の成立』弘文堂、一九五八年、「第四章　労賃論」

第五章　リカード価値論の基本的諸側面　森耕二郎　235
『リカアド価値論の研究』岩波書店、一九二六年、より

第六章　リカードの価値と分配の理論　舞出長五郎　301
『経済学史概要　上巻』岩波書店、一九三七年、「第五章　デギッド・リカアド」

事項・人名索引　(1)

序論　大戦間期日本のリカード研究

竹永　進

一　はじめに

本書は、日本におけるリカードについての大戦間期の研究文献の中から、日本のリカード研究の歴史についての証言として、また、今から一世紀近くの時間を隔てた当時の日本特有の時代的コンテクストの中で生み出された研究成果として、今日においてもなお、リカード研究者を含む経済学史研究者さらには日本の社会科学に関心をよせる一般読者の興味を惹きうると思われる少数の論著を選び出して、論文集として編集したものである。この序論は、十九世紀の後半から現代にまでおよぶ長い期間にわたる日本のリカード受容と研究の歴史から、特に大戦間期という時代に生み出された文献を本書で取り上げた理由、また、本書に収録される文献の書かれた歴史的・研究史的背景とその中での著者たちの位置と役割そして研究者としての経歴、および、ここで取り上げた彼らのいくつかの論著の特質と意義について、編者の立場から若干の予備的解説を加えようとするものである。

徳川幕府が十七世紀から十九世紀中葉までの二百年間以上にわたって続けた江戸時代の鎖国政策により、アメリカ合衆国を含むヨーロッパ世界が近代化を遂げつつあり近代西欧の経済学の歴史が形成されていたこの時代を通じて、オランダと中国を除く諸国との一切の公式の交流を絶っていた日本では、ヨーロッパの経済思想はごく少数のオランダ語文献を通して以外には事実上まったく知られていなかった。ペリーの「黒船」に象徴される外圧に押された結果としての開国と明治維新（一八六八年）以降、日本は欧米の先進諸国へのキャッチアップを図るべく急激な近代化の途をたどった。近代化のためには先進的な科学技術と軍事技術をはじめとしてあらゆるものを欧米諸国から取り入れなければならなかった。当然に経済学（ないし経済思想）もその例外ではなかった。明治初期以来欧米各国の経済学文献が続々と日本に持ち込まれて、まだ経済学者とはよべない当時の一部の知識人たちによって繙読され研究されそして日本語に翻訳されていった。

リカードが日本に伝わり日本の知的世界に導入されるのも、明治初期から始まるこのような動きの中の一環としてであった。現在にいたるまで、リカードの経済思想の日本への伝播・導入をテーマとした研究はごく少数しかなく、とりわけ第二次世界大戦までの時期を扱ったものは、編者の知る限り、真実 1962, 1965（後者は杉原編 1972 に再録）および Izumo, Sato 2014 と出雲 2015 のみである。前者は、明治初期から第二次大戦前までの日本のリカード研究を、独自の視点からの時期区分に従って悉皆的と思えるほど微細に調べ上げ、代表的な研究文献について評価と歴史的な位置づけを加えている。後者は、リカード経済学の国際的な伝播をテーマとする英文論文集の一章およびその補足として、日本のリカード研究のおよそ一世紀半にわたる長い歴史を、二人の著者が第二次大戦までとそれ以後の二つの時代について国内外の読者を対象に紹介している。いずれも目指すところは本序論の趣旨と大きく重なる貴重な先行研究であり、以下の記述はこれらに多くを負っている。また、リカードをその一部とする明治期以来の日本への西洋経済学の導入・受容の歴史についての以下の記述は、Sugiyama,

Mizuta 1988, Morris-Suzuki 1989 (1991), Sugihara, Tanaka 1998, Nishizawa 2012 に負うところが大きい。

二　近代日本への欧米経済学の伝播とリカードの導入

i　明治維新後の英米自由主義経済学の流入

明治初期から始まる欧米経済学の日本への伝播は、ヨーロッパ言語を解する一部の知識人たちによるヨーロッパ言語で書かれた経済学文献の日本語への翻訳から始まった。江戸時代の日本で輸入と繙読を許されていたのはオランダ語の文献のみであったため、他のヨーロッパの文献が流入し始めた明治の初期にもなお、経済学文献の翻訳と紹介はオランダ語文献が多くを占めた。この時代に日本語に翻訳されたオランダ語の経済学文献の多くは、英語やフランス語で書かれたオリジナル文献の重訳か、さもなければ、オランダの経済学者による英仏起源の経済学の解説書であった。しかし、このような状況は明治維新以後の数年のうちに急速に変化して、オランダ語を介した間接的な翻訳や紹介はもはや行われなくなり、当時の先進国であったイギリスとアメリカの文献からの翻訳が多数を占めるようになった（Nishizawa 2012, p. 307）。英米の経済学文献は、多かれ少なかれアダム・スミス以来のイギリス古典派経済学の自由主義的伝統に棹さすものであった。英米系の経済学の日本への導入にあたって大きな役割を演じたのが、明治の啓蒙思想家であり現在の慶應義塾大学の創設者でもある福澤諭吉（一八三五―一九〇二）であった。彼は明治維新前後に使節団の一員として何度か欧米諸国を訪問した際にアメリカから多数の経済学文献を持ち帰り、これらを自ら教育用のテキストとして使用したり弟子に翻訳させたりした。英米の自由主義的な傾向を持つ多くの経済学文献の日本語への翻訳と紹介は、一八七〇年代の一部の知識人や政治家たちにより推し進められた啓蒙運動（その中心となったのが福澤も加わって明治六年（一八七三年）に設立された「明六社」とその機関誌『明六雑誌』、そして、幕末以来の不平等通商条約を廃して欧米諸国に対する関税自主権を獲得すべく、日本を欧米先進諸国と対等な地位に引き上げるための近代国家としての諸制度の整備（憲法の制定、選挙による議会の設立）を求める自由民権運動の要求に応えるものでもあった。

しかしこの時代に日本語に翻訳された経済学文献は、古典派経済学者たち自らが著したオリジナルではなく、大衆的な啓蒙のために分かりやすく書かれた解説書が主流を占めた。スミスをはじめとする古典派経済学者たちの名前や著作そして彼らの経済学は、こうした解説書を通じて日本の読者に知られることになった。この種のやさしい解説書のうちこの時代の日本でもっとも広く読まれたのが Mrs. Millicent Garrett Fawcett の *Political Economy for Beginners*, Macmillan, 1870, 1876（4th ed.）であった（Mizuta 1988, p. 12, Nishizawa 2012, p. 308）。本書は一八七三年に初めて日本語訳されてから、明治も終わりに近づいた一九〇五年にいたるまで複数の訳者により何度も日本語で刊行されている。欧米経済学が導入されはじめた明治初期の日本における外国文献の紹介者・翻訳者そしてその読者の経済学の理解の水準を物語る現象と言えるかもしれない。

これに対して古典的著作そのものの翻訳が始まるのは、日本の近代化における潮流にすでに変化が現れていた一八八〇年代以降のことであった。Sugiyama, Mizuta 1988 の末尾に Appendix 2 として収録されている Western Economics Books Translated into Japanese, 1867–1912（明治元年の前年から明治から大正への移行の年まで）によれば、イギリス古典派経済学者の著作のうちこの時代に翻訳されたのは、Adam Smith, *An Inquiry into the Nature and Causes of the Wealth of Nations*, 1776（亞當斯密著『富國論』石川暎作・瑳峨正作訳、經濟雜誌社、八三年から八八年に一二分冊形式で刊行）、John Stuart Mill, *Principles of Political Economy*, 1848（ミル著『經濟論』林董・鈴木重孝訳、英蘭堂、一八七五年から八五年にかけて二七分冊形式で刊行）のみである（以下、固有名詞は原則として当時の表記に従う）。Thomas Robert Malthus の *Principles of Population*, 1798 は、後代の敷延版を介した間接的な抄訳としてすでに一八七六年に翻訳されていた（馬爾去斯著『人口論要略』大島貞益訳）が、しかし彼の経済学上の著作は明治時代には翻訳されていない。日本ではマルサスの名前は長い間もっぱら人口論者として広く知られていたが、経済学者としての存在はその名声の影にかくれた形であった。彼の『経済学原理』は昭和九年（一九三四年）になって初めて、おそらく著者の没後百周年との関連で、日本語訳された（T・R・マルサス著『經濟學原理』吉田秀夫訳、松伯館書店）。しかし、リカードにいたっては右のリストの中にはその名前も著作もまったく登場しない。つまりリカードの著作のうち明治時代に日本語に翻訳されたものは皆無であった、ということである。しかしこのことは、イギリス経済学の歴史におけるリカードの存在が明治時代の日本で知られていなかったという意味ではない。

リカードは十九世紀末までの時期（明治前半期）の日本の経済学文献――その多くは欧米の解説書のレプリカでしかなかった日本人著作者による解説書、あるいは、一八九〇年代からの大学・専門学校制度の整備にともなう経済課程のための教科書――の中で、外国の経済学史の教科書の記述をもとに紹介され、彼の理論も断片的に取り上げられていた（真実 1962, p. 108）。しかし、リカードへのこうした言及は日本の著作者自身によるリカードのテクストの研究に基づいたものではなく、外国語の二次文献の中に見いだされる記述の二番煎じでしかなかった。真実によれば、この時期の日本でリカードの理論のうちもっとも多く断片的紹介の対象とされたのは彼の地代論であった。明治維新以来の日本は急速な近代化過程のうちにあったとはいえ、なお第一次産業とりわけ農業に従事する農民（小作農）が就労人口のうちの圧倒的多数を占めていた。彼らは、一八七三年の明治政府による地租改正によって成立した地主制度の下で、小作人として高額の借地料（地代）の支払いを課され、きわめて劣悪な生活条件を強いられていた。この時代の日本の主要な社会問題はこのような小作人としての農民の境遇に関連していた。リカードの経済理論のうち特に地代論に注意が払われ、リカードといえば地代論者のごとくに扱われたのは当時のこのような状況によるものであろう。しかし、日清戦争と日露戦争を挟む世紀転換期（明治後期）の日本で資本主義経済が本格的に展開し始めると、社会問題の中心は地主・小作関係から資本・賃労働関係に移行していった。世紀転換期の頃から地代論に代わって賃金論がリカードの経済理論のうちでも注目されるようになった（真実 1962, p. 127）のは、このような日本社会の動向を背景としていると考えられる。しかし、地代論にせよ賃金論にせよ、この時期の日本の経済文献におけるリカードの経済理論は欧米の二次文献を介して間接的・断片的に捉えられたものにすぎなかった。

右に代表的な例を挙げたようなイギリス古典派経済学系統のオリジナル文献が翻訳された明治前半期にリカードの著作が翻訳されなかったのは、欧米諸国の後追いを強いられて近代化を急いでいた後発国としての日本の国際的立場と深く関連していると思われる。リカードの経済学は、ヨーロッパの他の諸国に先がけて産業革命を達成して「世界の工場」としての地位を確立しつつあった時代のイギリスにおいて、社会全体の利益を代表するものとしての産業資本の立場を代弁するものであった。このような最先進国の経済学が十九世紀後半の日本の政治家や実業家を含む広い読者層の直面していた時代的な問題関心に訴えるものを含まなかったことは容易に想像しうる。これに対して、スミスの『国富論』は、「殖産興業」・「富國強兵」を旗印に欧米諸国へのキャッチアップに余念のなかった当時の日本の指導者たちに対して、今から見れば誤解であったとはいえ彼らの志向を後押しする格好の理論的武器を提供しうるものと映った。このため『国富論』は一八八〇年代から後も何度も翻訳・出版が重ねられ、明治期の日本の一般読者にとってもよく知られた存在となった。だが、このころの日本語訳はすべて『富國論』という原タイトルの趣旨を正確に伝えるとは言えない表題を付して出版されている。このことは、スミスが近代化の初期における日本でどのように受け止められたかを示す一つの状況証拠と言えるかもしれない。スミスのこの著作が原タイトルにより近い『國富論』というタイトルで日本語訳されるようになったのはようやく一九二〇年代に入ってからのことにすぎない。このスミスの例に限らず明治時代の初期における欧米経済学の日本への流入は、それを受け止める側の日本の知識人や政治家さらに広く一般の読者がその当時に抱えていた時事的な問題関心との相関関係に応じて取捨選択されたものであったし、欧米経済学の日本での受け止め方も受け止める側の都合に合わせて自由に解釈された。このような文脈からすれば、右のような性格を有するリカードの著作が当時の日本で受け止められる余地はなかったのではないかと思われる。先に見たように、リカードの理論はせいぜい、解説書や教科書のなかで欧米の二次文献に基づいて間接的・断片的に紹介されるのみであった。

ii　英米自由主義経済学からドイツ歴史学派経済学への転回

憲法制定や選挙による議会の開設を求める自由民権運動が高揚した一八七〇年代の日本では、各地でさまざまな憲法の私案が起草されるなど、日本の近代的な国家としての制度的確立に向けた比較的自由な動きがあった。しかし、天皇直属の官僚機構からなる政府は、こうした動きをまったく顧みずむしろ抑圧しようとした。たとえば、一八七五年には自由な言論を規制する「讒謗律」が公布され、『明六雑誌』はこの法律により創刊からわずか二年後に停刊を余儀なくされた。また、一八八〇年には集会・結社の自由を規制した「集會條例」が公布された。同時に、一八七六年の明治天皇からの憲法起草の勅令に基づき政府部内では独自の憲法調査が開始された。さまざまな対立しあう案が示されたが、対立の軸は天皇の憲法遵守の義務や議会の権限といった明治国家の根幹にかかわる問題であった。当時政府部内で共に有力者であった、天皇の大権を重んじる伊藤博文（一八四一―一九〇九）とよりリベラルな憲法案を提示した大隈重信（一八三八―一九二二）の対立が表面化し、一八八一年に大隈が彼のブレーンであった慶應義塾の関係者たちとともに政府から追放（官職罷免）されるという、明治一四年（一八八一年）の「政變」にいたった。

伊藤は憲法調査のために翌年の一八八二年から八三年にかけてベルリンやウィーンを訪問し大学で法律学の講義を聴き、ローレンツ・フォン・シュタインなどの法律学者からの助言を求め、また、ドイツ帝国憲法（Verfassung des Deutschen Reiches）の逐条的説明を受けた。帰国後の伊藤がみずから起草した憲法草案を元に政府部内での調整を経た上で、ビスマルクにより一八七一年に創設されたドイツ帝国（Deutsches Kaiserreich）の憲法をモデルとした「大日本帝國憲法」が一八八九年に発布され、翌一八九〇年に施行された。また同時にこの年には「帝國議會」も開設された。こうして、明治維新から二十年あまりを経てようやく日本は近代国家としての体裁を整えたが、そのモデルとなったのは、イギリスやフランスとは反対に君主が大きな権限をもち議会には限定的な権限しか認められない、ドイツの国家制度であった。一八七一年（明治四年）に国家統一を果たした後発国としてのドイツは、この当時国家の主導の下にめざましい経済発展を遂げつつあり、先進国のイギリスやフランスを脅かす存在になろうとしていた。アジアの一角という地理的・文化的に大きな隔たりがあるにせよ、多くの点でドイツと同様の国際的位置に置かれていた日本の近代化に、ドイツが格好のモデルとなったことは言うまでもない。一八七〇年代までとは対照的に、一八八〇年代初頭の「政變」以降、また帝國憲法の成立以後はさらにいっそう、日本の文化や学問への欧米からの影響の中でドイツの比重が上昇したのは当然のなり行きであった。経済思想の伝播・導入ももちろんその例外ではない。

一方、「政變」によって野に降った大隈は、同年政府が公表した十年後の国会開設に備えるために政党結成などの政治活動に従事するとともに、官学とは距離を置いた自由な民間の学問教育の機関として一八八二年に東京專門學校（現在の早稲田大学）を設立した。同校は、同世代の福澤諭吉がすでに江戸時代末期に設立していた慶應義塾（現在の慶應義塾大学）と共に、これ以後官立の高等教育機関とりわけ帝国大学とは異なる日本のリベラルなアカデミズムの展開に大きな役割を果たすことになった。また、国家が直接に管轄する官立の高等教育機関もほぼ同じころに整備されていった。一八七七年に設立されていた東京大學は一八八六年の帝國大學令により帝國大學と改称された（一八九七年の京都帝國大學の設置にともないさらに東京帝國大學と改称）。また、大学としてのステータスはなかったものの事実上は高等教育機関として機能する東京商業學校が一八八四年に設立された（一八八七年に高等商業學校として改編。現在の一橋大学）。帝国大学以外のこれらの教育機関は一九一九年の大學令によって大学に昇格した。これらの機関に経済学を教育・研究する専門の部門としての経済学部が設置されるのは、大學令によって多くの大学が生まれた一九一九年以降の時代に属する。当時の欧米諸国の大学にも同様の例があったように、それまで経済学は主に法学部において教授されていた。東京帝國大學をはじめとするこの時代の日本の多くの大学での経済学部の新設は、国家学からの経済学（社会学ないし社会科学）の独立を意味した。

憲法制定・議会設立とほぼ同時期に日本でも形を整えていった欧米型の高等教育機関で研究教育されていたほとんどすべての分野の学問は、さしあたっては欧米先進諸国からの輸入に頼らなければならなかった。学問の輸入過程の重要な一環をなしていたのが、先進諸国からの教育・研究担当者の招聘であった。東京帝國大學をはじめ多くの大学・学校で外国人教師が講義を担当していた。彼らは「お雇い外国人」とよばれ、出身国での待遇ないしそれ以上の待遇をもって招聘されたため、欧米諸国と日本との経済格差がなお著しかった当時は、同僚の日本人教師の何倍もの報酬が支払われた。またほとんどの場合、日本人学生を対象とした彼らの講義は日本語ではなく出身国の言語つまり英語やドイツ語やフランス語といったヨーロッパ言語で行われた。受講する学生にとってこのような講義は、専門の学問を学ぶ場であると同時に外国語の修練の機会でもあった。日本にはまだ定着してない先進諸国の学問や思想を、学校で習得しただけのおぼつかない外国語能力をもって聴講する日本人学生に自国語で出身国の学問を伝授する外国人教師は、学生にとっては日本人教師以上の権威と映ったであろうと想像される。

このような外国人教師として最初に経済学を講義したのがハーバード大学で政治経済を学んだアメリカ出身のアーネスト・フェノロサ（Ernest Fenollosa）であった。彼は一八七八年に来日し、一八八六年の帝國大學令により帝國大學に改編されるまでの東京大學で政治学や経済学などの講義を行った。彼の経済学の講義の内容はおおむね英米の経済学説に沿ったものであった（Mizuta 1988, pp. 31-2）。これに対して、大正から昭和にかけての時期（一九二〇年代）に東京帝國大學に招聘された外国人教師は、ドイツ留学中の大内兵衛（一八八八―一九八〇）が師事したハイデルベルク大学教授でオーストリア・マルクス主義者のエミール・レーデラー Emil Lederer（一九二三年から二五年）と、オーストリア出身で当時はプラハの Deutsche Universität にいたアルフレート・アモン Alfred Amonn（一九二六年から二九年）の二人であった。また、この時期には同大学で助教授をしていた河合榮治郎がシュンペーターの招聘を試みたが結局失敗に終わった。いずれもドイツないしドイツ語圏の経済学者であり、これらの顔ぶれから当時の東京帝國大學經濟學部がマルクス経済学とも隣接するドイツの経済学界に親近性をもっていたことがうかがえる。

また、日本の近代国家としての枠組みの整備の一環としてほぼ同時期に進行した高等教育機関の整備・拡充にともなって、学校での授業の必要から明治二十年（一八八七年）前後の時期には多数のテキストブックが出現したが、もちろん経済学史を含む経済学もその例外ではなかった。しかしその多くは、先に述べたように講義を担当していた研究者が自分で経済学史上の第一次文献を研究して執筆したものではなく、欧米で出版されたテキストの翻訳か、あるいは、これらのテキストをそれぞれの場合に合わせて改編したものであった。同時に、一八八〇年代から本格化した学説史上の古典的著作の翻訳も続けられた。これらの翻訳全体のうち、一八八〇年以前には英語文献の翻訳が多数を占めていたのに対して、ドイツ語文献からの翻訳はごく少数の例外に属していたが、一八八一年以降はドイツ語文献の比重が高まり、オーストリアで出版されたものまで含めると一八八九年にはドイツ語文献の翻訳は経済学文献の翻訳書の半数を占めるまでになった（Nishizawa 2012, p. 307, Izumo 2014, p. 214）。そしてこの傾向はその後も引き続き変わらなかった。

ただし、このことは、一八七四年以降のオランダ語からの翻訳のように、英語文献からの翻訳がドイツ語文献に圧されて消滅したとか重要性を失ったということではない。英語文献はドイツ語文献とならんで、引き続き日本における経済学の教育と研究にとって大きな意義を保持していた。大まかには、この時代以降ドイツに強い関心を向け、将来を嘱望される若者に対するドイツ語教育や彼らのドイツ留学に力を入れた政官界との結びつきの強かった帝大系統では、ドイツ起源の経済学が重んじられ、民間のリベラルな教育・研究を重んじた私学それに非帝大系統の学校では七〇年代までと同じく英米系の自由主義的な経済学が引き続き重んじられた、と言えよう。経済学が輸入学問としての性格を強く持っていた日本では、大学間でのこのような「輸入元」の相違が、ほぼそのままの形で、程度の差はあれ後の時代にいたるまで、それぞれのカテゴリーに属する大学で教育・研究される経済学のあり方の相違につながった。このことは、本序論の後段で紹介する大戦間期のリカード経済学の導入のいくつかの代表的な例のあいだに見られる相違でもある。

さて、一八八〇年代以降の日本で多くの翻訳がなされたドイツの経済学文献のうち、今日でも経済学史上の古典とされる著作には次のようなものがある（Sugiyama, Mizuta 1988, p. 297 より。以下の排列は原著作の出版年度に基づく）。Friedrich List, *Das nationale System der politischen Ökonomie*, 1841（『李氏經濟論』大島貞益訳、一八八九年刊、二巻本）、Wilhelm Georg Friedrich Roscher, *System der Volkswirtschaft II*, 1860 (2. Aufl.)（ウィルヘルム・ロッシェル著『農業經濟論』關 澄藏、平塚定二郎共訳、獨逸學協會、一八八六—九年刊、五分冊形式）、Id., *System der Volkswirtschaft III*, 1881（ウキルヘルム・ロッシェル原著『商工經濟論』平田東助ほか訳、國光社、一八九六年、二分冊形式）、Werner Sombart, *Sozialismus und soziale Bewegung im neunzehnten Jahrhundert*, 1896（ヴェルネル・ゾムバルト著『十九世紀に於ける社會主義及社會的運動』神戸正雄訳、日本經濟社、一九〇三年)、Adolf Wagner, *Lehr- und Handbuch der politischen Ökonomie*, Hauptabteilung 4: *Finanzwissenschaft*, 4 Bände, 1877–1901 (アドルフ・ワグネル著『千八百七十年乃至七十一年獨佛戰爭ニ關スル財政論』農商務省、一八九五年、ワグナー著『財政學』瀧本美夫訳、同文館、一九〇四年)、Id., *Ibid.* Hauptabteilung 1: *Grundlegung der politischen Oekonomie*, Tl. 1: 'Grundlagen der Volkswirtschaft', 1883 (ワグナー著『ワグナー氏經濟學原論』河上肇訳解説、同文館、一九〇六年)、Id., *Agrar- und Industriestaat. Eine Auseinandersetzung mit den Nationalsozialen und mit Professor L. Brentano über die Kehrseite des Industriestaats und zur Rechtfertigung agrarischen Zollschutzes*, 1901 (アドルフ・ワグナー、ルヨ・ブレンタノ著『最近商政經濟論』關一・福田徳三訳、大倉書店、一九〇二年)。

最後に挙げたワーグナーの二つの著作の翻訳者として、本書でリカード研究者として紹介する福田徳三と河上肇が登場していることが注目される。また、一八八〇年代から時代が降るにつれて原著作の出版年とその日本語訳の出版年の間隔が短くなっており、二十世紀の初頭の頃にはすでにヨーロッパ(そしてアメリカ)の学界の動向は、リアルタイムに近い形で日本に伝わるようになっていたと思われる。

以上はリストに始まりゾンバルトにいたる、いずれもドイツ歴史学派経済学の流れに属する幅広い世代の経済学者たちの原著作であり、一八八〇年代以降の日本に入ってきた欧米経済学に占めるドイツ歴史学派の存在の大きさを示している。このことは日本における保護主義の思想の台頭にも貢献したであろう。実際、リストの翻訳者でもあったジャーナリストの大島貞益は数人の仲間と共に、一八九〇年に日本で最初の経済学会とも言える「國家經濟會」を創設し、リスト的原理に基づく主張を世論に訴える活動を展開した(Sugihara 1988, p. 243–5, モーリス-鈴木 1991, p. 100)。ただし、幕末の不平等条約によって関税自主権を奪われていた日本が、先進諸国との交易における関税自主権を獲得するには、各国との平等条約の締結にこぎつけた明治末の一九一一年を待たなければならなかった。

日本における近代資本主義は、日清・日露の二つの戦争をはさむ十九世紀から二十世紀への転換期に産業革命を経て確立した。そして、日本はその軍事力と経済力をもって欧米の列強諸国から先進国の一員と認められ、「帝国主義クラブ」の仲間入りを果たした。この資本主義化の過程は、日本の少し前を走っていた後発国ドイツの場合のように、国家主導のもとに短期間のうちに進んだ。このため、モデルであったドイツと同じように、この時代の日本でも資本主義の成立にともなうさまざまな矛盾（都市の急激な膨張とその周辺部での貧民窟の形成、過酷な就労条件、失業者の発生など）が一挙に噴出した。こうして、それ以前からすでに知られていたヨーロッパの社会主義思想が、現実に労働組織と結びついた政治的な動きとなった。ドイツではこのような状況を前にして、早くもドイツ帝国成立の翌年の一八七二年に社会政策学会（Verein für Socialpolitik）が設立された。この学会には当時のドイツ歴史学派（新歴史学派とも呼ばれる）の経済学者たちを中心として広い範囲のドイツの学者が集い、経済の急速な資本主義的発展にともなって現れた労働問題をはじめとするさまざまな社会問題に対処するために、国家が規制や補助の手段をもって介入することによる、自由放任主義にも社会主義にも共に反対する資本主義の枠内での社会改良の方途を議論し政策を提言する、いわゆる講壇社会主義の活動を推進した。十九世紀末に入って同じような状況に直面した日本でも、おそらくドイツ歴史学派経済学の影響の下に、日清戦争後の一八九七年にドイツの学会をモデルにした「社會政策學會」が設立された。

iii　社會政策學會の設立とその活動そして消滅

日本の社會政策學會は、十九世紀の末にドイツに留学して当時の新歴史学派や講壇社会主義の影響を受けて帰国した少数のメンバーによる研究会を母胎に発足した（モーリス－鈴木 1991, p. 104–5）。設立当初、社会政策が社会主義とは異なることは学会の内部では共通の理解であったにもかかわらず、名称が似ていることや学会の提言内容に社会主義的と受け取られかねない点（児童労働の禁止、労働組合の法的承認など）も含まれていたため、治安機関から危険視されたこともあった。しかし、社會政策學會の目標は国家の政策介入によって現存社会秩序の不安定化を防ぐことにあったのであり、この当時言論と政治の両面において活発な活動を展開しつつあった社会主義とは一線を画そうと努めなければならなかった。

この当時まで経済学のそれぞれの専門領域における学会組織はまだ存在しなかったため、社會政策學會には複数の領域からの参加者が集まってきた。最初のうちは会員のみによる定期的な会合を開いてその時々の社会・経済問題について議論していたが、明治四十年（一九〇七年）からは公開形式の年次大会を開催し時事的問題について討論を行い、政府に対しても提言を行うようになった。第一回大会のテーマは、日本政府の長年の懸案であり特に日清戦争後には新しい法案が作成されるなどの動きが活発化していた「工場法」であった。「工場法」はこの四年後に実際に制定されたが、社會政策學會の活動もこの制定を促す要因となった。社會政策學會は狭い研究者のあいだだけでなく広く社会にその名声を高めた。このため、高等教育機関に属する経済学者だけでなく、ジャーナリスト・実業家・官僚そして社会活動家もメンバーとして含む単なる学術団体の枠をこえた存在になった。學會のメンバーも設立から四半世紀が経過した大正末期（一九二〇年代初頭）には当初の一〇倍に相当する二百余名となり、経済学だけでなく日本の社会科学の諸分野を統合する一大学会になった。

しかしこのような組織や活動のあり方はその内部に亀裂を潜在させることになった。さらに、存続期間が長くなるにつれて会員のあいだでの学会に加わった時期や世代の相違が大きくなり、学会内でのさまざまな軋轢の要因ともなった。内部に多様な傾向の会員を受け入れていた学会は、設立の当初から社会政策のあり方や社会主義との距離の取り方をめぐって左右の対立を抱えていたが、第一次世界大戦とロシア革命の勃発、また日本国内では「米騒動」といった大正前期（一九一〇年代中・後期）の一連の国内外の動向は、日本国内でのマルクス主義の普及と相俟って、社會政策學會内部の対立を顕在化させずにはおかなかった。

学会の比較的若手の世代の中心的な存在が、本書でそのリカード研究について紹介する福田徳三（一八七四―一九三〇）と河上肇（一八七九―一九四六）であった。ドイツに留学してブレンターノの下で学んだとはいえ、東京高商の出身でJ・S・ミルやマーシャルになじんでいたリベラルな傾向の福田は、社會政策學會のなかでは左右いずれとも異なるいわば中間派の立場を取り、河上もこの学会で活動していた一九一〇年代にはまだはっきりとマルクス主義の立場を取っていなかった。しかし、一九一九年に設立された官僚と財界人そして研究者の協同による労使協調のための研究と事業を目的とした「協調會」への参加をめぐって、學會内の立場が分かれたとき、福田と河上は共に不参加の立場を取って、旧世代の右派と見なされていた学会役員たちの参加表明に同調しなかった。また同じ一九一九年に大原財閥による社会事業の一環として大阪に大原社會問題研究所が設立される（現在は「法政大学大原社会問題研究所」と改称して、同大学の付属機関として東京の同大学構内に設置されている）と、同年新設の東京帝國大學經濟學部に所属する社會政策學會の左派の有力メンバー（高野岩三郎、森戸辰男、大内兵衞）が學會を離れて同研究所に移った。創立メンバーから若手にいたる學會の有力な担い手たちのこのような行動は、學會を混迷に陥れその活動を停滞させた。學會は関東大震災の翌年の一九二四年の大阪での第一八回年次大会を最後に事実上活動を停止して休眠状態となった。こうして、日本で初めての全国規模の経済学を中心とした総合的な社会科学の学会は存在しなくなった。この学会に代わって、一九三〇年には社會經濟史學會が、一九三四年には日本經濟學會が発足した。また、同一の名称を持つ社会政策学会が第二次大戦後の一九五〇年に設立された。しかし名称は同一であり形式上は戦前の社會政策學會を継承するとしているものの、会員構成と活動内容のいずれから見ても戦前の學會とは大きく異なり、今日「学会」と称する他の諸組織と同様の普通の学術団体である。明治末期から大正末期までの四半世紀間続いた社會政策學會は、近代日本の社会科学の歴史のなかできわめて特異な存在であった。

以上の経過を全体として見ると、社會政策學會の休眠（事実上の解散）は、一九二〇年前後からの日本におけるマルクス主義の急速な浸透とその勢力の強化の結果であったと考えられる。あるいは、社會政策學會は事実上、「協調會」に吸収されていった「右派」と、大原社會問題研究所に流れていった「左派」およびマルクス主義の強い影響下に置かれた帝國大學系統の研究者たち、の二つに分裂したと捉えることができるかもしれない。実際、一九二〇年代に入ると大原社會問題研究所は日本の労働問題・社会問題についての実証的な調査研究とマルクスとエンゲルスの著作の翻訳を含むマルクス主義の研究において続々と成果を上げていったし、東京帝國大學を中心とする帝大系の経済学部（一九一九年かその直後に新設された）では多くの経済学者がマルクス経済学の立場から理論と実証の研究を展開した。マルクス主義（ここでは特にマルクスの経済理論）は歴史学派経済学と同じようにドイツ語で書かれたドイツ起源の学問・思想であり、この時代までに高等教育を受けていた日本の知識人たちにとってその受容は難しいことではなかった。また、ドイツは官費で派遣された多くの有能な若者の留学先であった。エリート知識人たちの一部がこの時代の世界と日本の状況のなかで、マルクスの著作を含むマルクス主義文献を読みマルクス主義に傾斜していったとしても不思議ではない。

日本の経済学者たちがリカードの古典的著作に取り組むようになったのは、以上のような学問的状況のなかにおいてであった。リカードが二次文献を通じて間接的にしかも断片的に紹介されていた明治初期とは異なって、この時代にはマルクスの資本主義理論との関連においてリカードの経済学が問題とされたため、リカードは当時の日本の時事的な課題との直接的な関連において取り上げられるのではなく、もっぱらその抽象的な理論の体系が吟味の対象とされた。一九二〇年代からの本格的なリカード研究の圧倒的部分は、帝大系統の研究者たちによって（明示的であるかどうかとはかかわりなく事実上）マルクス研究と密接不可分に進められた。ここではリカードの理論はマルクスの理論の源泉ないしその影と捉えられた。しかしこの時代になされたリカードへのアプローチはこれだけではなかった。帝大とは異なってリベラルな伝統が存続していた早稲田大學や慶應義塾大學のような私立大学や東京高商（一九一九年の大學令により東京商科大學に昇格）のような非帝大系の経済学者たちにとっては、ドイツ歴史学派の影響が大きかった時代においてもなおスミス以来の英米の自由主義的経済学が重要な位置を占めていた。ここではリカードは主としてイギリス経済学のその後の歴史的文脈において、具体的にはJ・S・ミルやマーシャル（そして彼らのリカード解釈）との関係において捉えられた。このゆえに、当時の日本が直面していた課題との関連においてリカード経済学に含まれる個別的な理論が取り上げられるのではなく、全体としての理論の継承関係や体系的性格に関心が向けられた。リカードは大正後期に、若干の交錯点はあったとはいえ全体として見れば二つに分かれた学問的経路を通って、異なった顔をもって日本にやってきたのである。

前者の流れを代表するのが、先にゾンバルトの訳者としてまた社會政策學會の主要メンバーの一人として登場した河上肇であった。また、堀經夫（一八九六―一九八一）と森耕二郎（一八九五―一九六二）は河上の指導と影響の下にリカード研究をはじめ優れた成果を上げた。河上らとの直接の関係はなかったが、同じく帝國大學の研究者として大戦間期に活動したのが舞出長五郎（一八九一―一九六一）である。他方、後者の流れを代表するのは、河上と同じく先にゾンバルトの訳者としてまた社會政策學會の主要メンバーの一人として登場した福田德三であった。本書で紹介する福田の諸論考は、第一次大戦よりもやや前に書かれているとはいえ、彼の仕事は上に見たような一九二〇年代からのリカード研究の特色をすでに先駆的に備えているので、大戦間期の研究として扱うことにする。また、小泉信三（一八八八―一九六六）は福田の弟子として彼の影響の下にリカード研究を行い、他の四人の帝大系列の研究者たちとは対立する独自のリカード解釈を打ち出した。本書で紹介するのはこれらの六人によるそれぞれに特色のある研究成果の一部である。この紹介によって、大戦間期に日本でなされたリカード研究の主要な成果がその水準・特質・問題点とともに示されるであろう。

三　日本におけるリカード受容の特質

i　経済学研究者のあいだでのリカードの認知

以上いくつかの角度から見たように、リカードの日本への導入は、イギリス古典派経済学ないし十九世紀アメリカのその亜流に属する他の経済学者に比して著しく遅かった。遅かっただけではなく、日本の経済学者たちのあいだでのリカードへの注目の程度も、日本における経済学研究の歴史をとおして、スミスやマルサスに比して著しく低かったと言わなければならない。

スミスの『国富論』は一八八〇年代の最初の全訳（訳題は『富國論』）の刊行以来何度も翻訳が重ねられ、彼の名前は早くから広く知られていた。九月一日に関東大震災の起きた一九二三年には、スミス生誕二百周年で日本の学界は盛り上がっていた。その記念会合で、福田徳三は「厚生經濟學の闘士としてのアダム・スミス」と題する記念講演を行った。また京都帝國大學の『經濟論叢』は翌一九二四年一月号を「アダム・スミス生誕二百年記念號」とした。一九二三年はリカード没後百周年でもあったが、そのような盛り上がりや催しの記録はない。リカードの主著『経済学および課税の原理』の刊行から百年目に当たる一九一七年に前後して、イギリスやアメリカではE. Cannan, E. C. K. Gonner, T. E. Gregory, J. H. Hollanderによってリカードの著作や地金論争関連の文献が再刊されたが、この当時日本ではまだリカードの経済学はよく知られていなかった。

前述のように、マルサスの『人口の原理』は間接的な抄訳とはいえ早くも一八七六年に翻訳され、『経済学原理』は著者没後の百年目にあたる一九三四年に翻訳されている。また、その二年後の一九三六年には日本で『経済学原理』が復刻刊行されている（*Principles of political economy: considered with a view to their practical application*, by T. R. Malthus, Tokyo series of reprints of rare economic works, v. 1, International Economic Circle: Kyo Bun Kwan, 1936）。これはケインズの『一般理論』の出現と同年のことであり、ケインズはその年のうちに寄せた日本語版への短い序文の末尾で、日本でのマルサスの『原理』の復刊に触れこれを「壮挙」と称えている。だが同じようにリカードの著作が日本国内でこの時期に復刻されたことはなかった。また京都帝國大學法學會は一九一五年に「マルサス生誕一五〇年記念會」を開催し、翌一九一六年には京都帝國大學の『經濟論叢』がマルサス記念の特別号を出している。さらに、一九三四年には没後百周年を記念して東京帝國大學の『帝國大學新聞』がその十月二十日号の第六面に「特輯：マルサス百年忌」を掲載し、現在もなおその名を知られる四人の著名な経済学者（舞出長五郎、大内兵衞、向坂逸郎（一八八七―一九八五）、吉田秀夫（一九〇六―一九五三））が関連記事を寄せている。特にリカード研究者の舞出は、記事の末尾にマルサスがこのように記念されるのとは対照的に、リカード没後の一九二三年には「それを記念する企ての殆ど見られなかった」ことを指摘している。産業化（都市化）にともなう人口（貧困）問題を論じ保護貿易を主張したマルサスは、日本が近代化の過程で抱えていた問題にリカードよりもより多く応えるものと受け止められた。

リカードがスミスやマルクスといった経済学史上の他の大きな存在と比べて影が薄いということは戦後になってもあまり変わらなかった。『資本論』第一部の刊行から百年にあたる一九六七年、および、『国富論』刊行から二百年にあたる一九七六年に、経済学史学会はそれぞれ『資本論の成立』と『国富論の成立』と題する記念論文集を編集・刊行した（いずれも岩波書店刊）。どちらの論文集にも当時の日本のそれぞれの分野における第一線の研究者が執筆陣に名を連ねている。これに対して、リカード生誕二百周年にあたる一九七二年の『経済学史学会年報』第一〇号には、中村廣治が「Ricardo研究」と題した展望論文を、早坂 忠の「近代経済学史研究――近代経済学100年」と題する同様の論文と共に掲載し、これに加えて、堀 経夫が「リカードウ研究50年を顧みて」という彼自身の研究歴についての回顧録を掲載している。当時の代表的なリカード研究者に属するこの二人のリカードについての記事が同じ号に現れたのは、リカード生誕二百周年との関連においてであったのであろうが、しかし第一〇号それ自体は記念号でも特集号でもなかった。ただし、この年十一月に開催された経済学史学会第三六回全国大会では「リカードウ・シンポジウム」が共通論題のテーマとして掲げられている。この年の年報と学会の主要テーマにリカードが取り上げられたのは、もちろん一九七二年というリカード生誕二百周年を記念するという趣旨であろう。これは、リカードにかんする限り、日本の経済学史研究の世界における明治期以来初めての企画であった。

以上を要するに、まだリカードの名前さえ日本で知られていたかどうか不確かな明治四年（一八七二年）は別として、大戦後三十年近くを経たリカード生誕二百周年の年までは、明治末期以来彼の生没年や主要著作の刊行年にまつわるどの節目の年にも、日本の学界ではリカードを回顧する催しはまったくなかったということになる。今年（二〇一七年）は『原理』刊行から二百年目にあたり、またまもなくリカード没後二百周年を迎えようとしているが、日本の学界（また世界の学界）はこの節目にどのような向き合い方をするのであろうか。

ii　研究の方法と主題の取捨

大戦間期の日本でのリカード研究が、この時期の日本の経済学界へのマルクスの影響の急激な浸透と不可分な形で進んだことは先に見たとおりである。このため、マルクスがリカードをどのように扱ったかが、明示的・暗示的に当時のリカード研究者の取り上げる問題の比重あるいは取捨選択に大きな影響を与えているように思われる。K・カウツキーによって二十世紀の初頭に『資本論』第四部として編集・刊行されていた『剰余価値学説史』における、リカードの価値論・利潤論・地代論に対するマルクスによる詳細な検討が、これらの理論をマルクスと関連づける積極的な評価に対しても、マルクスによる批判を背景にしたリカード理論への批判的(否定的)な評価に対しても、実質的な基準とされた。リカードの賃金論は、『資本論』第一部の商品・貨幣論に直続する剰余価値論(搾取論)との関わりにおいて取り上げられ、マルクスとの距離を尺度としてその理論史上の位置づけが行われた。また、マルクスがリカードの貨幣論について検討を加えたのは(『資本論』冒頭の商品・貨幣章における貨幣形成論(価値形態論と交換過程論)における「貨幣の本質」をめぐるリカード批判を別とすれば)、『経済学批判』(一八五九年)の第二章「貨幣または単純流通」に付した学説史的スケッチ「C. 流通手段と貨幣にかんする諸理論」における、初期のリカードの小冊子『地金の高価――銀行券減価の証拠』(一八一〇年)に示される「リカードの貨幣数量説」に対する批判が唯一のものである。また、このスケッチにおいてマルクスが取り上げているリカードの貨幣・金融関係の著作は『高価』(しかもその一部)のみに限られ、その他(『地金委員会報告』(一八一〇年)をめぐるBosanquetとの論争書『地金委員会報告についてのボーズンキト氏の「実際的考察」に対する回答』(一八一一年)、『経済的で安定的な通貨のための提案』(一八一六年)、『原理』第二七章「通貨と銀行について」、『国立銀行設立計画』(一八二三年))は事実上無視されている。さらに、『原理』第七章「外国貿易について」や第八章「租税について」以下の諸章におけるリカードの外国貿易論や租税論を、マルクスは全く取り上げなかった(しかしこれは、彼の「経済学批判」のプランに従って『経済学批判要綱』(一八五七―八年)以下の諸草稿と『資本論』が執筆されたことの当然の結果といってよい。租税は当初の六分肢プランの第四項目の「国家」で、外国貿易はそのさらに後の第五項目の「外国貿易」で扱われることになっていたが、いずれも『資本論』の理論的枠組みとして理解されていた第一項目「資本」の最初の部分にあたる「資本一般」からは除外されるべき理論領域に属すはずであった)。

このようなマルクスによる取り扱いに影響されて、全体として見ると一九二〇年代から後の日本のリカード研究の主題は大戦間期に限らず圧倒的に「価値と分配の理論」に集中した。貨幣・金融論については右のようなマルクスの扱いの影響を受けて、ほとんどもっぱら『地金の高価』におけるリカードの貨幣数量説と労働価値論との不整合・矛盾を衝く研究（大戦間期におけるその代表的な例は、おそらく、末永茂喜「リカアドゥの貨幣論」、『經濟學研究年報　經濟學1』（東北帝國大學）、一九三四年であろう）に限られ、リカードが短い理論的生涯のうちに残した他の諸著作（前掲）はほとんどまったく顧みられることがなかった。日本ではリカードが残した貨幣・金融に関連する主要著作をほぼ網羅した質の高い翻訳書が一九三一年に刊行された（後述。おそらく英語原文においてさえ、本格的なテクストクリティークと収録文書の網羅性においてこれに匹敵するものはこの当時にはなかったのではないか）にもかかわらず、その後の研究においてもリカードの貨幣・金融理論がこれらの著作を総体として考慮に入れた上で研究対象とされることはなかった。先に紹介した一八九〇年頃までの明治前半期におけるリカードの間接的で断片的な紹介において、貿易論や貨幣論が取り上げられていた（もちろんその多くはきわめて不十分であり場合によっては当を失していたであろう）のとは対照的である。もちろん、二〇年代以降の大戦間期においてもマルクスが取り上げなかった諸領域についての研究は存在したが、それらはリカードを経済学史の流れの中に位置づけてその理論体系を全体として把握しようとする大がかりな研究（これらはすべて戦前のリカード研究の主流であった「価値と分配の理論」を基本としていた。本書で紹介の対象とするのはすべてこの部類に属する）の一環としてではなく、単発の雑誌論文レベルの研究として現れたにすぎなかった（具体的には、真実 1965, p. 32-48 を参照。ここでは紹介を省略する）。また、それらの論文の著者の多くは、経済学史ではなく経済学のその他のさまざまな領域を専門としていたし、マルクス経済学とは関係の薄い研究者もいた。堀・森・舞出とは対立的な立場からではあるが彼らと同じくリカードの体系的な研究を同時代に行った小泉が、二〇年代初頭のリカード研究の連続論文とその集大成である本書収録の著作において、「価値と分配の理論」だけに限定されないさまざまな論題をとりあげているのも、このような関連で捉えることができるかもしれない。

iii　リカードと関連文献の翻訳

明治期以降の日本における経済学の理論的研究は、そのすべてがヨーロッパ言語で書かれた欧米先進諸国の経済学の輸入に頼ってきた。このため、外国語の経済学文献を解読することとそして日本語に移すことに多大のエネルギーが費やされてきた。こうして翻訳という作業が研究のなかで大きなウェイトを占めることになり、研究の基礎資料である基本的な外国語文献が日本語に翻訳されていることが、それから先に研究を進めるための前提であったし、また反対に外国文献の研究がどこまで進んでいるかを示す指標のひとつでもあった。固有の意味での研究文献の生産に先立つこのようないわば予備的な過程が大戦間期にどこまで進んでいたかを、リカードとマルクスそして欧米の主要な二次文献の翻訳の状況によって確認しておこう。

(a)　リカード自身の著作の翻訳。主なもののみ。ただし、下記のリストは大戦間期に翻訳されたリカードの著作をすべてカバーしている。

リカァドウ『經濟原論』堀經夫訳、河上肇序文、岩波書店、一九二一年
「経済学の原理」の部分だけの抄訳。事実上堀と河上の共訳
リカアドオ『經濟學及課税之原理』小泉信三訳、岩波文庫、一九二八年
リカァドウ『經濟原論――各版全譯』堀經夫訳、弘文堂、一九二八年
小畑茂夫訳『リカアドオ貨幣銀行論集』同文館、一九三一年

本訳書に収録されているリカードの著作は次の五点である。

1. Three Letters on the Price of Gold, contributed to the Morning Chronicle in August-November, 1809. *A Reprint of Economic Tracts*, edited by J. H. Hollander. With Introduction and Notes by J. H. Hollander, Baltimore 1903.
2. The High Price of Bullion, a Proof of the Depreciation of Bank Notes, 4th ed., corrected, to which is added an Appendix, containing Observations on some Passages in an Article in the Edinburgh Review, on the Depreciation of Paper Currency; Also Suggestions for securing to the Public a Currency as invariable as Gold, with a very moderate Supply of the Metal. London 1811.
3. Reply to Mr. Bosanquet's Practical Observations on the Report of the Bullion Committee. London 1811.
4. Proposals for an Economical and Secure Currency; with Observations on the Profits of the Bank of England, as they regard the Public and the Proprietors of Bank Stock. 2nd ed. London 1816.
5. Plan for the Establishment of a National Bank. London 1824.

以上五点のうち1以外はすべてオリジナルテクストからの翻訳である。訳者である小畑はオリジナルとの照合によって、マカロック版とゴナー版（共に後述参照）に対して厳密なテクストクリティークを加え、1の編者であるJ・H・ホランダーの指摘するマカロック版に含まれる編集上の瑕疵を確認すると同時に、独自の調査によりマカロック版の細かい編集上のミスをリストアップしている。また、このような調査から、マカロック版から半世紀以上も後に出たゴナー版がマカロック版に含まれていたミスをそのまま再現している（のみならずさらに新たな別のミスを加えている）ことを確認して、小畑はゴナー版が直接原典から編集されたのではなくマカロック版によったものと推定している。さらに、マカロック版には1が含まれておらず、またゴナー版には5が含まれていない点に鑑みれば、日本語での翻訳出版であったとはいえ、小畑によるこのリカードの論集は収録文献の面からもテクストクリティークの面からも、おそらく当時としては最良のものであったであろう。『原理』の第二七章「通貨と銀行について」が含まれていないのは、これがリカードの独立した著作ではなく、またすでに直前に小泉と堀という専門研究者による『原理』の全訳が刊行されていたからかもしれない。しかし、前述のように大戦間期からの時期においてリカードの貨幣論・銀行論は少なくとも主要な研究テーマのうちには入らなかったことから、このすぐれた翻訳論文集が十分に研究に役立てられたとは言えないように思える。なお、本書には、当時東京商科大學（現在の一橋大学）の教授であった貨幣・金融論の専門家高垣寅二郎が小畑の研究指導者としての立場からの序文を寄せている。

大川一司訳『リカアドオ農業保護政策批判——地代論』岩波文庫、一九三八年
　マカロック版の全集による『利潤論』と『農業保護論』の全訳

中野正訳『リカアドオのマルサスへの手紙、上下二巻』岩波文庫、一九四二、四三年
　J. Bonar 版（一八八七年）を底本とする訳

以上は日本語に翻訳されたリカードの著作であるが、当時の研究者はもちろん翻訳がなくても英語原文によってリカードを研究していた。次に大戦間期の研究に利用されていたリカードの著作の英語による主な刊本をリストアップしておく。

The works of David Ricardo, Esq., M. P.: with a notice of the life and writings of the author, edited by J. R.

McCulloch, John Murray, 1846.
Letters of David Ricardo to Thomas Robert Malthus 1810–1823, edited by James Bonar, Clarendon Press, 1887.
Principles of political economy and taxation, edited with introductory essay, notes, and appendices, by E. C. K. Gonner, George Bell and Sons, 1891.
Letters of David Ricardo to John Ramsay McCulloch, 1816–1823, edited with introduction and annotations by J. H. Hollander, the American Economic Association by Macmillan, 1895.
Letters of David Ricardo to Hutches Trower and others, 1811–1823, edited by James Bonar and J. H. Hollander, Clarendon Press, 1899.
Economic Essays by David Ricardo, edited with Introductory Essay and Notes by E. C. K. Gonner, G. Bell, 1923.
Notes on Malthus' «Principles of political economy», edited with an introduction and notes by Jacob H. Hollander and T. E. Gregory, Johns Hopkins Press, Humphrey Milford, Oxford University Press, 1928.

(b) マルクスの著作の翻訳

リカード研究に大きなインパクトを与えたマルクスなどのマルクス主義関係の著作の翻訳書は、一九一九年を境に続々と刊行されるようになった。ここでは、マルクスの主要な経済学上の著作の日本語訳のうち比較的多くの読者を得たと思われるものを若干挙げておく。

『資本論』全訳、マルクス全集の一部として、第一部と第二部は各三分冊、第三部は四分冊で一九二〇年か

ら刊行開始、一九二四年に完了、高畠素之訳、大鐙閣－而立社

『賃労働と資本』、『労賃、價格及び利潤』、河上肇訳、弘文堂、一九二一年

『經濟學批判』、同じ全集の一部として、佐野學訳、大鐙閣、一九二三年

『剰余價値學説史』全訳、森戸辰男・久留間鮫造他訳、大原社會問題研究所パンフレット、分冊形式で一九二五年—三〇年。単行本としての刊行は、向坂逸郎他訳、改造社、一九三六年

(c) 欧米のリカード研究文献の翻訳

最後に、大戦間期に翻訳され日本のリカード研究文献においてしばしば言及・参照された欧米の研究文献。原著のではなく日本語訳の刊行順に排列する。

Karl Diehl, *Sozialwissenschaftliche Erläuterungen zu David Ricardo's Grundgesetzen der Volkswirtschaft und Besteuerung*, W. Engelmann, 1905, 2., neu verfasste Aufl. Teil 1, Teil 2（カール・ディール著、鷲野隼太郎譯『リカルド經濟學（一）（二）』而立社、一九二五年）

Edwin Cannan, *A history of the theories of production and distribution in English political economy from 1776 to 1848*, Percival, 1893, 1894, 2nd edition with two additional sections, 1903 P.S. King & Son, 3rd edition, 1917, P. S. King（渡邊一郎譯『分配論』聚芳閣、一九二六年）

Alfred Amonn, *Ricardo als Begründer der theoretischen Nationalökonomie: eine Einführung in sein Hauptwerk und zugleich in die Grundprobleme der nationalökonomischen Theorie, zur hundertjährigen Wiederkehr seines Todestages* (11. September 1823), G. Fischer, 1924（阿部勇・高橋正雄譯『リカアド——その學説と批評』明善社、一九二八年）

Heinrich Dietzel, *Vom Lehrwert der Wertlehre und vom Grundfehler der Marxschen Verteilungslehre*, A. Deichert, 1921（渡辺信一譯『價値論の學說價値』日本評論社、一九三三年）

Jacob Harry Hollander, *David Ricardo: a centenary estimate*, Johns Hopkins Press, 1914（山下英夫譯『リカードゥ研究』有斐閣、一九四一年）

以上のリストから、この時代に日本語に翻訳されたイギリス古典派経済学者リカードについての主要な研究文献のうち、ドイツ語文献が過半を占めていたことが分かる。なお、アモンの著作の日本語訳が出たのは、彼が東京帝國大學經濟學部で講義を担当していたときであった（前述）。

日本における経済学のとりわけ理論的な研究において、現代から明治初期に時代を遡るほど外国語文献の翻訳がいっそう大きな意味をもっていた。右に三項目に分けてリストアップした翻訳文献は今から百年近くも前に刊行されたのであり、当時のリカード研究の進展状況を示す重要な手がかりと見てよいであろう。しかし日本には翻訳に関連してさらに別の事情が存在する。後発国としての日本は、先進諸国よりもはるかに短いタイムスパンで近代化を推進しなければならなかった。このことはまた、日本の社会のあり方やそこでの人間関係そして広くは文化一般が短い時間幅の中で激しい変動を繰り返したということでもある。言語（ここではもっぱら書き言葉としての日本語）も同様の変化にさらされ続けた。明治以降の近代化過程のこのような特性のゆえに、翻訳作業を研究と教育のための活動の一部とせざるをえなかった日本の経済学研究者は、彼らが作り出す翻訳語に関連して次のような問題ないし困難を抱え込むことになった。

すなわち、社会の短期的な変化とともに翻訳にもちいられる日本語そのものも激しい変化を続けたのである。

現代においてはどの世代にとっても、百年以上も前に書かれた明治時代の文章を読むことは容易ではなく、十分に理解するには特別な教養や訓練が必要である。また、終戦から半世紀あまりの今日、第二次世界大戦の前後の文章を比べてみるとそのあいだの相違は歴然としている。さらに、より小さい程度においては戦後の過去数十年間にもなお言葉の変化は続いている。つまり、少なくとも現在までのところ、日本では比較的短期間のあいだに（漢字や仮名の形・使い方といった表記においても、言葉遣いにおいても、また文章の構成法においても）言葉が古びてしまい、同じ時代に共存する世代間の文書によるコミュニケーションに大なり小なりの支障が生じる。たとえば、大学で使用するテキストの著者が、たとえ現役の大学教員であったとしても、そのテキストで学習をする若い学生の世代とある程度以上離れていると、学生がテキストの内容を理解する前にその日本語に大なり小なりの違和感を感じる、という経験を持つ教員は少なくないであろう。このことは、たとえある時代にその時点では比較的良いとされる翻訳が生み出されてもそれが長い間使用されるというわけにはいかず、しばらく時間が経つと新たな翻訳が必要となるということを意味する。

想定される読者の一部をなす専門研究者であれば多少の労力を払えばもちろん古い翻訳でも読むことはできる。しかしその場合でも、古くなった日本語の翻訳を苦労して読むよりも、外国語である原文のテクストが読めるのなら原文で読んだ方がよい、ということに往々にしてなる。右にリストアップした翻訳文献はすべてこの部類に属するといってよい。つまりこれらは現代では研究資料としての使用価値がほとんどなくなっているのである。マルクスやリカードなどの古典的著作はその後も翻訳が重ねられ、現在でも比較的新しい日本語訳で読むことができるが、(c)の研究文献の翻訳は昭和初期のものだけであり現在では事実上翻訳がないに等しい。フランスでは、リカードの『原理』の新しい翻訳（Ricardo, David, *Des principes de l'économie politique et de l'impôt, édition anglaise de 1821*, traduit par Cécile Soudan et al., GF-Flammarion, Paris, 1992）が刊行されるまで、一八一九年にF. S. Constâncio が作成した訳文に手入れをした十九世紀前半の刊本がおよそ一世紀半ものあいだ（その翻訳上の問題点はいろいろに指摘されつつも）流通していたが、このようなことは日本では考えられない。いずれにしても、外国語の学術文献の日本語訳は用をなす期間が比較的短いということが一般的に言える。現在利用可能なリカードの著作の戦後の日本語訳も、その多くは四十年以上前のものであり、日本でリカード経済学が廃れないのであれば新しい翻訳が遠からず必要となるであろう。

リカード文献の日本語訳（あるいはそもそもリカードについて日本語で書き記す）にあたって最初に直面する困難は、リカード当人の名前を日本語でどのように表記するかである。人名に限らず外国語で表記された固有名詞の発音を日本語で使われる文字（現在ではカタカナが普通）で表現することには一般的に困難がともなうが、その困難の大きさはケースバイケースで異なる。経済学史上の人物では、スミスやマルクスは日本語での表記が容易と考えられる例である。反対に Ricardo は日本語のカタカナによる表記が難しい（正確には不可能であろう）外国人名の代表格に属する。彼の場合はその姓も名も明治期以来現在にいたるまで恐らく十指に余るほどの書き方がなされてきた（本書に収録した研究文献の著者たちもそれぞれの表記法を採用している。収録にあたってこれらの表記法は元のまま残しておいた）。時代とともにしだいに少数の表記法に収斂して慣例化していく傾向を認めることはできるが、それでも現在にいたってもなお、スミスやマルクスの場合のような単一の表記法が確定しているとは言えない。

四　リカードの本格的な導入とその推進者たち

本節では、第二節の最後に名前を挙げた六人の経済学者の研究者としての経歴と仕事を、彼らのリカード研究に焦点を絞って個別に紹介する。紹介の順序は各人がリカード研究にかかわった時期を基準とする。本書は大戦間期の日本のリカード研究を紹介することを趣旨とするものであるが、次の二つの例外を含む。福田がリカードを扱った主要な論文を書いたのは二十世紀初頭の第一次大戦前（明治末期から大正初期）であったが、彼のリカードへのアプローチは早くもこの時期に二〇年代以降の研究のそれを先取りしており（詳しくは後述）、その歴史的な先がけとして位置づけうると考えられるため、最初に彼の仕事を紹介することにした。反対に、一九二〇年にリカード研究を開始した堀は、第二次大戦後もなおかなりの期間にわたってリカード研究を継続したが、それは戦前に開始された研究の延長であり彼の一九二〇年代の研究の特質（詳しくは後述）を色濃く保持しているので、堀という一人の研究者の仕事を戦前と戦後に分割して扱うのではなく、その内容から全体として二〇年代以降の大戦間期の産物と捉えるのが妥当と考えた。また、福田、河上、小泉の三人は、狭い意味でのリカード研究者ないし経済学史研究者としては捉えきれない幅広い活動を、生涯にわたってアカデミズムの内外のそれぞれの多様な分野で展開しており、没後も広い範囲に持続的なインパクトを残した。そして、半世紀から一世紀近く後の現在にいたるまで彼らの仕事と活動についての研究や著作がなお断続的に発表されている。以下の紹介で取り上げるのは、そのうちのリカード研究に関連するごく小さい一部分にすぎない。特に福田と河上は二十世紀の早い時期に日本へのリカードの導入に大きな役割を演じたとはいえ、この二人の研究経歴のなかでリカードに直接に触れる部分はわずかでしかなかった。

i　福田徳三

福田は高等商業學校（現在の一橋大学）をへて同校研究科を卒業した一八九六年に同校講師に就任した。文部省からの命令により一八九七年から三年間ドイツに留学し、主として当時ミュンヘン大学の教授であった新歴史

福田徳三
（1874–1930）
一橋大学附属図書館提供

学派のルヨ・ブレンターノ（Lujo Brentano）の下で研究に従事し、一九〇〇年に同大学で博士学位を取得した。*Die Gesellschaftliche und Wirtschaftliche Entwicklung in Japan* というタイトルの彼の学位論文は同年ドイツで出版された。そして同年に帰国するとすぐに同校教授に就任した。このように新任の若手の教官が欧米諸国に留学して帰国後すぐに教授に就任するというのは、第二次大戦前の日本の大学教員の多くにとって共通のいわばおきまりのパターンであった。本節で続いて紹介する福田以外の五人もまったく同じようにして教授に昇格している。福田は一九〇四年に、同校（一九〇二年に神戸高等商業學校――現在の神戸大学――の設置にともない東京高等商業學校と改称）の当局者との対立が原因で休職処分を受けた。しかし、彼は一九〇五年に知人の斡旋により慶應義塾大學部教授に就任し、一九一八年までその地位にあった。そして、一九一八年には東京高等商業學校教授に復職し、同校が一九二〇年に大學令によって東京商科大學に昇格した後は同大学教授となった。

福田は学生時代からドイツ歴史学派と共にマーシャルの経済学にも親しんでいた。ドイツ留学から帰国後の高等商業學校での福田の講義は留学中にブレンターノから受けた講義に依拠していた（Nishizawa 2012, p. 312-3）。また、彼のドイツからの帰国の直後にブレンターノがワグナーと共に出版した著作を翌年の一九〇二年に同学の關一（後に大阪市長）との共訳で出版している（第二節のiiを参照）。しかし、慶應義塾大學部に移ってからまもなく同大学部での講義のために執筆した彼の最初の主要著作『經濟學講義』（大倉書店、一九〇七年）は、マーシャルの『経済学原理』の主要部分を解説してそれに彼自身の補論を付したものであった。一九一〇年に慶應義塾大學部を卒業して福田の推薦で同大学部の教員となった小泉信三は、このころに学生として福田に師事した。小泉のリカード研究を含む経済学史研究は福田の影響の下に始められた（後述）。

福田のこの著作は彼の慶應義塾大學部在職中に何度も改訂を加えられ版を重ねた。また、マーシャルの原典は、福田が東京高等商業學校に復職してから、最初の弟子であった大塚金之助に翻訳させて福田自身が訳文を校閲した上で出版している。福田は多岐にわたる経済思想を研究しその成果を残しているが、その中心にはマーシャルの経済学が置かれていた。福田のリカード解釈には当然のことながらマーシャルのそれからの強い影響があった。本書で紹介する福田が残した彼の主要なリカード研究三点は、いずれも彼が慶應義塾大學部に在職していた時代に書かれたものである。この点から見れば、小泉は同大學部で福田からリカード研究を承け継いだと言えるかもしれない。

福田はロシア革命後の日本で勢力を強めていたマルクス主義や社会主義には対立する立場をとっていたが、しかし他方で彼はこれらについての自由な学問的研究そのものは容認・擁護するだけでなく、さらにこれに荷担しみずからもエンゲルスの著作を翻訳出版するというリベラルな思想家でもあった。この点で特筆すべきは、一九二〇年代に出版された最初の『資本論』全体の日本語版（前節のiiiに掲げた翻訳書リスト(b)を参照）が、福田の勧めで彼の間接的な弟子であった高畠素之の翻訳により実現したということである。福田自身もこの訳本の一部に校注を入れている。

さて、十九世紀の末に日本で社會政策學會が設立されたのは、福田が自分の出身校に教職を得たのとほぼ同時期のことであった。しかし、彼がこの学会で若手の中心メンバーのひとりとして本格的な活動を開始するのは、新ドイツ歴史学派の経済学者で講壇社会主義者でもあったブレンターノの下で学んだドイツ留学から帰国してからのことであった。彼は社會政策學會の内外で多くの学者と論争を繰り広げたが、特にほぼ同世代に属し福田と同様この学会の若手の中心メンバーのひとりであった河上とは、二十世紀初頭に両者の接触が始まってから福田が没する直前の一九二〇年代末までの長いあいだ、多様な問題をめぐって論争を繰り返した。特に一九二〇年前後からは河上がマルクス主義に傾倒していくにつれて論争は熱を帯びていった。福田は反マルクス主義の立場から河上を論敵としていたが、しかし、彼は河上が一九二八年四月に京都帝國大學教授の職を退いた直後に、「笛吹かざるに踊る」（新約聖書のマタイ福音書第十一章第十七節「笛吹けど踊らず」のパロディ。福田の母親はクリスチャンであった）と題した記事を『東京朝日新聞』紙上に発表して、学生を扇動したと見なされた河上の「言動に問題あり」という理由で辞職勧告を発して彼を辞職に追い込んだ、京都帝國大學総長の姿勢を痛烈に批判し、学問の自由・大学の自治の侵害に敢然と立ち向かい、論敵の河上を擁護した。

福田の経済学上の著作は彼の生前に編集・出版された『經濟學全集』（同文館、一九二五—九年）の全二三巻に集大成されている。雑多なテーマを含むこの厖大な業績について、真実は次のように述べている。「福田の博覧強記はかれの経済学の分野をきわめて広大にしたのみならず、かれの専攻分野をも不特定ならしめるという感が強かった。かれの諸論稿はその数が多数にのぼるのみならず、収録のたびに加筆訂正削除されるなどきわめて確定しがたい」（真実 1962, p. 152）。リカード研究を含む学史研究もこれらの多くの領域のうちの一つにすぎない。彼はおそらく日本ではじめて古典のテクストそのものに基づいた経済学史の研究スタイルを確立した。今日から見ればこれは当然のことであるが、しかし明治末期の時代までこの当然のレベルに達していなかった学問的後進国の日本ではひとつの画期をなした。そして、これは彼以後の研究の本格化・レベルアップに大きく貢献した。彼は、初めてリカード自身の原著作の直接的な研究に基づいて、リカードを自らの手で、同時代の欧米の二次文献に依拠することなく、学史の流れの中に位置づけようと試みた。彼はリカード研究を専門的・体系的に行ったわけではないが、広く日本の経済学史研究の歴史の上でその重要な前提の一つを作り出した。

また福田は、特に一九一八年から後の東京高等商業學校・東京商科大學の教授のポストにあった期間に、左右田喜一郎、赤松要、大塚金之助、大熊信行、高島善哉、杉本榮一、中山伊知郎、山田雄三をはじめとする、後の日本の経済学および隣接する社会諸科学の世界で多くのすぐれた学問的仕事を残した多数の弟子（現在の現役研究者の二〜三世代前の世代）を育て、「一橋アカデミー」と呼ばれる学問世界の頂点に君臨することになった。

ii 河上 肇

福田が活動したのとほぼ同じ時代（大正中期以降）に日本におけるマルクス経済学の導入に大きな役割を演じた河上は、また福田と同様にリカード経済学の日本への導入の歴史においても無視しえない存在であった。

河上は東京帝國大學法科大學の学生であったころからキリスト教の人道主義の影響を受け、産業革命を経つつあった当時の日本で拡大していた貧富の格差などの社会問題に深く関心を寄せていた。彼は後年にはマルクス主義者となるが、人道主義的な思想体質は生涯を通じて変わらなかった。このことが、マルクス主義をこえた広い範囲の人々が彼の著作と思想に共感を寄せた大きな要因となった。一九〇二年に大学を卒業してから大学講師や新聞記者などの職を経て、一九〇八年に京都帝國大學の講師となりその後の二十年間は大学での研究と教育に従事する。また、そのころには公開の年次大会を開催して時事問題についての討論を行うなど活発な活動を展開していた、当時の唯一の学会組織であった一八九七年設立の社會政策學會に加わり、五歳年上の福田とともに学会内の若手の中心となるが、労働運動組織への対応などをめぐる一九一九年の内部対立を契機に学会を去った（前述）。

河上 肇
（1876–1946）

第一次大戦勃発前年の一九一三年からヨーロッパに留学して、この時代の他の例にもれず帰国した一九一五年には直ちに京都帝國大學教授に就任した。一九一六年に「貧乏物語」を大阪朝日新聞に連載し、翌一九一七年に単行書として刊行した。マルクス主義者になる以前の河上のこの本は、当時ベストセラーになり河上を一躍有名にしただけでなく、彼の生涯における最も重要な著作となった。今日の日本でも河上の名はこの本と共に記憶されている。彼は本書で日本の急激な産業化にともなって深刻になっていた貧困化の実相を描きこれを告発したが、しかしその分析はマルクス経済学に立脚するものとは言えず、彼独特の人道主義の立場から金持ちに奢侈をやめさせることをもって貧富の格差を解消して問題の解決をはかることを主張した。しかしこれに対しては、福田や堺 利彦など当時の経済学者や社会主義者から多くの批判がなされた。

『貧乏物語』のなかにはスミスの名前は見いだされるがリカードへの言及はない。河上の本格的なマルクスの経済理論の研究およびこれにともなうリカードへの注目は、この著作以後の時期に属する。彼は一九二〇年代に入ってからマルクスの経済学上の著作（『賃労働と資本』、『賃金・価格・利潤』、『資本論』、『経済学批判』）の翻訳に従事した。また、日本で最初のリカードの著作の翻訳は、河上の指導下でリカード研究を開始したばかりの堀經夫によって、一九二一年に事実上は河上との共訳で出版された（本序論第三節のⅲの翻訳書リスト(a)の最初の項目）。同時に彼はマルクスの経済理論に基づいて、大学での担当科目であった経済原論と経済学史の講義用のテキストを何度も書き直した。一九二〇年代の彼の経済学上の著作のほとんどすべてはこういう経過のなかで生み出されたものである。こうした旺盛な執筆活動を通じて河上は一九二〇年代の日本におけるマルクス経済学ないしマルクス主義の普及に大きな役割を演じた。その最後の仕上げが、一九二八年四月に京都帝國大學教授の地位を退いた後に経済原論と経済学史を統合して出版した『經濟學大綱』（改造社、一九二八年十月）である。マルクス経済学者そしてマルクスを基準とする経済学史の研究者としての河上の到達点が、この書に集約されているといってよい。本書では、みずからの経済学と経済学史の研究の経過とその目的について河上自身が語っているこの著作の「序」の一部を紹介する。

他方、大学卒業後に一時新聞記者の仕事を経験したことのある河上は、翻訳や研究書の執筆と同時にジャーナリストとしても注目すべき活動を行っている。彼は一九一九年に個人雑誌『社會問題研究』を創刊して、さまざまな社会問題について理論的・実証的に論じた。創刊当初は彼はまだマルクス主義者というよりは『貧乏物語』の人道主義者であったが、二〇年代に入って彼が次第にマルクス主義に傾倒していくにつれて、この雑誌はマルクス主義の立場から時事的・理論的な問題にかんして論陣を張るようになった。一九三〇年まで十年以上続いたこの雑誌は創刊以後次第に広い読者を獲得し、多くの若いマルクス主義者を育てる上でこの時代でもっとも大きい影響をもった。

河上当人にとって、リカードはイギリス古典派経済学の流れにおける逸することのできない存在であったが、それ以上にマルクスとの関係において重要であった。リカードの経済学は、マルクスとの関係において重視されたとはいえ、河上が大学での講義の教材として書いた経済学史関係の著作のなかの一部として扱われているにすぎず、彼自身が専門研究の対象として取り上げたことはなかった。リカードの日本への導入における彼の役割はむしろ、弟子である堀と森に対してリカードの専門的な研究を指導し両者にともにきわだった成果を上げさせたことにあった。彼らがリカードの専門的な研究と翻訳を河上の指導に従って始めたのは、河上がマルクス経済学者として登場しはじめる一九二〇年以降のことであった。河上としては、リカードの重要性は十分に認識しつつも自分自身はマルクスの研究に集中して、リカードの専門研究は弟子たちに任せて一種の学問的分業としようと考えたのかもしれない。実際、一九二八年の『大綱』のリカードについての節の記述は、自分自身の研究によるよりもむしろ弟子の森が一九二六年に刊行していた研究書（後述）によっている。リカードを扱った下篇「資本家的經濟學の発展」の「第三章　マルサス及びリカアドウ」の第二節は、リカードの生涯と著作そして主著『原理』の主要理論の紹介をわずか三〇ページほどのスペースにまとめたものであり、叙述が粗略である上に価値論に関する主要論点は森の専門研究書の成果に依拠しており（河上自身がこの旨を六九三ページに注記している）、河上独自の見解を述べたものではないので本書での紹介にはあたらないと判断した。

彼は一九二八年にマルクス主義的な言論の廉で京都帝國大學を事実上罷免された（前述）。このころ日本共産党に接近し一九三二年からは党員として地下活動に入った。翌年に逮捕・投獄され、一九三七年出獄。それ以後は一切の公的活動から離れて自叙伝などの執筆を続け、終戦の翌年の一九四六年に逝去した。彼の著作のいくつかは戦前に中国語にも翻訳され毛沢東に影響を与えたと言われる。日本では彼の名は日本共産党を始めとする左翼勢力のあいだで戦後も長く記憶にとどめられ、なかば偶像化されさえした。また、河上が二十年間在職した京都大学では、彼の没後三五年以上を経た一九八二年まで京都帝國大學時代の河上を追想する「河上祭」が毎年催されていた。

彼の生涯は全体として見ると、経済学者あるいは共産主義者というよりも、むしろ博愛主義・人道主義の思想家としてのそれであって、マルクス経済学やマルクス主義とのかかわり共産党員としての活動も、このような思想家河上の生涯の中ではむしろ一経過点でしかなかったとも言える。終戦直後の河上の没後、彼はもちろん一方では戦前のマルクス経済学の導入者・普及者として高く評価され続けてきたが、現在にいたるまで日本国内で河上の生涯と思想を論じた著作物が絶えないのは、マルクス主義との関わりを越えた思想家として関心の対象であり続けているからであろう。

iii　小泉信三

小泉信三は福澤諭吉の直接の門下生であった信吉を父親にもち、その出生から全生涯にわたって慶應義塾と深い関係にあった。学生時代から小泉の能力を高く評価していた福田の強い推薦により、慶應義塾大學部を一九一〇年に卒業するとすぐに同大學部の教員となり、その二年後の一九一二年から一六年までヨーロッパに留学した。そして、福田や河上のように帰国後すぐに教授に就任し、福田がまだ在職中であった慶應義塾大學部でリカード経済学を講義した。小泉が同大學部に入学してから教授就任直後までの十年あまりのあいだ、福田徳三が同大學部で教授の地位にあり、小泉は彼の指導の下で学問研究をスタートさせた。彼が経済学史に関心を抱いたのは福田の薫陶によるものと思われる。この時代から彼の立場は福田と同じく自由主義を基調としており、その頃すでに少しずつ知られつつあったマルクス主義に徹底的に対立する立場を取った。小泉の経済学史研究は、この立場を経済学の歴史的研究を通してうち固めることも目的としていたと考えられる。堀と同じく一九二〇年頃から本格的な経済学史の研究を始めたが、彼が最終的に目指したのはマルクス経済学の理論的批判であった。彼がリカードを研究したのは、マルクスの経済理論を批判するという目的のために、その歴史的淵源にまで遡及して批判を徹底させるためであった。また、マルクスに対する批判的検討に備えるために、彼はその理論的拠点を求めてまず最初、マルクスの剰余価値論や地代論をマルクスに先行して提起したとされるロートベルトゥスの研究を行った。

小泉信三
（1888–1966）

福田と同じように小泉も、マルクスはリカード理論の欠陥を拡大再生産したにすぎず、J・S・ミルやマーシャルといったイギリス経済学の自由主義的な流れこそリカード経済学の正統的な継承者であるとする。経済学の歴史に対するこのような捉え方は小泉の経済学史研究に一貫していると言ってよい。だが、福田の場合とは異なって小泉にはドイツ歴史学派の経済学に関心を示した形跡はない。彼がヨーロッパ留学から帰国して次々と研究業績を発表し始めたのは、社會政策學會の内部の亀裂が表面化し歴史学派経済学もやや古くさいと受け止められ始めていた第一次世界大戦の末期であった。彼の社會政策學會とのかかわりは、帰国後つまり学会分裂の直前の時期にこの学会での報告をデビューの舞台とした（大内 1970、八八ページ）ことぐらいであった。またこの時代には日本はすでに欧米先進資本主義諸国との格差をしだいに縮小させつつあり、歴史学派経済学が従来から主張していた対内的・対外的な経済政策がアクチュアリティを失いつつあった。福田から多くのものを継承した小泉の学問的関心のなかでドイツ歴史学派が後退しているのは、両者のこのような時代的な落差によるものと思われる。

小泉の名は経済学の世界では戦前以来一貫してマルクス批判者の代表格として記憶されているが、彼の批判は、二〇年代初期のマルクスの基本的な経済学文献の信頼しうる日本語訳が出そろっていなかった時代に、ヨーロッパ各国語の原典を自ら読み解いてあらかじめ批判対象に対する深い理解を獲得するという、当時としては困難な作業を前提とした、徹底した内在的なものであった（それだけいっそう、反対陣営にとっては扱いにくい「やっかいな」論敵であった）。こうした立場に立つ小泉は、同じく同時期にリカードやマルクスについての研究を発表しつつあった河上肇やその弟子の櫛田民藏とも、特にマルクスの価値論の基本的な諸問題をめぐって雑誌上で激しく論争を行った。この論争により当事者たちの名前と仕事が注目されると同時に、マルクスへの一般の関心が一層高まった。しかし、この日本で闘わされた論争の構図は本質的に少し前の世紀転換期のヨーロッパでの論争の二番煎じにすぎず、新しい積極的な成果を生み出したとは言えない。小泉がベーム・バヴェルクに拠ってマルクスを批判すれば、河上や櫛田はベームに反批判を加えたルドルフ・ヒルファディングによって小泉に応酬するという具合であった。日本におけるマルクス経済学の研究が日本資本主義の現実に根差した真に創造的な成果を上げ始めるには、さらに十年後の日本資本主義論争を俟たなければならなかった。

ほとんど同時期にリカード研究をスタートさせた堀の場合と同様、小泉のリカード研究もリカードの理論に対する「正確で正しい」解釈を提示すると同時に、リカードのテクストそれ自体を「正確に正しく」日本語に移し替えて日本の読者に提示する、という二つの作業が不可分のものとして並行的に進められた。堀が河上の指導の下にまず最初に『原理』の部分訳を出版して、それから十分な時間を取って全訳を刊行したのに対して、小泉は最初に所属する慶應義塾大學（大學令により一九二〇年に旧制大学になった）の『三田學會雑誌』に『原理』の翻訳文を部分的に順次掲載しておいて、最後に一本にまとめて出版するという行き方を取った（本序論第三節のiiiの翻訳書リスト(a)の二番目と三番目の項目）。そして、堀も小泉も共に、『原理』の全訳刊行の翌年の一九二九年に、それまでの十年間近くのリカード研究の成果を著作として刊行している（堀『リカァドウの價値論及び其の批判史』岩波書店、小泉『リカアドオ研究』鐵塔書院）。堀の翻訳はその後の改訂を経て最終的に一九七二年に刊行されたスラッファ版『全集』の日本語訳第一巻として結実した（後述）。他方、小泉訳の『原理』は戦前の一九二八年から、戦後の表記の改訂をともなう訳文の手直し（一九五二年）を経て、一九八七年までの六十年間という長いあいだ岩波文庫に収められていた（その後は、岩波文庫の『原理』は戦後の日本のリカード研究に主導的役割を担った羽鳥卓也・吉澤芳樹の訳に改訂された。ただし現在はいずれの訳本も絶版となっている）。この翻訳の仕事により、小泉の名はリカードの主著の翻訳者としても長く記憶されることになった。

ただし、狭い意味での経済学史研究は小泉の研究者・思想家としての全経歴のなかのほんの短い一齣に過ぎなかった。彼は一九一〇年代末から一九六六年に没するまでの約四五年のあいだに厖大な数に上る論著を刊行しつづけている（没後まもなく刊行された彼の全集は二六巻全二八冊からなる）が、直接経済学史に関連する著作は『アダム・スミス、マルサス、リカアドオ 正統派經濟學研究』（岩波書店、一九三四年）が最後であり、この本が彼のこの分野での研究の集大成をなすと言うことができるであろう。つまり、彼の経済学史研究者としての経歴は三〇代から四〇代にかけての一〇数年ということであり、その後に彼が経済学史研究の世界にふたたび戻ってくることはなかった。終戦から五年後の一九五〇年に経済学史学会が創立されたが、本序論でその仕事を取り上げる日本人リカード研究者六名のうち四名（堀、小泉、森、舞出）は当時存命であった。この四名のうち堀と舞出は六名の創立発起人のうちに名を連ね、また堀・舞出・森の三人が創立時の会員リスト（約一二〇名）に名を連ねている。小泉一人だけが戦後新設のこの学会に当初から関与していなかったことになる。

一九一六年から慶應義塾大學（部）の教授であった小泉は一九三三年に慶應義塾大學塾長に就任し四七年までその地位にあった。この間一九四三年に彼は帝國學士院會員に任命された。一九四九年には当時の皇太子明仁（平成天皇、当時一六歳）の教育掛に就任し、戦後の新しい時代の帝王学を説いた。戦後も引き続き旺盛な執筆活動を続け反社会主義・保守派の論客として広く知られた。なかでも、戦後の東西冷戦の兆しが濃厚になり日本では労働運動が高揚していた四〇年代末の一九四九年に出版した『共産主義批判の常識』はベストセラーとなった。何度も版を重ね最後は一九七六年に講談社学術文庫に収録された。戦後の東西冷戦の時代に彼は西側自由主義のイデオローグとして確固たる地位を占めるとともに、対立し合う陣営からの毀誉褒貶にさらされることにもなった。なお、慶應義塾大学は彼の没後その業績を記念するために「小泉基金」を設立するとともに、この基金により「小泉信三記念講座」が実施され現在まで続いている。

iv　堀　經夫

(a)　一九二〇年代の研究とその特質

堀經夫は一九二〇年に京都帝國大學に新設されたばかりの經濟學部を卒業し同時に大学院に入学し、河上肇の指導の下に経済学史とりわけマルクスとリカードの研究に従事した。大学院に入学したこの年のうちに卒業論文をもとに『經濟論叢』に「マルクスの勞働價値論の根本命題」と「價値論上のリカアドとマルクス」という表題で合計五本の連続論文を発表した。堀がマルクスを主題的に論じた研究論文を発表したのはこの時限りであったとはいえ、このことから、彼のリカード研究が最初からマルクス研究によって先立たれこれを前提としていたことが分かる。いずれの論文も、今から見れば特に注目に値する独創的な見解を含んでいるとは言えないが、しかし、当時利用可能であった外国語（とりわけドイツ語）の研究文献を幅広く渉猟するとともに、まだ日本語訳もなく日本での先行研究もほとんどなかったリカードの原典や浩瀚な『剰余価値学説史』を独自に読解し分析しようとした若手研究者としての堀の力量を示すものと言ってよい。特に後者の論文は「わが国の本格的なリカァドウ導入史上における第一論文」であり「わが国の主流たる剰余価値学説史的手法をとった最初のリカァドウ研究」（真実1965、八ページ）と位置づけられる。翌一九二一年には、実質的に河上の主導の下に翻訳された「経済学の原理」の部分のみを含む『原理』の抄訳を出版している（本序論第三節のiiiの翻訳書リスト(a)の最初の項目）。一九二二年に東北帝國大學助教授に任ぜられる。その翌年の一九二三年から二五年までの約二年間文部省の命令で海外留学のため主としてロンドンに滞在する。この間、大英博物館での手稿類の筆写とロンドンの古書店での私費と大学予算による古本の収集を行った。帰国と同時に東北帝國大學教授に昇任した。二年間のこの外国滞在期間を挟む二〇年代の堀のリカード研究は、一九二九年に刊行された彼の最初のモノグラフ『リカァドウの價値論及び其の批判史』（岩波書店）としてまとめられた。

堀 經夫
（1896–1981）
関西学院大学
学院史編纂室提供

本書の全体は「第一篇　價値論及び價格論」と「第二篇　勞賃論」の二つの部分からなり、それぞれの篇の最後の章はそれぞれの主題についての「批判史」の叙述にあてられている。リカードの経済理論の中でも堀が特に「価値論」と「賃金論」を中心テーマとして取り上げたこと（この意味については後述）を別とすれば、本序論で紹介する大戦間期に日本人研究者が著した他のリカード研究書に対する本書の顕著な特徴は、この「批判史」の部分に存するといってよいであろう。前後二つの「批判史」だけで本書のおよそ三分の二のスペースを占めており、分量だけから見るとこの「批判史」は本書の付論というよりもむしろ中心をなすとも言えよう（逆に言えば、中心テーマのはずのリカード当人の価値論と賃金論を検討した部分は三分の一にすぎないということである）。この「批判史」部分の内容的に大きな特徴は、著者自身が後年述懐しているように、「第二流と申しますか、或いは大物と大物との間にあってそれをつなぐ役目をした小物と申しますか、そういった細かい人々をも取り扱ったこと」にあったが、これは「当時としてはあまり類例のない試み」（堀1973、一三ページ）であった。批判的紹介に付されている人物を具体的に挙げれば、第一部では、J. Mill, McCulloch, De Quincey, Torrens, Ramsay, Malthus, Bailey, Marx であり、第二部では、J. Mill, West, Ramsay, J. S. Mill, Samuel Read, Senior, McCulloch, Marx である。この中には必ずしも「小物」とは言えず当時もすでに広く知られていたと思われる人物も含まれている。特に第一部でも第二部でも最後に出てくるマルクスはリカードの理論の完成者として位置づけられている。つまり堀の「批判史」は、マルクスによって最終的にリカード理論の「欠陥」や「問題点」が「解決」・「克服」されるにいたるまでのさまざまな議論の歴史として描かれているのである。

しかしこのうちの多くについては、たとえ二次文献を通じて名前だけは知られていても、彼らのオリジナルテクストの内容はおそらく本書によって初めて日本の研究者たちに紹介されたであろう。当時の日本の学界に対する本書の貢献の大きな部分はこの点にあったと思われる。このような意義を持つ「批判史」の執筆を可能にしたのは、時期的に研究過程の中間に位置する二〇年代の中期に滞在したロンドンで堀が買いあさった古本（その多くはイギリス経済学史上の古典的著作）を帰国後に利用し得たことであった。福田徳三は、本書の刊行と同年の雑誌『改造』七月号に掲載された書評の中で、本書を次のようにきわめて好意的に評価している。「私は、この書を得て、日本の經濟學研究、必ずしも西洋の後塵を拝するものではない有力の左劵を得たことを喜ばざるを得ないものである。[…] 私は、著者が此書を外國文に譯出して汎く世界の学會に問われんことを切望する」。たしかに、Cannan, Diehl, Böhm, J. H. Hollander といった当時一流とされた欧米の経済学史家の研究を下敷きとした孫引きが通例とも言えるような時代としては、「批判史」は出色の成果と評価できるかもしれない。またこの「批判史」は、その後の日本における「マイナー」とされる学史上の存在（例えば Samuel Bailey）に対する関心（研究と翻訳）を促し、スミス、リカード、マルサス、マルクスといった「メジャー」な著者の理論と思想に対する理解の深化にも貢献したと思われる。しかし現在からすれば、このような堀の研究も所詮歴史的な興味の対象でしかないであろう。

先に触れたように本書は「第一篇　價値論及び價格論」と「第二篇　勞賃論」の二つの部分から構成されている。リカードの価値論を主題とする本書がこのような構成を持つのは、著者が賃金論を価値論と緊密な関係にあるものと見ていたからである。この点について堀は「序」の中で次のように言う。「リカァドウ學派に在っては、勞賃は「勞働（力）の價値又は價格」として論ぜられて居り、且つその故にこそ價値からの勞賃、利潤、及び地代の派生——言い換えれば、價値の分配——が説明され得るのであるから、勞賃論は一般價値論と共に利潤論及び地代論の前提としてこれ等とは別個に取り扱われるのが、却って至当であろう」（六ページ）。しかしリカードの『原理』の最初の数章の構成を見ると、価値論にすぐに続くのは地代論であり賃金論はその次に配置されていて最後に利潤論が来る。つまり賃金は他の二つの分配範疇である地代と利潤の間に位置しており、少なくとも各章ごとの主題の配置の順序からする限りでは、地代や利潤を説明するための前提として賃金論が価値論と特に緊密な関係に置かれているわけではない。にもかかわらず堀がこのように賃金論を重要視するのは、彼のリカード研究がその出発点からマルクスの理論を参照基準としていたことによると思われる。

『資本論』第一部においては、剰余価値論（資本主義的搾取の理論）が商品（価値）論と貨幣論に直続しており、剰余価値の発生の説明にとって、労働力商品の商品としての特殊性を明らかにすること、そして、その価値すなわち賃金がどのようにして決まるのかを示すことが、不可欠の前提とされている（剰余価値発生の説明の前に置かれた「第四章　貨幣の資本への転化」、「第五章　労働過程と価値増殖過程」を参照――現行第四版による章立て――）。マルクスは『資本論』第一部において利潤や地代とならぶ収入の一範疇としての賃金を主題として論じているわけではないが、剰余価値論を展開するのに必要な範囲内において賃金決定についても論じなければならなかった。さらにマルクスは、『資本論』第一部の最後の第七篇で資本の蓄積過程を論じる直前の第六篇を「賃金」と題して、労働力の価値の現象形態としての労働の価格（賃金）への転化などについて論じ、剰余価値論の締めくくりとしている。

堀がリカード価値論の研究において賃金論に特別な位置を与えたのは、価値論から剰余価値論へという『資本論』の理論構成を基準としてリカードの理論を考察しようとしたからではないかと思われる。彼はリカード理論における賃金論の位置づけに関連して明示的には『資本論』とその理論構成に触れてはいないが、このような賃金論の重視は、『リカァドウの價値論及び其の批判史』から三十年後の彼のリカード理論の研究の集大成ともいうべき『理論経済学の成立』（一九五八年、弘文堂）にいたるまで変わることはなかった。賃金論についての特に突っ込んだ検討を繰り返していることは、マルクスをそもそもの出発点としていた大学の卒業論文（その内容の詳細な紹介とそこでの賃金論の特別な扱いの意義については、田中敏弘 1991、二九ページを参照）から始まる、堀のリカード研究の全体を貫く顕著な特徴と言えるように思われる。

(b)　一九三〇年代以後の経歴。戦前の研究の延長としての戦後の研究

本序論で紹介する六人の研究者のうち、戦前にリカード研究においてまとまった成果をあげ、戦後もなおリカードに関連して研究史上有意味な活動を引き続き行ったのは、堀のみであった。他の五名のうち戦後もなお活動を続けた小泉・森・舞出のうち、小泉と森はすでに経済学史の分野から離れたところに身を置いていたし、舞出は戦後も引き続き経済学史研究者にとどまったものの、本序論で紹介する彼の戦前の仕事の到達点を乗り越えたり拡充したりするほどの業績を戦後に上げることはなかった。堀は固有の意味での研究活動においてだけではなく、戦後は学会や所属大学での要職を重ね、この点からも目覚ましい活動を続けた。最初の赴任先であった東北帝國大學の教授職を一九三二年に辞し、同年から終戦直後の一九四八年まで大阪商科大學（戦後は大阪市立大学と改称）の教授を務め、その後一九六六年に七〇歳で定年退職するまで関西学院大学教授の地位にあった。一九五五年から定年退職の年まで同大学学長を務め、定年退職の年には勲章を授けられるとともに日本学士院会員にも選出された。また、一九五〇年の経済学史学会創設時には創設会員の一人として常任幹事に選任され、一九五八年から一九六八年までの十年間同学会の代表幹事の地位にあった。

戦後における堀の代表的なリカード研究は『理論経済学の成立』（前出）である。この一九五八年の著作は、第二次大戦勃発直前の一九三八年に刊行された『經濟原論』（河出書房、名著研究文庫B―1。タイトルの下にはリカァドウと堀　經夫という二つの名前が上下に併記されているが、どちらも著者とも訳者ともされていない。本書が半ば翻訳書であり半ば研究書であるかのようである）の十年後の改訂版（『リカアドウ「經濟原論」解説』と題して堀書店より一九四八年に刊行）を、この直後に刊行されたスラッファによる『全集』の成果を取り入れてさらに改訂したものである。三度目のこの刊本ではタイトルも変更された上に「リカードの価値論と分配論」というサブタイトルが付されており、本書が扱うのはリカードの経済理論の全体ではなくその基礎である「価値と分配の理論」に

限ることが明記される形になっている。外国貿易・通貨金融・租税の扱いも、これに応じて旧版とは異なって極度に簡略化されている。本書は、元になった戦前の研究書（一九二九年刊）と概説書（一九三八年刊）の成果を生かして、一般向けないし学生向けにリカードの『原理』を解説するとともに、各重要論点をめぐる論争を背景とした著者独自の解釈を提示する、という形を取っている。こうした経過から本書では「価値と分配の理論」が中心に置かれていて、それ以外の理論領域に対しては最後にきわめて簡単に通り一遍の解説が与えられているに過ぎない。また、「価値と分配の理論」の中では賃金論に大きなウェイトが置かれている上に旧著からの大幅な加筆が行われており、本書全体のなかで賃金を扱った章のみが他と比べて例外的に大きくなっている。

これらの特徴はいずれも堀が一九二〇年代に河上の指導の下でリカード研究を開始したときからのものである。また、本書は戦後十年以上を経た時点での刊行物であるにもかかわらず、引用・参照されている研究文献は一九二〇年代以前のものばかりであり、その後の文献とりわけ戦後の日本国内外での研究についての言及はまったくない。新たに付加され利用されているのはスラッファの『全集』に含まれる資料のみである。自身の過去の研究の蓄積に依拠するだけではなく、新しい研究の動向を見極めた上で自らの過去の研究の見直しや展開をはかる、という姿勢は感じられない。こうしたことからも、戦後の一九五八年に刊行されたこの著作（ある意味では堀のリカード研究の総決算）は、戦後というよりもむしろ戦前の彼のリカード研究に属する（ないしその延長）と見なしうる。本書でもまたそのように扱った。彼の多くの著作物のうちから特に一九五八年の著書の「賃金論」の部分（第四章）を選んで収録するゆえんである。

(c)　スラッファ・インパクトⅠ

堀がすでに戦前の一九三八年に発表していた著作の事実上の第二回目の改訂版とも言うべき右の著作をこの時

点で刊行したひとつの大きな理由は、その直前の一九五五年にスラッファによる『全集』が事実上完結したことであろう。もともと堀はすでに研究の出発点から取り組んでいた『原理』の翻訳を、その各版対照を含む集注版として作成しようとしていた（本序論第三節のⅲの翻訳書リスト(a)の三番目を参照）。その彼にとって『原理』各版の完璧な比較対照を含むスラッファによる新版の出現は、それまでの自分の研究に見直しを迫る可能性を秘めたものと映った（堀 1973、一一ページ）。『原理』のみならずスラッファ版によって初めて公表された新しい資料（草稿、書簡、特に他者からのリカード宛ての書簡）も、自己の従前の研究の再点検の必要を感じさせるものであったと思われる。こうして改訂を加えられた「スラッファ版後」の堀のリカード研究には、確かに各所に新しい『全集』の編集成果が盛り込まれていると言ってよい。しかし、スラッファが『全集』第一巻に付した長大な序文に含まれる綿密で周到な独自の解釈に対しては、堀はまったく何も反応を示していない。堀に対して『全集』が与えたインパクトは、幾多の新資料の初公表とそれらを含むリカードの著作物に対する完璧とも言える編集に限定されていたように思われる。とりわけ、後に日本国内でも国際的にも大きな議論の対象となった「穀物比率論」という、おそらく当時はどの国の研究者にとっても極めて斬新（ないし新奇）と受け取られたと思われる独自のリカード解釈について堀は一言も述べていない。この穀物比率という物的タームでの剰余の測定を基本的な発想とするスラッファの主著『商品による商品の生産』の刊行は堀の著書の二年後のことであったから、スラッファが『全集』第一巻への序論で示した独特のリカード理論解釈の重大さが認識されなかったのであろうか。

スラッファの生涯における主要な学問的業績は、ほぼ完璧と評価されるリカードの著作集の編集と刊行、リカードの経済理論とりわけ「価値と分配の理論」に対する独自の解釈（『全集』第一巻への序文）、そして、これらすべてを基礎として積極説を展開した一九六〇年の主著、この三点に集約されるであろうが、堀が着目し評価したのは右に見たようにこのうちの最初の一点に限られる。スラッファの仕事に対するこのようなアプローチは、堀に続く戦後の日本のリカード研究においても多くの研究者がほぼ一般的に採用しているものである。スラッファの『全集』を高く評価しない者はいないが、しかし反対に彼の「穀物比率」解釈に対しては、長く戦後の日本におけるリカード研究を主導した羽鳥卓也（一九二二―二〇一二）をはじめとして多くの研究者が、主としてリカードのテクストの文献的な検討に基づいて、批判ないし疑問を提示している。しかしこのスラッファ批判はあくまでもリカードのテクスト解釈にかかわるものでしかなく、労働価値に替えて穀物比率という物的タームによって剰余を計測するというスラッファの発想そのものについての検討は、リカード研究の範囲を超えるものとしてリカード研究者が取り上げることはなかった。まして、スラッファの「穀物比率」解釈がこの発想を理論体系化した彼の主著と共に取り上げられるべくもなかった。多くの日本のリカード研究者にとってこのスラッファの主著は研究の対象とはみなされず、おそらく理解もされなかったであろう。

しかし、リカード研究者たちのあいだでの受け止め方とは対照的に、この著書は早くもその刊行の二年後の一九六二年に菱山 泉と山下 博によって日本語訳され刊行されている（菱山はまた、一九五六年にスラッファの一九二五年と二六年の論文を『経済学における古典と現代――新古典学派の検討と独占理論の展開』と題して一冊にまとめて翻訳・刊行している）。菱山（一九二三―二〇〇七）は日本では、ケネーやリカードといったマルクス以前の古典経済学の研究者としても知られていたが、むしろそれ以上にポストケインズ派を含むケンブリッジ学派またヴィクセルといった、マルクス以後のしかもマルクスとの関係がほとんどない二十世紀の経済学の研究者とみなされていた。日本では戦後かなり長い期間にわたって、マルクスに直接的にも間接的にも繋がらない十九世紀後半以降の経済学は、新古典派もケインズもシュンペーターもポストケインジアンもおしなべて「近代経済学（近経）」と呼ばれ、マルクス経済学に対立するものと見なされていた。このような見方は現在では少なくなりつつあるとはいえ、なお一部には根強く残存している。したがって、菱山のようなタイプの研究者は、その多くがマルクス経済学の素養を背景に持っていた二十世紀後半のある時期までの日本のリカード研究者とは一線を画する存在とみなされがちであった。こうして、スラッファが主著を出版した一九六〇年以降、リカードのテクスト研究とは直接に係わらない彼の仕事は二十世紀の「現代経済学」の一部として、「近代経済学」研究者のうちの少数者たちによってほそぼそと議論されてきたにすぎない。

少なくともこれまでのところ、日本では経済学史の研究対象としてリカードが取り上げられる場合、スラッファのリカード解釈は批判の対象であってもリカード研究に積極的な影響を与えることはなかった。これは戦後の日本のリカード研究が、特に六〇年代から研究をスタートさせた世代に属する「ネオリカーディアン」と呼ばれるヨーロッパの研究者たちによるそれとは大きく異なる点と言えるかもしれない。この問題はしかし、戦前の日本でのリカード研究についての紹介を趣旨とする本序論の範囲をはみ出すので、ここまでの簡単な指摘にとどめておき、本格的な議論は戦後の日本のリカード研究を扱うこととなる別の機会に委ねることにしたい。

(d)　スラッファ・インパクトⅡ

堀はスラッファが『全集』の準備に取りかかった比較的早い時期から、彼との書簡のやりとりを通じて『全集』の編集過程や刊行予定についての情報を得ていた。一九五一年から『全集』の刊行がはじまると堀は刊行途中の一九五三年にスラッファにその日本語訳を申し入れて承諾を得ている（堀 1973、一八ページ）。『全集』が索引を主体とする第十一巻を除いて完結したその二年後の一九五五年には「日本語版『リカードウ全集』刊行委員会」を組織して、翻訳・刊行の計画を立てている。委員会の構成メンバーは末永茂喜（一九〇八―七七）、鈴木鴻一郎（一九一〇―八三）、中野正（一九一二―八五）、杉本俊郎（一九一三―二〇一一）、玉野井芳郎（一九一八―八五）、堀経夫（一八九六―一九八一）の計六名であった。堀以外の五名はすべて堀よりも一回りから二回り近くも年下である。しかし彼らは終戦時には二五歳から三七歳であり、彼らの研究者としての基礎的教育および初期の研究活動は戦前期に属する。『全集』の日本語訳は、堀を含めて全体として戦前期の研究者による企画とみなすことができる。

だが実際の翻訳作業と刊行の実現にはこれから十年以上の時間を要し、一九六九年から七五年のあいだに第五巻（議会での演説と証言）と第十一巻（総索引）を除く九巻が邦訳され雄松堂出版から刊行された。そして、一九七八年には第五巻また一九九九年には最後の第十一巻が刊行されて、スラッファによる『全集』の全巻が日本語に移された。最後の二つの巻を除けば、『全集』のほぼすべてが六〇年代末から七〇年代半ばまでの数年間で日本語訳されたことになり、翻訳刊行の速さの点からもその時期の点からも世界に例を見ない壮挙と言えるかもしれない。この大規模な翻訳事業の完遂によって、戦後の後続世代の研究者たちが大きな恩恵に浴し、その後の日本のリカード研究が大いに進展する条件を与えられたことは、言うまでもない。全巻の翻訳を担当したのはすべて前記の編集委員会のメンバー六人のうちのいずれかであった。メンバーのうちのほとんどは『全集』邦訳からまもない一九八五年までに他界している。この意味では、翻訳の実現は終戦から四半世紀を隔てた一九七〇年前後のことであったとはいえ、『全集』の邦訳刊行の事業は、戦前世代の研究活動の最後の余勢によってもたらされた、彼らによるリカード研究の「最後の総仕上げ」と位置づけることができるかもしれない。

これは堀にとっても同様であろう。堀はこの『全集』のうちおそらくもっとも重要な第一巻の『原理』の邦訳を担当している。その完成は、十余年前に刊行した『理論経済学の成立』と相まって、リカード研究者としての堀が一九二〇年の出発時から企てていた仕事の終着点をなすものと考えられる。堀のケースに限らず、これは、欧米の学説史上のある特定の人物の主要著作物の「正確で内在的な理解」を提示する研究とそれらの正確な日本語訳との刊行をもって、自己の経済学史研究の目指す最終目標とする、ある時期までの（あるいはなお現在まで続く）日本の経済学史研究のある主要なパターンのひとつを示していると言えるのではないだろうか。

V　森耕二郎

森耕二郎は一九二二年に京都帝國大學經濟學部を卒業した後に大学院に入学し翌々年の一九二四年に同大学講師となった。その間主として河上肇の指導を受けた。一九二八年九州帝國大學法文學部助教授となり、一九三一年から欧米諸国に留学し帰国して直後の一九三三年に教授に就任した。そして一九五八年の定年退官までその地位にとどまった。終戦から五年後の一九五〇年に東京大学経済学部教授の大河内一男（一九〇五―八四）を中心に、関東大震災の後に自然消滅していた社会政策学会が設立されたとき、発起人に名を連ねた。また、ちょうど同年に堀経夫などを中心に経済学史学会が創設された際には発足時会員となった。

森耕二郎
（1885–1962）

森のリカード研究は、京都帝國大學で河上肇の指導の下で始められた。同じく河上の下ですでに堀が森よりもやや早くからリカード研究に着手しており、森は堀（および堀とほぼ並行的・競争的にリカード研究を進捗させていた小泉）を後追いするように仕事を進めたものと思われる。後発であった森は堀や小泉を上回るテンポで研究成果を所属大学の『經濟論叢』に一九二四年から続々と公表していった。彼のリカード経済学研究は、師である河上や堀と同じく、マルクスの『資本論』と『剰余価値学説史』を基準としてリカード理論の歴史的意義を評価ないし批判しようとするものであった。彼が右の諸論考で中心的テーマとして選び突っ込んで論じたのは、堀の場合と同様にリカードの価値論と賃金論であった。これはもちろんマルクスの理論体系において価値論と剰余価値論が強い結びつきの関係にあることに由来するものと思われる。また、森は一九二五年に提出した社会政策を主題とする学位論文以来、経済学史研究と共に社会政策にも関心を抱いており、彼が価値論とならんで賃金論に関心を寄せたのはこのような研究経過とも関係していると思われる。

森は、一九二四年から開始したリカード（ないしリカードを含む経済学史）研究の成果を、先発組の堀と小泉にやや先んじて、『リカアド價値論の研究』（一九二六年、岩波書店）と『勞賃學説の史的發展』（一九二八年、弘文堂）という二冊の著作にまとめて刊行した。これらのモノグラフは、堀が一九二九年に刊行した『リカァドウの價値論及び其の批判史』の前半と後半で扱っているのと同じテーマを、二つの著書でそれぞれ独立に論じたものと見なすことができるかもしれない。ただし後者の著作は、前者のようにリカード経済学についての特殊研究というよりも、表題に示されるとおり賃金論の学説史的研究であり、そこではリカードはたしかに大きく取り上げられているとはいえ賃金論史の中の一段階をなすものでしかない。この意味では、後者の著書は前者のようにリカード経済学についての専門研究書とはやや性格が異なると言えよう。前者は、「堀・小泉をも含めた当時のリカァドウ研究における最高水準としての声価をかちえた」（真実 1965、一七ページ）。

前述のように、彼は二冊目の著作を刊行した一九二八年に九州帝國大學法文學部助教授に就任した。そこで受け持っていた講座の関係から、彼はこの年以降リカード研究からも経済学史研究からも離れて、もっぱら社会政策にかかわる諸問題の研究に従事することとなった。大戦前に画期的なリカード研究の業績を残した森の研究が、狭い意味での経済学史やリカードと専門的な関わりをもったのはほんの数年のことでしかなかったのである。

vi　舞出長五郎

舞出長五郎は、一九一七年に東京帝國大學法學部政治科を卒業し、同大学院の特選給費学生を経て一九一九年に經濟學部が新設されると同時に同学部で経済学史担当の助教授に任ぜられた。彼の本格的な学史研究はこの時から始まるはずであったが、翌一九二〇年から経済学研究のために二二年まで主としてドイツに留学し帰国直後の一九二三年に經濟學部教授となり、一九五二年三月の定年退官までひきつづき同教授を務めた。東大定年後は学習院大学教授となり、没年（同大学の定年退職の年と重なる）までそこで教育・研究に当たった。大戦前・大戦中の同学部では、森戸事件（一九二〇年）、人民戦線事件（一九三七年）、そして、平賀粛学（一九三九年）といった学問と思想の自由を弾圧する当時の動きのなかで、教官のうちマルクスやマルクス主義に直接間接に関係する研究を行っていた者さらには自由主義者とされた者までの相当数が事実上の追放処分を受けた（多くは終戦直後に復職）が、舞出は彼の研究テーマからしても論著の内容からしても同期間中にこうした処遇の対象となり得ていたにもかかわらず、一度も大学を追われも去りもしなかった少数の例外の一人であった。大学にとどまっていた彼は、終戦直後の時期に、戦時中に軍部の力によって大学のポストを追われたスタッフの復職や、復職したスタッフを加えた戦後の東京大学経済学部の再建のために、学部の中心となって尽力した（大内1970、三五二―四ページ）。

一九二二年にドイツ留学から帰国したばかりの舞出は、ドイツで『資本論』などの原典から直接に学んだマルクス経済学の知識と、留学中にインフレ下のドイツできわめて有利な条件で買い集めた多数のマルクス文献を新設の経済学部に持ち込み、彼の後輩にあたる当時の若手の教官たちのあいだにマルクス経済学に対する関心を広める上で最初の大きな役割を演じた（大内1970、一九三―四ページ）。山田盛太郎（一八九七―一九八〇）、有澤廣巳（一八九六―一九八八）など、後に著名なマルクス経済学者として知られることになる若手の研究者たちがこのころ同大学で助手を務めていた。一九三〇年代の日本資本主義論争における「講座派」の総帥

舞出長五郎
（1891–1961）

となる山田がマルクス経済学者として最初に発表した論文はこの時期に書かれている（「價値論における矛盾と止揚」『經濟學論集』第四巻第四號、一九二五年）。また、舞出と同年に助教授となったやや年長の大内兵衞（一八八八―一九八〇）も、ベルリン留学中そして帰国後も舞出からマルクスの経済学を本格的に研究するきっかけを与えられたと述懐している（大内 1970、九六ページ）。舞出は、一九二〇年代はじめの新設の經濟學部の中でマルクス経済学の勢力の拡大に大きな役割を演じた。東京帝國大學經濟學部は、河上が教授をしていた京都帝國大學經濟學部とともに、この時代の日本のマルクス経済学の拠点ともなり、学生をはじめとする知識層や一般社会に大きな影響を与えた。もちろん、当時は日本のアカデミズムの内外にわたってマルクス主義が急速に普及していたのだから、舞出の役割はこのような動向全体の一部と考えなければならないであろう。それはともかく、舞出にとってはリカードの前にマルクスがあったのであり、彼のリカード研究は最初からマルクスとの関係を抜きには考えられないものであった。

舞出のリカード研究を含む経済学史研究は、彼が経済学史の講義を担当することとなった一九二四年から本格的に開始され、それ以後の毎年の講義の繰り返しの中で長い時間をかけて彫琢を加えられていった。またその目的はひたすら所属大学での職務（講義と講義のための研究）をまっとうすることに置かれていたように思われる。彼のキャリアの当初からのこのような研究スタイルは終生変わることはなかった。そのため彼の発表した著書・論文の数は比較的少なく、しかもそのうちの多くは似たようなタイトルないしテーマのものであった。また、こうして生み出された研究成果の一応の総決算と見られる『經濟學史概要　上卷』（岩波書店、一九三七年。その「序」の冒頭には、「本書は、東京帝國大學に於ける經濟學史講義の稿本の一半であり、学生聽講の便宜のために上梓するものである」と記されている）以降の刊行業績は、少数である上におしなべてそれ以前のものの単なる焼き直しにすぎない。したがって、彼のリカード研究の大要を理解するには、この著書でリカードを扱った第五章、そして、この第五章を含む彼の学史研究の出発点となったその十数年前の最初の講義の記録をもとにして発表された「リカード分配理論概説」(『經濟學論集』第三巻第三號、一九二四年)を取り上げれば足りると思われる。先に見たように舞出にとっての経済学研究の出発点はマルクスであったので、右の一九二四年発表の論文で、経済学史研究の最も重要な拠り所がマルクスの『剰余価値学説史』に置かれたのはごく自然の成り行きだったであろう。しかしまた、単にそれだけではなかったことは、大戦間期特にその初期の研究としては例外的に、リカードの『原理』の全体的な理論的構想との関わりにおいて、Gonnerの編集により直前の一九二三年に刊行された『利潤論』(in Gonner 1923、本序論26ページ、pp. 223-53)を取り上げてその利潤理論を『原理』のそれと比較検討している(十数年後の右の著作でもリカードの利潤理論の検討にあたって同様の論点が取り上げられている)ことにも示される。

一九三七年刊の『經濟學史概要　上卷』は全七章からなり重商主義からJ・S・ミルまでの時代を扱っており、リカードは本書の第五章「デギッド・リカアド」において論じられている。真実1965によれば、本書全体の構成は舞出の一九二三年の初講義の稿本のそれとほぼ同じである。つまり彼の研究は、出発点から一貫して大学での経済学史の講義と不可分に企てられ、長い年月をかけて徐々にこの最終成果にまでたどり着いたのである。彼の刊行物について残された記録による限り、この期間を通して(またその後も)彼はほぼこの一つの作業のみに専心していたものと見られる(この「上卷」から六年後の一九四三年に経済学史研究の副産物としての『理論經濟學概要』が岩波書店から刊行されている)。なお、タイトルに「上卷」と付されていることから、当然「下巻」の刊行が予定されていたのであろうが「下巻」は刊行されなかった。

「上巻」では「第一章　重商主義」から最後の「第七章　ジョン・スチュアート・ミル」までの時代の経済学の歴史が扱われている。「下巻」の内容として予定されていたのは、当然J・S・ミルから後の時代の経済学だったのであろう。しかし、戦争が近づいていた一九三七年以降の時世の中で、マルクスその他の社会主義思想を含む予定だったとすれば、「下巻」の刊行は事実上不可能であった。それだけでなく、「上巻」の中で特にマルクスとの関連の深いリカードを扱った章でも、マルクスの理論・思想に則っていることが実際には明らかである箇所でもマルクスの名前は伏せられており（巻末の文献目録においても同様）、また、（搾取、剰余価値といった）マルクス経済学特有の用語の使用は極力抑えられている。マルクス主義が「国禁の思想」とされた一九三〇年代後半から第二次大戦中の「暗い時代」にも細々と研究を続けていた日本の古典派経済学研究者の多くは、このような形で著書や論文を発表することを余儀なくされた。また彼らのうちには、こうした形での研究発表に替えて、まだ日本語訳の存在しなかった経済学史上の第一次文献の翻訳にいそしむ者も少なくなかった。実際、マイナーな文献も含めて相当数の経済学史上の古典がこの時代に初めて日本語に訳された。残念ながらその多くについては、現在においてもなお、戦前のこの時期の日本語訳が存在するのみである。

結局『經濟學史概要　下巻』を刊行しなかった舞出が、大戦末期に近づきつつあった六年後の一九四三年に刊行した『理論經濟學概要』は、マルクスの経済学説は「全體的に誤謬であった」（舞出 1943、五一ページ）とし、資本家の手腕に企業収益の源泉を認め労働価値説を否定する立場をとっているが、これは、彼のマルクス経済学者としての立場とも、『經濟學史概要　上巻』でのリカード解釈とも、また終戦後の彼の少数の著作物におけるリカードやマルクスに対する立場とも、相容れない。大内兵衛は、全体としては本書を高く評価しつつも、これを本書の「欠点」（大内 1970、二九八ページ）とし、その由来を第二次大戦中の日本の経済学界でマルクスに替わって流行した同じドイツ語圏のシュンペーターの経済学に求めている。このような評価の妥当性はともかくとして、舞出のこの著作はファシズム下で弾圧を免れようとした「マルクス経済学」のひとつのあり方を示しているのかもしれない。

ところで、戦後になってから舞出が発表した論文は、一九五二年三月に六〇歳で東京大学を定年退官して学習院大学に再就職した翌々年の一九五四年に同大学紀要に発表した「マルクスとリカァドウ——地代論、価値論及び蓄積論を中心として」のみであった。日本の大学では、大学に新たに奉職した教員は着任後まもなくその大学の当該学部の紀要に少なくとも一本は論文を（いわば就職挨拶論文として）寄稿するという慣わしのようなものが存在したが、舞出の本論文も恐らくそのような趣旨で執筆された唯一の論文であったと思われる。ただしその内容は戦前の若い頃からの彼の研究に含まれる内容の単なる反芻でしかなく、本論文執筆のための新たな研究の成果を盛り込んだものではなかった。真実はこの論文を評して「老大家の余燼とも言うべきもの」と言っている（真実 1965、三一ページ）。また舞出が定年後に新たに刊行した著書としては、後任者の横山正彦（一九一七—八六。同大学卒業から五年後の一九四六年より七八年の定年退官まで同助教授・教授として舞出の退官後も長い間戦後の東京大学で経済学史を担当する。戦後の日本で活動した幾多のマルクス経済学者や古典経済学史研究者——そのうちの数人はなお現役——を育成したが、定年退官後の東京大学に経済学史担当の後任者を残すことができず、同大学経済学部にはすでに四十年近くものあいだ経済学史担当の専任教官がいない）との共著『経済学史』（一九五五年、弘文堂）があるのみである。この書の第六—八章が戦前に予定されていながら結局出版されなかった『經濟學史概要　下巻』の内容に相当すると考えられる。「あとがき」に両著者が記しているところによれば、第五章までは舞出の戦前の著書の内容を横山が要約したものである。また、リカードからマルクスまでの社会主義的傾向の経済学（第六章）とマルクス経済学（第七章）は横山の筆による。最後の第八章はドイツ歴史学派を扱っている。

舞出の学問的キャリアを全体として眺めてみると、彼は、リカード研究に関してはたしかに、大学の講義との往還を繰り返しながら十数年という長い年月をかけて彫琢された成果を仕上げるという「長期粘着型」（真実 1965、一五ページ）であったと言えるであろう。しかし、彼は研究者としてはかなり短命な部類に属すると言わなければならない。リカード研究を含む経済学史の通史を書き上げるという作業がひとまず完了してしまうと、同一テーマの延長にせよ別のテーマへの着手にせよ、その後に新たな研究の展開を図るということはなく、第二次世界大戦と戦後の混乱という困難な時期と重なる四〇歳代半ば以降の二〇有余年のキャリアの中で、新しい研究成果は実質的に皆無であった。

五　大戦間期のリカード研究から——本書に収録する研究文献

i　福田徳三（明治末期から大正初期——一九一〇年前後——の三論文）

「リカルドの地代論よりマルクスへ」（一九〇八年五月一六日の中央大學での講演「地代新論」の要項）

本論文での福田の記述から、明治末期の日本においてリカードやマルクスがどのように認識されていたのかの一端が垣間見えるのかもしれない。本論文はリカードやマルクスといった、当時としてもすでに過去の時代に属する経済学について地代論を切り口に論じたものである。この論文から、福田が同時代にいたるまでの欧米の経済学の動向・流れにかなりの程度通じていたことが伺われる。福田は、彼らの経済学を性格づけるにあたって、リカードもマルクスもともにユダヤ人であったことを重視している。特にリカードについては、その自由貿易論、地代論を彼のユダヤ的性格と結びつけようとしている。しかし日本人ないし日本の学者にとってはユダヤ人問題は非常に疎遠なものであり、彼もこの問題をまったくのよそ事として観察している。他方、地主階級の利害が社会全体の利害に反するというリカードの地代論の社会主義的インプリケーションをもって、ここにリカードとマルクスとの繋がりを見ようとする。これは、リカードの地代論は地主階級を弁護するものだとした後の河上の解釈と正反対である。しかし、リカードは土地所有を問題視するところまで行かなかったが、ここまで行ったのはマルクスである、という意味で福田は両者のあいだに継承関係を見ようとする。

「價値の原因と尺度とに關するマルサスとリカルドとの論争」(初出『國民經濟雜誌』神戸高等商業學校、現神戸大学、一九一二年)

本論文で福田はスミスの源流から分岐した二本の流れとして学史の大筋を捉える。マルサスとリカードの価値論上の対立は百年前からいまだに未決の問題を含む。オリジナルに立ち返る学史研究の意義を強調する。このような研究のスタンスは福田によってようやくこの時期に確立され、日本における研究を本格化させた。この論文が明治が終わって大正に入った年に出ていることは象徴的である。福田は引用にあたってリカードについてもマルサスについても、どの程度の厳密さであったかは別として、逐一原典の各版対照を行っている。リカードの『原理』初版から第三版にかけてのテクストの変遷を追い、十九世紀末にBonarやJ. H. Hollanderの手によって編集・刊行されていたマルサス、マカロック、トラゥア宛の書簡を参照して、リカードが労働価値論からJ. S. Mill流の生産費価値説に接近したと主張する。マーシャルのリカード解釈を妥当と認めていたのであろう。この時にはすでにHollanderの一九一四年の著書(前出)の原型となった研究論文も発表されていた。また、マルサスについてもその『原理』の初版と第二版を対比して両者間の相違に注目している。一八二七年の*Definitions*および没後の三六年に出た『原理』第二版における価値の原因(cause)と尺度(measure)の区別に着目している。福田によれば、スミスもリカードもまた以前のマルサスも一様にこの二つを混同していた。リカード晩年の価値論における費用論的傾斜を徹底させて費用価値論を確立したのがJ・S・ミルである。効用理論はこれに対するアンチとして起こったとし、この両者の対比が本論文後半のテーマとなる(この論文では福田はutilityに対して「効用」ではなく「利用」という訳語を充てており、この訳語をめぐる河上との論争にも触れている。この当時はまだutilityの訳語が固まっていなかったのかもしれない。このため福田は、十九世紀前半までの主流であった「費用学(理論）」に代わって出現した今日に言う効用理論を「利用学」と呼ぶ）。経済学におけるリカードとマルサスの後世における受け止められ方の相違について論じ、リカードとは対照的にマルサスは経済学者としては顧みられなかったという。その一因は人口論学者として有名になりすぎたことにある。また、マルサスは意見の変化が大きかったこと、そして、彼の文章が難解であったこともその原因である。最後に、「鋏の両刃」のたとえを引用して、マーシャルの効用価値論と費用価値論の統合論（『経済学原理』第五篇「需要、供給および価値の一般的関係」第三章「正常な需要と供給の均衡」）を高く評価している。しかし福田は折衷説からは距離を置き、結局効用説と費用説の折衷も効用理論そのものも棄却して、ではどうすべきかという問いかけをもって本論文を終えている。

「リカルド經濟原論の中心問題」（初出『國民經濟雜誌』神戸高等商業學校、現神戸大学、一九一三年）

福田は本論文で、リカードの主著を理論の体系と捉えその中心が何かを探ろうとする、明治期までのリカードの受け止め方とはまったく異なるアプローチを示している。価値の根本原理の適用としての分配の問題がリカードの『原理』の中心問題であるとする。価値論はそれ自体としてではなく分配論の基礎であるからこそ意味があり重要なのである。リカードが『原理』の冒頭に掲げた労働価値論の命題の重点を、価値がもっぱら生産過程において定まり分配過程（とりわけ賃金の高低、騰落）は価値決定にはかかわらないとした点に求める。これは、ただ単なる労働量による価値の決定から一歩踏み込んだ読みである。また、価値決定の分配からの独立性を見落とすと地代論の理解も誤ると言う。このような立言は、日本においてこの時代までリカードの理論のうち地代論が単独で比較的多く取り上げられていたことを意識したものであろう。その取り上げられ方の不適切さを価値論の理解にまで遡って解明しようとする点に、本論文の当時としての斬新さがある。福田が明治末から大正初めの時期にリカード経済学の基本性格とその学説史的位置づけについて先駆的な業績を残したのは、彼が広く欧米の経済学文献を渉猟し経済学の流れについてこの時代の日本の研究者としては卓抜した認識を有していたからと思われる。リカードの理論において生産が価値決定に占める位置の大きさとは対照的に、彼の生産論そのものはきわめて単純明瞭でとりたてて多くのスペースを割いて論じるべき内容はなかった。これが彼の生産重視の理論の性格を見誤らせる根本原因だと福田は言う。彼は、『原理』第一章後半の価値修正論と価値尺度論、そして第二章から第六章までのそれぞれにおける最初の原則の適用の差違を論じ、これをもって経済理論の本体とする。リカードの経済学とは「價値の根本原則の分配（および交換）行程上に於ける運用の研究」に他ならない。

（以上の三論文とも本書収録にあたってはすべて『經濟學研究』後編、同文館、一九二〇年、に再録されたテクストを用いた）

ii　河上　肇（『經濟學大綱』改造社、一九二八年、「序」からの抜粋）

本書は上篇（「資本家的社會の解剖」と下篇（「資本家的經濟學の發展」）からなり、それぞれ河上が本書刊行と同年の四月に京都帝國大學を辞職するまで同大学で行っていた経済原論と経済学史の講義ノートがもとになっている。リカードについては下篇第三章の第二節で論じられているのみであり、河上の経済学研究の集大成とも言うべき本書におけるリカード論のこのような小さな比重（九〇〇ページ中三〇ページ）は、そのまま彼の経済学研究におけるリカードの位置を表しているといえるであろう。にもかかわらず、河上が大正後期から昭和初期にかけての日本におけるリカード研究の興隆に大きな役割を演じえたのは、この時代の彼のマルクス経済学研究の絶大な影響力によるところが大きい。リカードはマルクスとともに、マルクスの最も重要な学説史的源泉としていわばマルクスの影として、読まれ研究された。河上自身はリカードを自分では専門的研究の対象とすることはなかったが、しかし、彼にとってリカードはマルクスを研究する上で常に最も重要な存在の一人と考えられていたはずである。であればこそ、彼がマルクスの理論への傾斜を深めていた一九二〇年代はじめに、京都帝國大學での彼の有能な弟子たちにいわば自分に代わってリカードの専門的研究を担うべく指導して、本序論でも取り上げた堀經夫や森耕二郎といったその時代の代表的なリカード研究者を育てたのである。戦前期の日本でのリカード研究の進展に果たした河上の役割は、自らの研究成果によるというよりも、このような教育者としての間接的なものであった。そこで本書では、河上の経済理論と経済学史双方の研究の「総決算」とも言うべきこの著作のうち、直接的にリカードを論じた部分ではなくこの「総決算」にいたるまでの過程について自ら語っている「序」の一部を抜粋して紹介することにする。ここには河上の学究者・思想家としての人となりや彼の思想的遍歴をともなう研究の経過、また、経済理論と経済学史の研究に彼がどのような意義を見いだしていたかが、簡潔に示されており、彼の指導の下でリカード研究に取り組んだ弟子たちの仕事のメンタルな背景の一端をうかがい知ることができるように思われる。

iii　**小泉信三**（「デギッド・リカアドオの經濟學」（同著『アダム・スミス・マルサス・リカアドオ　正統派經濟學研究』岩波書店、一九三四年、の同タイトルの第三篇からの抜粋）

小泉のリカード研究は堀と同じく一九二〇年代を通じて集中的に遂行された。堀が河上にならってマルクス（とりわけ当時まだ全体が邦訳されていなかった『剰余価値学説史』）を評価基準としてリカードのテクストを分析し、学説史的に位置づけようとしたのに対して、福田の強い学問的影響を受けた小泉のリカード研究はマルクスを批判するためにその源流（「原罪」）に遡るという根本的な問題意識から出発するものであった。同時に、リカード以後にドイツでマルクスに先立ってマルクスの経済理論の重要点（例えば剰余価値論、絶対地代論）を先取り的に展開していたとされるロートベルトゥスを、小泉は最初の研究対象にとりあげ、その成果をリカード研究にも生かそうとした。また、小泉のリカード研究は、堀の場合と同様、主要な研究対象であった原典すなわち『原理』の翻訳を進めることでもあった。彼はまずその部分訳を慶應義塾大學の紀要である『三田學會雜誌』に順次掲載し、これらを一つにまとめて一九二八年に岩波書店から文庫本として刊行するとともに、翌一九二九年には二〇年代に書きためた論考をまとめて『リカアドオ研究』として鐵塔書院から出版している。最終的な成果のまとめも堀の場合とほぼ同時期であり同じパターンであった。

小泉のリカード研究は実質的には以上をもって終わったと考えられるが、本序論で紹介する右の論考は、彼が『原理』の邦訳を同じ岩波書店から刊行されていた「經濟學古典叢書」の一冊として一九三〇年に再刊するに当たって付した解題を、後になってさらに拡大して展開したものである。体裁上は研究論文ではなく一般読者向けに書かれたリカード全般についての解説であるが、ここには二〇年代に小泉がなしたリカード研究の成果と主張が総合的に盛り込まれている。伝記的・文献史的な記述を含む部分は省略して、彼の二〇年代の研究との関連が比較的大きいと思われる部分を中心に抄録した。以下は、本書で紹介した部分についての若干のコメントである。

リカードの経済学研究の動機となった当時の時事問題として「地金騰貴問題」と「穀物法問題」が最初に取り上げられているが、特に前者では、リカードの経済学者としての最初の登場から晩年にいたるまで彼が当時の通貨・金融問題について論じた著作がほぼ網羅的に紹介され、「通貨問題はリカアドオの經濟學者としての生涯と特別の因縁を有した」ことが示されている。小泉のリカード研究の同時代の他の三人の研究者たち（堀、森および舞出）との顕著な相違の一つは、彼が扱った主題の多様性にある（ただし、租税論は含まれなかった）。特にリカードの貨幣・金融論を一つの独立した研究テーマとした点は、末永 1934 を除くと、この時代のリカード研究のなかでは例外的であった。これは、ここに名前を挙げた小泉を除く他の研究者たちが、この時代にリカードについて論じたその他の研究者たちの多くとともに、マルクスを参照基準としていたことによると思われる。

マルクスはリカードの価値と分配の理論については詳細な批判的検討をしているが、リカードが経済学者としての生涯にわたって残した貨幣・金融関係の著述を全体として取り上げて論じたことは一度もなかった。リカードの通貨問題についての発言にマルクスが言及した唯一の例外は、『経済学批判』第二章の最後に付した「C. 流通手段と貨幣にかんする諸理論」と題する付論における歴史的スケッチである。そこで彼は、「地金の高価」の一部に関連してリカードの貨幣価値の理論について批判的なコメントを加えているが、マルクスのコメントはこのパンフレットにおけるリカードの論旨を理解した上でのものとは思えないし、まして、マルクスが『地金の高価』以後のリカードの貨幣・金融論関係の著作をこのパンフレットとの関連において検討したことはまったくなかった。先の末永の論文は小泉の研究とは別の意味で戦前のリカード貨幣論についての少数の研究であるが、その全体の論調は右のマルクスの付論に則ってリカードの通貨論の矛盾をあげつらうというものであり、リカードの貨幣・金融論の研究の意義をむしろ否定することになっているように思われる。マルクスの影響力が圧倒的であった日本のリカード研究において、このようなリカード貨幣論の扱い（むしろ無視）はこの時期にとどまらず、戦後も長く続いたと言ってよい。こうした中でリカード貨幣論（ないしさらに広くは地金論争）についての研究を担ったのは、マルクスを参照基準とすることのない（ないし、マルクスに対抗する立場を取る）少数派の研究者たちであった。この意味で小泉によるリカード貨幣論の紹介・吟味は、一九三一年の小畑の翻訳（前述）とともに、注目に値するであろう。

リカードの価値と分配の理論についても、小泉は堀・森・舞出といったマルクスを理論的拠点とする同時代の他の研究者たちとは異なって、価値論が分配論の前提ないし基礎であるとは考えず、むしろ反対に分配論とりわけ利潤論が価値論の基礎に置かれていること、つまり、リカードの価値論が利潤を前提として成り立っていることを、『利潤論』および『原理』の価値論の分析によって主張しようとする。すなわちリカードにおいては利潤しかも一定の平均率における利潤と賃金・利潤の相反的な関係とが、何らの説明も与えられないままに価値論の前提とされていることを指摘する。

小泉は、二〇年代初頭から始めた彼のリカード研究においてすでに、リカードが『原理』第一章の後半部分において投下労働による商品価値の決定に加えた種々の修正を根拠にして、正統派経済学における価値論はすでにリカードにおいて、投下労働ではなくむしろ生産費を価値決定の原理とする理論としての性格を持っていたと主張していた。そして、リカードからマーシャルまでの十九世紀のイギリス正統派経済学の歴史（小泉が重視するのは、シーニョア、J・S・ミル、ケアンズ、ジェヴォンズ、マーシャル）における価値論の変遷を、リカードの理論がもともと本質的に含んでいた生産費理論が労働価値論を押しのけて前面に出てくる過程と捉える。

また、十九世紀七〇年代のいわゆる限界革命の時代に提起された新たな限界効用価値論も、交換理論の対象を交換の対象となりうるあらゆる種類の財貨に拡張することによって、労働価値論ないし費用価値論をそのうちに特殊なケースとして包摂する、より一般的な理論として捉えようとする。したがって、小泉の観点からすれば、効用価値論は費用価値論と対立しこれと両立不可能なものなのではない。ジェヴォンズらの提起した理論は古典派理論に革命的な転換をもたらしたものではなく、後者に設定されていた特殊な条件を解除して理論の対象を拡充し交換の現象をより精緻に観察しただけのものに過ぎず、その革新性は限定的なものと捉えるべきだとされる（これは、福田が先に紹介した二番目の論文において提起していた問題に対する小泉なりの回答とも受け取ることができるであろう）。こうして、マルクスによりむしろ否定的に捉えられた古典派価値論の側面に照明を当てることによって、マーシャルにいたるリカード価値論を生産費説とする解釈を妥当とする。対照的に、小泉のこのような立場からすれば、マルクスの価値論はリカードのそれを正統に継承したものというよりも、むしろその非本質的な側面を拡大再生産しようとしたという意味で、「リカアドオから離れることに依て失敗」したと位置づけられる。

iv　堀　經夫（「労賃論」『理論経済学の成立――リカアドウの価値論と分配論』弘文堂、一九五八年、第四章）

堀のこの論考は形の上は専門論文ではなく、彼の著書の中のひとつの章であり、リカードの『原理』第五章に述べられている賃金論の解説を趣旨とするものであるが、しかしその内容は当該章に書かれていることの単なる要約的説明ではなく、リカードの賃金論の賃金基金説や賃金鉄則説との関係いかん（これらの問題は日本でリカードが本格的に研究されるようになった一九二〇年代からの係争問題であった）、自然賃金と市場賃金の関係、また、人口原理の賃金論への適用におけるマルサスとリカードとの相違、といったかなり専門的な諸問題について独自の解釈も交えつつ論じられている。本書の原型である一九三八年刊行の『經濟原論』の対応する章を大幅に加筆修正したものであるが、その程度は他の諸章での加筆修正をはるかに上回っている。本章は前掲著書に含まれる他の諸章とはやや異なって研究的性格の強い章であり、また分量的にも他の諸章を圧倒する長さであり、ややアンバランスな印象を与える章である。これは著者が『リカァドウの價値論及び其の批判史』以来価値論とならんで賃金論の研究に特に力を注いできた結果なのであろう（その考えられる理由については前述）。こういうわけで、堀が戦前以来継続してきた彼のリカード研究の独自の成果として、彼の著作の中の一章にすぎないこの「労賃論」を他の諸章から切り離してここに単独に紹介することにした。

リカードはスミスに従って、市場での諸商品の交換はその時々の需要と供給の関係によって定まる市場価格によって行われるが、この市場価格は、需給関係の変動（調整）によってどの産業にも均等の収益をもたらす自然価格に長期的・平均的には収斂するものと考えた。つまり、一般商品の場合には、市場価格は自然価格を中心として上下に変動し、その結果後者が前者の収斂点として機能する。しかしリカードは、「労働」という特別な商品については、その自然価格（賃金）と市場価格（賃金）との関係をこのように捉えるのではなく、前者は後者が長期的にはそれ以下に下落することのできない下限をなすと捉えた、と堀は言う。スラッファは彼の編集した

『原理』への「序論」において、リカードが、自然価格と市場価格の関係にかんする『原理』第四章のテクストをそれまで一体をなしていた第五章「賃金について」から刊行直前になって切り離した、ということを明らかにした（Ricardo 1951, p. xxvi）。堀は、リカードがこのような措置を取ったのは、「労働」という商品の自然価格と市場価格の関係が他の一般商品のそれとは異なることに気づいたからである、と言う。また、市場賃金の下限として機能する自然賃金は決して一定の固定した基準として存在するのではなく、それ自体が社会の状態とともに変化するものである。

自然賃金の大きさは労働者の生存と世代的な再生産のために使用しうる生活物資の価格によって決まるのであるから、原理的には労働者の消費対象となりうるあらゆる種類の消費財が自然賃金の大きさに関わりを持つといえるであろう。しかし、リカードは便宜品・奢侈品がこの点において持ちうる意義をほとんど皆無と見なし、自然賃金の決定に関係するのは事実上生活必需品のみ、特にその中心である食料それも主食であるパンないしその原料である小麦の価格のみ、と考えた。リカードを含む古典派経済学における労働の自然価格というものが、労働者にどのような生活を許すものであったか、想像に難くないであろう。だとすれば、自然賃金は市場賃金の上下変動の中心ではなく、後者が長い間それ以下に低下することのできない下限と捉えられていた、という堀の解釈は妥当なものと認めうるであろう。

賃金の変動に影響を与える一方の要因は「労働」という商品に対する需要であるが、この需要の動向を左右するのが資本の大きさである。『原理』第三版で新たに付加された第三十一章「機械について」では、労働に対する需要をなすのは資本総額ではなくそのうちの流動部分のみであるとされている。しかし、賃金にかんする第五章では、リカードの機械についての見解が変化する前と同じように、投下される資本の全体が労働に対する需要を表し、したがって前者の増減がそのまま後者の増減となるとされている。こうしてリカードの見解が不明瞭になっている点を堀は指摘する。リカードは彼の著作全体に含まれるこのような齟齬・前後撞着に対してはむしろ鈍感であったのではないか。

いずれにしても賃金として労働者に支払われる元本は資本蓄積にともなって増加して行くのであるから、リカードの賃金論はいわゆる賃金基金説とは異質なものと捉えられる。リカードの賃金論と賃金基金説との関係は今では議論の対象にすらならない問題であるが、戦前のリカード研究においては一時期大きな係争問題とされたようであり、堀の研究においてもこの関係は一大問題をなしていた。堀はリカードの賃金論が賃金基金説的性格を有することは否定するが、これに対して、リカードの賃金論はラッサールの唱えた賃金鉄則説と符合するという。なぜなら、リカードによれば、市場賃金の昂騰は、労働者の生活水準の向上に寄与するよりも、むしろより多くの食料の消費と労働者人口の増加を促し、結局賃金をその大部分が食料（しかも主食）の確保に費やされる自然賃金の水準まで引き下げるからである（人口原則の作用）。リカードは「進歩しつつある社会」において資本の増加が人口の増加を上回って市場賃金が高騰したとき、労働者たちが従前通りの生活様式を続けて人口を増加させるよりも、自らの生活様式を改善して自然賃金そのものを上昇させ賃金の下降を回避することを望んだが、現実にはマルサスの唱える人口原則が圧倒的な力で作用すると考え、実質的には生存費賃金に近い自然賃金そのものが向上することについては悲観的であった。しかし、望み薄と認めざるを得なかったとはいえ、リカードは、マルサスのように労働者たちに人口抑制を説くことによってではなく、彼らの生活様式そのものの向上を促すことによって、上昇した賃金が維持されることを期待したという意味で、賃金の運動への人口原則の適用にあたってマルサスよりも柔軟な考え方をしていたと言えるかもしれない。

v 森耕二郎（『リカアド價値論の研究』、一九二六年、抜粋）

ここで紹介するのは五〇〇ページをややこえるこの著作からの一部抜粋である。この著作は、リカードの価値論を中心とする研究であり、この点において同時代の他のリカード研究書には見られないユニークな特徴を持つものとなっている。だがこのために、この著作ではリカード価値論に関連する諸問題が網羅的に論じられることになっており、現在のリカード研究の水準から見ればもはや敢えて顧みるに値しないと思われる記述も多く含まれている。本書に収録するにあたって、この著作のうちから今日においてもなお独自性を主張しうるように思われるいくつかの部分を抜粋して取りだし、森および森を含む一九二〇年代の日本におけるリカード研究の特質の一端を示すことを心がけた。

この著作はリカードの価値論を主題とする専門研究であるが、しかし森は『原理』の冒頭に置かれた抽象的な価値の理論をそれ自体として吟味することを目的としているのではない。価値論は、リカード本人が『原理』の序論の最初に「経済学の中心問題」（Ricardo 1951, p. 5）として述べている国民生産物の三階級への分配を解明するための基礎として、はじめてその存在意義が認められるのである。森もリカードと同じく彼の価値論研究の意義をこの点に置くことを強調する。森がリカード研究の参照点としていたマルクスは、当時日本でもすでに知られていた一八五七―五八年の『経済学批判要綱』への序説（Einleitung）の「2．分配・交換・消費に対する生産の一般的関係」の中で、生産と分配が表裏一体のものであることを強調し、「分配」を経済学の主要課題としたリカードを「すぐれて生産の経済学者」（Marx 1976, S. 33）と呼んでいる。マルクスが資本主義の下での生産と分配を明確に表裏一体のものと捉えようとしたことは、『資本論』全三部の構成を考えれば明らかである。これらのことから、マルクスを参照基準としたリカード研究にあっては、リカードにおいても分配の問題は当然にも価値論とそれに基づく生産の理論（マルクスにあっては剰余価値論）を前提として考察されるものと考えられたであろう。事実、「リカードの剰余価値論」について論じた研究も（戦前に限らず戦後においても）存在する。しかし森は、リカードにおいては生産の理論が欠如しており生産と分配は一体のものとしては捉えられていないと主張する（森 1926、六―七ページ）。森は彼独自にリカードのテクストを読み込むことにより、このようなリカードの経済学の性格そのものにかかわる重大な問題において、彼が強い影響下にあったマルクスとは異なる見解を打ち出しているのである。リカードへの関心がマルクスを介して導入されたとはいえ、ただ単にマルクスに依拠するのではなくリカード本人のテクストそのものから独自の解釈を引き出すという、現代にまで連なる日本の学史研究のある部分を特徴付けるひとつのスタイルがここに見いだされるように思われる。ただし、堀の場合と同じく森のリカード研究も全体としてはマルクスの影響下にあったことは否定できない。森にあっても、マルクスはリカードの理論の完成者であり、後者の歴史的（学説史的）意義は前者からの距離をもって測られる、というのが基本的な論調である。

明治期以来の日本で行われてきた経済学の研究はほぼ例外なく欧米起源の理論の研究であり、一切の出発点はヨーロッパ諸言語で書かれた原典を正確に読解し翻訳することであった。またこのような作業において補助的な手段として用いられたのが、同じく欧米起源の二次研究文献であった（本序論第三節のⅲのⓒを参照）。日本における経済学の研究は概してこのような段階にとどまったままで、これを抜け出すにはなかなかいたらなかった。日本人の研究者が著書や論文として発表したものも、実は外国の著述家たちの書いたものの単なる翻訳かあるいはせいぜいそれらを敷延して日本語で書き表したに過ぎない、ということも決して稀ではなかった（Nishizawa 2012, p. 313 にはその驚くべき例が示されている）。このような刊行物であっても日本国内では、外国語文献に直接に接することのできない広い読者層に欧米の経済学についての知識や関心を広めるという一定の意味を持ち得た。しかしもちろん、こうした刊行物を逆にヨーロッパ言語に翻訳して海外に発信しても何の意味ももちえなかったであろう。オリジナル・ソースを外から導入することから出発せざるを得なかった近代日本の経済学が、ある期間を通して負わざるを得なかった一種の宿命と言えるかもしれない（これに似たことは、程度の差こそあれ第二次大戦を越えて戦後の時代にいたるまで長く尾を引いた）。こういう状況を変えて行く上で大きな役割を果たしたのが、明治末期（二十世紀への転換期）から旺盛な執筆活動を開始した福田徳三の「原典主義」であった。福田は現在の慶應義塾大学や一橋大学で多数の優秀な人材を育成し、彼らを通じて日本の経済学研究が徐々に右のような段階を脱して行くのに貢献した。大戦間期の日本のリカード研究の世界では、なお欧米の研究文献が「権威」としてリカード本人のテクストの解釈に大きな影響を及ぼしており、日本ではその二番煎じの水準を越えられない「リカード研究」も例外ではなかった（福田は没する前年の一九二九年に書いた堀の著書への前掲書評の中で、こうした状況を嘆くとともに、堀の研究がその例外をなしていることを称賛している）。

森は本書でその一部を抜粋して紹介する『リカアド價値論の研究』（一九二六年）の巻末に附録として一八ページにわたる「参考引用書目」のリストを掲げている。これを見ると彼が本書に結実する研究の過程で、リカードその他の第一次文献をどの範囲までまたいかなる刊本によって参照していたか、そして、どのような国内外の研究文献を参照していたかが分かる。このリストが長大であるのは参考文献が多数にのぼるからではなく、挙げられている文献の多くに森が簡単なコメントを付しているからである。このコメントから、一次文献・二次文献に森がどのように接していたかをうかがい知ることができる。ちなみに日本人の研究としてあがっているのは、小泉・堀・河上・舞出のもののみである（いずれも本書での紹介と検討の対象）。欧米のリカード研究の「権威」として挙げられている著述家のうち、同時代に森以外によっても多く参照された重要な研究者は、ゴナー、キャナン、J・H・ホランダー、ディールであり、さらに範囲を広げれば、マーシャル、ディーツェル、アモンであろう。森は、「これら學者の解釋は現今の學界の大體に於て承認するところであるやうに見える」（「緒論　第一章リカアド價値論の重要」、一五ページ）と言い、彼らのリカード解釈が日本の研究者のあいだで広く受け入れられている現状を語っている。だが続いて彼は、「しかし私はこれらの解釋、批評が果たしてリカアドの價値説の真意を克く伝えたものであるかに疑を有ってゐる」（同、本書243ページ）と言い、当時の日本の学界で信憑性のおける「権威」として参照されることの多かった欧米の二次研究文献を、そのまま受け入れるのではなくこれらに一定の距離を取ることを表明している。先に見たマルクスからの実質上の部分的な乖離と相俟って、欧米の高名な著述家たちによる二次研究文献に対するこのようなスタンスもまた、「リカァドウの本格的導入期ないし定着期」（真実1965、五ページ）にふさわしいと言えよう。

vi　舞出長五郎（「デギッド・リカアド」、『經濟學史概要　上巻』岩波書店、一九三七年、第五章）

ここに紹介する舞出のこの論考は、彼が大学での講義のためのテキストとして使用するために執筆した著作のうちのひとつの章をなすものであるが、この著作に結実するまでの彼の主要な研究テーマがリカードにおかれていたことから、この章が本書の全七章のうち最も大きいスペースを占めている。この章が一九三七年までの舞出の研究経過と強い繋がりを有していることは、彼が大学で経済学史の講義を開始した翌年の一九二四年に講義ノートのリカードにかんする部分をもとに作成した最初の研究論文「リカード分配理論概説」（『經濟學論集』第三巻第三號）とこの章を対比してみれば明らかである。前者は全六節からなり後者は最終節の「結言」の前に「外國貿易論」と題した一節が付加されて七節構成となっているが、新たに付加されたこの一節以外のすべての節の表題は同じであり、内容的に見ても逐条的な対比が可能である。ただしこのことは、一九三七年の著作のリカードにかんする章が十数年も前に発表された論文の単なる繰り返しであることを意味するものではない。扱われている論題の選択とその排列という意味での全体の骨格は同一であるとはいえ、はじめから終わりまで各所に加筆修正が施されている。また、舞出が一九二六年に発表した「リカアドの機械論」（同誌第五巻第三号）の成果も最終節の「結言」の一部に取り入れられている。これらの点は、先に舞出の研究者としての経歴を簡単に紹介した際に触れた、彼のリカード研究の特色を具体的に示すものである。

一九二〇年代初頭から始められた舞出のリカード研究は、同年代の堀や森の場合と同じく、『剰余価値学説史』をはじめとするマルクスの経済学的著作を基準とするものであった。マルクスがリカードをどう扱っているかどう評価しているかリカードについて何と言っているかが、彼ら自身のリカード解釈を強く制約したといってよい。リカードの経済学の多様な側面のうちからマルクスが特に取り上げたものが彼らにとっても主要な研究対象として取り上げられ、そうでないものは軽く扱われるか無視されることになった。彼らのリカード研究の全体に対しては、たしかに主題がこのようにして取捨選択されていると言ってよいように思われる。本書『經濟學史概要』の第五章に示される舞出のリカード研究のいわば集大成（のみならず、「戦前におけるリカァドウの一般的導入の最高水準」とも評される。Cf. 真実 1965、二五ページ）もこの例に漏れない。経済学史のテキストの中の一つの章でリカードについて論じるのであれば、リカードの経済学の全般についてひととおりの紹介とその歴史的な位置づけ・評価を含むことが求められるのではないかと思われるが、舞出がその各節で扱っているのは、先に触れた「外国貿易論」を含めてリカードの『原理』の「理論的部分」をなす最初の七章の論題つまり「価値と分配の理論」だけである。リカードの経済学に大きなウェイトを占める課税論や貨幣・金融論についてはごくわずかの言及があるだけである。しかもそのごくわずかの言及は、『経済学批判』の付論的部分でマルクスが行った（誤解に基づくとしか思えない）リカードの貨幣理論の断片に対する批判的評価の事実上の反芻の水準にとどまっている。リカード経済学の特定の側面についての特殊研究においてであれば、研究テーマに直接かかわらない側面を捨象しなければならないし、このことは捨象された側面に対する評価とは無関係であるが、本章のようなリカードの経済学についての全般的な概説において右のような措置が取られると、主題の取り上げ方がそのままリカードの経済理論の諸側面に対する相対的な評価につながることも考えられるのではないだろうか。まして、舞出の著作が戦前の日本の学界において右の真実の評言に示されるような地位を獲得したとすれば、このことは後の時代まで含めて日本のリカード研究に無視しえない影響を与えたのではないかと考えられる。

堀や森の一九二〇年代のリカード研究がマルクスを参照基準とし、マルクスとの対比、より正確にはマルクスとの距離の測定を主眼とする理論史的な性格を有していたのに対して、舞出は本書の「序論」において、理論をより広い歴史的なコンテクストに置いて検討することが経済学史には求められると、次のように強調する。「經濟學史の研究に於いては、經濟學説乃至理論のみの考察ではなく、それらをば、それぞれの時代の、従って遂に現代に至るところの一般歴史の過程に於ける一段階の、所産として理解することがより重要となるのである」（舞出 1937、二ページ）。事実、舞出は森の『リカアド價値論の研究』についての書評を含む論考「價値論に關する二研究」（同誌第五巻第四号、一九二六年）の中で、全体としては森の研究を高く評価しつつも「なほ多少希望すべき點」として「學説の時代的背景の敍述の今少しく細密ならんことを望むことは出來ぬであらうか」（二七二―三ページ）と注文をつけている。舞出のこの著作の各章には彼のこのような主張が具体化されているように思われる。しかし本書に収録するリカードについての第五章においては、時代背景やその中での経済学者の行動といった、リカード経済学の理解にとっても不可欠と思われる事柄は、本章の中心をなす「価値と分配の理論」の検討の中に埋め込まれており、やや目立たない形でしか論じられていない。マルサスを扱った直前の第四章での時代背景の説明が同時にリカードにも妥当すると見なしたからであろうか。それはともかく、舞出は堀や森とはやや異なった学史研究のスタイルを提唱していたにもかかわらず、結果としては第五章でのリカードの扱いは全体としては堀や森と同じように理論史的研究とよべるものになっている。

また舞出のリカード研究が必ずしもマルクスによるリカードの扱いの枠内に全面的にとらわれていたわけではなかったことは、彼が一九二四年の論文でも一九三七年の著作でもリカードが『原理』に先立って執筆刊行した『利潤論』を重視していることにも示される。彼は、この両者の対比によって、リカードが主著に先行するパンフレットにおいてすでに、主著においてより体系的な形で示される近代資本主義の三階級間の経済的利害関係のありかたと、資本蓄積の進展にともなうこの関係の長期的な動態を、先取りしていたことを示している。ただし、後のスラッファの解釈に関連するような『利潤論』における実物的剰余把握や労働価値論の未成熟といった問題には特に注目していない。

MEW（*Marx Engels Werke*. 前世紀中葉に、現在進行中の第二次メガ（MEGA^2, *Marx Engels Gesamtausgabe*）に先立って旧東ドイツから刊行された四〇数巻の「著作集」。日本語全訳は大月書店より『マルクス＝エンゲルス全集』と題して原典の刊行にほぼ並行するように出版された。今は絶版となっているがオンラインで利用可能である）から知りうるかぎりでは、マルクスが彼の主要な経済学的著作の中で『利潤論』に言及した例は、『剰余価値学説史』第二巻でのリカードの地代論に対する批判的検討の文脈における、何もコメントのついていない短い章句の引用だけである。それ以外に彼がリカードのこの小冊子に言及したりこれを検討したりした形跡はない。『利潤論』は前述のように日本の学界に比較的早くから知られていたはずであるが、本書で取り上げる戦前の日本でリカード研究を行った研究者のうち、『原理』との関連において『利潤論』の内容に検討を加えたのは、舞出を除くとマルクス主義に対立していた小泉だけであった（前述）し、『利潤論』の日本語訳が出たのは大戦間近の一九三八年になってであった（本序論25ページ）。

それはともかく、舞出によれば、リカードが『原理』とそれに先立つ『利潤論』において捉えた近代資本主義における分配をめぐる諸階級間の対抗は、資本蓄積にともなう農産物価格の騰貴によって地代の増加を享受する土地所有者と、この過程の反面として利潤率の減少をこうむる資本家とのあいだの関係を主軸とするものであった。この二つの階級の対立関係の中にあって、賃労働者はたしかに穀物価格の騰貴とともに増加する賃金を受け取る。だがこれはただ単に彼らの生活費の高騰を補てんするためだけにすぎず、実質賃金には何らの変化もなく、むしろ、一般的には賃金の上昇が生活費の高騰に遅れる傾向があるとすれば、彼らの実質賃金は低下して労働者は資本家とともに地代上昇の犠牲になるということもできる。こうして舞出は、蓄積過程の進展にともなう分配関係の変化に労働者は資本家に近い立場にあって受動的に関与するにすぎない、と主張する。リカードにおける「賃金と利潤の相反関係」がこのようなものであるとすれば、この相反関係は必ずしもこれら二つの収入を取得する両階級間の利害の相反関係さらには対抗関係を含意しない。資本と賃労働の対立関係を軸として資本主義的生産を捉えたマルクスとは異なって、リカードにおいては実質賃金の大きさは両者の争いの対象としては捉えられておらず、また、利潤も労働過程における搾取の結果としてその大きさが決定されるのではなく、(賃金と相反的に変動する) 一定の利潤率が所与のものとして最初から前提されているにすぎない。舞出は一九二四年の彼の最初の論文においても本章においても等しくこれらの点を強調するが、このことは事実上、価値論から労働力商品の導入を介して剰余価値論を展開したマルクスの『資本論』とは異なる、リカード独自の近代資本主義における階級関係の把握を強調することである。

前述のように、本章ではリカードの「価値と分配の理論」の検討の最後の項目が「外國貿易論」とされているが、大戦間期のマルクスの資本主義理論の影響下にあったリカードの経済学史的研究の文脈において、『原理』第七章が取り上げられることはきわめてまれであった。これは戦前に限ったことではなく、戦後も長く日本のマルクス経済学の世界ではリカードの外国貿易論が大きな研究のテーマになったことはなかった。理由は貨幣・金融論の場合と同じように、マルクスが彼の諸著作の中でこのテーマを取り上げていない、ということである。マルクスは彼の「経済学批判」体系のプランに従って、プランの最初の一部をカバーするにすぎない『資本論』（第一部、初版一八六七年）やその後続諸巻のためのすべての草稿において、対外的な経済関係を原則として捨象していた。この意味では舞出によるリカードの外国貿易論の検討は注目に値すると言えよう。『原理』第七章と言えばJ・S・ミル以来必ず取り上げられるのが「比較優位の原理」であるが、舞出はこの「原理」にはまったく触れていない。全体として彼はリカードの外国貿易論に対してきわめて批判的な立場を取っている。国際間の資本移動の制限やそれによる国際間での労働価値に基づく商品交換の非妥当性という、リカードが彼の国際貿易論の前提とした一国内の経済関係とは異なる特殊な条件を、舞出は「國際信用組織の幼稚なる」ことによるにすぎないリカードの時代的制約とか「背理」と呼んで否認する。また、輸出市場の拡大は利潤率の下落を阻止する有効な手段であると主張するマルサスに反対して、リカードが外国貿易は利潤率に影響を与えないと主張する点を捉えて、穀物法論争においてはその彼が、安価な食料（および原料）の自由な輸入は利潤率の下落を阻止する有効な手段であると主張したことと矛盾する、と指摘する。舞出の個々の主張が正当かどうかは別として、本章でのリカードの外国貿易論の紹介と検討がユニークであることは確かである。

参考文献目録

（本文中に言及されているリカードその他の経済学史上の古典的著作は、本文中にそのテクストからの引用がなされているものを除いて、以下の目録には含めない。）

Amamo, Keitaro (1962), *Bibliography of the Classical Economics, Volume 2, Part 3, David Ricardo*, The Science Council of Japan, Division of Economics, Commerce & Business Administration, Economic

Series No. 30
堀経夫（1973）「リカードゥ研究50年の回顧」、『経済学論究』（関西学院大学経済学研究会）第26巻第4号
Izumo, Masashi, Sato, Shigemasa (2014), The reception of Ricardo in Japan, in Gilbert Faccarello, Masashi Izumo (eds.), *The Reception of David Ricardo in Continental Europe and Japan*, Routledge
出雲雅志（2015）「戦前日本のリカードウ研究：1869–1929年試論」、『経済研究所年報』（成城大学）28号
舞出長五郎（1943）『理論經濟學概要』岩波書店
Marx, Karl (1976), *Ökonomische Manuskripte 1857/58*, Marx Engels Gesamtausgabe, II/1.1, Dietz Verlag, Berlin
真実一男（1962）「明治および大正前期におけるリカァドウ導入史」、『経済学年報』（大阪市立大学経済学部）第16集
真実一男（1965）「大正後期より戦前までのリカァドウ導入史」、同第23集
Mizuta, Hiroshi (1988), Historical Introduction, in Chuhei Sugiyama, Hiroshi Mizuta (eds.), *Enlightenment and Beyond: Political Economy comes to Japan*, University of Tokyo Press
Morris-Suzuki, Tessa (1989), *A History of Japanese Economic Thought*, Routledge（テッサ・モーリス－鈴木『日本の経済思想――江戸時代から現代まで』藤井隆至訳、岩波書店、一九九一年）
Nishizawa, Tamotzu (2012), The emergence of the economic science in Japan and the evolution of the textbooks 1860s–1930s, in Massimo M. Angello, Marco E.L. Guidi (eds.), *The Economic Reader Textbooks, manuals and the dissemination of the economic sciences during the nineteenth and early twentieth centuries*, Routledge

大内兵衛（1959, 70）『経済学五十年（上・下）』東京大学出版会
Ricardo, David（1951）, Principles of Political Economy and Taxation, *The Works and Correspondence of David Ricardo*, edited by Piero Sraffa, vol. 1, Cambridge
杉原四郎編（1972）『近代日本の経済思想——古典派経済学導入過程を中心として』ミネルヴァ書房
Sugihara, Shiro（1988）, Economists in Journalism: Liberalism, Nationalism and Their Variants, in Chuhei Sugiyama, Hiroshi Mizuta（eds.）, *Enlightenment and Beyond Political Economy comes to Japan*, University of Tokyo Press
Sugihara, Shiro, Tanaka, Toshihiko（eds.）（1998）, *Economic Thought and Modernization in Japan*, Edward Elgar
田中敏弘（1991）「堀 經夫博士のリカードゥ研究」、同著『堀 經夫博士とその経済学史研究』玄文社、第二章

第一章　経済学の歴史のなかのリカード

明治末期から大正初期——一九一〇年前後——の三論文［編者注］

福田徳三

「リカルドの地代論よりマルクスへ」

地代という語は日常語であって、経済学において地代と呼ぶものとはまったくその意味が異なる。経済学上の地代という語とならんで用いられる語は三つある。すなわち、（一）賃金、（二）利子、（三）企業の利潤、これらである。この地代・賃金・利子・企業の利潤の四つは、経済学の一部分である分配論のところで述べるものである。ところがこの四つのなかで地代のみは一種独特に取り扱われている。これはそもそもなにゆえかと言えば、イギリスの学者で**リカルド**という経済学の創始者と言ってもよいほど頭脳のきわめて鋭い学者が地代論を唱えた、

［編者注］　原文中の種々の傍点や太字体による強調は煩雑ではあるがすべて再現した。

これを**リカルド**の地代論と言うが、この理論がいったん公表されてから学者のなかにはもちろん多少の反対者はあったものの多数はこの説を大体認めた、その地代論において地代という語の使い方が世の中で普通に言う地代とは異なっているからである。これが経済学では地代という語を普通の意味とは異なってもちいるもととなった理由であり、また、分配論において地代を賃金・利子・企業の利潤とは異なる特別のあつかいをする理由である。これがまずしばらく前までの事情である。ところが最近になって二つの大きな異なった傾向が生じてきたように思われる。すなわち、(一) この地代を特別に取り扱うのと同様のあつかいをさらに他のすべてのものすなわち賃金・利子・企業の利潤にまで押し広げて、これらも地代を取り扱うように取り扱うという傾向、(二) 地代を特別に取り扱うことをやめて日常語と同様に取り扱おうとする傾向、すなわち、賃金・利子・企業の利潤を取り扱うように地代もまた取り扱う傾向。これが何よりも今日の経済学の純粋理論上の最大の問題であろうと私は思う。経済学が今後も先へ進むとすれば、まず地代論から進みはじめるであろうと思う。

そこで、従来の説明では、分配の前に国内で富を生産するには四人の人が必要であるとした。(一) 地主、(二) 資本家、(三) 労働者、(四) 企業者、この四人が生産をつかさどる。こうして生産された富はこの四人に分けられる。地主の受け取る部分を地代、資本家の受け取る部分を利子、労働者の受け取る部分を労賃または賃金、企業者の受け取る部分を企業の利潤というのである。そして、この分配のなかで地代だけは最後に残りまたは最後に差し引かれることによって他の三つとは異なった取り扱いをされている。このような特別な取扱いを押し広げて他の三つも地代と同じように取り扱おうとする学者がいる。これはアメリカの経済学者の一派である。もっとも頭脳明晰で博識の評判のあるかのニューヨークのコロンビア大学教授の**クラーク**氏がこれを唱えてから、多数の学者がこれに賛成した。そして、これに反対の態度をとる別の傾向を代表するのはオーストリアの学者である。とりわけ、オーストリアでは近年経済学がいちじるしく進歩して有名な学者が現われて新しい学説を唱えている。とりわけ、大蔵大臣を長いあいだ務めていた**ベーム・バヴェルク**氏のような学者は有力な反対論者である。すなわち、地代だけを特別に取り扱うことをやめて他の三つを取り扱うように地代も取り扱うという説である。それでは英仏の学者はどうかといえば、両説のいずれも取らず、**クラーク**、**ベーム**の両氏は最近大きな論争を始めた。それでは英仏の学者はどうかといえば、両説のいずれも取らず、例外もあるが多くは従来の学説に従っている。そこでこれら従来の学説に従う学者とこれらの経済学者の急所を衝く一派の学者との衝突が起きる。一派の学者というのはつまり社会主義の学者のことである。そのなかでも頭脳もっとも鋭利で広い学識を有するのはドイツの**マルクス**である。このように衝突が起きるのは、そもそも**マルクス**が経済学説として採用したのが地代論だったからである。こうして**マルクス**当人の論敵は**リカルド**となった。ここでひとつの奇妙なことは両人ともユダヤ人であるということである。ユダヤ人はヨーロッパのいたる所で卑しめられているものの、経済上ことに銀行業等においては非常に大きな勢力を有している。ところが、昔から経済学者として頭のよかったといわれる人をよくよく調べてみるとユダヤ人が多い。すなわち、**マルクス**、**リカルド**のような学者はその恰好の見本であるので、地代論は一種のユダヤ人的な頭脳から出てくる思考によるのではないかと思われるほどである。このように言ったからといって、なにも私はユダヤ人の頭を研究しているわけではない。ただ不思議だというだけである。地代論の理論はいかにも面白くできており、経済学のなかでこれほど面白いところは少ないであろう。ところがこれがまったく**マルクス**の学説を構成する基礎となったのである。そもそも**リカルド**の時代のイギリスと今日のイギリスとでは大きく実情が異なっている。今日は自由貿易主義――最近ではやや保護貿易主義に傾こうとしているようにも見えるがまずまず自由貿易主義の――イギリスである。ところが**リカルド**の時代はこれとは反対に保護政策がさかんに実施されていた。特に穀物には非常に高い輸入税を課して外国からの穀物の輸入を防いだ時代のイギリスであった。このような時代に**リカルド**は著作をあらわした。彼はこの保護政策の弊害を目撃し、大いにこれに反対して自由貿易主義を唱えたのである。またこれ以外に彼がユダヤ人であったということを考えに入れなければならない。ユダヤ人はヨーロッパのいたる所に浮遊して宇宙的に生活する人種であるから、国の区別ということはもともと眼中にない。この点はことに**マルクス**などにおいてもよく現れている。もうひとつ考えなければならないのはかれの地位である。**リカルド**はもともと学者ではなかった。経済学を学んだのは彼の晩年のことであって、株式取引所の仲買人をして金をもうけた人である。この時代においてこの人種的天性とこの職業上の経験とを有する**リカルド**が穀物の輸入禁止を見て憤慨したのはむしろ当然のことであろう。こうしてこの考えがかれの学説のうちことにもっとも顕著に地代論に現れたのである。彼の地代論は要するに地主を敵視した説であって、地代は生産費の一部ではないというのがその最終的な結論である。賃金・利子・企業利潤は人間の働きに対する報酬であるが地代のみはそうではない。なぜかと言えば、土地は分量の限られたものなのに人間は次第に増加するから土地をますます多く必要とするようになる。そこで土地の価格が上がるのであって、地代はけっしてある人間の働きに対する報酬ではない。穀物の輸入を禁じれば国内でこれを多く生産する必要が生じ、多くの土地が必要になる。したがって地主は豊かになる。地主が喜べば喜ぶほど社会の進歩は止まる。すなわち別の言葉で言えば地主が富めば富むほど他の階級の者たちには富が入らない、だから地主は社会進歩の敵である、ということになる。これを**マルクス**は採用して自分自身の理論にまで拡張した。**リカルド**の説を拡張すれば地代論の点では社会主義的結論に到達するにちがいない。それなのに、**リカルド**はここまでその学説を押し進めなかったから**マルクス**が出たのである。**リカルド**と**マルクス**とは、前者が没してまもなく後者が出たという関係にあるが、経済学者の系統の上では両者のあいだには多くの学者がいる。それがすなわち、いわゆる正統学派と他方の「リカーディアン・ソシアリスト」である。

「価値の原因と尺度にかんするマルサスとリカルドの論争」

一　Labour expended［支出労働］か Labour commanded［支配労働］か

マルサスと**リカルド**がLabour expendedかLabour commandedかについて根本的に見解を異にし、彼らが学問的生涯の全体にわたってたえず論戦を続けていたのは、百年も前の昔のこととなった。ひとしく**アダム・スミス**から流れ出た潮流はこのためにはっきりと二つに分かれて今日にいたっているが、これは重大なことである。今日においても問題はいまだ解決を見ておらず、むしろさらに深刻な意味を有しているかのようである。であるから、今**マルサス**と**リカルド**がそれぞれ述べたことを点検するのは、決して無益な作業ではない。

マルサスは言う。「**アダム・スミス**は、商品の真実価格および名目価格にかんする彼の章において、労働をもって普遍的かつ正確な価値の尺度であると考えているが、そこで彼は、自分で尺度として提議している労働を適用するのに同じ方法を厳守しないため、彼の研究に若干の混乱を引き起こしている。彼はあるときは、ある商品の価値はその生産に費やされた労働によって測られる（measured）［初版では determined（決められる）となっている］と論じ、またあるときはそれが交換において支配する（command in exchange）労働量によって決められると論じている」［小林時三郎訳、マルサス『経済学原理』（上）、岩波文庫、一二三ページ。訳文は適宜変更。以下同］。

以上は**マルサス**の『経済学原理』の初版・第二版にともにあり、以下は第二版のみにあって初版にはない。初版八五ページの第二章第四節の最初の文言、第二版の八四ページの同章第四節第七項を参照。

「しかしながら、彼〔スミス〕がもっともしばしばもちい、また明らかに重点を置いているのは、この後者の意味である。彼は言う、「The value of any commodity to the person who possesses it, and who means not to use or consume it himself, but to exchange it, for other commodities, is equal to the quantity of labour which it enables him to purchase or command. Labour, therefore, is the real measure of the exchangeable value of all commodities.（ある何らかの商品を所有していてそれを自分自身で使用ないし消費するのではなく他の商品と交換しようとしている人にとって、その商品の価値は、それによって彼が購入ないし支配することのできる労働の量にひとしい。したがって、労働はすべての商品の交換価値の実質的な尺度である）」。同じ章における他の諸表現はこれと同じように労働を価値の尺度としてもちいている。……だとすれば、彼がより進歩した社会段階にかんしては実際上拒否した仕方で（費やされたという意味のことを言う〔福田による挿入〕）労働を価値の尺度としてもちいることが、若干の卓越した近代の著作家たちによって、新しい価値論の基礎として採用されなかったならば、労働がこのような場合にどこまで価値の尺度とみなしうるかは研究にあたいしないことであろう」〔吉田秀夫訳、マルサス『經濟學原理』上巻、岩波文庫、一九三七年刊、一四五―六ページ。訳文は大幅に訂正〕。

ここで卓越した学者とよばれているのはもちろん主として**リカルド**を指している。すなわち**リカルド**は『経済学および課税の原理』において次のように主張している。「このように正確に交換価値の根源（original source）を定義し、そして、すべての物はその生産に投下された（bestowed）労働の多少に比例して価値が大きかったり小さかったりすることを首尾一貫して主張すべきであった**アダム・スミス**は、みずから別の価値の標準尺度（standard measure）をたてて、この標準尺度の多量または少量と交換されるのに比例して物の価値が大きくなったり小さくなったりする、と論じている。彼は価値の尺度は、…… not the quantity of labour bestowed on the production of any object, but the quantity which it can command in the market［何らかの対象の生産に投下された労働量ではなく、それが市場において支配しうる労働量］であるとしている。あたかもこれら二つの表現は同意義のものであるかのように言う」。もしそうだとすれば「いずれも正確に他の物の変動を測定しうるであろう。しかしこれら両者は相等しくない」。初版の六ページ、第三版もまったく同じ［I/13-4］［著者はマカロックによる一八四六年の全集から引用しそのページ数を示しているが、ここではスラッファの全集の巻数とページ数のみを示す。訳文は原則として雄松堂出版の全集版のそれに拠った］。

リカルドは続けて次のように言う。「そうしてみると、**アダム・スミス**とともに、That as labour may sometimes purchases a greater, and sometimes a smaller quantity of goods, it is their value which varies, not that of the labour which purchases them.（労働は、時にはより多量の財貨を、また時にはより少量の財貨を購買しうるであろうが、変動するのはそれらの財貨の価値であって、それらを購買する労働の価値ではない）というのは決して正しくないが、That the proportion between the quantities of labour *necessary for acquiring* different objects, seems to be the only circumstance which can afford any rule for exchanging them for one another.（さまざまの対象を獲得するのに必要な労働量のあいだの割合だけが、これらの対象をたがいに交換しあうための規則を与える唯一の事情であるように思われる）と言うのは正しい。言いかえれば、商品の現在または過去の相対価値を決定するものは、労働が生産する商品の比較的分量であって、労働者に彼の労働と引き換えに与えられる商品の比較的分量ではない」［I/16-7. 強調は引用者］。初版の一〇―一一ページ、第三版も同文。以上をわかりやすく言えば商品と商品の比較的価値は労働の生産過程だけに依存するものであって、分配の大きさ（賃金）いかんには関係ないということである。

リカルドは労働こそがすなわち価値であるという彼の説を必ずしも終始一貫して主張していない。『原理』の初版と第三版とでは文面上はそれほど著しい変更はないものの、内容的には見過ごすことのできない相違があるのを認めざるをえないだけでなく、彼が**マルサス**に宛てた書簡、**マカロック**に宛てた書簡、**ハチス・トラワー**その他に宛てた書簡などを見れば［これら三者に宛てたリカードの書簡は一八八〇年代から九〇年代にかけてBonarとJ. H. Hollanderにより相次いで公刊された。本書の序論61ページを参照］、彼がたえずこの問題に心を砕き考え方もおのずと変化し、**ジョン・スチュアート・ミル**が残した後の生産費価値説に近づいていたことが分かる。にもかかわらず、支出労働を主張して支配労働を斥ける議論についてはほとんど何も変化しておらず、ただ不変の価値尺度というものは結局見つけることはできないと悲観的に悟っただけである。だから**マルサス**に宛てた私信のなかでWe both have failedと嘆いているのである［一八二三年八月一五日付けの手紙、IX/352。リカードはWe have both failedと言っている］。しかし**マルサス**においては事情は大きく異なっている。**マルサス**の『原理』の初版（一八二〇年）と第二版（一八三六年）とでは、彼の人口論の初版と第二版とが異なるほどではないが、実にいちじるしい相違がある。さきに引用した箇所について言えば、**マルサス**の『原理』の初版では第四節の表題がOf the labour which a commodity *has cost*［「商品が費やした労働について」］となっているのに、第二版ではOf the labour which *has been employed* on a commodity［「商品に使用された労働について」、いずれの版のタイトルも原文では全文イタリックになっている］と改められている。そして初版には右に引用した「しかしながら」以下の文言はなく、その代わりに次の文章が続く。

These two measures are essentially different; and, though certainly neither of them can come under the description of a *standard*, one of them is a very much more useful and accurate *measure* of value than the other. ［これら二つの尺度は本質的にちがったものである。そして、そのいずれもたしかにひとつの基準としての部類に入りうるものではないけれども、その一方は他方よりもきわめてはるかに有用でかつ正確な価値の尺度である。］

When we consider the degree in which labour is fitted to be a *measure* of value in the first sense used by Adam Smith, that is, in reference to the quantity of labour which a commodity has cost in its production, we shall find it radically defective. ［われわれが、アダム・スミスによって用いられた第一の意味において、つまり、商品がその生産に費やした労働量にかんして、労働が価値の尺度として適当とされる程度を考えるとき、われわれはそれが根本的に欠陥のあることが分かるであろう］初版の八五ページ［前掲小林訳、一二三ページ。強調は引用者による］。

また八七［同邦訳一二六］ページには次のように言われている。I cannot, therefore, agree either with Adam Smith or Mr. Ricardo in thinking that, "in that rude state of society which precedes both the accumulation of capital and the appropriation of land, the proportion between the quantities of labour *necessary for acquiring* different objects seems to be the only circumstance which can afford any rule for exchanging them for one another". ［それゆえ、わたしは次のように考えるアダム・スミスにもまたリカアド氏にも同意することができない。「資本の蓄積および土地の占有に先立つ未開の社会状態においては、さまざまな対象を獲得するのに必要な労働量の割合だけが、これらの対象をたがいに交換し合うための規則を与えうる唯一の事情であるように思われる。」(I/13)］

さて、ここで興味のあることは、**リカルド**が彼の死のわずか二六日前すなわち一八二三年八月一五日付けで彼の郊外の邸宅のあったギャトコム・パークから**マルサス**に送った書簡のなかでこの問題に言及して、次のように言っていることである。「われわれのあいだの相違は次の点にあります。あなたはある商品は多量の労働を支配するだろうから高価だと言われ、わたしはある商品はその生産に多量の労働が投じられたときにだけ高価なのだと言います。インドではある商品が二〇日の労働によって生産されて三〇日の労働を支配できます。イギリスではそれが二五日の労働によって生産されてわずかに二九日の労働を支配するにすぎないとします。お説によるとこの商品はインドでより高価なことになりますが、私の説によるとイギリスでより高価なことになります」

[IX/348]。**マルサス**から**リカルド**に送られた書簡は**リカルド**の家に保存されていないとのことであり（**ボナー**の序文）、この書状に対する返答がどのようなものであったか分からないが、**リカルド**は死期の迫っていることも知らないかのようにこのように**マルサス**と論争していたのである。真理を求める彼の熱意のほどを推し量るに足るものであるが、同時にこの問題が絶えず彼の脳裏に去来してやまなかったこともうかがい知ることができる。同月三一日に**リカルド**が彼の最後の書状を**マルサス**に書いて論じていたのもまたこの問題であった。一五日の書状の結びに彼は I am just now warm in the subject, and cannot do better than disburden myself on paper.［私はいまこの問題に熱中していて、重荷を紙の上に下ろすのがいちばんよいのです。IX/352］と言っており、このゆえに再度この書状を書きしるしたのである。彼は次のように記している。「価値の問題についてもう二言、三言のべる必要があるだけです。そうすれば私の仕事は済みます。あなたは、フィートは可変な人間の身長を測ることはできようが、人間の可変な身長はフィートを測ることはできないという議論を使用なさることはできません、なぜならあなたは一定の事情のもとでは人間の身長が可変でないことに同意しておられるからで、そして私がいつも言及しているのはこういった事情のことだからです」[IX/380. 強調は引用者]。そしてこの書状の結びの言葉として次のように述べている。And now, my dear Malthus, I have done. Like other disputants, after much discussion we each retain our own opinions. These discussions, however, never influence our friendship; I should not like you more than I do if you agreed in opinion with me［親愛なるマルサス、これで私の仕事は済みました。他の論争者たちと同じように多くの論争を重ねたのちわれわれはそれぞれ自分の意見を維持しています。しかしこれらの討論はけっしてわれわれの友情に影響するものではありません。私はもしもあなたが私の意見に同意してくださっていたとしてもあなたに対して現在以上に好意を持ちはしないでしょう。IX/382]. こうして彼は同年九月一一日に死んだ。**マルサス**はなおその後一一年生きてこの問題について考え続けた。こうして**リカルド**の死後四年目に『経済学における諸定義』と題した著作を発表して価値論に

ついて変化した考えを述べ、**リカルド**の説に対して再度反対を表明した。この著作は**マルサス**の思考の経路を知るために不可欠のものである。だがそれでも彼は自分で納得することができず、さらに思考を重ね、その結果をもちいて『原理』の改版をくわだて、その作業に鋭意専心したが最後までやり遂げる前に死んだ。一八三四年のことであった。さいわいにもこの改版は彼の死後二人の友人の手により第二版として出版されているので、この問題について彼が最後に到達した考えがどのようなものであったかを知ることができる。すなわち、**マルサス**は第二版で次のようなきわめて注目すべき一節を新たに第二章第四節の始めに脚注として挿入したのである。

The labour worked up in a commodity is the principal CAUSE of its value, but it will appear in this chapter that it is not a *measure* of it. The labour which a commodity will command is NOT the CAUSE of its value, but it will appear in the next chapter to be the *measure* of it.（商品に含まれた労働はその価値の主要な原因であるが、しかしそれはその尺度ではないことは本章において明らかになるであろう。商品が支配するであろう労働はその価値の原因ではないが、しかし次章ではこの労働がその尺度であることが示されるであろう〔吉田前掲訳、一四四ページ。訳文は大幅に訂正。引用文中の大文字による強調部分は原文ではイタリックであり、引用文中のイタリックは著者による〕）。

リカルドもそしてまた**アダム・スミス**も価値の原因と尺度との区別をつけず、一様にただ労働がそのまま価値であるとする理論を主張したのであって、あるときはSource, foundation, circumstance〔源泉、根拠、事情〕と言うかと思えば、またあるときはmeasure, standard measure〔尺度、標準尺度〕と言い、そしてまたdetermine〔決める〕等々という語をしばしば用いている。**マルサス**も初版においてはこの点についてきわめて曖昧であったが、第二版においては原因と尺度とをまったく別のものと見なすようになった。こうして価値の原因としての労働は、**リカルド**と同じように「費やされた労働」であるとし、尺度としては**リカルド**と反対の説を取って「支配された労働」でなければならないという結論に到達した。ここで**リカルド**の価値にかんする章の最初の数パラグラフを引用して、原因と尺度とが少しも区別されていないことを示そう。

Utility then is not the measure of exchangeable value, although it is absolutely essential to it.（そうだとすれば、効用は交換価値にとって絶対に不可欠であるけれども、その尺度ではない〔I/11〕）という一句は、そもそも価値が生じる原因は利用〔福田は utility を「利用」と訳している。現在では「効用」と訳されるのが普通。以下同〕にあるとは言えこれをもって尺度とすることはできない、という意味のようであるが、続いて、

Possessing utility, commodities derive their exchangeable value from two sources; from their scarcity, and from the quantity of labour required to obtain them.（諸商品は、それが利用を有するかぎり、その交換価値を二つの源泉から引き出す、すなわち、諸商品の希少性からと、それらを取得するのに要する労働量からとである〔I/12〕）という箇所は、利用を共通の価値原因と認めておいて、それから、希少性と費やされた労働とを直接の**原因**として認めるものであろうが、

There are some commodities the value of which is determined by their scarcity alone.〔なかには、その価値がもっぱら希少性のみによって決定されるような商品がある。*ibid.*〕と述べていることからして、価値を決定するという意味で労働を原因と見なしているようである。こうして**マルサス**との論争においては、価値の原因としての労働にはほとんど言及されず、尺度ことに不変の尺度としての労働についてのみ論ぜられているのであり、「費やされた労働」を価値の尺度とすべきかどうかを論点としたものであることは明らかである。

ジョン・スチュアート・ミルはこの相違について次のように論じている。The idea of a measure of value must not be confounded with the idea of the regulator, or determining principle, of value. ... To confound these two ideas would be much the same thing as to overlook the distinction between thermometer and the fire.〔価値の尺度の観念を、価値の規定者、あるいはその決定原理の観念と混同してはならない。……この二つの観念を混同することは、あたかも寒

暖計と火との区別を見落とすのとほとんど同じことであろう。」アシュレー版ミル原理五六八ページ〔John Stuart Mill, *Principles of political economy: with some of their applications to social philosophy*, edited with an introduction by Sir W. J. Ashley, p. 568. 訳文は、末永茂喜訳、ミル『経済学原理』(三)、岩波文庫、一九六〇年、二五一―二ページ、による〕。

ところで**ミル**本人は価値論の総括として次のように述べている。The value of a thing means the quantity of some other thing, or of things in general, which it exchanges for ... The temporary or Market Value of a thing depends on the demand and supply ... Besides their temporary value, things have also a permanent, or, as it may be called, a Natural Value; ... The natural value of some things is a scarcity value; but most things naturally exchange for one another in the ratio of their cost of production, or at what may be termed their Cost Value.（ある品物の価値とは、その品物が交換される他のある品物、あるいは物一般の数量という意味である。……ある品物の一時的な価値または「市場価値」は需要と供給に依存する。……各種の品物は、一時的な価値のほかに、なお永続的な価値を、あるいは「自然的価値」ともよびうるものをもっている。……品物によっては、希少価値がその自然的価値となっているものがある。しかし多くの品物は、自然的に、それらのものの生産費の割合において、あるいはその「費用価値」とよぶことができるものをもって、互いに交換される。）同四七八〔同訳、九四―五〕ページ。

こうしてその費用価値は most costly portion〔もっとも費用のかかる部分〕の費用価値であると言う。生産費には恒久的・一般的なものと一時的なものとがある。前者は労賃と資本利潤であり、後者は租税および希少性に基づくものであり、概して言えば、things which admit of indefinite increase, naturally and permanently exchange for each other according to the comparative amount of wages which must be paid for producing them, and the comparative amount of profits which must be obtained by the capitalists who pay those wages.〔無限に増加させることの

できるいろいろなものは、自然的に、また永続的に、生産するために支払われなければならない比較的な賃金額と、これらの賃金を支払った資本家たちが獲得しなければならない利潤の量の比較的大小にしたがって交換される」［同四七九［同訳、九六］ページ］とする。すなわち**ミル**においては「費やされた労働」と「支配される労働」との区別はなく、労働のほかに資本もまた「費やされるもの」であって、労働をそのまま価値であるとする理論は拡張されて生産費価値論となり、ここに費用学としての経済学は確固として打ち立てられたのである。そしてこれは**リカルド**が晩年に到達した考えにきわめて近いものであることは認めざるをえない。このようにして確立された費用学に対抗して起こったものが利用学としての経済学に他ならない。

「費やされた」を思考の中心に置く以上、遅かれ早かれこの説が**費用学**に到達したのは当然の成り行きであった。労働だけを「費やされたもの」と見るか、資本の使用および消費をもこれに含めるべきかは、第二義的な問題である。地代が「費やされたもの」であるのかどうかは、第三義的な問題である。**ミル**は第二義的なレベルで問題を解決したと考えたが、今日の経済学は第三義的なレベルで問題を解明しようとする。根本問題である「費やされたもの」か「支配されるもの」かについては、**ミル**以来まったく度外視されてきた。経済学が費用学としていちじるしく発達して他の側面をおろそかにしているとしても、それは少しも怪しむべきことではない。**マルサス**の立場から見れば、**リカルド**の存命中にこの根本的な問題についてさらに討論を続けて両者が一致する点を見いだせなかったのは、生涯にわたって悔やまれることであったに違いない。**エディンバラ・レヴュー**の一八三七年一月号に掲載された**マルサス**の**リカルド**を追悼する次のような言葉が、**ボナー**氏の書簡集［前掲］に収められている。

I never loved anybody out of my family so much. Our interchange of opinions was so unreserved, and the object after which we were both enquiring was so entirely the truth and nothing else, that I cannot but think we sooner or later must have agreed［私が自分の家族以外でこれほど好きだった人物はほかにいない。われわれの意見交換はそれほど忌憚のないものだった、そしてわれわれがともに探求していた対象はまったく真理以外の何物でもないのであって、われわれは遅かれ早かれ合意に達していたにちがいないと考えるほかない。］. 書簡集二四〇ページ［*Letters of David Ricardo to Thomas Robert Malthus 1810–1823*, edited by James Bonar, Clarendon Press, Oxford, 1887, p. 240］。これは単に亡くなった友を追想する美辞であるだけではなく、**マルサス**自身が固く信じていたことでもあろう。彼は議論を推し進めて行けば**リカルド**に自説を納得させうると考えていた。しかし、彼は**リカルド**を同調者としえなかっただけでなく、後世からも自説への同調をえられなかった。彼に反対した**リカルド**の説のみが流布し彼のLabour commanded［支配労働］論は今日にいたるまで全く忘却されたままである。東インド大学の経済学教授である**マルサス**の弟子のあいだからはひとりの逸材も出なかったのに、株式仲買業界の出身である**リカルド**には**マカロック**という弟子があり、のちには**ミル**を弟子として出しているのは大変奇妙なことのようではあるが、しかしそれには理由があった。**リカルド**は終始一貫していたのに**マルサス**は頻繁に意見を変えた。人口論においても彼の説はいちじるしく変化を繰り返した。価値論においてこれは特に顕著であった。一見して分かりやすい**リカルド**の説を安易に受け入れ、一読しただけでは理解しがたい**マルサス**の難しい議論を見捨てる、ということになりやすい。その上、**マルサス**は彼の人口論のみによってあまりに著名となったため、彼の『原理』や価値論は前者の威光の陰に隠れてしまったのであろう。**リカルド**の『原理』のなかで地代論とならんで読者の目に触れやすい個所に置かれた彼の価値論のみが読まれ、ほとんど顧みられることのない**マルサス**の『原理』のなかの価値論が読まれないのが、通例となった。これはわれわれの世の中ではよく見られることである。ただ、われわれの学問がこれによって得たものと失ったもののどちらが大きいかは、軽々しく決めることはできない。

二　費用学と利用学

費用学 **Kostenlehre** とは**費用価値** Cost Value（Kostenwert）をもって経済学の中心的な考えとするものである。**ミル**は、価値という観念は必ずしも経済学の中心点ではないことは、これなしでも多くの経済的事実について論じることができる点からも明らかであると言う。また、彼は価値の定義において価値とは交換される相手の商品の分量であると言っているのであるから、彼は経済学を費用学とのみ理解しているのではないようである。しかし、費用学としての経済学を確固として打ち立てたのは彼である。**ミル**にかぎらず、彼以後に彼の説を受け入れこの説を祖述するものの多くは費用学を必ずしも標榜しないが、にもかかわらず彼らは皆一様に費用学者なのである。だとすれば、費用学は Labour expended 説に起源があるがゆえに、**リカルド**は費用学としての経済学の父であるといっても間違いではない。

ところでこの費用学と正反対なのが利用学（Nutzenlehre または Genusslehre）である。**ジェヴォンズ**と**メンガー**とは同じ年（一八七一年）に利用学としての経済学を唱え始めた。**ジェヴォンズ**は次のように言っている。When at length a true system of Economics comes to be established, it will be seen that able but wrong-headed man, David Ricardo, shunted the car of Economic Science on to a wrong line — a line, however, on which it was further urged towards confusion by his equally able but wrong-headed admirer, John Stuart Mill. There were economists, such as Malthus and Senior, who had a far better comprehension of the true doctrines, but they were driven out of the field by the unity and influence of the Ricardo-Mill School.［究極において真の経済学体系が樹立された暁には、かの有能ではあるが思想の間違ったデヴィド・リカードが経済科学の車輪を誤った軌道にそらしたことが判明するであろう。

しかもこの軌道は、等しく有能ではあるが思想の間違った彼の讃美者ジョン・スチュアート・ミルがこの車輪を混乱に向かってさらに押し進めていった軌道である。マルサスおよびシーニョアのような（なおリカードの誤謬から自由ではなかったとはいえ）真の学説をはるかによく理解した経済学者もいたが彼らはリカード＝ミル学派の団結と影響力によって圏外に追放されてしまった。（ジェヴォンズ『経済学の理論』小泉信三・寺尾琢磨訳、永田清・寺尾琢磨改訳、日本経済評論社、一九八一年、xliv ページ）」第二版の序文の結び［W. Stanley Jevons, *The theory of political economy, with notes and an extension of the bibliography of mathematical economic writings by H. Stanley Jevons*, Macmillan and Co., Limited, St. Martins Street, London, 1924, p. li–lii］。

「費やされた」のみを主張し、またこれを受けてさらにその「費やされた」ものの内容を拡張確定した一点について言えば、**ジェヴォンズ**のこの言葉は誤っているとは言えない。彼はこのように忘れられ捨てられた**マルサス**（ならびに**シーニョア**）の遺産を別の方向に向けて拡張し確定しようと努めたのである。すなわち利用（わが国では一般に効用という語がもちいられており、河上教授もこれをもちいているが、利用のほうがやや原意に近いのではないかと思う。京都法學會雑誌に同氏と私との論争論文が掲載されている［福田徳三「『利用』及ヒ『非利用』ナル述語ニ付テ河上教授ニ答フ」同誌、第八巻第七号、一九一三年」）を価値の唯一の原因と見なし、また決定者としたのである。この意味においては、**メンガー**は**ジェヴォンズ**とまったく同じことを行ったのである。

費用を価値の中心概念とし、したがってまた経済学の中心概念とすることが、われわれの学問的要求に深い根拠を有するものであることは否定できない。近年新しい研究が続々と発表されるなかで、こうした要求がふたたびいちじるしく強くなっていることを見ても、このことは理解されるであろう。**フックス**教授が左右田学士の新著に寄せた序文のなかで有償性（Das Entgeltliche）を一層重視する必要を感じていると言われた［Kiichiro Soda, *Die logische Natur der Wirtschaftsgesetze, mit einem Vorwort des Herausgebers*（Karl Johannes Fuchs）, Stuttgart, Verlag von Ferdinand Enke, 1911, S. VI］のは、この傾向をもっとも雄弁に代表するものであろう。**フックス**氏が経済の概念を規定するにあたって「有形財をもってする欲望充足」を根本としているのは周知のことである。ところがこの説は有償的ということを一層強く押し出しているのであるが、これは彼の説に多少の変化をもたらさずにはいない。有形性をもって経済財の概念を限定するのは一見すると非常に明快であるようであるが、われわれの実際の生活には有形財に関係するものと無形な他人の Dienstleistung［サービス行為］に関係するものとがほぼあい半ばしている。したがって有形なものだけに限定するとすれば、実際上経済的事象のうちの半分をすべて経済理論の外に放逐することになり、これは非常に不適切である。ことに「価値とは財がなぜ財であるのかの尺度」であるとする説に従うならば、価値を有する他人の勤労は何によって説明すればよいのかという問題には多くの困難がともなわざるを得ない。私はかつて**フックス**氏に賛同して有形性を基準とする説を採ったが、後にはこれを放棄した。そして同氏の右のような発言に接してまさに同感の念をいだいた次第である。こうして有形性を基準とすることに失望して有償性をもってこれに代えることを着想したのも、また**フックス**氏と同じである。

ことに**オッペンハイマー**氏の説に接して一条の光明を得たように感じられた。**オッペンハイマー**氏は経済的欲望ではなく欲望を経済的に充足することのみが重要であると言うが、彼が経済的という意味は Kostenaufwand［費用の支出］を必要とすることにあると主張する。私の教科書の最初の部分での主張も同様である。私は**オッペンハイマー**氏の説をのちになって知った。価値とか財とかいうものは経済学で定義できるものではない。ただそれらが**経済的**であるとき経済学の議論は始まる。したがって、経済学の根本概念は欲望でも価値でも財でもなく、ただ経済的ということこのことのみである。この経済的ということを理解するのに「有形的」というのは非常に便利であるにはちがいないが、実はこれはきわめて不十分であって、それよりも「有償的」というほうがはるかに適切なのである。

しかしよく考えてみるとこれは新発見でないだけでなく、実は Labour expended［支出労働］論の復活にほかならないのである。ただし**リカルド**の説や**ミル**の説に比べれば、今日の有償説ないし犠牲説はもちろんいちじるしく洗練されている。この例からも、われわれは**リカルド**や**マルサス**の時代からすでに百年の時を隔てていると安心していても、実際には彼らからわずかの距離のところにいるにすぎず、経済的という根本的な概念について今もなお迷っていることに、思いいたる（左右田君の新説はかならずしもそうではないけれどこのことは今は措いておく）。限界利用説が不十分である点を強く主張されている河上君が、「犠牲」「費用」の考えにいちじるしく近づいて来られたのはまったく当然のことと言わなければならない。費用か**利用**か、われわれはこの両極端の中間をたえずさまよっている。ところが今の時代の大多数の学者はこの謎を解くのに非常に便利な方法を案出して、費用も利用もともに価値を支配するが、ただそのいずれが優勢かはケースバイケースである、すなわち、beliebig vermehrbare Güter［任意加増財］については利用（限界利用）が最高限度であって費用（生産費）が最低限度であり、この両端のあいだのどこに決まるかはその時々の事情による、nicht beliebig vermehrbare Güter (Monopolgüter)［非任意加増財（独占財）］については費用は関係なく利用のみが価値を支配するのである、と説明する。

セリグマンのきわめて精密に見える説明、すなわちOne buyer one seller［一人の購買者、一人の販売者］うんぬんもその実はただ右の理屈をもっともらしく列挙したに過ぎないのであり、それでは実際の価格はどのようにして決まるのかについての説明はすこしも見いだせない。そもそもbeliebig vermehrbareなどと言うのがすでに間違いではないのか。費用を要することなく増加しうるものは最初から経済学の問題とはならない。mit dem Kostenaufwand vermehrbar, mit dem Kostenaufwand nicht vermehrbar［費用を支出すれば加増、費用を支出しても非加増］でなければ意味をなさない。またたとえその意味に間違いはないとしても、右の説明は実は何事をも説明していないものと言わざるをえない。言わば「トゥルーイズム［自明の理］」である。何も骨折って経済学を研究しなくても常識的に容易に知りうることではないか。**セリグマン**はこれに気が付いたからかどうか分からないが、社会的に見れば費用も利用も同一物である、したがって価値は in terms either of social utility or of social cost［社会的効用か社会的費用か（Edwin R. A. Seligman, *Principles of economics with special reference to American conditions*, Longmans, Green, and Co., New York, London and Bombay, 1905, p. 201)］によって言い表すことができる、と言う。これはなかなか面白い説明であるがはたして実際の事実に適合しているかどうかははなはだ疑わしい。「社会的費用」だの「社会的利用」だのといったものがあるのかどうかがすでに問題である。費用とはかならず誰かが具体的に提供するものであり、利用とは誰か生きた人間が感じるものでなければならないのであって、社会といわれるものにおいては費用もなければ利用もないのではないか。平均人・経済人といったものを仮定するにしても、その「人」はかならず人であるはずであって、社会はどのようにしても「人」にはならない。仮定はかならずしも排斥すべきものではないが、何か具体的なものに関連づけられた仮定でなければ、少しも役にはたたない。

マーシャル、**ディーツェル**、最近では**レキシス**は右のように謎だらけではなく、やや内容的に費用と利用とを結びつけようと試みていちじるしく成功しているようである。特に**マーシャル**の Value and Utility［価値と利用］の章［Book III, Chapter VI］は何度読んでみてもそのたびに味わい深いものがある。これを**レキシス**とあわせて読んで考えをめぐらせてみると、正しい解決に近づいているように思われる。こう考えて、**シュンペーター**、**オッペンハイマー**、**アモン**、**クラーク**等を読むと何となく把握しえたものがあるような気がしてくる。

しかしながら、折衷はあくまで折衷であって混合はあくまで混合であることをまぬかれない。**マーシャル**は面白い比喩を作って、費用か利用かというのは鋏の両刃のようなものだ、**刃が二つ**なければ物は切れない、とはいえ一方の刃は動かず他方の刃のみが動くこともあり両刃とも動くこともある、と言っている。昔の人も鐘がなるのかしもくがなるのかと言った。しかし、価値の問題は鋏で物を切ったりしもくで鐘をたたくようなことなのか、疑問を感じずにはいられない。こういう場合もありああいう場合もあると言うのは、いわゆる両成敗であって公平であるには違いないが、学問の根本概念がこのような他愛もないことによって決着されるのであれば、学問は何の役に立つのだろうかと感じざるをえない。

牛水を呑めば乳となり蛇水を呑めば毒となる〔真理はひとつであっても、その解釈・作用は大きく異なりうる〕。欲望が経済的となることもあるしならないこともある、価値が経済的となることもあるしならないこともある、財が経済的となることもありならないこともある。われわれの研究すべき問題は水ではなく、それが乳となったり毒となったりすることである。**マイノング**がオーストリア学派の価値論をあざけって、kaum wird jemand meinen, der Tatsache des Wertes durch ausschließliche Berufung auf die intellektuelle Seite der menschlichen Natur Rechnung tragen zu können. … Es wird wohl in erster Linie Aufgabe der psychologischen Untersuchung sein, dieser Möglichkeit nachzugehen. 〔価値という事実を人間本性の知的な側面のみにもっぱら依拠して説明しうると思いこむ者はまずいないであろう。……この可能性を追い求めるのは第一義的には心理学的研究の任務であると言って間違いないであろう。〕〔Alexius Meinong, *Psychologisch-ethische Untersuchungen zur Werth-theorie*, Graz, 1894, S. 4〕うんぬんと言っているのは理の当然である。だからある人は経済学をやめて「ディレッタント」的心理学・論理学・哲学者となってこの問題を解決しようとするのである。しかしこれでは水の研究に没頭して乳と毒とはいつまでもそのままに放置しておくことになるのであって、これは結局経済学の存在理由を否定することになるのではないか。われわれは水が何であるかを知りたいと思うが、しかしそれよりも乳と毒とをさらにいっそう知りたいと思う。利用学としての経済学は限界利用理論によって応用心理学にすぎないものになるのかもしれないが、もともと他人が畑に植えた苗であってそこに咲いた花を眺める権利は私にはない。それどころか、花がまだ咲かないのに種々の苦情が出されている。費用学に飽きて利用学に走ったのは無益なことであったと思われる。費用学はあるいは浅薄であるかもしれないが、ともかく自分の畑に自分が植えた苗であり、一通りの筋道は立つ。途方もないことを望んでよく見てみればつまらない花に心を傾けるよりも、貧弱であってもみすぼらしくても自分で植えて育てた花を大切にするのが一番だ。有償説の真意はここにあるのではないかと思われる。左右田君が『アンチクリティーク』で私のことをあざけって、有償説と貨幣中心説とをどのようにして結びつけるのか、注目しておきたいと言っているのは、私の企てを認めないからなのであろう。他方、河上教授の限界利用非難論が寺尾君たちの熱心な賛成を得ているが、その Beweggrund［動機］は意識されているのかどうかは別としてここにあるのではないだろうか。

われわれは今十字路に立っている。費用の道を進むかそれとも利用の道に行くか、価値という「スフィンクス」はこの謎をかかげて私に迫ってくる。この謎が解けなければ前へ進むことはできない。余剰価値論は費用の道にもつかず利用の道にも走らないで別に行くべき道を示すものではないか。**マルサス**の Labour commanded［支配労働］、**ゴッセン**の二法則はこの道を指示するものではないか。**リカルド**は彼の「価値論」で教えなかったものを逆に「地代論」で教えているのではないか。**トンプソン**が創案し**マルクス**が利用した surplus or additional value［剰余価値または追加価値］はこの研究に基礎を与えるものではないか。これは私がさらに研究を進めようとするテーマである。

「リカルド経済原論の中心問題」

リカルドが彼の『原理』において中心問題としたのは分配の問題であって、彼はこれを彼が主張する価値の根本原則の適用として論じた。そして彼の学説のうちもっとも多く後世に影響を与えたものはまさにこの分配過程への価値の適用の理論であった。言いかえれば**マルサス**がその旧版において「所得の分配者としての価値」と呼んだものに他ならない。**リカルド**の経済理論は彼の『原理』の最初の六章においてほぼその全体が提示されており、それ以降の諸章は断片的に各種の問題について敷衍し論及したものにすぎない。さて、その六章において彼が述べていることを見ると、まず最初に価値の本質を規定して、The value of a commodity or the quantity of any other commodity for which it will exchange, depends on the relative quantity of the labour which is necessary for its production, and not on the greater or less compensation which is paid for that labour.『原理』第三版一ページ（一商品の価値、すなわち、この商品と交換されるなにか他の商品の分量は、その生産に必要な労働の相対量に依存するのであって、その労働に対して支払われる報酬の大小に依存しない）〔I/11〕としている。これは後世に労働即価値説と呼ばれるものであって、労働を多く要するものは価値も多く、それが少ないものは価値も少ないという根本命題を立てるものである。ただし、普通経済学の書物で**リカルド**の所説について述べられる場合、ただこの一点のみがもっぱら注目され、右の定理がさらに第二の重要な主張を含んでいることがしばしば忘れられている。**リカルド**は「価値は商品の生産に必要な労働の相対量に依存する」と主張すると同時に「その労働に対して支払われる報酬の大小に依存しない」と特に言明したのであり、彼の理論の全体から見るとこの否定的主張こそむしろはるかに重要なのである。**リカルド**の真意は、単純に価値に定義を下してそれが労働の分量によって決まるとするものではなく、価値の決定は労賃の多寡によるのではなく実際に費やされる労働の分量の大小によるということにある。言いかえれば、価値の決定は分配過程に関係なくただ生産過程においてなされるということにある。ゆえに彼が言おうとするのは、実際に生産にもちいられる労働の分量とその労働に対して支払われる賃金の額とは必ずしも相関的ではなく、両者の関係はさまざまであって、多くの労働量に対して少ない賃金しか支払われないこともあり、少ない労働量に対して多くの賃金が支払われることもあるのを認めなければならないということである。

したがって彼は、いわゆる Verteilende Gerechtigkeit「分配上の正義」の存在を認めないのであり、また、価値の決定はすこしもこのことに関係がないことを明言する。だから、彼にとって価値の決定は分配過程とはすこしも関係せず、ただ生産過程にのみかかわるものである。これは彼の真意を解するのに必要不可欠の点である。それなのに、後世の学者たちが労働のみを価値の**決定原因**とすることの可否についてだけ議論して、さらにこの重大な問題が存在することを忘れているように思われるのは、まことに残念なことだと言わなければならない。実際、この重大な欠陥があるために彼の学説のその他の部分はいちじるしく誤解されさらには誤用されており、特にその地代論の真意はまったく理解されていないように見える。さて、**リカルド**は右の根本的主張を打ち立ててからさらにその否定的主張を打ち固めるために Labour of different qualities differently rewarded. This no cause of variation in the relative value of commodities. 同上一五ページ［一三ページの誤記］（異なった質の労働は、異なった報酬を受ける。このことは諸商品の相対価値の変動の原因ではない）［I/20］と題した一節を設けて繰り返し説明している。そして次のように言う。「私が読者の注意をひきたいとのぞんでいる研究は、諸商品の相対価値の変動の結果にかんするものであって、その絶対価値のそれにかんするものではないから、ことなった種類の人間労働が受ける評価の比較的程度を検討することは、あまり重要ではないであろう。われわれは公正に次のように結論してよいであろう、すなわち、たとえ最初は異なった種類の労働のあいだにどのような不平等があったとしても、またある種の手工的技巧を会得するのに、他種のもの以上に、どれほど多くの工夫力、熟練、または時間が必要であったとしても、それは一つの世代から次の世代にかけてひきつづいてほとんど同一であるか、あるいはすくなくとも、年々の変動はきわめてわずかである」［強調は引用者］同上二五ページ［一五ページの誤記。I/21-2］。

このように**リカルド**は価値の本質を分配過程に関係なく生産過程についてのみ論じたのである。こうして生産に要した労働の分量がその商品の価値を左右するという根本原則を打ち立てた。したがって**マルサス**が「支配される労働」うんぬんを主張したのには極力反対したのである。それは、**マルサス**が価値は生産過程について決定されるものとは認めず、主として交換過程において決定されるものとし、一商品の価値はその商品を交換の場に持ち出し他の物と取り換えるとき、取り換えて得ることのできる他者の労働の分量によって決定されるものと主張したからである。ところが、**リカルド**の説のみが受け入れられ**マルサス**の説はほとんどその姿を消してしまった経済学において、価値論が主として交換の問題としてのみ論じられたことは一見はなはだしい矛盾のようである。しかしながら、右の根本原則を立てた後の**リカルド**の論述をすこし見てみれば、これは決して不思議なことではないことが容易に分かる。**リカルド**にとっては生産の問題はきわめて簡単であってほとんど経済理論をなさず、価値は生産において費やされる労働の分量によって決定されるという根本命題の説明をすれば十分であったのである。そして、その根本原則がきわめて簡単明瞭なものであるので、その意義を明らかにする以外に生産論としてさらに問題とすべきことはなかった。

経済理論が立脚する出発点はこの根本命題そのものよりもむしろそれが実際にどのように運用されるかにある。

すなわち、経済生活においてこの根本命題が原則通りに通用せず種々の変則的事態を呼び起すこと、このことこそが経済理論の研究の対象であるはずのものであって、根本命題そのものについて無益な言葉を費やす余地はない。まして、この根本命題と並行する他の生産問題はもともと存在するはずのないものである。このゆえにこそ、**リカルド**は商品の相対価値における変動のみが問題であってその絶対価値は問題にならないと力説するのである。言いかえれば、経済学研究が対象とすべきものは価値の実質論ではなく価値の運用論である、というのがその趣旨である。であるから、**リカルド**は右のように、種類の異なる労働はその受ける報酬もまた異なるのは当然であるとしてもそれは商品の相対価値の変動の原因ではない、と断言するのである。続いて彼は、この費やされた労働とは直接その商品の生産そのものに実際に要するものだけを意味するのではなく、この労働を助ける器具や機械の生産に費やされる労働をも含むことを論じ、こうして彼の研究の本体を提出したのである。なぜなら、生産に費やされた労働の分量が価値を決定するという原則が実際の生活において種々の変則的事態を呼び起こす根本の原因は、この労働というものが実際にその商品に直接に加えられた労働だけでなく過去に費やされた労働をも含むことにあるからである。すなわち、生産に費やされるもののうちには、現在の労働以外に過去労働の蓄積である資本というものがあることに、その原因があるからである。このことから、経済学が研究しなければならない問題が与えられることになるのである。

　このゆえに**リカルド**は『原理』第一章第四節に次のような表題を掲げたのである。The principle that the quantity of labour bestowed on the production of commodities regulates their relative value, considerably modified by the employment of machinery and other fixed and durable capital. 同上二五ページ（諸商品の生産に投下される労働量がその相対価値を左右するという原理は、機械およびその他の固定的かつ耐久的資本の使用によって、相当に修正される）［I/30］。ただし、**アダム・スミス**も価値を決定する原因は労働にあるとしたのだが彼はこれに重大な条件を付して In that early and rude state of society which precedes both the accumulation of capital and the appropriation of land（資本の蓄積および土地の占有に先立つ初期未開の社会状態）に限定すべきだとし、今日のような資本の蓄積があり土地の私有のある社会にはこの原則は妥当しないと主張したのに対して、**リカルド**はこの両者の存在する社会すなわち資本の利潤と土地の地代とが支払われる今日においてもなおこの原則は妥当すると主張したが、ただこのことのおよぼす影響の程度に差異があり、これを研究することこそが経済学の主題であるとしたのである。したがって、**リカルド**の経済理論は第一章の以下の部分において、資本の二種類すなわち固定・流動両資本の割合の差異に由来する右の原則の適用上の差異、貨幣価値の変動に由来する差異を研究し、続いて、地代論（第二章）、鉱山地代論（第三章）、自然価格・市場価格論（第四章）、賃金論（第五章）、利潤論（第六章）の五章において右の原則の適用上の差異を論じて経済理論の本体としたのである。言いかえれば、リカルドにとっての経済学とは価値の根本原則の分配（ならびに交換）過程における運用の研究のことにほかならず、ゆえに彼は『原理』の序文の最初で次のように言っているのである。

「大地の生産物――すなわち、労働、機械、および資本の結合充用によって、地表から得られるすべての物は、社会の三階級、すなわち、土地の所有者、その耕作に必要な資本つまり資本の所有者、およびその勤労によって土地が耕作される労働者のあいだに、分割される。しかし、社会の異なった段階においては、地代、利潤、および賃金という名称のもとに、これらの階級のおのおのに割り当てられるべき、大地の全生産物の割合は、本質的に異なるであろう。それは主として、土壌の現実の肥沃度、資本の蓄積と人口、また農業において使用される熟練、工夫力、および器具に依存する。この分配を左右する法則を決定することが、経済学における主要問題である。この学問は、**チュルゴー**、**スチュアート**、**スミス**、**セー**、**シスモンディ**、および他の人々の著作によって、大いに進歩させられたけれども、それらは、地代、利潤、および賃金の自然の成り行きにかんしては、満足な知識をほとんど与えていない」。同上序文一―二ページ〔I/5. 人名の強調は引用者〕。

すなわち**リカルド**は、現在の経済生活において各種の階級間に所得が分配されるその法則が、生産に関与した割合とはかならずしも並行せず、各階級が受け取る価値は生産物全体の価値とは相応しないのはなぜかを追及することを、経済学研究の主題と認めたものと断言することができる。これはまさに**マルサス**と彼とのあいだでの根本見地のことなるところであり、このゆえに、**リカルド**は「費やされた労働」を主張して**マルサス**の「支配された労働」うんぬんの主張に対抗したのである。私はいまここで**リカルド**説の批判を試みようとして以上の引用を行ったのではない。ただ**リカルド**によって定められた経済理論の本体がどのようなものであったのかを明らかにしようとしただけである。経済学に三分法があり四分法があることは人も知る通りであるが、三分法の普及にもっとも強く関与した**セー**がいるにもかかわらず、**リカルド**はこのように分配のみを主題としたのであった。そして名目上では三分法や四分法が一般的であるにもかかわらず、実質上は依然としてリカルドが一度定めたものがもっとも強く経済理論を左右しつつある。だがこのことは、必ずしも後代の学者に独創的な識見がなく彼らがもっぱら大勢に従っていただけということに帰すことはできない。経済学の根本はまったく適切に**リカルド**によって見抜かれたのであり、後の精密な研究をもってしてもこれに多くの変更を加えることができないからであるに相違ない。**リカルド**の言葉でこれを表現すれば、経済理論の主題は相対価値であって絶対価値ではない、ということである。もとより**リカルド**がまず最初に労働が価値であるという大原則を置き、そしてこれからすべてを演繹して分配過程を論じるべきであるとした論法は今日の学者たちが一様に非難しており、私もまたこの論法を採用しないのはもちろんである。しかしながら、後の学者たちが付け加えた生産論は生産要素論、いやむしろ生産要素増加論の水準を超えないものであって、そのもっとも一般的な法則と考えられる収穫逓減の法則はもともと経済学特有の問題ではないのである（人口論もまた同様である）。こうして、資本にかんする理論もまたその多くは常識談義の範囲を出ない。すなわち、経済学が経済学として正当に自己の固有の領域とすることができるものは、**リカルド**が彼の『原理』の最初の六章において論じたことがら以上ではないといってもほとんど間違いではない。この卑見ははたして当たっているかどうか。

第二章　私の経済学研究の遍歴

『経済学大綱』改造社、一九二八年、「序」からの抜粋

河上　肇

本書の上篇をなす「資本家的社会の解剖」は、昭和二年（一九二七年）四月から昭和三年（一九二八年）三月までの学年度に、京都帝国大学経済学部で私のおこなった講義のノートが元になっている。私は上記大学にほぼ二十年間在職したが、講義のためには年々ノートを改訂することを習慣としていた。たとえ内容に変化が加わっていない部分でも、新しくそれを書き直して、ノートのインクが鮮やかになっていないと、私は元気に講義をすることができなかった。しかし最近では内容を改めうる部分がはなはだしく減少した。それで今度は毎年ほぼ同じような講義を繰り返す苦痛を忍ばなければならないのだろうかと、ひそかに心配していたところに、私は当局から辞職の機会を与えられた。私はよろこんでその機会を捉え、大学の研究室から私宅の書斎にしりぞいた。私はこれによって、同じ題目にかんする講義ノートの改訂を年々繰り返す義務からまぬかれた。私はこれをまたとな

い機会として、私の研究をこれ以外の領域に進めたいと思っている。しかし私はその前に、一応私の講義の最後のノートを整理して、印刷に付することを決意した。〔…〕

この講義ノートをおおやけにするにあたって、私は若干の報告と説明をしなければならない。まず第一に、本書の前半は経済原論の講義であるとはいえ、一見してだれにも明らかなように、その実質は、ほとんどマルクスの『資本論』の解説のようなものである。多くの人々は、それを奇異に感じるかもしれないが、私から見れば、マルクスの『資本論』は最上の経済原論であり、そのため、自分で経済原論の講義を行う場合、全面的に『資本論』に依拠せざるをえないのである。それにしても、それはあまりにマルクス一点張りではないか、という人もあろうが、真理が二つあるわけはないのであるから、マルクスの学説がもし真理を把握しているのならば、われわれの研究はどのようにしても彼の打ち立てた基礎の上に行うほかないのである。またマルクスの研究方法と叙述方法からすれば、『資本論』第一巻の内容は、もっぱら資本の生産過程の考察でなければならない（したがってそこでは流通過程が捨象されている）し、第二巻の内容は、もっぱら資本の流通過程の考察でなければならない（したがってそこでは生産過程が捨象されている）し、さらに第三巻の内容は、これら生産過程と流通過程の統一としての総過程の考察でなければならない。またこれを第一巻について言えば、そこでは叙述の進行がかならず商品―貨幣―資本という順序を取らなければならない。これを勝手に入れ替えることができるように考えるのは、まだマルクスの方法を理解していないからである。おのずから、私の講義の構成は、いちいち『資本論』のそれに依拠せざるをえなかったのである。もちろんブルジョア経済学の陣営内におけるさまざまな学者の著作は、現在ではその体系がはなはだまちまちである。だれそれの経済原論かれそれの経済原論というように、その内容もその叙述の順序もいちじるしく互いに相異する状態にあるために、その編別構成が他に対して何らかの異色を有しているのでなければ学者としての恥であるかのように考えられている。だが、ある学問がもしも学問の名にあたいするものであるなら、その領域における諸学者の研究はひとつの体系に統一されるはずである。研究における諸学者の協力はこうしてはじめて可能になり、科学の発展はこうしてはじめて実現しうる。このことは、読者が理学または医学の領域における状態を顧みられてみれば、およそ納得しうるであろう。マルクス学の陣営内においては、すべての研究がマルクスの定礎した土台の上に統一されている。そしてその基礎工事は、おおきな改修を許さないほどに、秩序正しくまた堅牢強固に建築されている。経済学の基礎的部分を説明した私の講義が、ほとんど『資本論』の解説のようになっているのは、根本的にはこのような理由からである。

〔…〕

なお、私の最後の講義は、ここにおおやけにするとおり、ほとんどマルクス学の祖述に終始しているが、しかしそれは決して最初からそうであったのではない。この最後の講義に先立つ前年度分の講義も、さらにその前年度分の講義も、ともに印刷されて、私の意図に反して、「非売品」として販売されていたが、世の中にその証拠が残っているこの範囲についてみても、私の講義は終わりになればなるほどマルクス学の解説に近づいているのである。そしてこのことは、私が最初からマルクスを盲信して出発したのではないことを意味する。むしろ私は、私たちが今日ブルジョア経済学または俗流経済学の名のもとに排斥している非マルクス的経済学から出発したのである。現に大正五年（一九一六年）から翌大正六年（一九一七年）にわたる分配論の講義――経済学上の特殊問題という題目のもとに行った講義――では、私はベーム・バヴェルク、タウシック、クラーク、カーバー、フィッシャー、カムマンズ等の学説を紹介するにとどまり、マルクスの学説にはほとんどまったく言及していない。なお大正十二年（一九二三年）から大正十三年（一九二四年）にわたる経済原論の講義案を見ると、諸論は「経済学とはなにか」、「富とはなにか」の二節からなり、また本論は第一篇「生産論」、第二篇「交換論」、第三篇「分配論」の三つからなり、さらにたとえば第一篇は、第一章「生産と労働」、第二章「労働の社会化」、第三章「生産手段」、第四章「再生産」、第五章「生産力と社会組織」の五章から成り立っている。ただこれらの篇別だけを見ても、当時の講義がここにおおやけにするものとはいちじるしくその体系と内容を異にしており、それがはなはだしくマルクスから遠ざかっていたということは、おそらく誰でも推察しうるであろう。要するに私は、最初ブルジョア経済学から出発して、多年安住の地を求めつつ、一歩一歩マルクスに近づき、ついに最後にいたって、最初の出発点とは正反対のものに転化しおえたのである。このような転化を完了するために、私は京都大学で二十年の歳月を費やした。このことは私がいかに愚鈍であるかを証明することにほかならないが、しかしまた、私の現在の立場をもってマルクス説に対する無批判的な盲信に立脚するものとする一部の世評に対して、あるいはひとつの抗弁とするに足るであろう。私のマルクス説への完全な移行は、軽蔑にあたいするほどの多年にわたる躊躇と折衷的態度との後に、やっと実現されえたものである。だが長いあいだの思索と研究を経てようやくここに到達しえた代わりに、私は今たとえ火にあぶられようとも、その学問的所信を曲げがたく感じている。

本書の下篇「資本家的経済学の発展」は、大正十二年（一九二四年）八月におおやけにした『資本主義経済学の史的発展』に多少の加筆をほどこしたものである。［…］重要な変化は、冒頭に序説数節を加え、また第二章と第三章にアダム・スミスとリカアドウとの労働価値説を加えたことである。

この著作は、その公刊に先立つ何年かのあいだ、経済学史の研究のために主としてイギリスの経済学者について、私が収集してきた材料を整理したもので、その当時大学において私がおこなっていた経済学史の講義ノートの主な部分に属する。［…］

私は明治三十一年（一八九八年）の秋から明治三十五年（一九〇二年）の夏まで東京帝国大学の学生であったが、この期間に私ははじめてバイブルを読み、そこに説かれている絶対的な無我主義とでもいうべきものに、ひどく心を打たれた。それ以来、利己主義と利他主義との問題が、いつも私の心を占領していた。大学を卒業して三年目の明治三十八年（一九〇五年）の十二月に、私が一切の職をなげうって、当時「無我愛」を唱道されていた伊藤證信氏の無我苑に飛び込んだのは、このような年来の問題を根本的に解決しようとしたためであったのであり、決して一時的な思い付きからしたことではない。それから三年目の明治四十一年（一九〇八年）の秋には、私は京都帝国大学に赴任することになり、それから今年の春にいたるまでほとんど二十年間そこに在職したのであるが、そこでの私の研究は、今から振り返ってみると、経済思想史の範囲では、最初のおよそ十年のあいだ、やはり昔年の問題である利己主義と利他主義との関係を中心としていた。旧著『資本主義経済学の史的発展』が、マンデヴィルによる利己心是認の主張から始まり、最後にラスキンによるこれを否認する主張に終わっているのは、このためである。それは経済学史というよりも、経済学の領域に反映した道徳思想の歴史とでもいうべきものであった。それは、よかれあしかれ、このようなものとしてひとつのまとまりを形成していたのではないかと思われる。今回これを重刷するにあたって私が新たに追加した、アダム・スミスの価値論やリカアドウの価値論やが、旧著に省略されていたのは、当時の計画から、むしろ当然のことであって、これらの事項を新たに追加したことは、むしろ全体を一貫する脈絡を破壊したかのように感じられる。

利己的活動を是認する思想の歴史的変遷の叙述、――こうした思想の成立、発展、および死と、その反対物による代位と、その歴史的過程の叙述、――このようなものとして先の旧著は、なお若干の価値をもちうるであろう。そこで利己的活動の是認と呼んでいるものは、本質的には、資本家の利己的活動の是認なのである。封建社会から資本家的社会への推移の時期――すなわち封建社会が崩壊してその廃墟の上に資本家的社会が成立しようとしていた時期――に当たっては、ブルジョアジーはまさに人類の労働の生産力の発展を代表する立場に立っていた。当時の彼らはひとつの革命的使命を帯びており、その使命の実現のために、歴史は、なんら拘束されることのない活動の自由を、彼らに保障せざるを得なかったのである。封建的な道徳思想に反抗して、「私悪は公益である」という主張が起こったのは、人間の生活の物質的諸条件の上に起こった変革が、人間のイデオロギーの上に反映したものにほかならない。このような思想は、資本家的生産の発展につれて発展し、その崩壊期におよんで崩壊しようとしている。私の労作はこのような変化の過程を表示するものとして、なおいくらかの価値をもちうるであろう。

今や第二の変革期に当たり、新たにプロレタリアートがブルジョアジーに代わって、人類の労働の生産力の発展を代表する立場に立とうとしつつある。社会形態変革の歴史的使命は、すでにブルジョアジーからプロレタリアートに推移した。しかもプロレタリアートの一切の活動は、物理的にも精神的にも、全般的な拘束を受けている。かりに道徳論の範囲についてみても、ストライキ、サボタージュ、その他プロレタリアのくわだてる一切の階級闘争は、いずれもみな道徳的に非難されている。だが一八世紀の初期に「私悪は公益である」という思想が起こったのと同じように、われわれの住む現在の社会には、「労働者階級が自己の階級の利益のために闘うのは、人類全体の利益のために闘うのである」という思想が起こるべきであり、また現に起こりつつある。階級社会においては、公益の実現はかならず私益の実現を媒介とするのである。

これを要するに、本書下篇はブルジョア経済学の歴史的発展の一斑を述べ、本書上篇はこのような歴史的過程の継承者であるプロレタリア経済学の大要を明らかにしたものである。全体を名づけて『経済学大綱』というのは、やや僭越のようではあるが、微力のおよぶ限りでは、実際に大綱を把握したつもりではある。

第三章　正統派経済学の頂点としてのリカード

『アダム・スミス、マルサス、リカアドオ——正統派経済学研究』岩波書店、一九三四年、「第三篇　デヴィッド・リカアドオの経済学」より

小泉信三

地金騰貴問題とリカアドオの通貨論

リカアドオの処女作は、一八〇九年八月二十九日の新聞紙『モーニング・クロニクル』(*Morning Chronicle*)に無署名で掲載された「金の価格」(The Price of Gold)と題する寄稿である。株式仲買人として株式市場、金融市場の実情に通じていたリカアドオの最初の著作が通貨問題を主題とするものであったことは、偶然ではない。リカアドオにこの文を書くようようながしたのは、その当時の不換銀行券増発にもとづく銀行券に対する地金の騰貴、および外国為替相場の逆調の現象であった。対仏戦争はこれに先立つ一七九三年に勃発したが、一七九七年にいたって、政府は正貨引出しを恐れて、二月二十六日の勅令をもってイングランド銀行の銀行券兌換を停止し、次

いでこの勅令は五月三日の銀行制限法（Bank Restriction Act）によって追認された。しかし、こうして銀行の兌換義務は免除されても、そのために銀行券が濫発されるという事実は長いあいだ見られなかったのであるが、一八〇八年になって、イギリスの経済界に投機熱がおこり（世評によれば南米との貿易の開始が原因であった）物価が騰貴したときに、イングランド銀行は、ひとつには高利制限法のために割引利率の引上げができず、またひとつには銀行自身が投機熱に感染したため、やや融資を放漫にした結果、銀行券の発行高は一八〇八年十一月に一七、四六七、一七〇ポンドであったのが翌年五月には一八、六四六、八八〇ポンド、さらに八月には一九、八一一、三三〇ポンドに上ったという事実があるとともに、金地金の市価が一八〇六、一八〇七、一八〇八年を通じて騰貴し、鋳造価格は一オンス三ポンド十七シリング十ペンス半であるのに、市場価格は一八〇九年に入って四ポンド九シリングと四ポンド十二シリングのあいだを上下した。もしこれを四ポンド十シリングとすれば、鋳造価格を実に一五、五パーセントも超過していたのである。これと同時に大陸諸国に対する為替相場がイギリスに不利になった。一八〇八年後半期、一八〇九年初の三か月を通じてハンブルグおよびアムステルダムに対する相場は為替平価より一六から二〇パーセント低く、パリに対する相場の低下はさらにこれ以上におよんだのである（The Paper Pound of 1797–1821. *A Reprint of Bullion Report. With an Introduction by Edwin Cannan*, 1919, pp. VII–XXI）。

リカアドオはこの変則的現象を見てその原因を説明し、これに対する救済手段を提案した。彼は別に公表するつもりもなくこの文章を書いたのであったが、前記モーニング・クロニクルの社主ペリイ（Perry）からの勧めを受けて、「多少気がすすまないわけではなかった」が結局その掲載を承諾したのである（*Three Letters on the Price of Gold by David Ricardo*. Edited by Hollander. Baltimore, 1903. [Editor's introduction, p. 3]）。これが経済学者としてのリカアドオの初舞台であった。

リカアドオは金地金の騰貴を、兌換停止にもとづくイングランド銀行券増発、したがってその価値下落をもって説明する。まず金地金が一オンス四ポンド、四ポンド十シリング、四ポンド十三シリングに騰貴したのは銀行制限法が制定された以後のことであるという事実を指摘したのち、彼は「[イングランド]銀行が同行銀行券に対して正貨を支払うかぎり、金の鋳造価格と市場価格とのあいだに大きな開きはすこしも存在しえない」[III/15]と断定する。さらに別に銀行券の価値下落を証明するものは、為替相場の逆調である。もともと為替相場は、金の現送経費をこえて為替平価以下に下落することはなく、同時にまたこれ以上に騰貴することもないはずのものである。これが為替相場騰落の自然的限界である。にもかかわらず今為替相場がはるかにこの限界を踏み外しているのは、商人が債務支払いのために外国に金を輸出しようとしても、彼が有するものは金でなくて銀行券であり、この銀行券を金に換えようとする時は、一オンス三ポンド十七シリング十ペンス半の代りに四ポンド十三シリングを支払わなければならないから、不利な相場をもって為替手形を買入れるほかないためだというのである。しかしリカアドオはただちに銀行券兌換の復活を要求してはいない。彼は銀行券発行額の収縮によって金と紙幣のあいだの価値の相違を解消すべきだと主張したのである。「まず第一に正貨を支払うことを義務づけることなしに、流通から同行銀行券を二〇〇万ないし三〇〇万、徐々に回収するよう命じてみよ。そうすると、われわれはただちに次のことを見出すであろう。すなわち、金の市場価格が三ポンド一七シリング一〇・五ペンスというその鋳造価格まで下落し、そのことによってあらゆる商品も同じような価格下落を味わうであろうということ、および諸外国に対する為替は右の限界内に閉じ込められるであろう」[III/21]ということを。

このリカアドオの寄稿に対して起きた多くの反論のひとつに、九月十四日に同じく『モーニング・クロニクル』に掲載された「イングランド銀行券の味方ではあるが、イングランド銀行の理事ではない者」[III/22]という一匿名氏の寄稿があった。これに答えるため、リカアドオは同二十日、今度はRという署名で再び寄稿した。

これに対する匿名氏の第二の寄稿は十月三十日の紙上にあらわれ、リカアドオは十一月二十三日掲載の第三の寄稿をもってこれに答え、新聞紙上の応酬はこれで打ち切りとなった。

リカアドオは続いて、この通貨問題にかんする「著者の意見をより公平な討論にゆだねるのにより適した形において、この問題にかんする彼の意見を公刊することが適当だと考え」［III/51］て、その最初の単行著作である『地金の高い価格』（*The High Price of Bullion, a Proof of the Depreciation of Bank Notes*）と題する小冊子を書いた。その公刊は一八一〇年、序文の日付は一八〇九年十二月一日である。こうしてこの小冊子において、彼は金銀の国際的分配、通貨の価値を説明するとともに、利子率をもって通貨量の増減を判断すべきではないこと、およびイギリスにおいては金が価値の標準尺度であることを論じたが、もともと通貨の過剰または不足の指標とすべきものは金利であること、および価値の標準尺度は銀であることを主張したのは「銀行券の友」であったから、リカアドオの処女作の形態は、右の新聞紙上の論争に負うところがあったといわなければならないであろう。このようにリカアドオが当人が誰であるか知らないままに意見を戦わしたこの匿名の論敵こそは、当時すでに彼と知りあいであった――と考えられる――友人ハチス・トラワーだったのである（*Letters to Trower*, pp. VI–VII & Appendix［本書26ページの文献リストを参照］）。

『地金の高い価格』の所説も新聞寄稿と同趣旨である。地金の騰貴というのは、正確さを欠いている。実際に価値が変動したものは、銀行券である。銀行券の価値が下落したのは、その発行額が過大なためであり、発行額が過大になるのは、イングランド銀行がその発行する銀行券の兌換義務を免除されているからである。それゆえこれら一切の弊害を取り除く方法は「［イングランド］銀行が、未回収の同行銀行券の価値を同銀行券が代表している鋳貨の価値と等しくさせるまで、あるいは言葉をかえて言えば、金地金および銀地金の価格がそれらの鋳造価格に引き下げられるまで、流通している同銀行券の額を徐々に縮小させること」［III/94］にあるというのである。

『地金の高い価格』はただちに下院議員フランシス・ホーナー（Francis Horner）の活動をうながし、ホーナーの動議にもとづいて、議会は二月十九日付けで「金地金の高い価格の原因を検討し、また流通媒介物およびグレート・ブリテンと諸外国との為替の状態を考察する」ための委員会を指名した［III/352］。いわゆる地金委員会（Bullion Committee）がこれである。

委員会が六月八日付けで議会に提出した報告書の主旨はリカアドオの説と軌を一にするものであった。報告書は金価格騰貴の事実を不換銀行券の増発という原因に帰し、また為替逆調の「少なくとも一部分は、貿易状態からではなく、わが国の国内通貨の相対的価値の変化から生じたものに違いない」と言い、結局「イングランド銀行の現金支払いを停止する法律を廃止する以外には、現在に対する十分な救済手段あるいは将来に対する保証として、指摘しうるものは何もありえない」と断じた（The Paper Pound of 1797–1821. pp. 32, 68［田中生夫訳『インフレーションの古典理論『地金報告』の翻訳と解説』未來社刊、一九六一年、五四、一〇三ページ］）。報告起草者の一人であったホーナーは、この報告書の長所は「そのきわめて平明で直截な言葉をもって真正の学説（the true doctrine）と、この学説を閑却することから生じる大きな弊害の存在とを明言している点にある」［Cannan's introduction, p. XXII］とみずから述べている。ここにリカアドオの名は挙げられていないが「真正の学説」とはリカアドオの説のことである。ゆえに『地金報告書』に対する批判は、リカアドオその人に対する批判となる。このゆえに、彼はこの報告書に攻撃を加えたチャールズ・ボーズンキト（Charles Bosanquet）の『地金委員会報告書に対する実際的観察』（*Practical Observations on the Report of the Bullion Committee*, 1810）に対して『ボーズンキト氏の「地金委員会報告書に対する実際的観察」への回答』（*Reply to Mr. Bosanquet's Practical Observations on the Report of the Bullion*

Committee, 1811）を著したのである。

リカアドオは逐次ボーズンキトの批評に答え、「結論を言えば、ボーズンキト氏は、多くの弊害が現金支払いの再開から起こるであろうということを信じている。そして彼は、わが国の輸入が減少してその輸出が増加しないかぎり、為替相場に何らかの改善が行われたり、あるいは通貨の縮小から地金価格に何らかの下落が生じるということを、予想することはできない」が、彼から見れば「イングランド銀行券の縮小が、わが国の現在の輸出と輸入の正常さをすこしも乱すことなしに、地金の価格を引き下げ、為替を改善するであろうということは、まったく明白」だと主張した（*ibid.*, ch. IX. [III/245]）。

なお最近の発見によれば、リカアドオはこのようにボーズンキトに反駁を加えたのみならず、すでにそれ以前に地金報告を賞讃し、また非難者に対してはこれを弁護する文章をおおやけにしていた。それはいずれもモーニング・クロニクルに対する寄稿であって、それぞれ一八一〇年九月六日、同十八日、同二十四日の紙面に掲載された。その第一の記事では地金報告を賞讃して「地金委員会は、紙券通貨が規制されるべき諸原理をきわめてたくみに説明している」[III/133] と言い、他の二つの記事では地金報告をそれぞれシンクレア及びランドル・ジャクソンの非難に対して擁護した。この三つの寄稿は今までまったく誰も記録に残していなかったのであるが、リカアドオ研究者ホランダーによって最近発見され公刊された（*Minor Papers on the Currency Question 1809–1823. By David Ricardo, etc.* 1932 [Three letters to the *Morning Chronicle* on the Bullion Report, 1810, III/131–53]）。

リカアドオの通貨論は、一八一六年の『経済的でしかも安定的な通貨のための提案』（*Proposals for an Economical and Secure Currency; With Observations on the Profits of the Bank of England, as they regard the Public and the Proprietors of Bank Stock*）にいたってさらに一層の発展を示した。彼の提案は、正貨の代わりに紙幣を使用する利益と、通貨と本位金属との等価を維持する利益とをともに確保するためには、紙幣の兌換を正貨によってではなく、地金によってなすべきである、ということにある。彼は次のように言う。「本位自身がこうむる変動以外の通貨の価値におけるあらゆる変動から公衆を保護し、またこれと同時に、もっとも経費を要しない媒介物によって流通を維持することは、通貨が到達しうるもっとも完全な状態を達成することである。しかもわれわれはイングランド銀行をして同行銀行券と引き換えにギニー金貨を提供させるかわりに、鋳造基準および鋳造価格により未鋳造の金または銀を提供させることによって、これら利益のすべてをもつことになるのである。この方法によるときには、紙券が地金の価値以下に低下するとかならず紙券の量が減少するにいたるであろう。紙券が地金の価値以上に上昇するのを防ぐためには、イングランド銀行に標準金と引き換えに一オンスにつき三ポンド一七シリングの価格で同行紙券を提供させなければならない。イングランド銀行に過大な手数をかけさせないようにするには、三ポンド一七シリング一〇・五ペンスの鋳造価格で紙券との引き換えを要求しうる金の量、または、三ポンド一七シリングでイングランド銀行に売却しうる金の量は、けっして二〇オンス以下であってはならない」(sec. IV [IV/66])。

この著作は『地金の高い価格』第四版の付録を起源とし、またこの付録は『エディンバラ・レヴュー』におけるマルサスの批判に応えるために書かれたものであるから、この点においてもマルサスはリカアドオの著作に刺戟を与えたのである (Hollander, p. 49)。リカアドオは一八一〇から一四年のころ、私信においてもマルサスと通貨問題、為替問題について頻繁に論争していた。

右の諸著作における貨幣論を要約してこれにいくらかの修正を加えたものが、主著『原理』第二十七章の通貨および銀行論である。わたしがいくらかの修正というのは、『原理』の枢軸をなす生産費価値法則を貨幣金属の価値に適用したことを意味している。彼は次のように言う。「金および銀は、他のすべての商品と同様に、それを生産して市場にもたらすのに必要な労働量に比例する価値をもつにすぎない。金が銀よりも十五倍高価であるのは、金の一定量を獲得するために銀に比して十五倍の労働量を必要とするからである」［I/352］。しかしリカァドォは貨幣の貨幣としての価値は、必ずしもその素材たる金銀の価値に拘束されるものでないことを認めている。国家が貨幣鋳造をおこなっていても、まったく造幣料を徴収しない場合には、鋳貨は量目品位の等しい同一金属の他のいかなる個片ともその価値を同じくするが、国家が鋳造に対して造幣料を徴収する場合には、貨幣の価値はこの造幣料の額だけ地金の価値を超過する。しかし造幣料の額は必ずしも鋳造に必要な労働量に比例するものではないから、貨幣の価値は容易に投下労働量にもとづく金銀の価値と乖離せざるを得ない。このように貨幣の価値が金銀の価値以上にあがりうるのは、もっぱら数量の制限によるのである。この点について彼はつぎのように言う。「国家だけが鋳造しているかぎり、鋳造手数料のこの徴収にはなんらの制限もありえない、というのは、鋳貨の数量を制限することによって、それは考えられるどんな価値にまでもひき上げられうるからである」［I/353］。この理論はまた一紙片に過ぎない紙幣の流通を説明する。紙幣は「すこしも内在的価値をもたないけれども、しかも、その数量を制限することによって、その交換価値は、等しい呼称の鋳貨、またはその鋳貨に含有される地金と、同じ大きさになる」［*ibid.*］のである。この理論から推し量れば、紙幣が価値を保つには必ずしもそれが正貨に兌換されることは必要ではない。必要なことは、ただ紙幣の数量が適宜に調節されることのみである。ただ経験に照らしてみれば、無制限の紙幣発行権が濫用されないということはないから、兌換の義務を負わせることが、最も妥当な制限確保の方法だというのである［I/353-4, 356］。

右に述べたことから、リカァドオが貨幣数量説の主張者であることは、明白である。そしてこの主張は終始少しも変化しなかったのであり、彼はたびたびさまざまな言葉をもって自分の意見を表明した。試しにそのいくつかの例を次に引用してみる。彼は言う。「もしわが国の流通媒介物が五分の一だけ増加しているならば、その五分の一が回収されるまでは、金および諸商品の価格はひきつづき今日と同じままでありましょう。銀行券の額を増加させてみてください、それらのものの価格はさらにいっそう騰貴するでありましょう。しかし私が熱心に推奨しておりますように、この五分の一を回収してみてください、そうすれば金およびその他のすべての商品が、おのおのその妥当な水準を見出すでありましょう。……一オンスの金の代表物、すなわち銀行券での三ポンド一七シリング一〇・五ペンスは、つねに一オンスの金を購入するでありましょう」と(*Three Letters*, p. 18 [Three Contributions to the *Morning Chronicle*, III/25])。

また次のように言う。「貨幣の減価は過剰という原因以外には生じえない。貨幣鋳造のさいにどのように品位の低下が行われるようになったとしても、貨幣はその鋳造価値を保持するであろう」(*Reply to Mr. Bosanquet*, p. 95 [III/224-5])。

あるいは、「すべての商品が同時に騰貴しうるのは、貨幣の分量に追加がなされる場合だけである」と言う [I/105]。

また次のようにも言う。「量があらゆるものの価値を調節する」。これはすべての商品について真実であるが「ほかの何よりも、おそらく通貨について真実であった」(一八二二年六月十二日の下院における演説 [V/209])。

一八二三年の議会が閉会した後、ギャトコム・パークの邸宅にしりぞいたリカアドオは、余暇をさいて「国立銀行設立試案」(*Plan for the Establishment of a National Bank*)を書いた。しかし彼はこの年の秋に病死したので、案は翌年遺稿としておおやけにされた。このなかでリカアドオは、発券銀行の発行業務と資金貸出業務とを厳格に区別し、二者は必ずしも同一機関によって行う必要がないことを力説した(*The Works*, p. 503 [IV/276])。リカアドオが、紙幣発行の利益は私人の収得すべきものではないとして、この種の業務の国有国営を主張したのは、すでに『経済的でしかも安定的な通貨のための提案』からのことであるが、今この遺稿において、彼は具体的にその実行方法を詳述したのである。「金の価格」を処女作とするリカアドオはまたその遺稿において国立銀行案を述べた。通貨問題はリカアドオの経済学者としての生涯と特別の因縁を有したのである。

穀物法問題とリカアドオの分配論

しかしリカアドオの興味は長いあいだ通貨問題のみに捉えられてはいなかった。『原理』の序文でリカアドオは、土地の全生産物が地代、利潤および賃金という名称のもとに地主、資本家および労働者のあいだに分配される、「この分配を左右する法則を決定する」ことが「経済学における主要問題」［I/5］だと言っているが、この分配法則の骨子は、すでに一八一五年の小冊子『穀物の低価格が資本の利潤におよぼす影響についての試論』に示されている。このようにリカアドオにこの小冊子を書くよう促したのは、一八一三年―一五年における穀物関税法改正に関する論争であった。

イギリスは、十八世紀末葉にいたるまではすぐれた農業国としてその穀物を外国に輸出しえたのであったが、急速な人口増加のため、ほぼ世紀の変わり目とともに輸出は停止し、反対に徐々に穀物輸入国となったのである。マルサスも、一八〇〇年に著した小冊子のなかで「近年は、最も豊作の年においてすらわれわれがわれわれ自身の消費に十分なだけの穀物を生産していないことは……今日一般的に認められている事実である。だが二十年前にはわれわれは穀類を、つねにきわめて多量に輸出していた」と言っている（*An Investigation of the Cause of the Present High Price of Provisions*, 1800, p. 26［ロバアト・マルサス『食料高價論、その他』堀經夫・入江奨訳、創元社、一九四九年、四一ページ、訳文は改変］）。こうして外国に依存して低廉な穀物を供給することを国策とするか否かが、当然問題となった。

穀物関税論争の発端となったのは、一八一三年五月十一日に発表された、下院特別委員会の穀物貿易に関する報告書、および六月十五日同委員会議長パーネル（Sir Henry Parnell）の議場における、現行穀物法の改正の必要性を述べた演説であった。当時現行の穀物法は、一八〇四年に改正されたもので、輸入小麦一クォーターあたりの国内価格が六三シリング以下である時はこれに禁止的重税を課したのであるが、委員たちはこの六三シリングという課税価格の引上げを妥当とする結論に到達し、こうすることが、イギリス国民に「その自国の土地から十分な供給量を生産させ、また同時に穀物価格を低下させる」ことになるといったのである。この特別委員会が任命された当時においては、小麦の価格ははるかに課税価格を超過していたから（一八一〇年一〇六シリング五ペンス、一八一一年九五シリング三ペンス、一八一二年一二六シリング六ペンス、一八一三年上半期一一六シリング以上）、特別委員会の任命は、穀物価格の下落を心配する地主階級の代表者が提案したものだというのは速断に失するが、しかしこの問題の討議開始後に異常な豊作のため穀物が急激に下落したから（十二月における小麦価格七三シリング六ペンス）、地主および小作農業家が困窮し、穀物法改正の要求はきわめて切実なものとなった。地主は連年の高価格に慣れ、またこれを予想して頻繁に共有地の囲い込みを行い、通常の価格をもってしては採算が取れないような土地の耕転を開始し、また、その平生の生活を豪奢にした。小作農業者もまた同じ予想のもとに資本を土地に投下し、また高率の地代をもってその小作契約を更新していた。ゆえに今穀価の下落にあって彼らが大いにあわてふためいたのは当然であった。

他方、穀物法の改正に反対する世論も高揚した。一八一四年の始めに、「穀物法にかんする」請願書百三十、「法案に反対する」もの百七十であって、ニューキャッスル市の請願書にいたっては、「法案を通過させようと努め、穀物価格を騰貴させ、困窮と荒廃とを製造業者と労働者とのあいだに広めて摂理の恵みをこの国から奪おうとする者どもの兇悪な努力」という表現をもちいたほどであった。その間、穀物価格は回復のきざしを示さず、農業階級の窮状はその極にたっしたように見えた。一八一五年二月、議会は「緊急」の故をもって、穀物法改正問題をまず議事にのぼせ、商務院次官の、原則として小麦の価格が八〇シリングに上るまでは穀物、穀粉、食用肉の輸入を完全に禁止すべきだとする議案は、議員の多数者の同意を得て、各市からの反対請願書、院外での一般の人々の抗議行動にもかかわらず、三月十日第三議会での審議を終え、同二十日上院を通過した。

一八一三―一五年における穀物法改正問題の経過は以上のようであった。

この穀物法問題を目前にしてマルサスは「公衆の知識のストックに寄与しうるものを有する人々がただこのことを行うだけでなく、またそれがもっとも有用な時に行うのは彼らの義務である」と言って、すぐに一八一五年一月、その学校における講義草稿の地代に関する部分を小冊子として『地代の本質とその増加』（*An Inquiry into the Nature and Progress of Rent, and the Principles by which it is regulated*）を著し、なお前後に『穀物法および穀物価格騰落の農業と国富一般におよぼす効果についての考察』（*Observations on the Effects of the Corn Laws, and of a Rise or Fall in the Price of Corn on the Agriculture and General Wealth of the Country*, 1814）と『外国穀物の輸入を制限する政策についての意見の論拠』（*The General Grounds of an Opinion on the Policy of Restricting the Importation of Foreign Corn; intended as an Appendix to "Observations on the Corn Laws"*, 1815）を書いた。

サー・エドワード・ウエスト（Sir Edward West）もA Fellow of University College, Oxfordと実名を伏せて『穀物価格論』（*Essay on the Application of Capital to Land, with Observations shewing the Impolicy of any Great Restriction of the Importation of Corn, and that the Bounty of 1688 did not lower the Price of It*, 1815〔橋本比登志訳、未來社、一九六三年〕）を書いた。

トレンズ大佐も『穀物貿易論』（*An Essay on the External Corn Trade; containing an Inquiry into the General Principles of that Important Branch of Traffic; an Examination of the Exceptions to which these Principles are liable; and a Comparative Statement of the Effects which Restrictions on Importation and Free Intercourse are calculated to produce upon Subsistence,*

Commerce, and Revenue, 1815）を書いた。

そしてリカアドオもまた二月から三月にかけて『穀物の低価格が資本の利潤におよぼす影響についての試論。輸入制限が不得策であることを示す。マルサス氏が最近刊行した「地代の本質とその増加の研究」および「外国穀物の輸入を制限する政策についての意見の論拠」についての論評を付す』（*An Essay on the Influence of a Low Price of Corn on the Profits of Stock; Shewing the Inexpediency of Restrictions on Importation: with Remarks on Mr. Malthus' two Last Publications: "An Inquiry into the Nature and Progress of Rent," and "The Grounds of an Opinion on the Policy of Restricting the Importation of Foreign Corn"*）〔以下『利潤論』と略記〕を著したのである。

リカアドオは、ウエストとトレンズ両者の著作を、自分の小冊子を刊行した後にはじめて見たのであるが（*Letters to Malthus*, pp. 63, 65〔the 9th and 12th March 1815, VI/179, 185〕）、マルサスとは十分な議論を経た後に執筆したのである。リカアドオの書簡集を見ると、彼とマルサスとは一八一四年に入って通貨および外国為替という「旧問題」から転じて、穀物関税の影響を主題として論争した。この論争においてリカアドオが繰り返して主張したのは、穀物輸入の制限は穀物価格を騰貴させ、この騰貴は賃金を騰貴させ、賃金の騰貴は利潤を下落させるということ、また一般的利潤率を左右するのは農業資本に対する利潤だということである。このように言うことは、結局利潤を決定するものは食料生産の難易だということに帰着する。

これに対して農業利潤率は他の産業の利潤率を左右するが、また他の産業の利潤率も農業利潤率を左右する、なるほど食物が安価なことは利潤騰貴の原因ではあるが、原因はなおこれ以外にもある、たとえば新市場が発見されて、従来よりも多くの量の外国の商品を国産の商品と交換し獲得することができれば利潤は騰貴し、利子も騰貴する、というのがマルサスの意見であった（*Letters to Trower*, p. 5〔the 8th March 1814, VI/103-4〕）。

マルサスと議論のやりとりを重ねているうちに、リカアドオの自説に対する確信はますます堅固になった。彼のマルサス宛書簡で今日保存されているもののうち、一八一四年六月二十六日付けのものから翌年一月十三日付けのものにいたる八通において、彼はみな同一の問題を論じ、同一の意見を繰返し主張している。彼は次のように言う。「経済学の諸命題のうちで、ある輸入国での穀物の輸入に対する諸制限は利潤を低くする傾向をもつという命題以上に私が確信しているものはありません」(p. 35 [the 26th June 1814, VI/109])。また彼は資本の蓄積が利潤の下落をもたらすまでの径路を次のように述べている。「原生産物の価格の上昇は資本の漸次の蓄積によって引き起こされるかもしれず、これは労働に対する新しい需要を作り出すことによって人口に刺激を与え、したがってより劣等な土地の開墾や改良をうながすかもしれません、――しかしこれは利潤を高くしないで低くするでしょう、なぜならたんに賃金の率が上昇するだけでなく、より多くの労働者が原生産物の比例的な増収をもたらすことなしに雇用されるだろうからです」(p. 47-8 [the 23rd October 1814, VI/146. 強調は引用者])。また次のように言う。「資本の蓄積は利潤を引き下げる傾向をもっています。なぜでしょうか。その理由は、蓄積は農業の改良をともなわないかぎり、いつも食料を入手する困難の増大をともなうからです。この[農業の改良をともなう]場合にはそれは利潤を減少させる傾向をもちません。……かりに資本の蓄積につれてわれわれがいつも一片の新しい肥沃な土地をわれわれの島につけ加えることができるとすれば、利潤はけっして低下しないでしょう」(p. 52 [the 18th December 1814, VI/162])。

右に抜粋・引用した書簡のうちに、われわれはすでにリカアドオの分配理論全体の萌芽を認めることができる。すなわちこのリカアドオの学説は、第一に人口原理の承認を前提としている。彼はマルサスの人口論に対して讃辞を呈していた。「労働に対する新需要」そして賃金の騰貴は「人口に刺戟を与え」る。しかしこの増加した人口を養うための土地の食料産出力はどうであるか。

収穫逓減の法則といえば思い出されるのは、リカアドオの同時人たる前記のサー・エドワード・ウエストの名である。彼はその前掲の小冊子のなかで「その原理とは、簡単に言えば、耕作改良が進むにつれて粗生産物の栽培費が累積的にかさんでいくということ、言いかえれば、土地の総生産物に対する純生産物の割合が継続的に減少するということである」と言い、また「土地に投下される労働の追加量は新しい土地の耕作か、既耕地をより高度に耕作するためにか、そのいずれかに支出されるにちがいない。……社会が進歩するにつれて新しい土地が耕作に付されるというまさにこの事実こそは、労働の追加量が投下されても以前に旧地へ投下されたほどには利益をもたらさないということを証明する」、と説いた（pp. 2, 10［E・ウエスト著、前掲橋本訳、七、一四ページ］）。しかしリカアドオは別にウエストをまつまでもなく、土地収穫逓減の法則を当然の理として承認している。農耕上の改良が行われるか外国産穀物が輸入されるかしなければ、穀物の価格は人口増加につれて必ず騰貴する。それが騰貴するのは、地味劣等の土地を耕さなければならないようになるからである。地味劣等の土地を耕さなければならないのは、既耕の土地に追加的に資本を投じても、生産物が比例的に増加しないからである。すなわち彼は、少しでも生活に余裕のあるかぎりその限度まで増殖しようとする人間が、耕作の進行につれて生産力の減退する土地の上に住んでいる、と仮定したのである。学者あるいは正統派経済理論にとっての人口の原理の意義を軽視し、「正統派の体系は人口の原理をそこから抹消しさっても依然としてそのままであるだろう」というものがある（J. Schumpeter, Epochen der Dogmen- und Methodengeschichte. *Grundriss der Sozialökonomik*, Bd.I. 1914. S. 77［シュンペーター著、中山伊知郎・東畑精一訳『経済学史　学説ならびに方法の諸段階』岩波文庫、一九八〇年、二〇〇ページ。訳文は改変］）。これはもちろん当を失した見解といわなければならない。

　このほかにリカアドオは、はっきりと言ってはいないが、一般に報酬率の平均化、ことに利潤率平均化の法則を彼の分配理論の鍵としている。彼自身および彼が業務上日々接触する銀行家や手形・株式仲買人等は、すべてごくわずかの利回りの差を争う人々である。彼は自分が身近に見ていたロンドン市民の心理から一般の労働者、資本家、地主の心理を推測した。資本家はもちろん、労働者もみな常にその取得する報酬の少しでも高い方へ移動することを怠らない結果として、賃金率・利潤率は当然平均化するものであると解したのである。農業資本の利潤がその他の一切の利潤率を左右すると彼が言ったのは、この平均法則を認めることにほかならない。なぜ農業利潤率が他の利潤率を左右するかといえば、それはこの両者のあいだにはなはだしい高低の差がある場合、資本が利潤率の低いところから高いところに移動してこれを平均化するからだと解するからにほかならない。さてすでに農業とその他の産業とのあいだに利潤率の平均があるとすれば、同じ農業資本の利潤は、その資本が耕す土地の豊度のいかんを問わず当然均一化するはずである。ところが今、資本の蓄積は人口の増加を刺激し、人口の増加は劣等地の耕作を促し、劣等地の耕作すなわち食料生産の困難の増大は利潤を下落させ、こうして農業利潤率は土地の豊度のいかんにかかわらず均一でなければならないとすると、その場合肥沃な土地を耕すものの始めの利潤と新たな低下した利潤率との差額はいったい何を構成し、またたれがこれを取得するのかという疑問が起る。リカアドオによれば、これが地代となるのである。リカアドオは次のように言う。「地代はつねに資本の利潤からさしひかれるのです」、「地代はけっして富の創造ではなく、つねに、すでに創造された富の一部であり、必然的に資本の利潤を犠牲として享受される」(*Letters to Malthus*, p. 59 [the 6th February 1815, VI/173])。すなわちリカアドオによれば、地代は利潤の下落によって生じた間隙を占め、利潤の下落とともにますます利潤がもともと占めていた範囲を侵食して行くのである。ゆえに利潤論は地代論を前提しなければ完全に説明することができない。利潤論の反面は地代論、地代論の反面は利潤論となるのである。

研究方法上においてリカアドオはマルサスとはいちじるしい対照をなしている。リカアドオはマルサスと自分自身との議論の態度を比較して、マルサスが実際上の細目に捉われすぎると言い、これを無視して抽象的推理を行う自己の方法を弁護したことがある。彼は言う。「もし私があまりに理論的に失するとすれば、実際そうだと信じますが、――あなたはまたあまりに実際的だと思います。経済学には非常に多くの組合せがあり、――非常に多くの作用原因がありますから、変革を起こすすべての原因を確かめてその効果を適切に評価したいという確信がないかぎり、ある特定の学説を支持するために経験に訴えることには大きな危険があります」（*Letters to Malthus*, p. 96 [the 7th October 1815, VI/295]）。また次のようにも言う。「われわれの意見の相違はある点では、あなたが私の意図している以上に私の本（『原理』を指す〔引用者による挿入〕）を実際的なものだと考えていらっしゃる点に帰することができると思います。私の目的は原理を明らかにすることでした、そのために私は顕著な場合〔strong cases〕を想定してこれらの原理の作用を示そうとしたのです」（pp. 166–7 [the 4th May 1820, VIII/184]）。こうして二者の態度の相違はだれの目にも明らかであった。たとえば同時代人であるトレンズもこれを評して「マルサス氏はあまりにも一般化をしない。もし前者〔リカード〕が時として特殊事項からの十分広範な帰納に基づかないままにその諸原理を立てるとすれば、後者はこのような特殊事項に没頭する結果、個人の経験を広めて無数の事物におよぼし、人間の知識に科学の性質を付与するかの帰納過程を無視する」と言った（Torrens, *Production of Wealth*, [1821,] pp. IV–V）。こうしてリカアドオが抽象的推理を進めるに当って、いわば公理として彼に与えられたものは、右の人口増加、土地収穫逓減および利潤平均化の三法則であった。リカアドオの後に出て、経済学を演繹的に、ほとんど幾何学のようにして説いたシーニョア（Nassau William Senior）がその『経済学』〔*Political Economy*, 1850〕において経済学の四つの根本命題として（一）各人は可能なかぎり小さい犠牲をもって追加的な富を獲得しようと欲すること、（二）世界の人口すなわち世界に住む人の数は、道徳的または肉体的害悪によって、もしくは習性上、住民各階級の個人が必要とする富の不足の心配によってのみ制限されること、（三）労働および他の生産要具の力は、その生産物をさらに生産の手段としてもちいることによって無限に増加させうること、（四）農業上の技術が同一である場合には、一定地域内に投下された追加的労働は大体においてより少ない比例的収穫を生ずる、言いかえれば、投下された労働の増加とともに総収穫は増加するけれども、収穫の増加が労働の増加に比例しないこと、これらを挙げたのは、リカアドオの理論的前提をややおもむきを変えて、明確に列記したものと見るべきである。

『利潤論』においては、書簡ではややかげになっている地代論が詳しく説明されている。元来地代の本質については、アダム・スミスに後述のような地代論があり、スミスと同時代人のアンダーソンにも後のリカアドオを予示するかのような見解が窺われる（James Anderson, *An Inquiry into the Nature of Corn Laws etc.*, 1777. pp. 45-7n.）けれども、リカアドオが地代論に注目したきっかけは、これ等先人の著作ではなく、前記のような、穀物法改正という目前の時事問題であった。

地代とは彼によれば、「土地の本源的で固有な力（original and inherent power of the land）の使用に対して地主に与えられる報酬」である（*Works*, p. 375 n. [IV/18]）。この意味における地代は、リカアドオによれば、土地生産物の価値総額から生産費を控除した余剰からなるものである。だとすれば「農業資本の通常ありきたりの利潤率および土地の耕作に関係のある全支出が、合計して全生産物の価値に等しい場合には、地代はありえない。そして、全生産物がその価値において、耕作に必要な支出に等しいにすぎない場合には、地代も利潤もありえない」のは当然である（*Works*, p. 371 [IV/10]）。たとえば肥沃な土地の豊富な新しい国で、ある人が土地に投ずる資本は小麦二百クォーターに相当する価値があって、その半分は建物道具のような固定資本、半分は流動資本からなりたつものとし、こうして両資本を償ったあとになお小麦百クォーターの価値に相当する生産物があったとすれば、資本所有者に対する純利潤は二百に対する百、すなわち五割であり、こうして定まったこの利潤率は、商工業資本の利潤も定める。もしそのあいだに高低の差があれば、一方から他方への資本移動がおこるからである。資本および人口が増殖して、位置の便利さまたは地味の点で劣等な土地を耕す必要が起れば、生産費（耕作費または運搬費）は増加する。仮にこの増加が小麦十クォーターの価値に相当するものとすれば、以前と同じ収穫を得ようとして新しい土地に投ぜられる資本は百十、したがって資本利潤は五割から二百十に対する九十、すなわち四割三分に下落する。そこではじめに優等地の耕作によって得られた利潤は分割されて、利潤と地代になる。この場合には、八十六クォーターが利潤、十四クォーターが地代である。資本、人口がさらに増殖して、いっそう劣等な土地が耕される場合には、利潤はさらに下降し、地代はさらに騰貴するはずであることは説明の必要もないであろう。耕作を劣等地におよぼすことによって「地代は既耕地においては上昇し、そしてまさにそれと同じ程度に利潤は低下するであろう」（p. 373［IV/14］）。新たに劣等地を耕さずに、既耕の土地にさらに多くの資本を投下する場合もまた同様である（p. 374［IV/14］）。

しかしこのように地代は新たな富または収入の創造ではなく、利潤の削減によって発生するものだという説は、マルサスに存在する、地代は天恵による余剰だという思想と相容れない。リカアドオはマルサスの地代論に「ゆたかな独創的思想」［IV/15］が含まれていることを認め、これに十分敬意を払っているにもかかわらず、右の一点についてマルサスが誤っていることを力説する。マルサスは地代発生の原因として（一）土地に土地耕作者を養う以上の余剰生産力があること、（二）生活必需品はそれ自体に対する需要を作り出す性質があること、（三）肥沃な土地の比較的稀少なことの三つを認めているが、その中で彼が特に重視するのは、前二者である（*The Nature and Progress of Rent*, p. 17［*An Inquiry into the Nature and Progress of Rent, and the Principles by which it is regulated*, by the rev. T. R. Malthus, London, 1815］）。マルサスが特にこれを力説するのは、地代が土地の有害な独占から生ずるものとする学説に対してこれを弁護しようとするからである。すなわち彼は地代が決して、「ただ地主にだけ有利で、消費者には比例的に有害な価値の移転にすぎないもの」ではなく、「国富への追加であり」、「神が人間に授けてくれた計り知れなく貴重な土地の性質、すなわち土地を耕すのに必要な以上の人を養うことのできる性質を明示するもの」であり、「寛大な摂理のたまもの」であることを力説するのである（pp. 16, 17）。アダム・スミスが「農業でも自然が人間とともに労働する。そして自然の労働には費用がかからないけれども、その生産物は、もっとも費用のかかる職人の生産物と同様に、価値をもっている」と言ったのは（*Wealth of Nations*. Edited by E. Cannan, vol. I, p. 343［Adam Smith, *An Inquiry into the Nature and Causes of the Wealth of Nations*, Clarendon Press, Oxford, 1976, I. p. 363. 訳文は、アダム・スミス著、水田 洋監訳・杉山忠平訳『国富論』2、岩波文庫、二〇〇〇年、一六二―三ページ、による］）、フィジオクラートの影響に帰すべきものであろう。この思想はマルサスに継承されて右の章句に現れている。リカアドオの地代論は、フィジオクラート思想との絶縁を意味する。

同時にこの地代論は、価格と地代との関係にかんするアダム・スミスの学説を否定する。アダム・スミスは別のところではことなった説も述べているが、その価格論においては、地代は価格の構成要素であり、地代の騰落は価格の騰落を左右すると説いている。しかしリカアドオによれば、一般の商品と同じく、穀物の「生産の難易が、それらの交換価値を究極において調整する」［IV/20］のであるから、劣等地の耕作が必要となるに従って穀物の価値は騰貴する。ひとつの土地の地代は、その土地の純収穫（総収穫から賃金を控除した余剰）と最後に耕された土地の純収穫との差額にほかならない。そして最終地の純収穫が投下された資本の利潤だというのであるから、最終地は利潤のみを生じて地代を生ぜず、穀物価格の騰貴ということに対して、地代はその原因となってはいないのである。ゆえにリカアドオの学説をもってすれば、地代が価格の構成要素をなすとし（*Wealth of Nations*, vol. I, pp. 51–2, 57, 59.［*ibid*., pp. 61–8, 72–5］）、また食物の生産に充てられる土地は、必ず賃金、利潤以上に地代となる余剰を生じるという（pp. 147–8.［*ibid*., p. 162–4］）アダム・スミスの説は、ともに承認し難いものであるはずである。『利潤論』のなかでは、いまだアダム・スミスに対して批判というほどのものは加えていないが、リカアドオの地代論が当然スミスの地代論の重要部分をくつがえすものであることは、すでにここでも明らかなのである。

右に述べたように、地代は新たな収入の創造でなく、すでに作り出された収入の一部分にほかならないとすれば、地主の利害はその他の階級の利害と衝突するという結論が生ずる。「地主の地位は、食料が欠乏して高価なときにもっとも隆盛であるが、これに反して、他のすべての人々は食料を安く獲得することによって大いに利益を得る」のである（*Works*, p. 378 [IV/21]）。しかしリカアドオは、社会の発達につれて、自然に地代が騰貴し、利潤が下落することには反対していない、彼が遺憾とするのは、穀物法のような人為的手段によって地主の利益が偏重されることである。ただしこの場合、リカアドオが知らず知らずのうちに、資本家階級の利益をただちに社会そのものの利害とする傾向があったことは否定しがたい。リカアドオは穀物が安価なことを望ましいとしているが、それが望ましいのは賃金を下落させるからである。ゆえに長期について見れば、労働者の利害は食料生産の難易いかんとはほとんど関係がないといってよい。そうすると、彼が地主の利害と対立させる社会全体の利害なるものは、結局資本家階級の利害にほかならないことになる。それではなぜ地主よりも資本家階級の利益を尊重しなければならないのかといえば、彼はこれを証明を要しない、当然で自明の事と解するかのように、この階級の繁栄は資本の蓄積と生産的産業の奨励とに導くという意味に解しうる言葉を漏らしている（p. 388 [IV/37]）以外には、『利潤論』にはほとんどその説明と受け取れるものがない。しかし彼が、高い利潤が国富を増進する第一の刺戟、もしくはその第一の徴候であるとしていたことは、他の機会における彼の発言を見ても明らかである。たとえば、後年の著作である『農業保護論』（*On Protection to Agriculture*, 1822）の一節で、ある議員の低利潤を是認する意見について彼は次のように述べている。「私は、まさにその反対こそ真理である、と考える。低い利子率は資本の大きな蓄積の一兆候である。しかし、それはまた低い利潤率の、そして、一国の富と資源とがそれ以上増加しえないであろう、静止状態への接近の一兆候でもある。あらゆる貯蓄は利潤からなされるのであるから、そして一国は急速な進歩状態にあるときにもっとも幸福なのであるから、利潤と利子はいくら高くても高すぎるということはないのである。地主たちが少ない犠牲をもって貨幣の抵当借りを可能とされるということは、まったく一国にとっては低い利潤と低い利子に対する貧しい慰めであろう。高い利潤ほど一国の繁栄と幸福に多く貢献するものはないのである」(*Works*, p. 474 [IV/234-5])。

この点からして、彼は株式仲買人の目をもって社会全体の利害を判断したという批判を免れがたいと思う。リカアドオが穀物の自由な輸入を推奨するのに対して、マルサスはその輸入の制限を求めた。後者は一八一四年に著した穀物法その他にかんする『考察』〔前出〕においては、穀物の輸入制限に対する賛否両論の論拠をまず公平に紹介したのであるが、翌年の『論拠』〔前出〕においては双方の態度を明らかにして、人為的に低い通貨の価値をつぐなうために輸入穀物に対して一時的に課税を行うことが妥当であると説いた。この意見の相違は、両者が国富の増進もしくは国民的繁栄の徴候についての見方を異にしていたことに基づいている。前述のようにリカアドオがそれを利潤の高いことであるとしたのに対して、マルサスは地代の騰貴を国富増進の兆候と見たのである。これは地代を土地の余剰産出力に帰する立場からのものとすれば、当然の観察である。そしてこの立場からすれば、農業生産における改良は地主の利益となり、「地主の利害の国家のそれとのもっとも密接な結合」ということもまた当然である(Malthus, *Political Economy*, 1st ed. p. 217〔マルサス『経済学原理』、小林時三郎訳、岩波文庫(上)、一九六八年、三二一ページ。本訳書は一八二〇年刊の初版を底本としている〕)。ゆえにマルサスは、地主の利害は消費者および製造家のそれとは相容れないというリカアドオの見解を非難した(Pol. Econ., ch. III, VIII, XI)。

これに対してリカアドオは、自分が必ずしも地主階級を敵視せず、またこの点について必ずしもマルサスと見解を異にしないことを弁明することに努めている。すなわち「農業上の改良は、その直接の結果は地主にとって有害であり、消費者にとって有利であるが、しかし、結局は、人口が増加するときは、この改良の利益は地主に移転される」、「マルサス氏は、私が言ったどんなことからも、私を地主の敵として、あるいは、社会の他のどの階級よりも地主についてより有利でない意見をもつものとして、指摘する点で、正しくない」というのである（*Notes on Malthus*, p. 51［II/118-9］）。しかしながらリカアドオ当人が地主を敵視していたのかどうかはここでは問わないとしても、彼の分配理論において地代と利潤とが相互に対立の関係に立っていたことはとうてい否認しえない。農業の改良によって土地の生産力が増大すれば、利潤が騰貴して地代が下落する。利潤の騰貴が蓄積をうながし、蓄積が賃金を騰貴させ、さらには人口を増加させたその時には、なるほどふたたび地代は騰貴するが、その騰貴は利潤の犠牲において生じる。利潤率が騰貴し、また地代も騰貴するということは、彼の理論においては、永続的には到底起こりえないことである。

『経済学および課税の原理』

『利潤論』に対する友人らの批判により、リカアドオは「経済学の原理」の著述を思い立った。リカアドオが十分詳細に自分の意見を説明しなかったので、二、三の人々がそれを了解しなかったこと、またジェームズ・ミルが彼に、「それをもう一度書きなおして、もっと詳細にするよう勧めている」［VI/249］ことを、リカアドオは一八一五年八月十八日付けのセー（Jean Baptiste Say）宛ての書簡の中で言っている。（スチュアート・ミルは自叙伝において、リカアドオの原理は「父の懇望と強いはげましとがなかったならば、出版はおろか執筆さえされなかったであろう」と言っている。［*Autobiography* by John Stuart Mill, Longmans, Green, Reader, and Dyer, 1873, p. 27. 朱牟田夏雄訳『ミル自伝』岩波文庫、一九六〇年、三三ページ］）やがて彼はこの勧誘にしたがって著述を決意した。一八一六年春のマルサス宛て書簡は、業務のためにしばしば執筆が妨げられることをなげいている（一八一六年四月二十四日付け、および同五月二十八日付けのマルサス宛書簡［VII/28, 36］）。文章はリカアドオの得意とするところでない。しかし彼は勉強してこの困難に打ち勝った。一八一七年三月九日付けの書簡では「学説そのものについてはいささかの懸念ももちません」［VII/140］と言っている。こうして二月末には印刷はすでに開始されていた。最後の原稿は三月末に印刷業者の手に引き渡されたものらしい（*Letters to Malthus*, pp. 132, 134［VII/143–5］）。翌月『経済学および課税の原理』は公刊された。その原タイトルを次に記しておく。

On the Principles of Political Economy [,] *and Taxation*. By David Ricardo, Esq.

出版者はロンドンのジョン・マリ（John Murray）である。本文はページあたりの字数の少ないデマイ八折版（demy octavo）五八九ページに序文四ページ、索引一三ページが添付されていた。

外面にあらわれた体裁の上から見ても、この著述が系統的準備をもって着手され、十分な推敲を経ておおやけにされたものではないことが明らかである。やや極言すれば、リカアドオはそのアイデアを、たまたま脳裡にうかんだ順序にとらえて筆にしたかと思われるほどである。論述が無秩序なことは、たとえば、彼の価値論は「価値」「自然価格および市場価格」「価値と富、それらの特性」、「富国と貧国における、金、穀物、および労働の比較価値」および「需要と供給が価格におよぼす影響」を論ずる諸章に説かれているのに、その諸章が第一章、第四章、第十八章、第二十六章、第二十八章［各章の番号は初版のもの。以下同］と散在しているのを見れば察せられるであろう。同様に地代論は、第二、第三両章とアダム・スミスの地代論について論じた第二十二章、マルサスの地代論について論じた第二十九章等において説かれ、利潤が第五章で説明されて、蓄積の利潤および利子におよぼす影響が第十九章で論じられ、第八章から第十六章が連続して租税を論じるかと思えば、富国および貧国における金、穀物および労働の相対価値と需要供給の影響とを論じる第二十六、第二十八両章のあいだに、生産者が納める租税が論じられているというありさまである。ゆえに学者の中には『原理』の章節の編成をあらためて、一層論理的順序に従ったものにしようとこころみたものも、後述のように一人や二人にとどまらない。(リカアドオがみずからマルサスに知らせているところによると、彼はまずその脳裡に浮かんだ自分の意見を紙の上に書き出し、次にスミス、セー、ブキャナン等の著作を参照して、自説とことなるところがあれば、これに論評を加えるという方法を取ったものであるという。*Letters to Malthus*, p. 125〔VII/115〕。推敲が不十分であることに関連して、言葉使いや用語が厳密さを欠くことはしばしば学者が指摘するところであるが、ここではそれを問わないとしても、第五章と第八章とがおのおの二つあるという一事がすでに十分これを暴露している(これは第二版において改められた)。

古今の経済学者のうち、理論家として最高の地位を認められるわがリカアドオの原理は、形の上ではこのような欠点を有する著作である。

それでは内容はどうであろうか。前述のように、リカアドオが経済学の主要問題と考えるものは、分配理論の確立である。そしてこの点に関しては、リカアドオの意見は『利潤論』を書いたときにすでに確定しており、われわれに分かるかぎりでは彼はその時以来いかなる新たな疑問にも出くわしていない。リカアドオは引続きマルサスと往復書簡のなかで議論を戦わせたが、リカアドオは彼の説を繰返して、「私が主張したいのは、利潤は賃金に依存する……ということだけです」、「賃金が下落するときは利潤は上昇するだろう……、そして賃金下落の主要な諸原因のひとつは安価な食料および必需品ですから、生産が容易になり、いいかえると食料および必需品が安価になると、多分、利潤は上昇するだろう」(pp. 120, 121〔the 5th and 11th October 1816, VII/72, 78〕)、「地代は富の創造ではなく移転であるが、これは、地代は高い価格の結果であり、その原因ではないということからの必然的な帰結である」、と主張したのである(p. 128〔24th January 1817, VII/120〕)。『原理』のなかで説明されている分配理論と『利潤論』または書簡のなかに説明されているものとのあいだには、ただ精粗の差があるだけである。

『原理』の執筆にあたって新たにリカアドオを悩ませた唯一のものは、価値論であった。この問題については、リカアドオは自分の旧説を維持しえないことをさとって、この問題を考え直したのである。すなわち一八一六年十月五日に彼はマルサスに次のように告げている。「これらの諸点にかんする私の以前の観念は正確ではありませんでしたので、私の現在の見解も以前の意見のすべてと矛盾する諸結論に導くことをみますと、同じように欠陥があるのかもしれません。私はただ自分だけの満足のためだとしても、私の理論に首尾一貫した形を与えるまで仕事を続けるつもりです」(*Letters to Malthus*, p. 120 [the 5th October 1816, VII/71-2])。

この「研究」の結果が『原理』第一章の価値論となった。

リカアドオの価値論

リカアドオの価値論は、アダム・スミスから出発した。スミスにしたがってリカアドオも使用価値すなわち効用と交換価値すなわちある物が他の物を購買する力とを区別した。ある物が交換価値をもつためには、もちろん効用をもたなければならないが、実際には効用と交換価値とは必ずしも並行しないから、前者は後者の尺度にはならない。

リカアドオは商品を二種類に大別する。それらは、人の力をもってその存在量を増加することができないものと、人の努力によってその量を増減することができ、かつその生産には無制限の競争が作用するものとである。前者にあっては、価値の源泉はその稀少性である。骨董品、稀覯書、古銭、醸造高に限りのある特別なワインの価値のようなものは、これによって説明される。しかし日常売買される商品の大部分は、後者に属するものである。この種の商品の価値は、その生産に投入される労働量によって決定される。「社会の初期の段階においては、これらの商品の交換価値、すなわち、一商品のどれだけの分量が他の商品と交換に与えられるべきかを決定する規則は、もっぱら〔第三版では「ほとんどもっぱら」と変更〕各商品に支出された労働の比較量に依存する」のである（*Principles*, 1st ed. p. 3. [I/12]）。その生産に必要とされる労働量が増加すれば、その商品の交換価値は騰貴し、それが減少すれば、交換価値は減少する。

ただしリカアドオの言う「費された労働」「体現された労働」「必要な労働」は、ただある物の生産に直接投入される労働だけではなく、間接に資本すなわち生産用具の生産に投ぜられた労働をも含むのである。たとえば、ビーバーの捕獲に費された労働といえば、狩猟用具の製作に費された労働量をもそのなかに含むのである。また価値がこの意味での費やされた労働によって決定されることは、資本（機械、道具、原料等）の使用者とその所有者とが同一であるのかどうかによっても、また生産物が利潤および賃金として資本家と労働者とのあいだにいかなる割合で分配されるかによっても、影響されない。なぜなら資本利潤または賃金率の高低は、各種産業に対して均等の作用を加えるからである（p. 18 [I/24]）。

アダム・スミスも、原始社会においては、生産に費された労働が交換価値決定の「唯一の事情」であったことを認めている。しかし土地の私有、資本の蓄積が実現して以後の社会においては、一商品の交換価値は、その生産に参加した労働、土地、および資本に対する平均賃金・平均地代および平均利潤の合計によって決定され、市場における現実価格はこの合計額を引力の中心として回転するのだから、こうして決定される価値を測定するための最良の尺度は、その商品と交換される、すなわちその商品が支配する（command）労働量であるというのが、スミスの意見であった。リカアドオはスミスの説が一貫性を欠くとするのである。「諸商品の現在または過去の相対価値を決定するものは、労働が生産する商品の比較的分量であって、労働者に彼の労働とひきかえに与えられる商品の比較的分量ではない」と言うのである（p. 11 [I/17]）。

ところが、ある物の交換価値がその生産に必要な労働量によって決定されるということは、リカアドオはすでに早くからから説いている。『利潤論』の一節で彼はこう言っている。「すべての商品の交換価値は、その生産の困難さが増加するにつれて上昇するものである。だからもし、金、銀、服地、リンネル、等々の生産にはより多くの労働が要求されないのに、穀物の生産においてはより多くの労働を必要とするために新しい困難が起こるならば、穀物の交換価値は、それらの物に比較して必然的に上昇するであろう。これに反して、穀物またはその他あらゆる種類の商品の生産における種々の便宜は、同一量の生産物をより少ない労働で提供することができるので、その交換価値を低下させるであろう。このようにしてわれわれは、農業上のあるいは耕作器具の改良が穀物の交換価値を低下させること、綿紡績に関係のある機械の改良が綿製品の交換価値を低下させること、そして貴金属の採掘における改良または新しいより豊富な鉱山の発見が金および銀の価値を低下させること、あるいは同じことであるが、他のすべての商品の価格を騰貴させることを知るのである。競争がその十分な効果を持つことができ、また商品の生産が、たとえばある種のワインの場合のように自然的制限のない場合には、それらの商品の生産の難易が、それらの交換価値を究極において調整するであろう」（*Works*, p. 377. [IV/19–20]）。

この説明と前記の『原理』のなかの価値論とは一致する。しかし、前記のようにリカアドオはこの『利潤論』公刊後において価値および価格の難問題に出くわし、彼の以前の説が誤っていたことを自ら認めたという（一八一六年十月五日付けの書簡）。だとすれば、『原理』の価値論と『利潤論』の価値論とのあいだには理論上あいいれない箇所が存在するはずである。そして実際それはある。『原理』のなかの価値論の章の後半において、生産に費された労働量の増減以外に、賃金の騰落もまた商品の交換価値に影響することを認めたのがそれである。しかしこの賃金率の変動から商品の交換価値に変動が生ずるのは、諸商品の生産にもちいられる固定資本（非消耗品）と流動資本（消耗品）との比率に相違があるか、あるいは固定資本の耐久性に相違がある場合のことである。彼は次のように言う。「諸商品を生産するのに要する労働の多少によってひき起こされる、それらの商品の相対価値のほかに、それらはまた、使用される固定資本の価値が等しくないか、あるいは持続期間が等しくない場合には、賃金の上昇と、その結果である利潤の低下による変動をもこうむるのである」(p. 23. [I/53])。こうしてその生産に比較的多くの固定資本がもちいられるか、あるいは比較的耐久性の大きい固定資本がもちいられる商品のそうでない商品に対する交換価値は、賃金の下落すなわち利潤の騰貴のために騰貴する。リカアドオ自身の言葉によって言えば、「どんな種類の生産でも、それに使用される固定資本の分量と耐久性に比例して、このような資本が使用される諸商品の相対価格は、賃金とは逆に変動するであろう、それは賃金が上昇すれば下落するであろう」(p. 41. [I/62–3])。

この価値論後半の部分は、リカアドオが「新奇」な学説であることを十分に自覚しつつとなえたものであった。それなのに、学者の批判はこの部分には加えられないで、主として一商品の価値はそれについやされた労働量によって決定されるという命題に対して加えられた。批判者のうちもっとも有力だったのは、おそらくトレンズとマルサスであろう。トレンズは雑誌に寄せた論文（"Strictures on Mr. Ricardo's Doctrine respecting Exchangeable value." *The Edinburgh Magazine and Literary Miscellany*. October 1818［中村廣治による邦訳と紹介「トレンズのリカァドゥ価値論批判——紹介と若干の論評」大分大学『経済論集』二九巻三号、一九七七年、四六—五八ページ］）において、アダム・スミスが労働費用が価値を決定するという原埋を原始社会にかぎったのは、細心で当を得たものであり、リカアドオがさらに一歩を進めて、同じ原理を文明社会にも適用したのはかえって誤謬であったと言い、結局「資本を構成する原料と賃金の比率が等しくないとき、ある事業における賃金率がたまたま他の事業より高いとき、資本の耐久性が異なるとき、耐久性はひとしくても、支出賃金額が同一でないときは、生産物の価値はそれに投じられた労働量に比例しないであろう」と言った（*Letters to McCulloch*, pp. 15-6 n.［*The Edinburgh Magazine*, ibid., p. 337］）。マルサスの批判も類似の論拠によるものである。彼は社会発達の最初期においても、労働はすでに生産費の唯一の要素ではなく「収益の遅速」（varying quickness of return）というひとつの新たな要素は、まったく労働とは関係なしに価値決定のひとつの必然的な要素をなし、文明社会において同じ原因が作用することは、言うまでもないと言った（*Political Economy*, 1st ed. 1820, p. 88.［『経済学原理』第二章第四節。前掲小林訳、一二七ページ］）。要するに彼によれば「商品がその生産に費やした労働量は、同じときおよび同じところにおける相対価値の正確な尺度でもなければ、またちがった国およびちがった時代における、前に定義したような、真実交換価値でもない」のである（pp. 107-8.［同訳、一五五ページ］）。

しかしここにトレンズ、マルサスが指摘した点は、すでにリカアドオ自身が顧慮していたのであって、資本の耐久性の差異に基づいて賃金変動のためにおこる価値の変動を説明するケースにも、彼はすでに触れていた。だから、彼はトレンズの批判に対してはいささか不満をおぼえて、一八一八年十一月二十四日付けでマカロックに与えた書簡において「私は拙著のなかで、耐久性の等しくない資本が生産に使用される場合には、価値は労働量だけによっては調整されない、と明瞭に述べておきました」［VII/338］と言っているのである。

ここでわれわれは、リカアドオの価値法則の論拠を検討してみる必要がある。

そもそもリカアドオがその数量を任意に増加しうる商品に限って、その交換価値は労働費用によって決定されると言ったのは、なぜだったのか。そもそもリカアドオが着目するのは、ひとつの原因が直接一時的にひき起こす結果ではなく、その永続的作用である。彼はもとより需要が価格を動かすことを知らないわけではない。ただその作用は一時的であって、その時の需要供給の関係により、一商品の市場価格が労働費用を上まわることがあっても、その数量を任意に増加しうる商品の場合には、供給の増加によって価格はふたたび引下げられるはずであるけれども、数量の固定しているものにあっては、この作用が働かないということにほかならない。市場価格が労働費用を上まわった場合に、なぜ供給の増加が起こるか。それは一商品の市場価格がその労働費用を上まわれば、その生産者は破格の利潤を取得するので、他の部門から資本がこの商品の生産に集中して来るからである。言いかえれば、利潤率が平均化される時は、すなわち諸商品がその体現する労働量に比例して相互に交換される時だというのである。リカアドオは言う。「そうしてみると諸商品の市場価格が、ある期間にわたって、ひきつづきその自然価格をはるかに上まわるか下まわることをさまたげるものは、自分の資金をより不利な用途からより有利な用途へ転じようとする、各資本家のもつ欲求である。この競争こそは、諸商品の生産に必要な労働に対する賃金、および使用される資本をその本来の能率状態におくのに要するすべての経費を支払った後に残る価値、すなわち利潤が、各事業において、使用された資本の価値に比例するように、諸商品の交換価値を調整するものである」(pp. 87–8. [I/91])。そしてここにいう商品の自然価格が、すなわち、「商品の交換価値または一商品がもつ購買力」である。すなわちリカアドオの分配論の基礎をなす利潤率平均の法則は、また彼の価値論の基礎をなしているのである。諸商品間の現実の交換比率が投入労働量によって決定されたその交換価値と長いあいだ乖離しえないのは、まさにこの法則があるためである。

しかしこの説明は、同額の資本は必ず同量の労働を雇用することを前提とする。もしこの前提が備わらなければ、「体現された労働」量によって決定された一商品の交換価値(自然価格)がその時々の市場価格の引き寄せられる中心となる理由は、消滅せざるをえないのである。かりに例えば、二人の同じく一万ポンドの資本を投じて生産を営む者があって、ひとりはその資本の大部分を機械(固定資本)に投じ、もうひとりは労働者を雇用するために賃金(流動資本)としてこれを支出し、こうして生産物はおのおのその投入労働量に比例して売買されるものとすれば、同じ一万ポンドの資本に対して前者があげうる収益は後者よりもずっと少ないはずである。そここでこの不均一の利潤を平均化するために、資本が不利な産業を去って有利な産業にうつり、供給の増減、したがって一方の騰貴と他方の下落によって、利潤率の均等を回復し、そこではじめて資本の流動が停止したとすれば、その平均化が達成された場合の二商品の価値比率は、当然投入労働量に比例するものではないことが明白である。ゆえに同額の資本が必ずしも同量の労働を雇用もしくは代表するものではないということを承認すると、利潤率平均の法則を、労働量が価値を決定するという命題の根拠とすることができなくなるのである。

リカアドオはすでにこの難点に気づいている。『原理』第一章の後半で、前半の所説の原則に右のような修正を加えたのは、このためであった。この修正がトレンズ、マルサス等からの批判に合って、彼はいよいよこの修正を重要視するようになった。

ここに二人の企業家の例を引いて、同一額の資本が同一量の労働を代表しない場合における利潤率平均化の結果について述べたが、あるいは、固定資本たる機械や道具はいずれも労働生産物にほかならないから、資本によって購入されるものは、直接にか間接にか、つねに労働であって、同額の資本が代表する労働量に相違があるということはあり得ないはずだという反論があるかもしれない。しかしリカアドオはそう考えない。機械や道具は、過去の労働の生産物である。最初に機械の生産に労働が投ぜられてから、機械をもちいて作られる生産物が完成して売却されるまでには時間を要する。この時間の経過というものに対して一定の補償がなければならない。直接労働者を雇用する場合には、この時間の経過ということがないか、もしくはあっても短い。そこで、同じ一万ポンドの資本を投じても、この金額の賃金で雇用し得る労働量と、価格一万ポンドの機械に過去において投入された労働量とは、同一ではない。機械に含まれている労働量の方が当然少ないのである。すなわちリカアドオは資本のなかの流動資本と固定資本との比率の相違を、最初に労働が費されてからその成果が市場に出るまでの経過時間の相違として考え、こうしてこの時間の要素が商品の交換価値におよぼす影響をしだいに重要視するようになったのである。彼は費用労働とともに、生産の完了までに要する時間の長短が商品の価値の決定原因であることを明言するようになった。

一八二〇年五月二日付けのマカロック宛の書簡で、彼が「この問題に対して私に可能な最善の考察を加えたのち、商品の相対価値に変化をおよぼす原因が二つあると私は考えます――そのひとつは、商品の生産に要する労働の相対量、第二は、そのような労働の結果が市場にもたらされるまでに経過しなければならない相対時間です。固定資本の問題のすべては第二の原因に帰します」と言い（p. 65.〔VIII/180〕）、また同六月十三日の書簡で「もしも私が拙著のなかの価値についての章を書きなおすことがあるとすれば、諸商品の相対価値はひとつの原因によってではなく、二つの原因によって調整されること、すなわち、問題の商品を生産するのに必要な相対的労働量と、資本がすえ置かれたままになっている時間および商品が市場にもたらされるまでの時間に対する利潤の率とがそれであることを、承認するでしょう」と言った（p. 71.〔VIII/194〕）ことは、よく引用されるとおりである。

その間に一八一九年、『原理』の第二版が出た。版型は初版と同一である。ページ数は少し組方を密にしたため、本文が五三五ページに減った。内容については、第一章を五小節に分けてこれにサブタイトルを掲げ、いくつかの箇所の字句を改めたほか、トレンズの批判に鑑みて体現された労働が価値尺度であるとする原則に対する例外として、新たに「資本がその使用者のもとに回収される速度の不等」〔第二版第四節（第三版第五節）の表題の一部。I/38〕な場合を挙げ、賃金が騰貴して利潤が下落する時は、ふたつの商品のうち、資本の回転に比較的長時間を要するものは、その相対価値が下落することを認め、また一般に彼の労働価値説を述べるのに一段と慎重になったのである。

『原理』第三版は、一八二一年の春に出た。版型は前と同じく、本文のページ数は組方を一層密にしたので、五二一ページとなった。内容についてはかなり多くの部分に訂正が加えられたがなかんずく第一章は旧版にくらべて著しく様子が改まった。序文〔「注意」〕で彼は「「価値」という困難な主題についての私の意見を、この前の版におけるよりも完全に説明しようと努力し、そしてその目的のために、第一章に二、三の追加をおこなった」［I/8］と言っている。前記の書簡を知っているものには、この「追加」がいかなる性質のものであるかはほぼ予想することができる。すなわち労働価値法則が固定資本の使用と流動資本の回転の遅速とのために修正されなければならない理由の説明がさらに詳細になったのである。字句の訂正についても、リカアドオが旧版において、たとえば商品の交換価値は労働量によって、もしくはただ（solely）労働量のみによって決定されると言ったのを、ほとんどもっぱら（almost exclusively）労働量によって決定されるとあらためた（第九、一六ページ［I/12, 20］）のは、すべて慎重を期したためであった。

諸商品の交換価値を決定するものは、それに費された労働量のみではない。かりに二商品の一方に二倍の労働量が含有されていても、生産が完了して生産物が販売されるまでに経過する時間が同一ではなく、労働を多く要する方はまた時間も多く要するものとすれば、交換比率は一対二ではない。「そうしてみると、彼らの資本の耐久性の程度が異なっているために、あるいは、同じことであるが、一組の商品が市場にもたらされうるまでに経過しなければならない時間のために、それらの商品の価値は、それに投下された労働量に正確には比例しないであろう、——それらは一に対する二とはならないで、もっとも価値のあるものが市場にもたらされうるまでに経過しなければならない、より長い時間を償うために、いくらかそれ以上となるであろう」とリカアドオは言っている（第二九ページ［I/34．強調は引用者］）。すなわち時間の経過に対する補償が諸商品の交換価値と費された労働に対する賃金との差額を説明するものとなっている。それゆえ、利子節欲説の萌芽はリカアドオに認められると言うことができる。

リカアドオはすでに需要が価格に一時的な影響をあたえることは承認していた。ただ、任意に生産することのできる商品については、需要の増減はただちに供給の増減をともなうがゆえに、長時間にわたって見れば、価格は結局供給を左右する生産費に左右されることになると彼は言うのである。リカアドオはマルサスに向かって次のように主張する。「需要が穀物の価格とか他のすべてのものにおよぼす影響についても争いません、が供給はすぐその後を追ってきて、まもなく価格を規制する力をその手におさめます、そして供給は価格の規制にあたって生産費によって決定されます」（*Letters to Malthus*, p. 179［the 24th November 1820, VIII/302］）。ところがこの生産費がただ労働費用によってのみ決定されないことは右に述べた通りである。生産に費される労働量とともに、生産が完了するまでに要する時間の長短もまた生産物の価値の決定に加わり、この時間の経過に対する補償が生産物の価値と費された労働に対する賃金との差額を構成する。それがすなわち利潤である。であるから彼は繰返しいわゆる生産費は利潤を含むものであることを強調するのである。二、三例を引いておこう。「貨幣をもって表現した生産費とは、労働の価値ならびに利潤を意味します」（*Letters to Malthus*, p. 176［the 9th October 1820, VIII/279］）。「もしマルサス氏の費用が生産費の意味であれば、彼は労働はもちろん、利潤をも含めなければならない」（*Notes*［*on Malthus*］, p. 14［II/34］）。「マルサス氏は、ひとつの物の費用と価値とは同一であるべきだというのが、私の学説の一部である、と考えているようである。——氏のいう費用が、利潤を含む「生産費」の意味であるならば、その通りである」（第四二ページ注［I/47 n］）。

すでにリカアドオが、商品の価値はただ労働費用によってのみ増減するのではなく、生産の完了までに要する時間あるいは利潤が価値を左右する独立の原因たりうることを容認し、しかも『原理』の初版から後の版になるとますますこの「修正」の部分に重きをおくようになったことが明らかである以上、ドイツのリカアドオ学者カール・ディールとともに「リカアドオがその価値論において与えるものは、ひとつの労働価値説でなくひとつの生産費説である」というのが至当である（K. Diehl, *Sozialwissenschaftliche Erläuterungen zu David Ricardo's Grundgesetzen der Volkswirtschaft und Besteuerung*, 1905. I. Teil S. 44）。

イギリスのリカアドオ研究者ゴナーもまた彼の説を労働価値説とすることに反対している。リカアドオはしばしば労働を価値の基礎であるかのように説く傾向があったが、彼の書を熟読してみれば、これは彼の真意ではない。「彼が主張しようとしたことは、諸商品の生産に払われる努力の大きさとその交換価値とのあいだに不変の関係が存在すること、言い換えれば、それらがともに変動するということにつきる」と（*Principles*, edited by E. C. K. Gonner, P. XLI）。スチュアート（Verryin Stuart）、ベーム・バヴェルク（Böhm-Bawerk）、カッセル（G. Cassel）等の所説もおよそリカアドオを生産費論者とすることで一致している（Diehl, a. a. O. S. 49）。

ただしこのように生産の完了までに要する時間が費用労働量とともに交換価値決定の原因であることを認めても、両者の比重はどうかといえば、リカアドオははるかに労働費用に重点をおいた。交換価値の原因としての時間または利潤の効果は「比較的軽微」であって、もうひとつの原因とはおもむきを異にする。「そうしてみると、諸商品の価値変動の原因を評価するにあたっては、労働の騰落によってもたらされる影響をまったく考慮外におくことは間違いであろうが、それにあまりに重きをおくことも同様に正しくないであろう」と明言している。ゆえにリカアドオが価値論以外の章において、商品の価値は単に費用労働量によって決定されるように説いたことは差支えない。彼自身価値論の章であらかじめ、大きな価値変動は「すべて、それらを生産するためにそのときどきに要するであろう労働量の多少によってもたらされるものとみなすであろう」と断っているのである（第三二ページ［I/36］）。

前述のように、リカアドオの価値学説は利潤率平均化の法則を基礎としてその上に立てられたものであって、原則に対する修正の必要もまたこれからおこったのである。それでは、利潤率が平均化しないところでは、商品の交換価値の法則はどうなるか。その場合には交換価値が全く費用の拘束をまぬかれるのである。一商品の価格が費用を超過しても、資本がその生産に集中してその供給を増加させ、したがって利潤率を引き下げるということがなく、また価格が費用以下に下落しても、資本がその産業から他にのがれ、したがってその供給を減少させて利潤率を引上げるということがなければ、商品の交換価値はただ需要供給によって決定されると言いうるのみであって、それは費用によって何等の拘束を受けるものでない。たとえa量労働の生産物と100×a量労働の生産物とが相互に交換されても、この交換比率を矯正する作用は働かないのである。

商品の交換価値がこのように費用の拘束を受けない場合をリカアドオは顧慮しているかというと、顧慮している。数量の固定した商品の場合は、無論これに属するが、数量を任意に増加させうる商品であっても、国際間の交易ではこれに属すると彼は説明している。そしてそれはただ国際間においては資本が自由に移動できず、したがって利潤率に違いがあっても、これを平均化する作用が働かないためである。

リカアドオはひとつの例を設定して、イギリス、ポルトガル間の貿易において、イギリスではラシャを製造するには一年間百人、ワインを醸造するためには一年間百二十人の労働を要し、ポルトガルにおいてはラシャの製造には九十人、ワインの醸造には八十人の労働を要する場合に、イギリスにおける百人労働の所産であるラシャが、ポルトガルにおける八十人労働の所産であるワインと交易され、イギリスはこの貿易が行われない場合に百二十人の労働を必要とするワインをわずかに百人労働の生産物をもって買い、ポルトガルは九十人の労働を必要とするラシャをわずかに八十人労働の生産物をもって買うという利益があることを説明した。しかし、このように八十人労働の生産物と百人労働の生産物とが相互に交換されるということは、彼の価値論の原則に抵触するものである。リカアドオ自身次のように言っている。「一国における諸商品の相対価値を左右するのと同じ規則が、二つあるいはそれ以上の国々のあいだで交換される諸商品の相対価値を左右するわけではない」（第一一八ページ [I/133]）。「ポルトガルがイギリスの服地とひきかえに与えるであろうワインの分量は、かりにこれらの両商品がともにイギリスで製造されるか、あるいはともにポルトガルで製造されるならばそうであろうように、おのおのの生産に向けられる労働のそれぞれの分量によって、決定されるのではない」と（第一一九ページ [I/134–5]）。

なぜこうなるかといえば、国際間には利潤率平均化の法則が作用しないからである。リカアドオは次のように言う。「このようにして、イギリスは、八〇人の労働の生産物に対して、一〇〇人の労働の生産物を与えるであろう。このような交換は同一国の個人間ではおこりえないであろう。一〇〇人のイギリス人の労働が、八〇人のイギリス人のそれに対して与えられることはありえない。しかし一〇〇人のイギリス人の労働の生産物は、八〇人のポルトガル人、六〇人のロシア人、または一二〇人の東インド人の労働の生産物に対して与えられうるであろう。この点で単一国と多数国とのあいだの差異は、資本がより有利な用途を求めて一国から他国へ移動することの困難と、資本がつねに同一国内で一つの地方から他の地方へ変転するその活発さとを考察することによって、容易に説明される」（第一二〇ページ [I/135–6]）。

利潤率が平均化しなければ、後段に述べるとおり、ただ労働価値学説のみならず、一般に価値論上の費用学説は成立しない。交換価値を費用以外の要素によって説明しなければならないことになるのである。その点においてリカアドオの国際価値論には、費用説放棄論の端緒をなす一面があるとも見ることができる（J. Schumpeter, a. a. O. S. 84–5［前掲邦訳、二三一ページ]）。

この外国貿易論、または国際価値論は、リカアドオの理論のなかでもっとも価値あるもののひとつに属し、後にスチュアート・ミルは、リカアドオの諸学説のうち、経済学が現在おびている「比較的厳密かつ科学的な特徴」を付与することにおいては、他の何物もこれに匹敵しえない、と言っている（J. S. Mill, *Essays on Some Unsettled Questions of Political Economy*, 1844, p. 1〔杉原四郎・山下重一編『J・S・ミル初期著作集（四）』御茶の水書房、一九九七年、二二一ページ（熊谷次郎訳）〕）。貿易論においてはリカアドオの前にアダム・スミスがある。しかしスミスの貿易論はマーカンタイル・システム攻撃論としては極めて有力で、偉大な効果を奏したものであったが、そもそも国と国との間の貿易はいかなる条件のそなわるときにおこるか、また一国は外国貿易によっていかなる程度の利益を受けるかという点については、スミスの説くところは不充分不精確のきらいをまぬかれないものであった。スミスによれば、一国が外国貿易によって受ける利益は、国内に需要のない余剰生産物を外国に出して、その代りに需要のある何物かを持ち帰ることにあるという。しかし、後にミルも指摘したように、余剰生産物という言葉には語弊がある。そもそも一国はなぜ余剰生産物を生産するのか。もし外国貿易が行われなければこの余剰生産物はいたずらに投棄されなければならないのであるか。あるいはその生産に充てられた資本労働は、そのまま不用に帰するのであるか。決してそうではない。一国において国内消費の必要以上に輸出品が生産されるのは、必然不可避的にそうなるのではなく、これがある物を獲得するもっとも低廉な方法として択ばれたからである。もしこの輸出を行うことができなければ、それに対する輸入も杜絶し、従来輸出品の生産にもちいられた資本労働は、従来輸入によって得た物品そのものか、あるいはそれに代るべきものの生産に転用されるはずである。こうしてこの国が従来この輸入品またはその代用物を生産しないでこれを外国に頼ってきたのは、無論そうすることがより低廉だったからである。そうして見れば、外国貿易の利益は、スミスのように、不用物を売却して有用物を購入することにあるというのは適切ではない。一国が貿易によって得るものは、その国が自ら生産しようとすればできないことはないある物を、他の物（輸出品）との交換によって、より低廉に獲得することにあるのである。ゆえにこの場合の利益は、この国における輸入品と輸出品との生産費の相違から発するものであるが、しかし貿易は当事者国双方に有利でなくては行われないのであるから、この場合生産費の相違にかんし反対の形において同様な事情が相手国にもなければならない。この道理を推し進めて、外国貿易成立の条件とそれによって当事者国の受ける利益を明らかにしたものが、すなわち右の比較生産費説である。

比較生産費という造語は、リカアドオでなくおそらく後のスチュアート・ミルに始まったものであろう。ミルはその『経済学未決定問題集』［前掲邦訳『経済学試論集』］のなかでこう述べている。

「交易を決定するのは、絶対的生産費の相違ではなく、比較的生産費の相違である。イギリスの鉱山がその工場同様、スウェーデンのそれらよりも生産的であったとしても、綿製品と交換にスウェーデンから鉄を取得することがわれわれの利益であろう。なぜなら、もしわれわれが綿製品にあっては二分の一の、鉄にあってはわずか四分の一の優位しか有しておらず、そしてスウェーデンがみずから綿製品を生産した場合にそれに対して支払わなければならない価格をもって、われわれがわが国の綿製品をスウェーデンに販売することができるとするならば、われわれの綿製品同様、鉄をも二分の一の優位でもって獲得することができるだろうからである。われわれは外国人と交易することによって、外国人が要したよりも少ない労働と資本の支出でもって、彼らの商品をしばしば獲得するであろう。この取引は、それでもなお外国人にとっても有益である。なぜなら、彼らが交換に受け取る商品は、われわれにとってより少ない費用しかかからなかったとはいえ、彼らにとってはより多くの費用がかかったであろうからだ」［前掲熊谷訳、二二二ページ］。

国内価値論と国際価値論とはどの点において相違するか。前述の通り、国際間の交換においては交換比率が生産費に一致するということがないのである。生産費の法則が適用されないとすれば、われわれは、ミルの言うとおり、「先行する原理……すなわち需要と供給の原理に立ち返らなければならない」〔同訳、二一八ページ〕。もっとも国内市場における交換も、需要供給法則の適用をまぬかれるものではないが、ただ国内交換にあっては、生産費と一致しない交換比率を成立させるような需要供給関係は、有利な生産への資本と労働の流動のため、かりにいったん成立しても永続しないという相違があるのである。

リカアドオの価値論と分配論

リカアドオの価値論が利潤率の平均化を前提としてはじめて成立することは、前述のとおりである。それでは、この平均利潤率そのものの高低は、いったい何によって決定されるのか。リカアドオは、その究極の説明を土地の余剰産出力に求めた。

もし土地の収穫がかろうじて耕作労働者自身を養うにすぎなければ、まったく利潤発生の余地はない。これ以上の余剰が生産される場合にはじめて利潤が成立しうるのである。しかし土地が肥えているかどうかによってその余剰産出力に相違があれば、この収穫の差額は地代をなすはずであるから、農業資本の利潤を決定するものは現在耕作されている最劣等地（限界地）の余剰産出力なのである。こうしてこの限界地余剰収穫の農業資本に対する比率が農業利潤率を決定し、農業利潤率が、資本の自由流動によって、一般商工業利潤率を決定する。したがって人口増加のため新たにさらに豊度の低い土地まで耕作されるようになると、余剰収穫は減少し、したがって一般利潤率も減少し、さらにもし耕作労働者の生活費以上になんらの余剰も生まない土地を耕さなければならないところまで行けば、農業でも工業でも利潤は皆無となるのである。

このように土地の産出力が農業利潤率を決定し、農業利潤が一般的利潤を決定するという説は、商工業利潤率もまた農業利潤率を左右しうると主張するマルサスに対して、リカアドオが特に繰り返し力説したことは前記のとおりである。彼は友人トラワーに自分とマルサスとのあいだの意見の相違を要約して次のように言った。「一国で資本が増加するとき、資本を使用する諸手段がそれと同じ比率ですでに存在するかまたは増大するならば、利子率および利潤率は低下しないでしょう。利子が上昇するのは、資本がマルサス氏の言う資本の使用場面に比してより大きな比率をもつときです。これらの点については、われわれの意見はすべて一致していると信じますが、私の主張する点は、新資本を使用する場面は、どの国でも、耕作法が改良されるとか、――あるいは外国からの食料の輸入に新しい便宜が提供されるかしないかぎり、資本自身と同じ比率もしくはより大きな比率で増大することはできない、という点です。――要するに、他のあらゆる産業の利潤を調整するものは農業者の利潤であり、――農業者の利潤は、土地に使用される資本の増加と同時に耕作法の改良が行われるのでないかぎり、この資本の増加にともなって必然的に減少するはずであるから、他のあらゆる産業の利潤も減少するにちがいなく、したがって利子率も低下するはずである、という点です」(pp. 4–5. [8th March 1814, VI/103–4])。ドイツの正統派経済学の研究者ブリーフスがしばしば、リカアドオ分配論の主軸をなすものは土地であると力説するのは正鵠を得たものであると思う (Goetz Briefs, *Untersuchungen zur klassischen Nationalökonomie*, 1915, S. 67, 68. passim.)。

このように農業利潤を決めるものは土地の産出力であり、また農業利潤を基準として一般的利潤率が決定され、そしてリカアドオのいうある物の自然価格すなわちその交換価値はこの平均利潤をその構成要素とするものであるとすると、ここにリカアドオの分配論と彼の価値論との前後関係の問題、もしくはどちらが主たる位置にあるのかという問題に行き当たる。私の見るところによれば、分配論が先にあって価値論がむしろ後にきている。リカアドオは分配法則の決定を経済学の主要問題とし、しかも彼の『原理』においては分配論そのものに入るに先だって、まず詳細な価値論を最初の第一章で試みているから、通常彼の価値論は彼の分配論の基礎となるものであるかのように理解されており、またそれには理由もあるが、しかし厳密に考察すれば、リカアドオの価値論は彼の分配論の基礎とするには不十分であり、逆にその分配論そのものが価値論の前提となっていることを——リカアドオ自身十分それを自覚していたかどうかにかかわらず——認めなければならないのである。

第一に着想の前後関係について言えば、リカアドオが価値論上の疑問に出くわしたのは、既記のように、一八一五年の『利潤論』の出版以後のことであって、しかも彼の分配論の骨子は、その前年に穀物関税問題がおこって以来のマルサスとの往復書簡にすでに示されている。『利潤論』のなかには、たしかに価値論が入りこんではいる。しかし「すべての商品の交換価値は、その生産の困難が増加するにつれて上昇するものである。だからもし、金、銀、服地、リンネル、などの生産により多くの労働が必要とされないのに、穀物の生産においてはより多くの労働を必要とするため新しい困難が起きるならば、穀物の交換価値は、それらのものに比較して必然的に上昇するであろう」[IV/19. 強調は引用者]という節に先だって、すでに地代論と利潤論は与えられており、資本利潤が限界地の余剰収穫によって決定されること、豊度が劣るか、位置が比較的不便な土地にしだいに耕作を拡げることによって、地代は前から耕されていた土地に生じ、また利潤が下落するのとまさに同一の程度で生じること、「地代はあらゆる場合において、土地でまえもって獲得された利潤の一部分である。それはけっして新しく創造された収入ではなく、つねに、すでに作り出された収入の一部分である」[IV/18]ことなどは、すでに価値論に先行して説明されているのである。

しかしながら、リカアドオが穀物法論争の開始以来くりかえし主張し力説するのは、利潤は賃金によって決められ、賃金が高ければ利潤は少なく、賃金が安ければ利潤は高いというひとつのことである。これは価値論を根拠にしなければ成立しない主張ではなかろうか。そもそも利潤と賃金とが反対に上下するというのは、リカアドオが、賃金をあるものから差し引いた余剰が利潤であると解しているからである。それではそのあるものとは何か。もしそれが生産物の価値であると言えれば、ここに価値論を基礎とする利潤論が成立するわけである。しかし利潤をこのように説明しうるには、ある物の価値がそれから差し引かれる賃金の上昇下降とは無関係に、独立して決定されることを証明しなければならない。もしたとえば、ある物の価値はその物の生産に投入される労働量によって決定され、労働者が実際にその何分の一を取得するかはすこしも価値の大きさには影響しないと断言できれば、価値論は利潤論の不可欠の前提となるのである。

リカアドオも『原理』のなかの価値論の章の始めには、確かにこの意味に解しうることを言っている。諸商品の交換価値は、そのおのおのに直接投入されるかあるいは生産要具を通じて間接に投入される労働量によって決定される。そしてこの理屈は生産用具の使用者がその所有者と同一かどうか、また生産物が生産用具の所有者とその使用者、すなわち資本家と労働者とのあいだでいかなる比率において分配されるかによって左右されるものではない。「資本の利潤が多かろうと少なかろうと、すなわちそれが五〇パーセントであろうと、二〇パーセントであろうと、あるいは一〇パーセントであろうと、あるいは労働の賃金が高かろうと低かろうと、これらは両用途において平等に作用するだろうからである」、というのがそれである（既出［I/24］）。

しかしこれはさしあたり資本の耐久性の相違を無視して言えることであって、この相違を顧慮すれば、賃金の騰落が商品の価値に影響することをリカアドオは認めざるをえなかった。それがいかに影響するかと言えば、これも既述のように、その生産に比較的多くの固定資本か、あるいは比較的耐久性の大きい固定資本が使用される商品の、そうではない商品に対する交換価値は「賃金とは逆に変動するであろう、それは賃金が上昇すれば下落するであろう」［I/63］、というのである。それでは、これらのものの相対価値が賃金の変動と反対に騰落するのはなぜかといえば、これは利潤が賃金と反対に上昇下落するからである。リカアドオはここで、「賃金の上昇と、その結果である利潤の低下」[I/53] といって、この両者の関係を説明するまでもない自明の事のように取り扱っている。彼は一例を設けて、百五十ポンドの固定資本（十年の使用に耐える）と五十ポンドの流動資本とを備えた猟師の生産物と、五十ポンドの固定資本と百五十ポンドの流動資本とを有する漁夫の生産物との交換比率が、百分の六の賃金騰貴のため 100:218 から 100:233 に変わることを説明している。そしてその説明は結局賃金が百分の六ほど騰貴するため資本利潤が一〇%から四%に下落するというところに求められるのである（*Principles*, 1st ed. pp. 31–3 [I/56–8]）。リカアドオの価値論に彼の利潤論の根拠を求めようとする者は、ここに利潤による価値そのものの変動の説明を発見するのである。

リカアドオは価値と賃金との関係について結論を下して「いかなる商品も、賃金が上昇するからというだけで、絶対価格が引き上げられるわけではない、……その生産に固定資本が参加するすべての商品は、賃金の上昇とともに騰貴しないばかりでなく、かえって絶対的に下落する」、「諸商品の価値は、賃金の実質的な上昇の結果としてひき下げられることはあろうが、しかしその原因によって価値がひき上げられることはけっしてありえない」(ibid., pp. 41, 48 [I/63, 66])、などと言った。

　賃金騰貴のためにある商品の価値が下降するというのは、反対の側面から見れば、その商品と交換される他の商品の価値が騰貴することにほかならない。彼がこの価値下落の一面を力説して、価値騰貴の一面を言わなかったのはなぜであるか。これについては、ホランダーの解釈がある。リカアドオはさきに、賃金の騰貴が利潤減少の唯一の原因であることを繰り返し主張していた。そしてこの学説を成立させるためには、資本家がその生産物の販売価格を賃金騰貴を埋め合わせるまで引上げることが不可能であることを証明しなければならない。リカアドオが、ある物の価値は賃金騰貴のために騰貴しないばかりでなく、かえって下落することがあることを強調したのはこのためであるというのである（Hollander, p. 60）。もし実際にそうであるならば、リカアドオは価値論によって彼の利潤論の基礎を準備しようとしたことになる。この解釈は、リカアドオの意図の推測としてあるいは当っているかもしれない。しかしある物の価値が賃金騰貴のためかえって相対的に下落することがあるということは、論理上少なくもリカアドオの場合には、利潤論のための準備となるものではない。これを説明するためにリカアドオは、最後に証明されるべきはずの利潤論そのものをまず借りてきているからである。固定資本が大きい比重を占める産業の生産物は賃金騰貴のためにかえってその価値が下落するというのは、彼が賃金の騰貴はすなわち利潤の下落を意味するものと考え、固定資本は投資の時間が長期にわたるので、利潤が下落すれば、生産に固定資本を多くもちいる商品の価値は相対的に下落するということにほかならないのである。すなわち価値によって利潤が説明されるのではなく、利潤によって価値が説明されているのである。

もしリカアドオが価値論から出発して利潤論に到達しようとしたのであったなら、彼はまさに説明を要するあるものをもってその説明そのものに代えたと評すべきことは、リカアドオ批判者のアモンもまた指摘している。

リカアドオは『原理』第三版にこういう例を引いている。甲と乙の二人がいて、それぞれ一年間労働者百人を雇用して機械を製造させ、さらに第三の丙がいて、一年間同数の労働者を雇って穀物を作らせるものとし、さらに第二年目には、甲と乙の二人はその第一年目に作らせた機械を利用して、さらにそれぞれ労働者百人を雇って甲はラシャ、乙は綿布を織らせ、そして丙は第一年目と同じく引続き百人の労働者に穀物を作らせたものとすると、投入労働量のみを念頭において考えれば、甲または乙の機械とラシャと、または機械と綿布との価値の合計は、丙の穀物の二倍となるはずであるが、実際には二倍以上にのぼるであろう。なぜなら、毛織物業または綿織物業にあっては、その資本に対する第一年目の利潤がその資本に加えられるが、農業家にあってはこのようなことがないからである。「そうしてみると、彼らの資本の耐久性の程度が異なっているために、あるいは、同じことであるが、一組の商品が市場にもたらされうるまでに経過しなければならない時間のために、それらの商品の価値は、それに投下された労働量に正確には比例しないであろう、――それらは一に対する二とはならないで、もっとも価値のあるものが市場にもたらされうるまでに経過しなければならない、より長い時間を償うために、いくらかそれ以上となるであろう」（第二九ページ［I/34. 強調は引用者］）。

このように価値を利潤によって説明しているのであるから、その利潤を価値によって説明するわけにはいかない。アモンはいう、「これらの例においては、労働価値の変動およびその結果、生産物価値の変動は、さしあたりもはや問題でなく、ひとつの別の要素が説明のために導入される。すなわち利潤がそれである。これによれば「利潤」はこの場合生産に必要な労働量による商品の交換価値の形成の修正の原因となるはずである。しかしどこから「利潤」は生じるのか。いかにして「毛織物業者および綿織物業者の資本に対する第一年目の利潤がその資本に加えられる」のか。なぜ生産者は利潤を取得し「なければならない」のか。ラシャ製造者と綿布製造者との資本に利潤が加えられるのは、おそらくまさにそれが（別のあの原因から）より高い価値を得たからではないか。利潤はおそらくそれ自体資本をもちいて作られようと資本をもちいないで作られようと、あるいは多くの資本をもって作られようと少ない資本をもって作られようと、財貨の価値の差異からのみ説明されうるものであろう。あるいは、この価値の差異と利潤――価値差額としての――とは、同一現象を示すものである。すなわち議論全体は循環し、もしくはひとつの petitio principii［論点先取］から出発している。利潤の現象は、ここでもまた単に事実上の経験から取られている。これによって、問題とされそして主張される交換価値形成上の修正、すなわちはじめに打ち立てられた交換価値形成の根本法則からの背離の主張は、それ自体まず説明を必要とするあるものによって説明されているのである」（Alfred Amonn, *Ricardo als Begründer der theoretischen Nationalökonomie*, 1924, S. 43–4［アモン『リカアドー――その學説と批評』阿部勇・高橋正雄共訳、明善社、一九二八年、八一―二ページ。ただし訳文は大幅改変］）。

以上、私はリカアドオの分配論は、リカアドオ自身の意図にかかわらず、彼の価値論以前に存在しうるものであり、彼の価値論は彼の分配論の基礎となりえないものであることを説明しようとこころみた。リカアドオ自身もある場合に、彼の分配論が価値論に先立って成立しうることを認めていることには、注意しなければならない。すなわち彼は一八二〇年六月十三日マカロックに与えた書簡のなかで、価値を決定する原因が労働量と時間との二つであることを述べた後、こう明言しているのである。「結局、地代、賃金、および利潤の大問題は、総生産物が地主、資本家、および労働者のあいだに分割される割合によって説明されなければなりません。そしてそれは、本質的には価値の学説には触れない［*not essentially connected with the doctrine of value*］ものです（傍点小泉）。地代は最後にもちいられた資本をもって生産された穀物と、工場において労働によって生産されたすべての商品とに基づいて片づけることができますが、地代を片づけると資本家と労働者とのあいだの分配はずっと単純な問題になります。労働者に与えられる労働の結果の分け前が大きければ大きいほど、資本家に帰する利潤の率は小であり、反対の場合は逆になるでしょう。ところでこの分け前は本質的には労働者の必需品を生産する容易さにかかっているはずです――もしこの容易さが大きければ、資本と労働との結果であるすべての商品の小さな割合をもって、労働者に必需品を十分に支給することができ、したがって利潤は高いでしょう」（*Letters to McCulloch*, p. 72［VIII/194-5］）。

リカアドオの分配論は、最後に耕される土地、または最後に土地に投じられた資本の収穫は労働者と資本家とのあいだに分配されて、地主はこれに関与しないことを明らかにし、したがってそこから、穀物の価格は地主が地代を取得するために騰貴するわけではないという結論を引き出すものである。ここでも分配論は価値論に先行している。オッペンハイマーがリカアドオの価値論、価格論は、一面では彼の全理論の中心であるとともに、他面では「この価値理論はその前提たる地代論と共に立ち共に倒れる」といったのは至当の言である（F. Oppenheimer, *David Ricardo's Grundrententheorie*, 1909, S. 110)。

社会の発展と静止

すでに述べたように、リカアドオの分配論全体の基礎となるものは、土地と人口そして自由競争から生ずる利潤率（あるいは一般に報酬率）の平均化である。

人口数は、これを養うために生産しなければならない穀物量を定める。この穀物量は、どれだけの土地をどれほどの集約度で耕さなければならないかを定める。これによって、耕作限界に位置する土地がどれだけの生産力を有するかが定められ、この限界地の収穫から賃金を控除したものが利潤となる。賃金は人口法則の作用によって結局労働者の生活必要費に帰着する。自由競争によって農工商業をつうじての平均利潤率が成立する。土地収穫からこの平均利潤と賃金との合計を控除したものが地代として地主の手に帰する。任意に再生産しうる諸商品は、その生産に参加した労働の賃金と資本の利潤との合計をその自然価格として交換される。これがリカアドオの理論による分配と交換との「自然的」状態である。

この「自然的」状態を推移させるのは、人口の増加である。人口が増加すれば、耕作が拡大されて、産出力の劣る土地におよぶ。限界地の収穫が減少するから、労働者の生活費をそれから控除した余剰すなわち利潤が減少し、一般的利潤率が下落する。利潤が減少しただけ地代が増加する。利潤率が下落したので、固定資本を多く使用する生産物の価値は、下落する。リカアドオ自身の例示によれば、固定資本を少ししかもちいない農産物の製造工業品に対する相対価値は、投入労働量の増加と利潤率下落との二重の原因のために騰貴する。こうして第二の「自然的」状態が実現される。さらに人口が増加すれば、さらに耕作限界は拡大し、利潤率はさらに下落し、地代はさらに増加し、農産物の製造工業品に対する価値はさらに騰貴するのである。この発展はどこまで続けられるか。耕作限界が拡大して、ついにその収穫が労働者の生活費と同じになるところまで行けば、利潤は消滅して、所得は賃金と地代のみの二種類となり、また利潤が消滅するのであるから、労働が投じられてから生産物が市場にもたらされるまでの時間の長短は、その価値に影響しなくなって、独占財を除く一切の商品は投入労働量にのみ比例して交換されるはずである。

それでもなお人口増加がやまなかったなら、どうなるか。すでに限界地はわずかに労働者自身を養うだけの穀物しか産出しないのだから、これ以上資本を土地に投じて穀物生産量を増加させることは不可能である。そこで穀物は独占商品となって、限界地における生産費を超過する独占価格で売買されるはずであると考えられる。そしてリカアドオは二、三の機会に、穀物が独占価格で売買される時は、すなわち耕作限界地もしくは土地に投じられた資本の最終部分が地代を生ずる時だと言った。「なるほど、一国の穀物および原生産物は、一時は、独占価格で売られるかもしれない、しかし、それが永続的にそうでありうるのは、より多くの資本が土地に有利に使用されえないときだけ、それゆえに、その生産物が増加しえないときだけである。このような時には、耕作中の土地のあらゆる部分、および土地に使用されている資本のあらゆる部分が、地代を生ずるであろう、もっとも、それは収穫の相違に比例して異なってはいるが」、という場合がそれである（第二四四ページ［I/250–1］）。

しかしリカアドオの立場から言って、このようなケースは通常のこととして実際に起こりうるものであろうか。これはすなわちリカアドオが土地の豊度の相違に基づく収穫の差異（および収穫逓減による収穫の差異）による差額地代のほかに、耕作限界に生じる絶対地代を認めたか否かの問題である。私の所見によれば、リカアドオが絶対地代の成立を認めたと解釈すべき文言は、右のように、たしかに指摘し得るけれども、これは実はリカアドオの理論全体と相容れない不用意な文言であって、リカアドオとしては、差額地代以外に地代の発生を認めることはできないはずであると思う。

そもそも絶対地代を発生させる穀物の独占価格なるものは土地の耕作が利潤の消滅するまで拡大して、なおそれ以上人口増加が続いた場合にはじめて成立するものである。しかしこのような場合になおそれ以上に人口が増加するということがはたして可能であろうか。リカアドオは生活に余裕のあるかぎり人口は増加すると解している。生活に余裕があるとは、結局労働の市場価格である賃金がその自然価格である生活必要費を超過するということにほかならない。労働の自然価格と賃金とのあいだに開きがあれば、人口は増加して賃金を下落させるが、人口の増加の速度が労働に対する需要増大に追いつかなければ、賃金は生活費以上に保たれ、したがって人口は引続き増加するわけである。ところが、労働に対する需要は資本の蓄積によって決定されるといっても、資本の蓄積を促すのは利潤の刺戟である。人口増加につれてしだいにやせた土地が耕作されれば、利潤率は下落するから、資本蓄積の勢いも阻止されるはずである。こうして利潤が消滅すれば、資本の蓄積も当然停止する。それどころか、リカアドオは利潤が皆無となるはるか以前に「はなはだ低い利潤がすべての蓄積を抑止しているであろう」と言っているのである（第一〇四ページ［I/120］）。そして蓄積の停止とともに、人口増加の刺戟もまた失われるほかない。蓄積が停止すれば、人口は労働需要に追いついて、賃金は生活費と一致するに違いないからである。ゆえに土地が利潤の消滅するところまで耕されて、しかもなおそれ以上に人口が増加すれば、実際に穀物は独占価格で売買され、したがって絶対地代も発生するはずであるが、右のように、このような事態になればもはや人口増加の刺戟がないのであるから、リカアドオの立場からいうと、永続的に穀物の独占価格が成立するということはそもそも起りえず、したがって絶対地代は発生しえないと言わなければならない。

右にリカアドオは利潤を資本蓄積に対する報酬と見なしているように説明している。すなわち資本の蓄積は利潤の刺戟によってなされるもので、利潤が皆無となれば無論蓄積はなされなくなるが、皆無とはならなくてもある程度以下にさがれば、蓄積は停止するというのである。しかし利潤がある程度以下にさがればなぜ蓄積はやまなければならないのであろうか。それは資本蓄積が蓄積者自身にとってある犠牲を意味するからだと解するよりほかないであろう。すなわち利潤率がある程度以下にさがって蓄積が停止したとすれば、それは蓄積者が蓄積の犠牲と、それによって期待される報酬とを比較考量した結果であると見なければならない。言いかえれば、蓄積される金額の現在における享楽的消費と、一定期間（たとえば一年）後におけるこの金額プラス利潤（一年分）の取得と、そのどちらを択ぶべきかを比較考量した結果である。もし人々が現在の享楽と将来の享楽とをまったく同一視するならば、蓄積はまったく利潤の刺戟がなくても行われるはずである。蓄積が利潤の刺戟によってはじめて行われ、また利潤率が一定程度以下に下落すれば、蓄積が停止するというのは、すなわち通則として人が現在の享楽を同一金額の消費による将来の享楽よりも尊重することを示しているのである。そしてその現在を尊重する程度がどれだけかは、利潤率に現れる。利潤率が高いのは、その資本の蓄積がその用途との関係において比較的欠乏していることを示し、資本が比較的欠乏していることは、人が通則として現在の享楽を尊重する程度が高いことによるものである。このように見て来れば、利潤はすなわち享楽の延期に対する補償とよぶことのできるものである。二つの商品があって、それらに投入される労働量がたとえば一対二の割合であるのに、多くの労働が費やされる方の商品は、さらに、耐久的な資本を必要とするか、または生産を開始してから市場で販売されるまでの時間が長いとすれば、二商品の価値は費やされた労働量には比例せず、すなわち「それらは一に対する二とはならないで、もっとも価値のあるものが市場にもたらされうるまでに経過しなければならない、より長い時間を償うために、いくらかそれ以上となるであろう」（既出［I/34. 強調は引用者］）と言うのは右の意味でもあるように理解しうる。

ところが、リカアドオは繰返し、利潤率を決定するものは土地の余剰産出力だと説明している。この命題と右に述べた、利潤率は人が享楽を延期することを避けようとする程度によって決まるという私の解釈とはどのようにして調和させることができるであろうか。リカアドオの場合には格別の困難はないと思われる。彼にあっては、二命題は結局同じことに帰着する。なぜなら、資本の蓄積の程度が土地の限界的産出力を決めるからである。詳しく言えば、時に対する補償、もしくは享楽の延期に対する補償を必要とする程度が資本蓄積の程度を決め、資本の蓄積が労働需要したがって賃金を決め、賃金が人口の増減を決め、人口の増減が土地をどの程度まで耕すべきかを決め、土地の耕作される程度が余剰の収穫を決め、余剰の収穫が利潤率を決めるのである。そして利潤率の高い低いはまたさらに資本の蓄積、ひいては人口の増減その他を決める。こうして自然および生産技術を与えられた一定のものとすれば、蓄積の進行とともに利潤率は下落し、もはやそれ以上の蓄積はなされずしたがって人口の増加もなくなる時が到来するというのである。

このように利潤が消滅し、国が資本ならびに人口増加の極限にたっした状態をリカアドオは別の機会に「静止状態（stationary state）」と称している（*Works*, p. 474. [IV/234]）。資本蓄積の努力は、社会進化の原動力である、しかしひとつの人口原理とひとつの土地収穫逓減の法則とが現行社会形態をかならずみちびく最終の極点は、この「静止状態」であるというのがリカアドオの結論である。

前記のブリーフスはこの資本主義経済形態の行き詰まりを論理的に推論したことにリカアドオの独創を認め、この点において彼とマルクスとを比較している。ブリーフスによれば、彼が経済学に寄与したのは、「現行の資本主義経済形態克服の思想、すなわち資本主義はまったく別の一経済組織に転変するという観念」である。「もちろんリカアドオはこの思想を明白には発展させなかったが、しかし彼がそれを暗示しただけでも十分である（彼が絶対地代の可能性を容認したあの章句において）。あたえられた前提から、彼は容易に終局まで思考することができた。リカアドオにあっても、マルクスにおけると同じく、資本主義社会は内在的法則にしたがって発展する。リカアドオの場合も、マルクスの場合も、蓄積の促進という同一の過程が、後者にあっては資本による剰余価値の吸収という形において、前者にあっては実物および価値生産物の全体のうち地代のために吸収される都分の不断の増大という形において、発展する。リカアドオの場合もマルクスの場合も、資本主義制度を駆り立てて、それ自身の前提と両立しがたい点にみちびく勢力の泉源は、資本の盲目的利潤本能である。ここにいたってマルクスははるかにリカアドオ以上に歩を進めている。そして彼に歩を進めさせた認識は、暴力はひとつの経済力だという思想である。階級闘争の思想である。リカアドオが、社会を駆り立てて一切の余剰が地代に吸収される点まで到らせるこの不幸な将来の運命を免れる方途として見出すのは、わずかに緩慢な作用をなす自由貿易というひとつの道のみであるが、マルクスはより急進的である。彼は言う。「暴力は常に新社会を孕む旧社会の助産者である。暴力はひとつの経済力である」と」(SS. 192-3)。

この批評は注目にあたいする。しかしリカアドオとマルクスとのあいだには、ここに指摘されていない重要な相違点がある。それは、マルクスにあっては、行き詰まりは、無限に発展する生産力とこれを拘束する社会制度との衝突のためにおこるのであるが、リカアドオにあっては、行き詰まりは反対に生産力の減退のためにおこる。拘束するものは自然（土地）であって、拘束されるものは人間（人口）である。矛盾は人間対自然のあいだに生ずるのである。ゆえにリカアドオの場合には、行き詰まるものは特定の社会形態ではなく、人類社会そのものである。マルクスにとっては資本主義の行き詰まりは、歓迎すべき新社会出現の前提であるが、リカアドオにとっては、現行社会形態が行き詰まれば、それが一切の終局であって、新局面の展開は不可能である。リカアドオが予見したのは、資本主義の終末ではなく、人類社会そのものの終末である。ここにリカアドオの悲観主義がある。この点においては、オッペンハイマーが、リカアドオが予想した、資本蓄積のために結局利潤が消滅して蓄積そのものが不可能となる時を、資本主義の終末とはせずに、これを「世界の終末」「人間社会の神々の黄昏」(Götterdämmerung der menschlichen Gesellschaft) などの言葉で呼んだことは、まことに当を得たものであると信ずる(Oppenheimer, S. 75)。そしてこの自然と人間との衝突は、個人と全体、階級と階級との利害衝突となって現れる。リカアドオの目に映った社会は、決してアダム・スミスの目に映ったような、「見えざる手」に導かれた、調和ある世界ではなかったのである。だからリカアドオはマカロックの講義ノートを見て、その一節に「個人の利害は決して公共の利害に反するものではない」とあるのに対して、「この点は賛成しません。機械の場合には、雇い主の利害は労働者のそれとしばしば対立します(小泉記、この点次節参照)。地主の利害と公衆のそれとはつねに同じでしょうか? たしかにあなたはそうおっしゃらないだろうと思います」、と言ったのである(*Letters to McCulloch*, p. 136. [the 7th May 1822, IX/194])。

「静止状態」への到達を遅らせるものに機械の採用その他の改良がある。

機械の採用その他の結果として農産物の収穫が増加すれば、利潤率は上昇するか、少なくともその下落が阻止されるはずである。ただ機械の採用が労働者におよぼす影響については、リカアドオは『原理』第三版にいたって新たに挿入した機械論(第三十一章)に従来とことなる意見を発表した。

彼は前には、機械採用のために人間労働の一部分が不要となることは認めたけれども、こうして職を失った労働者は、容易に他に職を求めうるから、結局機械採用の前と後とに需要される労働量には増減がないと考えていた。なぜなら、ある生産部門に新機械が採用されたために生産額が増加し、しかも生産物に対する需要がこれにともなわなければ、労働者の一部分は必然的に解雇されることになるのであるが、しかし彼等を雇用した資本は依然として存在し、この資本は需要のある他の商品の生産に投じられなければならないはずだと考えたからであった（第三八三ページ［I/387］）。一八二〇年三月、彼がマカロックに宛てた書簡のなかで、マカロックの、「機械に投じられた固定資本は、つねにいちじるしくより大きい量の流動資本にとって代わるにちがいない、——というのはそうでなければそれが建造される動機がありえないからである。したがってそれの最初の効果は賃金の率を上げることよりも、むしろ下げることである」、という説に対して、「機械の使用は決して労働に対する需要を減少させない」、と言っているのを見れば（*Letters to McCulloch*, p. 57［VIII/171］）、彼が説をあらためたのは無論この時以後のことであった。そしてこの点において彼に影響を与えたのはバートンの小冊子『社会の労働者階級の状態』（John Barton, *Observations on the Circumstances which influence the Condition of the Labouring Classes of Society*, 1817［真実一男訳、法政大学出版局、一九九〇年］）であっただろうと推測されているが、この点についても、リカアドオの意見の変更とマルサスの著述活動とのあいだにある交渉があったことは後述のとおりである。

彼が説を改めたのは、彼白身の言うところによれば、社会の純収入と総収入との関係に関する誤解に気づいたからである。彼は社会の総収入の増加はその純収入の増加と並行し、したがって地主と資本家の所得の泉源である基金（ファンド）と労働者が所得を受け取る基金とは同時に増加するものと思っていたのであるが、今では地主と資本家のための基金が増加すると同時に労働者のための基金が減少することがありうることを認めたのである。彼の仮設例によれば、一人の資本家が二万ポンドの価値のある資本をもって農業と生活必需品の製造とに同時に従事し、資本のうちの七千ポンドを固定資本、すなわち建物、道具その他に投じ、残る一万三千ポンドを流動資本として使用して労働の雇用にあて、そして利潤率は一割で、資本家は年々二千ポンドの利潤を手に入れるものと仮定する。資本家は年々一万三千ポンドの価値のある食料その他の必需品（すなわち流動資本）をもって生産を開始し、生産物を一年のあいだに一万三千ポンドの貨幣に対して自分の雇用する労働者に売却し、また同期間内に同額の貨幣を賃金として労働者に支給する。労働者は一年のあいだに一万五千ポンドの価値のある食料ならびに必需品を生産して資本家の手中に回収させ、資本家はそのうちの二千ポンドを随意に処分する。この場合、この年の総収益は一万五千ポンド、純収益は二千ポンドである。ところで、二年目に一万三千ポンドを支出して、労働者の半数に機械を製造させ、残る半数を従来どおり食料ならびに必需品の生産にあてるとどのような結果を生ずるかというと、この年に生産されるものは、七千五百ポンドの価値のある機械と、同じく七千五百ポンドの食料およびその他の必需品とであって、資本家の資本は前と同じであろう。なぜなら資本家はこの二つの価値額のほかに七千ポンドの固定資本を有するはずで、これを総計すれば、資本二万ポンドと利潤二千ポンドとなるからである。今この二千ポンドを自家消費用に控除すれば、資本家の流動資本で次の年に使用しうるものは、五千五百ポンドに過ぎないことになる。したがって従来七千五百ポンドをもって雇用された労働者は、まったく不要となるわけである。資本家にとってはこの場合、機械のたすけにより、前より少数の労働者をもって全資本に対する二千ポンドの利潤をあげることさえできるならば、総収入が実際にどれだけであるかは問題ではない。しかも人口を養い、労働を雇用する力は、一国の純収入ではなく、つねにその総収入によって決まるものであるから、機械の採用のために総収入が減少すれば人口は過剰となり、労働者が窮迫に陥ることは避けられないのである（第三八四―三八六ページ［I/388-90］）。

ゆえにリカアドオは労働者が抱いている、機械の使用はしばしば彼等の利益を損なうという意見は、決して「偏見や誤謬に基づくものではなく、経済学の正しい原理に一致するもの」だと断言した（第三八八ページ［I/392］）。資本が増加しても労働者に対する需要は全然増えないとは言わないまでも、労働者に対する需要は資本の増加と同じ割合では増加しないというのである。

機械が労働者を不要にするという説は、後にマルクスがさらに発展させまた誇張して、資本主義的蓄積の法則として説いた（『資本論』第一部第二三章）。資本の蓄積が、賃金として支出される部分（可変資本）と機械、道具、原料、建物等に投ぜられる部分（不変資本）との組合せ、すなわちいわゆる資本の有機的組成が同じままで行われれば、労働需要は蓄積とともに増大して賃金を騰貴させるが、資本の蓄積が有機的組成不変のままで行われるということはまれであって、資本家は市場の競争に打ち負かされないため、蓄積の進行とともに機械、原料に投ずる不変資本を多くして、可変資本を少なくする。このため、資本がますます蓄積されてますます失業者である産業予備軍が増加する。マルクスはこう説いた。リカアドオもリカアドオを継承したスチュアート・ミルも、証明しようとしたのは要するに「機械の発明と使用には総収益の減少がともなうことがありうる」ということに尽きるのであるが、マルクスはさらに進んで、機械採用の結果は労働者にとって必ず有害であると説いたのである。

反対に、リカアドオ以前のアダム・スミスは、機械採用の労働需要に及ぼす影響を全然問題にしていない。スミスも資本を流動資本と固定資本とに分けてはいるが、こと労働需要の問題にかんする個所では、常にこの両資本を一括して考えて、たんに資本の大小が生産的労働の大小を決定すると説き、国富の増進がすみやかである国においては労働者の状態もまた良好だと説いた。そしていまだ産業革命の全経過を知らず、わずかに手工業か、家内工業か、せいぜいマニュファクチャー（工場制手工業）を観祭の対象としていたスミスとしては、こうなるのが当然である。それどころか、スミス以後においても、なお長いあいだ資本といえば賃金資本の意味に解して、固定資本を看過することは往々にあった。これは穀物騰貴のため農業資本が世間の問題となり、そして農業においては機械の採用はいうに足らないものであったからだと解するものがある。とにかくリカアドオでさえも、『原理』初版の序文には「労働、機械、および資本うんぬん」[I/5]と記しているくらいである。これはもちろん過失に相違ないが、しかし当時の風潮はここにも窺われる（Cannan, *Theories of Production and Distribution*, p. 112）。

リカアドオは『原理』第三版刊行以後にいたって、機械採用の結果に着目して説をあらためたのである。新説はわれわれの知りうる限りにおいては、彼のマルサス評注の一節にはじめて発表されている。マルサスは彼の

『原理』第四章賃金論の一節で、労働に対する需要を論じるにあたって、前記のバートンの名をあげて、「労働に対する需要は、固定資本ではなく流動資本の増大にのみ依存している」と言うものがいると言い、その説に道理のあることは認めながら、結局のところ楽観的結論を下して「一般的には、実際に行われそうな固定資本の導入が、労働に対する有効需要を減少させるであろうとあまり危惧するにはおよばない。実にこの源泉にこそ、われわれは労働に対する有効需要の将来の増大の主たる原因を求めるべきである」と言った（pp. 261–4 [II/234, 239–40]）。リカアドオはこれに反対して、バートンの説を支持したのである。こうして彼は言う。「労働に対する有効需要は、資本のうち労働の賃金が支払われる部分の増大に依存しているにちがいない」[II/234]。流動資本に対する固定資本の増加は、純所得は増加させるが、総所得は増加させない。ところが「国は総所得ではなく純所得によってのみ富裕になるにすぎないのであって、どちらの場合も等しく有力で」[II/235] あろう。「資本家にとっては、彼の資本が固定資本からなろうと流動資本からなろうと、大したことではないが、しかし労働の賃金によって生活する者にとっては、それはこの上なく重要である。……もし資本が機械として実現されるとすれば、増大する労働量に対する需要はほとんどないであろう」[II/235–6]。ただリカアドオは当時すでにバートンを知っていたのか、あるいはマルサスによってはじめて彼に注意をうながされたのかは、決めがたい問題である（*Notes on Malthus*, pp. LXX [editor's introduction], 124–5 [II/234–7]）。そしてリカアドオの機械論は、彼が同様に機械採用の効果を考察して彼の価値論に修正を加えたこととある照応をなしている。そして価値論の場合と同様に機械論においてもマカロックはその前にリカアドオに教えられた説をリカアドオ自身が訂正したことに不平の意をもらしたが、リカアドオはマカロックに宛てた返書において、別の仮設例によってふたたび詳細にその説を述べ、機械の採用のため労働者の一部分が解雇されるという真理は、「幾何学上のなんらかの真理と同様に証明しうるものである、と私には思われます。そして私が長い間それらを理解しなかったことに、ただただ驚いているしだいです」と言い（*Letters to McCulloch*, p. 109.［the 18th June 1821, VIII/390］）、マカロックも後になって「機械にかんしてリカアドウ氏の仮想する場合」が「ありうべき」ことを認めるようになった（*Principles of Political Economy*, 1825, p. 188）。［マカロックはこの個所で The case supposed by Mr. Ricardo is barely possible（リカード氏の想定する場合はほとんどありえない）と言っており、彼はここでもリカードの新機械論を否認している。小泉の誤解。］

このことはまた、リカアドオその人の、つねに倦むことなく真理を求めて既存の知識に安住しない性格を示すものである。そしてリカアドオが価値論において自説に訂正を加えたことは前述のとおりであるが、彼はほとんど病没の日にいたるまで意見をことにする者と論争をつづけたが、ついに積極的に自説に満足することなく終わったのである。

価値尺度論

一八一七年に『原理』を著した後のリカアドオは、功成り名遂げた人であった。彼は富豪となり、議員となり、学者としての名声を得た。彼の『原理』は当時の新思想家である「功利主義者の聖典となった」（Leslie Stephen［L・スティーヴン『十八世紀イギリス思想史（上・中・下）』中野好之訳、筑摩書房、一九六九―七〇年］）。議会は通貨問題にかんする最高権威として彼の説に傾聴した。しかもその間にあって、リカアドオ自身は自分の学説に満足せず、彼の価値論の価値に疑惑をいだいて、結局正確な価値尺度なるものは見出すことができないものだという消極的結論に到達したのである。この間の消息は、彼のマルサス評注ならびにマルサス宛およびマカロック宛書簡集によってうかがわれる。彼は一方で商品の価値を決定するものは投下労働量であり、投下労働量のみであると主張するジェームズ・ミルおよびマカロックに対しては労働投入から生産物販売にいたるまでの時間もまた価値の決定に加わることを力説し、他方、価値の尺度は労働と交換される商品の量であることを主張するマルサスに対しては、生産に投下された労働量の方がより良い尺度であると述べたのである。

一八二二年（三月十九日）、リカアドオは第三者から示されたマカロックの講義草稿を見て、マカロックの意見が単純に失することを指摘した。商品の価値は、マカロックの言うように生産に投下された労働量のみによっては決定されないと言うのである。

リカアドオはワインの貯蔵と植林の例を引いた。ワインは長いあいだ貯蔵されることによって価値を増し、また植林については、当初二シリングの労働を費して植付けたかしわの樹が年を経て百ポンドの価値を有するにいたることがある。この価値の増加は労働をもってしては説明しえないと言うのである。マカロックはこれに対して、三年間貯蔵されたワインには一日貯蔵されたワインよりも多くの労働が費されてはいないけれども、この時間に基づく価値の増加は、同額の資本が労働の雇用に充てられた場合に、同時間内に行うはずの蓄積によって算定しなければならない、また二百年間成長したかしわの樹に現についやされた労働量はきわめてわずかではあるが、その価値は投入された当初の労働が同時間内に生み出すはずの資本蓄積によって算定しなければならない、というのであるが（*Letters to Malthus*, p. 222. [the 13th July 1823, IX/303]）、リカアドオは「これらの蓄積された利潤を労働の名でよぶこと、またそのように一〇〇ポンドに値する商品がそれに投じられた労働量に比例して価値を持つということ」は当を得ないとして、「最初に労働に二シリングを要費し、後に一〇〇ポンドの価値を持つようになる樹木は、厳密にはそれに使用された労働の価値の二シリング以上のものをけっしてもつものではありません」、と言った（*Letters to McCulloch*, p. 175. [the 21st August 1823, IX/358–9]）。

マルサスははじめ穀物と労働との価値の平均を価値尺度とすべきだという説を立てたが（*Principles*, 1st ed. sec. VII［第二章第七節「実質交換価値の尺度と考えられる、穀物および労働の中間項について」］）、のちにいたってアダム・

スミスと同じく一商品と交換される労働量すなわち「支配される労働量」(labour commanded) がその物の価値を測定すべき尺度だと説くようになった。「いずれかの場所および時における一商品の自然価値の尺度」は、「その場所および時において、商品が支配し、またはそれと交換される労働の分量」である (*Definitions in Political Economy*, 1827, p. 243［マルサス『経済学における諸定義』玉野井芳郎訳、岩波文庫、一九七七年、一八一ページ］)。この意見はすでに一八二三年に著された価値尺度論 (*The measure of value stated and illustrated etc.*, 1823, p. 23) のなかで表明されていた (p. 16)。

リカアドオは前にアダム・スミスの同じ意見を誤りとしたように、このマルサスの意見を誤りとし、後者に与えた一八二三年四月二十九日付けから八月三十一日付けまでの六通の長文の書簡で、繰返してその理由を述べた。要するに「支配される労働」は物の尺度に欠くべからざる、それ自体が不変であるという要件を備えていない。かりに疫病のために人口が減少して以前の四分の三になったとすると、他の一切の商品と比較した労働の価値は騰貴するが、マルサスは、労働の供給以外には何らの変動もないにもかかわらず、これを労働の価値が騰貴したとは言わないで、諸商品の価値が下落したと言うであろう。これは断じて失当だとリカアドオは言う (*Letters to Trower*, p. 210. [the 24th July 1823, IX/319])。

それではリカアドオ自身の意見はどうかというと、彼はマルサスと反対に商品は「その生産に多量の労働が投じられたときにだけ高価なのだ」[the 15th August 1823, IX/348] とする自説を、決して完全無欠のものとは思っていない。彼はわずかにマルサスの提案がいっそう不完全なものだと言いえたに過ぎないのである。これはリカアドオが単純な労働価値説を放棄した当然の結果である。彼はマカロックに告げて言った。「価値は二つの要素から合成される賃金と利潤とがあらゆる可能な割合で混合しています。それゆえ、あなたの尺度のなかの賃金と利潤との割合が、測定される商品のそれとまったく一致していないかぎり、正確に測定しようとくわだててもむだです」（p. 177. [the 21st August 1823, IX/361]）。マルサスにむかっても言った。「困難は労働と利潤に帰する割合の変動に関連しています」。そして労働、利潤の比例の変動から生ずる変動に対しては「完全な価値尺度というものは存在しなかったし、また決して存在しないだろうと思います」（p. 237. [the 15th August 1823, IX/352]）。さらに次のようにも言った。「問題は不変な価値尺度にかかわるもの……私は私の尺度が不正確であることを認めた……しかしそれはあなたが自分の尺度はするだろうと主張なさるもののすべてを私の尺度がしないだろうという理由からではなく、それの不変性を私が確信していないからです」。議論は結局決着を見ないままに終わった。「しかしこれらの討論は決してわれわれの友情に影響するものではありません。私はもしあなたが私の意見に同意してくださっていたとしてもあなたに対して現在以上に好意をもちはしないでしょう」（pp. 239-40. [the 31st August 1823, IX/381-2. この手紙の文章は福田の論文にも引用されている。本書92ページ参照]）。これがリカアドオの病死の十一日前、すなわち八月三十一日に書かれた書簡のなかの文言である。

価値尺度に関する論争は、リカアドオの死後も続いて行われた。リカアドオ弁護のために登場したのは「阿片常用者」ド・クインシーであった。彼は価値の原因（ground）と価値の標準（criterion）を峻別し、リカアドオの学説は前者を説明しようとするもので、後者には関係ないこと、またこのことを見きわめなかったマルサスの価値尺度論は受け入れられないことを力説した。彼は寒暖計を例に引いた。寒暖計は気温を測定するための標準ではあるが熱の原因ではない。リカアドオが求めたものはこの原因の意味における尺度であって、標準の意味の尺度ではない。また彼によれば経済においてもっとも重要な問題は価値原因論にのみあるのであって、マルサス等は価値尺度の発見を重視し過ぎたと言った（De Quincey, Malthus on the Measure of Value, 1823. — Dialogues of Three Templars on Political Economy: Chiefly in Relation to the Principles of Mr. Ricardo, 1824. *The Collected Writings of T. De Quincey*, by D. Masson [Edinburgh, Adam and Charles Black, 1890], vol. IX)。

リカアドオ批評家のサミュエル・ベイリー（Samuel Bailey）も価値の尺度と原因とを区別し、また一商品に投入された労働量を確認することはできない、これを実際に適用することができない、実際に適用しえない価値の尺度は無価値だと言った。同時に彼は価値が相対的概念であることを力説したのであるから、それ自体の価値が不変な価植尺度があることを認めず、したがってマルサスの価値尺度論をも是認しなかった（*A Critical Dissertation on the Nature, Measure and Causes of Value; chiefly in reference to the writings of Mr. Ricardo and his followers*, 1825）。マルサスはついにその説をあらためなかったが、後にいたって価値の原因と尺度を区別して、「商品に含まれた労働はその価値の主要な原因であるが、しかしそれはその尺度ではない……。商品が支配するであろう労働はその価値の原因ではないが……この労働がその尺度である」と言うようになった（*Principles*, 2nd ed. p. 83 n.［吉田秀夫訳、マルサス『經濟學原理』上巻、岩波文庫、一九三七年刊、一四四ページ。訳文は大幅に改変。強調は引用者。マルサスのこの文章は福田の論文にも引用されている。本書93ページ参照］）。

価値と需要供給

それでは存在量が限定されているか、そうでなくてもその生産に自由競争が作用しない商品の価値は何によって決定されるか。リカアドオは次のように言う。「これらの商品の価値は、それらを生産するのに当初必要とした労働量とはまったく無関係であって、それを所有したいと欲する人々の資力と嗜好の変動とともに変動する」［I/12］。

それを所有したいと欲する人々の資力と嗜好によって決まるということは、すなわち需要によって決まるということに他ならない。それでは、任意に増加させうる商品の価値は、なぜ需要によっては決められないのか。それは供給が需要に追随して、生産費と離れた価値の存続をゆるさないからである。だから彼は次のように言う：「商品の価格を究極的に左右しなければならないのは生産費であって、しばしば言われてきたような、供給と需要のあいだの割合ではない。なるほど、供給と需要のあいだの割合は、商品が需要の増加または供給の減少に応じてより大きいかまたはより小さい分量で供給されるあいだは、一時、その市場価値に影響をおよぼすことがありうるであろう、しかし、この効果は短期的なものであるにすぎない」（『原理』第三十章［I/382］）。こうしてリカアドオは、供給はすみやかに需要に追随するものとしたのである。ゆえに、供給が実際に常に需要に追随するかどうかの疑問は別として、価値は供給と需要の間の割合によって決定されるということは、決して「しばしば言われてきたように」価値は生産費が決定するということと相容れないものではない。価値が生産費によって決められるというのは、結局生産費が商品の供給を動かして、一商品の価値をちょうどその生産費に合致させるような需要供給関係を作り出すということに他ならない。生産費と一致しない価値を成立させるような需要供給関係は、たとえ発生しても永続しないというのである。ゆえにある物の価値を決めるのは、いずれの場合においても需要供給間の割合であるといって差支えない。ただその供給が、人の力をもって増減しうる場合には、それは価値と生産費が一致するまで増加ないし減少すると言いうるに過ぎないのである。リカアドオの真意は、たとえば次のような文章からうかがえる。「私は商品の価値は追加的供給がなくてもつねにその自然価格に一致するであろうと言っているのではなく、生産費は供給を規制し、したがって価格を規制すると言っているのだ」。「マルサス氏は、供給に対する需要が価格を規制し、商品を生産する費用が供給を規制する、と言っている。これは言葉の上での争いである――供給を規制するものこそ、価格を規制するのだ」（*Notes* [*on Malthus*], pp. 21, 118. [II/48-9, 225]）。

生産費の法則は、需要供給の法則に対して一般原則に対する特殊法則の地位にあるものであり、決して両者は相容れないものではない。リカアドオが価値決定における生産費の位置の重さを言おうとするあまり、彼がマルサス、セー、ブキャナン、ローダーディール等を批判する場合に、ともすれば需要供給説を誤謬とするかのような言い方をするのは（たとえば『原理』第三十章）、ただ単にわれわれの見地からして承認しがたいのみならず、実はリカアドオ自身の立場からしても、厳密に言えば許容しがたいのである。

リカアドオが、商品にはその価値が需要供給の割合によって決まるものと生産費によって決まるものとがあるかのように、あるいはその稀少性（scarcity）から生じるものと労働から生じるものとがあるかのように説いたのは、語法が正確でない。商品の価値はすべて一様に稀少性に発し、それにかんする需要供給の割合によって定まる。われわれがこれに付け加えて言いうることは、その供給量そのもの、希少性そのものを人間の力によって左右しえない商品と左右しうる商品とがあるということである。需要供給と生産費、稀少性と労働を対立させることは、断じて正しくない。価値が生産費によって決定されるということも、需要供給の法則によらずには説明することができない。労働が価値の源泉であるということも、結局労働によってはじめて生産されるものは、すなわち稀少なものであるということに帰着するのである。この点に惑わされて、リカアドオは商品の価値の源泉として稀少性とは別に労働を立てたと誤解する者があれば、罪は彼の不用意で性急な論述法に帰されるべきである。

リカアドオの弁護者であるディーツェル（H. Dietzel）の説は正鵠を得たものである。彼は次のように言う。「有用性と稀少性」の公式と「有用性と労働投下」の公式とはその名はことなるけれども実は同一である。なぜなら、第二の公式においては「労働投下」があげられているけれども、これによってあげられるものは「希少性」のふたつの原因のひとつにほかならないのである。ある種の財は、労働によって増加することができないので稀少である。これがリカアドオの「ひとつの種類の財」であって、この場合彼は稀少の原因を示している。大多数の財はなるほど増加することは出来るけれども、ただ労働によってはじめて増加できるので稀少である。このリカアドオの言う「別の種類の財」の稀少の原因は、労働そのものが稀少であること、その所有量が有限な資料であることである。労働をついやすことが必要な財は、すべて稀少である」(*Theoretische Socialökonomik*, S. 230)。アモンにも同様の説がある(Amonn, a. a. O. S. 106)。

同じ趣旨のことは、すでにシーニョアも言っている。ある物が価値を持つということは、彼によれば(一)効用を持ち、(二)供給に制限があり、そして(三)譲渡可能なことであるが、このうちもっとも重要なのは供給の制限であって、労働の投下によって物に価値があるように思われるのも、実は労働の供給には制限があるから、したがってその供給にこれを必要とする物体は、この必要そのものによって供給を制限されるからである。しかしながら、「供給を制限する他のいかなる原因も、ある品物の価値の有効な原因であることにおいては、その生産に対する労働の必要とまったく同様である」。また「供給の制限は労働そのものの価値に不可欠のものであるから、価値のよって立つ条件として、労働を取って供給の制限を除外するのは、部分的原因をもって一般的原因に代えることになるだけでなく、指定された原因そのものに効力を与える原因そのものをことさらに除外することである」(p. 24)。

効用説と費用説

前述のように、あらゆる商品の価値は普遍的には需要供給の割合によって説明されなければならないのであるが、さてその需要そのものの本質はといえば、一物に対する需要はその物のわれわれの欲望を満たす力、すなわち効用のために生じるということをかならず言わなければならない。ところが価値の説明が需要から効用までさかのぼると、昔から学者を悩ませた効用と価値と、もしくは使用価値と交換価値との背反の問題に行き当たらざるをえない。水はその効用が絶大であるにもかかわらずなぜ交換価植がゼロもしくはわずかであるのか。なぜ金剛石は効用がわずかであるのに交換価値は大きいのか。この疑問はリカアドオも解決していない。しかし需要供給の関係で価値もしくは価格が決まるということは、昔から学者が言い古してきたことである。では、同じ物がその供給の増加のためにその価値が下落し、供給の減少のためにそれが騰貴するというのはなぜなのか。

ケアンズがリカアドオの生産費説の適用範囲に制限を加えたのとほぼ同じころ、他方において、スタンリー・ジェヴォンズが『経済学の理論』(W. S. Jevons, *Theory of Political Economy*, 1871)を著して、価埴はまったく効用に基づくものであるという立場からリカアドオおよびその亜流の学説を覆えそうとした。

ジェヴォンズの仕事は、人間の欲望は通則として満足の度合いにしたがってその強度が減退し、最後には皆無となるという、きわめて平凡な経験的事実の観察から出発するものである。すでに欲望の強さが満足によって減退するのであれば、その存在量を離れて単に一定の財貨の効用がどれだけかということは、意味をなさないわけである。ある物の効用とは、これに対する欲望がまったく満たされない前の効用のことか、それが十分に満たされた後の効用のことか。そのいずれであるかによって効用の大小は非常に違っているはずである。そこでジェヴォンズは、財貨の一定量の全部が提供する全部効用(total utility)と財貨の一定量の最終増加分の効用、すなわち最終効用(final degree of utility)とを区別した。人間は水なしには生存しえない。水の(全部)効用は絶大である。しかし平常においては、われわれはほとんどほしいだけの水を飲用している。したがってその(最終)効用はほとんど皆無に達しているのが普通である。そして財と財との交換比率は、この最終効用によって決められる。「任意の二商品の交換比率は交換完了後に消費に利用しうる商品量の最終効用度の比率と反比例する」[ジェヴォンズ『経済学の理論』小泉信三・寺尾琢磨訳、近代経済学古典選集4、日本経済評論社、一九八一年、七三ページ]のである。そこで効用の絶大な水が交換価値をもたないという事実が説明される。

ジェヴォンズは「価値はまったく効用によって定まるというやや新奇な意見」〔同訳、一ページ〕に到達したという。彼の信ずるところによれば、この新奇な説は、リカアドオおよびその亜流の説とまったく相容れないものである。すなわち彼はリカアドオを評して、「有能ではあるが、思想の間違った男（able but wrong headed man）」〔同訳、xliv ページ。この文言は福田も引用している。本書98ページ参照〕と言い、正統的リカアドオ派の代表的学者に理解されなかったため多くの創見のある学者の著作のなかに含まれた貴重な暗示が顧みられずに終ったことを慨嘆して「このような事情のもとにおいては、たとえ新たな誤謬を冒すとしても、疑わしい通説の単調な反復を打破することは積極的な仕事である」とまで言った（4th ed. p. 277〔同訳、二〇二―三ページ〕）。

しかしながらジェヴォンズの「新説」は、本当にリカアドオの学説とこれほどまでに相容れないものであろうか。決してそうではないと思う。ジェヴォンズの学説は決してジェヴォンズみずからが信じたほどには革命的なものではないのである。彼は言う。「今日行われている意見は、効用よりもむしろ労働を価値の起源とするものであって、なかにははっきりと労働は価値の原因だと主張するものすらあるのである。私はこれに反し、満足な交換理論に到達するためには、ただわれわれの有する商品の量に依存するものとしての効用変動の自然法則をさえ注意深く追及すればよく、通常の供給需要法則は右の理論の必然の帰結にほかならないことを明らかにする」〔同訳、一ページ〕と（p. 2）。

しかしながらリカアドオは、もしわれわれがしいて彼の不用意な発言に拘ることさえしなければ、決して価値が労働から発生すると言ってはいない。商品間の現実の交換比率は需要供給の関係によって決まるものではあるが、労働投下によってその供給量を増加しうるものでは、供給がただちに需要に追随して、交換比率がついやされる労働量に比例するような需要供給関係を作り出さずにはおかないと言っているにすぎないのである。ジェヴォンズは労働がしばしば価値を決定するかのように見受けられることは認めるが、それはただ間接的な仕方において、すなわち供給の増加または制限を通じて商品の効用度を変動させることによってそうなのであるといい（p. 2）、また生産費と価値との関係を述べて

「生産費は供給を決定する、
供給は最終効用度を決定する、
最終効用度は価値を決定する」

と言っている（p. 165）。［同訳、一二三ページ。強調は原文］

しかしながらこれはリカアドオの立場から見て、リカアドオ自身それを理解するかどうかは別として、少しも容認しがたいことではないのである。ゆえに私はここに重ねて力説して言う。ジェヴォンズの価値学説は決して革命的な新説ではない、と。それは従来の価値論において、あたえられたものとして承認されていた財貨の供給量の増減と需要の強弱との関係に周到で綿密な考察を加えたに過ぎないものである。それは従来の価値論のある一面を精確にし、そして豊富にすることはできた。しかし決して既存の価値論と相対立するものではない。ただそれを補うべきものであるにすぎない。ただ商品の価値を決定するものはあくまでも需要と供給あるいは効用と稀少性であって、労働または生産費は、この供給または稀少性を左右するものとしてはじめて価値に影響するのであるから、効用学説は生産費説に対して、特殊に対する一般の地位にあり、ただある場合に生産費は効用よりも一層明確に価値を測定しうることがあるというに過ぎない。

カール・メンガー（Carl Menger）およびその衣鉢を継ぐヴィーザー（Friedrich von Wieser）、ベーム・バヴェルク（Eugen von Böhm-Bawerk）等の形成するオーストリア学派、ワルラス（Léon Walras）の率いたローザンヌ学派の所説についても、ほぼ同様のことが言える。

ジェヴォンズの最終効用にほぼ相当するものはヴィーザーの限界効用（Grenznutzen）である。メンガーは価値

を定義して、「支配下にある全数量によって確保され、またこの部分量によってもたらされうる欲望満足のなかで」その物に認められる重要性（Bedeutung）であると言い、またこのような重要性は現有の財の総量によって保障され、そして特定単位量によって与えられる欲望満足のうち「もっとも重要さの小さい」ものの重要性にひとしいと言っている（*Grundsätze der Volkswirtschaftslehre*, 1871, S. 108）。この「もっとも重要さの小さい」欲望満足は、限界効用の語をもって代置してもその意味は変らない。すなわちヴィーザーはこれを「価値の大小は限界効用によって決められる」と言ったのである（*Über den Ursprung und die Hauptgesetze des wirtschaftlichen Wertes*, 1884. — *Der natürliche Wert*, 1889）。

限界効用説を普及させる上でもっとも功績の大きかったベーム・バヴェルクはノイマン（Neumann）にしたがって価値を主観的および客観的の二つに分け、客観価値の中では客観的交換価値、すなわち一財の他の財の一定量と交換される力を最も重要視したが、この一財の客観的交換価値は結局その主観的価値によって説明されるのである。そしてベームもまた同じく「一財の価値はその限界効用の大小によって決まる」という結論に到達した（Grundzüge der Theorie des wirtschaftlichen Güterwertes; *Jahrb. f. Nationalök. u. Statistik.*, 1886. — *Positive Theorie des Kapitales*, 1889）。そしてこれらオーストリア学派の費用と価値との関係を見ると、正統学派とは正反対になっている。すなわちこの派によれば、生産費によって生産物の価値が決められるのではなく、生産物の限界効用がさらに生産財の価値を決めるのである。ジェヴォンズも同様に、労働の価値はその生産物の価値によって決められなければならず、決して労働の価値によって生産物の価値が決まるのではないと説いている（p. 166）。

以上に述べたことから次のように言うことができる。

あらゆる商品の両極端に位置するのは、一方においては、たとえば古名工の作品のように、その存在量が絶対的に限定されているもの、他方においては需要の増減とともに供給を同一の割合で増減しうるものである。前者の価値は効用学説によってはじめて説明することができる。後者の価値も同じく効用学説によって説明されはするが、しかしわれわれはそれ以上さらに進んで、商品相互の交換比率はつねにそれぞれの生産費に比例すると言うことができる。そしてこの両極端の中間には無数の段階があって、商品はそれが後者に近いほどその価値は生産費の影響を多く受け、前者に近いほど生産費の支配から独立する。しかし供給が需要とともに即刻増減しうるものは、実際上まったくなくはないとしてもごくわずかであるから、生産費の価値に対する支配が現れるには、多くの場合時間を要する。ゆえに費用説と効用説との両立を認め、費用と効用のどちらか一方が単独に価値を決定するという不合理は、鋏の両刃のどちらか一方が単独に物を裁断するという不合理に等しいとなえるアルフレッド・マーシャルは、結論として次のように言った。「一般原則としては、われわれの考察している期間が短いほど、価値に対する需給の影響に対して注意が払われる部分は大きくなるはずである。また期間が長くなるにつれて、価値に対する生産費の影響がより重要となるであろう」(A. Marshall, *Principles of Economics*, 5th ed. p. 350［マーシャル『経済学原理3』永澤越郎訳、岩波ブックサービスセンター、一九八五年、三九ページ］)。これがリカアドオの価値学説が補充され修正されて到達した現在の状態である。

第四章　リカードの賃金論

『理論経済学の成立』弘文堂、一九五八年、「第四章　労賃論」

堀　経夫

一

最初に注意しておかなければならないのは、リカアドウ自身が『原理』第五章「賃金について」の中で主として問題としたのは、富の一分割部分としての賃金であって、価値の一分割部分としての賃金ではない、ということである。彼は、特に賃金に関しては、富または使用価値としての賃金、言い換えれば、絶対的および実質的意味における賃金のことをきわめて詳細に論じているのである。なぜ彼がこういう態度をとったかについては、種々解釈があることと思うが、私は、（一）労働者にとっての賃金の絶対的大きさ、すなわち富の一分割部分としての賃金の大きさは、地主や資本家にとっての地代や利潤のそれよりも、実際上いっそう大きな重要性をもっていること、および（二）価値の分割部分としての賃金と利潤を考察して、両者の相対的関係ならびにその推移を明らかにするためには、賃金または利潤のいずれか一方の絶対的大きさとその変動にかんする理論を確立しておくことがぜひとも必要であるが、それには賃金の方のそれらにかんする理論を確立するのが、実際上適切である――なぜなら、利潤の方は残余所得（リカアドウの言葉にしたがえば、純収入または純所得の一部）と見なされるべきであるからである――ことなどを、その理由として挙げうるであろう。

二

リカアドウは労働を一種の商品とみなし、この商品の価値と価格を論じた。ここにいう労働の価値とは、労働（力）の労働価値（すなわち、労働者が消費する諸商品を生産するのに必要な労働量によって決定された価値）の意味であり、また労働の価格とは、労働者に直接支払われる貨幣賃金の意味である。しかし労働の価値は、後述の価値分配論において重要な役割を演ずるのであるから、富の一分配形態としての賃金を取り扱うこととなる本章においては、もっぱら労働の価格すなわち貨幣賃金のみが問題となるのである。

リカアドウは、『原理』第五章を、「労働は、売買されそして分量において増減されうる、他のすべての物と同じく、その自然価格とその市場価格とをもっている」［I/93］という文章をもって始めているが、われわれは、ここで、『原理』初版が製本された後に売出される直前まで、「自然価格と市場価格について」と題する第四章が、この第五章の一部をなしていたことを、想起すべきである。

さて、この文章は、労働の価格すなわち貨幣賃金の種類を示したものであるが、彼によれば、まず労働の自然価格あるいは自然賃金とは、「労働者たちが、平均的にいって、生存しまた彼らの種族を増減なく永続させうるのに必要な、その価格」（*ibid.*）をさすのである。この定義について注意すべき事柄が二つある。そのひとつは「増減なく」という句についてであり、その二は「……必要な……」という字についてである。

まず第一の点について見ると、リカアドウが「増減なく」と言ったのは、労働者の数がある恒常数を保つようにという意味であるか、ある時点における労働者の数を維持するようにという意味であるか、あるいは労働に対する需要に応じうるだけの労働者の数を維持するようにという意味であるか、について、従来解釈がわかれている。これは一見小さい問題のようであるが、しかしリカアドウの賃金論の全体を理解する上に、重大な影響をもっているのである。なぜなら、右の解釈のうちのどれをとるかによって、彼の言う自然賃金が静態的概念であるかあるいは動態的概念であるかの判定がわかれ、そしてその判定がまた彼のいう労働の市場価格または市場賃金の意味の解釈にも影響をおよぼすからである。

ある恒常数の労働者人口を支持するのに必要な労働の価格を、自然賃金と解するならば、それは明らかに静態的概念であるし、また社会の進歩が要求する程度の増加率で労働者人口を支持するのに必要な労働の価格を、自然賃金と解するならば、それは明らかに動態的概念である、と思われる。さらにまた、ある時点における労働者人口を支持するのに必要な労働の価格を自然賃金と解するならば、それは動態的概念であるということもできるし、また意味の取りようによっては、静態的概念であるということもできるであろう。なぜなら、ある時点における労働者人口というのを、各時点ごとに増減する需要に相応する労働者人口と解するならば、それを支持するのに必要な賃金は動態的にしか考えられないし、またそれは眼前の労働者人口を意味するが、しかしそれはその恒常不変を仮定した上でのことであると解するならば、賃金は静態的にしか考えられないからである。しかし、いずれにしても、この最後の解釈は他の二つの解釈のいずれかに帰着してしまうであろう。

私は、リカアドウのいう労働の自然価格または自然賃金を、動態的概念と解するのが、もっともよく彼の真意をつたえるものと考える。なぜなら、のちに述べるように、彼は、市場賃金についてばかりでなく、自然賃金についても、それが社会の進歩とともにいかに変動するかを、問題としているからである。したがって、彼が「増減なく」と言ったのは、労働に対する社会の需要に適合してその供給を保たせるように、という意味に解すべきである。ちなみにリカアドウの賃金論は、トレンズのそれに負うところが大であるといわれているが（Cf. [I/93].

Sraffa's note.)、トレンズはその著『外国穀物貿易にかんする一試論』(一八一五年)のなかで、労働の自然価格を、「労働者をささえ、また彼が市場において、衰えない労働供給 (an undiminished supply of labour) を保持しうるような家族を養うことができるのに必要な」ものとし、それにつづいて、「労働者が、通常、彼自身、および労働の供給を需要に釣合わせることができるような家族を、健康に生存させるために、気候上必要とされるようなさまざまな物(生活の必需品と慰安品——堀注)の十分な分量を、彼の仕事に対して取得しなければならないことは自明である」(Robert Torrens, *An Essay on the External Corn Trade; etc.*, 1815, p. 62)、と言っている。

次は、リカアドウが、「労働者たちが、平均的にいって、生存しまた彼らの種族を増減なく永続させうるのに必要な、その価格」と言っているときに、「必要な」とはいかなる実質的内容をさしているのであるか、という第二の点である。この点にかんしては、従来大した意見の相違はないようである。すなわち、彼は、この言葉の内容に、労働者とその家族の生理学的生存、すなわち、絶対的に恒常不変な最小限度の生存を保証するのに必要な、という意味をあたえたのではなく、時と所に応じて程度を異にしている労働者の最低生活を維持するのに必要な、という意味を与えたのである、ということに、論者たちの意見が大体一致している。それは、「労働の自然価格は、労働者と彼の家族の維持に要する食料、必需品、および便宜品の価格に依存している」[I/93] とか、「労働の自然価格は、食料と必需品で評価してさえ、絶対的に固定かつ不変である、と理解されるべきではない。それは同じ国においても時を異にすれば変動し、また国を異にすれば実にいちじるしく異なっている。それは本質的に国民の習性と慣習に依存する」[I/96–7] とか、あるいは、「慣習が(労働者の)絶対的必需品としている慰安品」([I/94.] 括弧内の文字は堀による挿入)とかいう、リカアドウ自身の明白な言葉があるからである。

要するに、リカアドウの言う、労働者と彼の家族を支持するのに必要なものとは、単なる動物的生存を保つのに必要な商品ばかりでなく、「慣習が絶対的必需品としている」慰安品または便宜品をも含んでいるのであり、またそれは各国民の文化段階に応じて、それぞれことならざるをえないのである。しかもそれは、一定の国一定の時における最低程度の生活を保障するものであるにすぎないのであって、決してそれ以上のものではありえない。なぜなら、彼によれば、自然賃金というものは、常に「必要生産出費」すなわち労働力を回復しまたは再生産するのに必要な費用を意味し、そしてそれは「いくつもの租税または貯蓄のための控除」に耐ええないからである。[注] このゆえに、ディール Karl Diehl（1864–1943）はリカアドウの自然賃金を解釈して、「自然賃金は、なんらかの方法で自然科学的に確定されるような大きさを示すものではなく、ひとつの社会的意義をもっている。リカアドウは、それによって、慣習となっている生存最小限を考えている。賃金は生活必需品を買い入れるのに十分でなければならないけれども、しかし資本を蓄積するためには十分ではない」（*Sozialwissenschaftliche Erläuterungen zu David Ricardo's Grundgesetzen der Volkswirtschaft und Besteuerung*, 2 Bde., 1906, II. Bd., 1922, S. 4）と言っているのである。要するに、リカアドウが労働の自然価格または自然賃金の定義において、労働者人口のある必要数を維持するのに必要な生活必需品と言っているものは、絶対的生活必需品をさすのではなく、相対的生活必需品をさすのである。

（注）　リカアドウは、『原理』第二十六章（初版では第二十四章）「総収入と純収入について」のなかで、「あらゆる国の土地と労働の全生産物は、三部分に分割される。このうち、一部分は賃金に、他の一部分は利潤に、そして残りの部分は地代に向けられる。租税または貯蓄のために何らかの控除がなされうるのは、最後の二つの部分だけだからである、最初の部分は、最適のものであるかぎり、つねに生産の必要経費を構成しているからである」[I/347–8] と言って、自然賃金を必要生産出費と解する、彼の主張を明らかにしている。もっとも彼はこれに注を付して、「おそらくこれはあまりにも強く表現されすぎている。というのは、一般には、生産の絶対的必要経

費以上のものが、賃金の名称で労働者に割り当てられているからである。その場合には、その国の純生産物の一部分が労働者によって受け取られていて、彼によって貯蓄されるかあるいは支出されうるであろう、あるいはまた、それにより彼が国防に寄与することを可能にするであろう」（[I/348,] footnote）と言って、さきの主張をやや緩和しているようであるが、しかしこの注にいう賃金は市場賃金の意味であると解釈するならば、「食料、必需品、および慣習から彼に不可欠となっている便宜品の分量」[I/93] を自然賃金の実質的内容とみなそうとする彼の態度が変更されたとは言えないであろう。

しかしながら、われわれが注意しなければならないのは、リカアドウは右のように、食料やその他の必需品のほかに、便宜品または慰安品をも自然賃金の内容に加えたけれども、しかし自然賃金の騰落を論ずるにあっては、必ずしも常に、食料、その他の必需品、便宜品、などを同列において、そのおのおののものの価格変動が自然賃金に対して同等の影響をもつものとみなそうとはしなかった、ということである。この点については、のちに自然賃金の変動にかんする彼の所説を見るさいに、おのずと明らかとなるであろうから、ここでは、ただ、自然賃金の大きさを左右するものとして、彼は主として食料の価格のみに注目し、その他の必需品や便宜品などの価格はほとんど無視していることを、予示するに止めよう。

三

次に、リカアドウの言う労働の市場価格または市場賃金とは、「供給の需要に対する割合の自然の作用から、実際に労働に対して支払われる価格」のことであって、「労働は稀少なときは高く、豊富なときは安い」[I/94] という場合の価格をさすのである。この定義について注意すべきは、第一に、労働の市場価格は労働者に実際に支払われる価格であるということ、および第二に、それは労働の供給と需要との関係によって定まるということである。

まず第一の点について見ると、すでに明らかなように、リカアドウのいう労働の自然価格は観念的なものであるが、これに対する労働の市場価格は、労働という一商品が市場において現実に売買されるごとに、それに付される価格をいうのであるから、それは具体的な概念である。しかし、他の諸商品の現実の市場価格が、究極において、その自然価格によって支配されるように、この労働の市場価格はその自然価格によって左右されるのである。ただし、彼の言う労働の自然価格は、決して労働の市場価格の中心をなすものとは考えられていない。[注] このことは、のちに労働の自然価格と市場価格との相互関係を取り扱う際に、明らかにするつもりであるが、ともかくも、彼が、すべての経済的事実の表面的現象の説明のみをもって満足しないで、市場において現実に決定される労働の価格の場合にも、その背後にあってこれを左右する事情——すなわち、労働の自然価格または自然賃金——の説明に力を注いだことは、理論経済学者としての彼の特徴でありまた長所であると言わなければならない。

（注） リカアドウは、前にも述べたように、一般諸商品の実際の価格すなわち市場価格が、「これらの商品の本来的かつ自然的価格」から「偶然的かつ一時的に離れること」［I/88］であることや、「諸商品の市場価格が、ある期間にわたって、ひきつづきその自然価格をはるかに上まわるかはるかに下まわることをさまたげるものは、自分の資金をより不利な用途からより有利な用途へ転じようとする、各資本家のもつ欲求である」［I/91］ことを論じて、諸商品の自然価格をその市場価格の中心価格としているが、しかし労働の自然価格と市場価格との関係については、これとことなった見解をとったのである。私は、彼が『原理』出版のまぎわに、「自然価格と市場価格について」と題する章を、「賃金について」と題する章から分離した理由を、この点にも求められるのではないか、と推測している。

次に、第二の点については、リカアドウは、この労働の現実的価格である市場賃金は労働の供給と需要との関係によって定まる、といっているが、われわれは、彼がなにをもって労働の供給と需要との大きさを示すものとしたか、を検討しなければならない。彼によれば、労働の供給の大きさを示すものは人口であり、また労働に対する需要の大きさを示すものは資本である。そして、前者すなわち「人口は、有利な事情の下では、二五年で二倍になりうるものと計算されてきた」[I/98]し、また後者すなわち「資本の蓄積つまり労働雇用手段の蓄積は、社会の異なった段階では、より速いことがあるし、より遅いことがあるが、それはすべての場合に労働の生産力に依存するにちがいない」[*ibid.*]。

労働の供給と需要にかんして、リカアドウは一応このように概説したのであるが、しかしわれわれは、労働の供給を意味する人口の問題はしばらくおき、労働に対する需要を意味する資本については、彼のいっそう詳細な説明を見る必要がある。というのは、彼が資本を固定資本と流動資本とに分けたことはスミスと同様である——ただしその区別の標準は異なる——が、ここにいう労働に対する需要を示す資本とは、固定資本と流動資本とをともに含む一般的資本をさすのか、あるいは流動資本のみを指すのかが、問題となりうるからである。私は、少なくとも『原理』第五章の範囲においては、彼は一般的資本の増減を労働に対する需要を左右する原因とみなしている、と結論しうるものと思う。もっとも、『原理』第三版に新たに加えられた第三十一章「機械について」のなかでは、多少異なった意見が述べられているが、これについては後に述べることにする。

なお、リカアドウは、『原理』第一章において、流動資本をタウシッグ Frank William Taussig（1859–1940）の言う賃金資本（wages-capital）もしくはマルクス Karl Heinrich Marx（1818–83）の言う可変資本の意味にもちいている場合があるのであって、「ある事業では、きわめてわずかな資本が流動資本として、すなわち労働の維持のために使用される」[I/32]とか、「労働を維持すべき資本と、道具、機械および建物に投下される資本とのあいだの割合も、さまざまに組み合わされる」〔I/30〕とか、あるいは「その所有する資本が主として賃金の支払いに……使用される靴製造業者は、彼の資本の大きな割合を流動資本として使用すると言われる」〔I/31〕、とかいう章句が、これに該当する。これらの章句から軽率に判断すると、労働に対する需要の増減を左右する原因は、当然流動資本の増減でなければならない、という結論が導き出されるもののようである。しかしながら、これらの章句は、（一）賃金が支払われるのは流動資本であって、固定資本ではないこと、および（二）流動資本の主たる、否、唯一の要素は、賃金であることを示しただけであって、決して労働に対する需要の大小を左右する原因が、流動資本であることを示しているのではない。

労働に対する需要の増減は、結局、流動資本の増減という形をとって現われるにはちがいないであろうが、しかしこの形をとって現われるということと、それが原因であるということとは、まったく別種の事柄である。リカアドウもこの区別を理解していたのであって、『原理』の第五章においては、「増加した資本が新しい労働需要にあたえる刺戟」について述べたすぐあとに、この資本を定義して、「資本は、一国の富のうち、生産に使用される部分であり、そして労働を実行するのに必要な食料、衣服、道具、原材料、機械、などからなっている」〔I/95〕と言い、またそれより少しあとに、漠然と、「資本の増加に比例して労働に対する需要が増加するであろうし、なさるべき仕事に比例して、それをなすべき人々に対する需要があるだろう」〔*ibid.*〕と言って、労働に対する需要の増減の原因は、流動資本ではなく一般的資本の増減であることを、明らかにしているのである。このほか『穀物の低価格が資本の利潤におよぼす影響についての試論〔以下『利潤論』と略称〕』の中では、「経験が示すように、資本と人口とはかわるがわる先導し、賃金は十分であったりあるいは不十分であったりする」〔IV/23〕とか、「進歩しつつある社会状態においては、それは資本と人口のどちらがより急速に増加するかに依存する」〔IV/22-3〕とか述べており、また一八一五年五月八日付のマルサスへの手紙のなかでは、「人口が増加して増大した資本の雇用しうる範囲と釣り合うようになるまでは、賃金は上昇して総生産物中の比較的大きな部分を吸収するかもしれません。……機械がおおいに改良される場合には、――資本が他の用途にむけて解放されると同時にこの用途のために必要な労働もまた解放されます。――そこで追加的労働に対する需要は生じないでしょう、もっとも改良の結果としての生産の増大がさらに資本の蓄積をみちびくと話は別ですが、こういう場合には賃金に対する影響は資本の蓄積に帰すべきであって、同じ資本のよりよい使用に帰すべきではありません」[VI/226, 228]、と述べている。

なお、この労働に対する需要を示す資本の意味もしくは範囲にかんしては、第一に、前述のように、リカアドウは第三十一章において多少意見を修正していること、および第二に、彼がいろいろな箇所で「労働の維持のための基金」(the fund for the maintenance of labour) とか、「労働を雇用するための基金」(the fund for employing labour) とか、言っているのはどのような意味であるか、ということが吟味されなければならないのであるが、第一の点はのちに述べることにして、ここでは第二の点のみについて検討を加えよう。

「労働の維持のための基金」などの言葉は、多く、「賃金に対する租税」(第十六章、初版では第十四章) と「原生産物に対する租税」(第九章、初版では第八章) のなかに見出されるのであるが、そこにある説明から見れば、この基金は、(一) 一般的資本の別称ではないが、しかしこの基金の大小は一般的資本の大小に比例すること、および (二) それかといって、流動資本そのものをさしているのでもないことが、理解されるであろう。こうして、この基金なるものは、一般的資本または流動資本のいずれにも属しない、一種曖昧な概念である、ということになるようである。この点から見れば、リカアドウはいまだいわゆる賃金基金論者ではなかった、ということができる。もっとも、「原生産物に対する租税」のなかに、

「鉱山からの貴金属の流入の結果としての、あるいは銀行の特権の濫用から起こる、貨幣価値の下落は、食料

の価格騰貴のもうひとつの原因である、しかしそれは生産される分量にはなんらの変動も起さないであろう。それはまた、労働者に対する需要はもとより彼らの数にも乱れを起こすことはない、というのは、資本の増加も減少もないだろうからである。労働者に割当てられることになる必需品の分量は、労働の比較的需要供給に対比された、必需品の比較的需要供給に依存する。貨幣はただその分量を表現する媒介物にすぎない。そしてこれらのいずれもが変更されないのであるから、労働者の実質的報酬は変動しないであろう。貨幣賃金は上昇するであろうが、それはたんに、彼が以前と同一量の必需品を自身に備えることを可能にするにすぎないであろう」[I/164]。という章句がある。これについて、タウシッグは、「古典派経済学者の著書において、そのすべてが労働者に帰属しなければならないあらかじめ定められた基金についての、これよりもさらに直接的な記述を見出すことは困難であろう」（*Wages and Capital. An Examination of the Wages Fund Doctrine*, 1896, Ed. [by Frank William Taussig, *Wages and capital; an examination of the wages fund doctrine*, D. Appelton, New York,] 1915, p. 178）と言っている。なるほど、リカアドウは、この章句のなかで、一定の期間には、一定量の必需品または食料が存在し、かつ一定数の労働者人口が生存しているから、貨幣価値にどのような変化が起ろうとも、ひとりの労働者に割当てられる必需品または食料の分量は不変である、という意味のことを説いているのであって、それは一見賃金基金説を述べたもののように思われるであろう。しかしながら、リカアドウが言う必需品または食料とは、流動資本の一部としての食料のみを意味するのではなく、一般にその国に存在する必需品または食料をさしているのである。ゆえに、それは決して「そのすべてが労働者に帰属しなければならないあらかじめ定められた基金」を意味するのではない。すなわち、リカアドウが、「労働者に割当てられることになる必需品の分量」と言ったものは、割当てられるはずの必需品の分量という意味ではなく、貨幣的市場賃金が支払われたのちに、それで購入しうる必需品の分量という意味である。というのは、もしもこれを労働者に割当てられるはずの必需品の分量と解するなら、この分量は

「労働の比較的需要供給に対比された、必需品の比較的需要供給に依存する」という次の文章は無用のものとなってしまうであろうからである。

こうして、リカアドウは、どこでも賃金基金説を主張してはいないのである。

四

リカアドウが自然賃金と市場賃金のそれぞれに付した意義は、以上によってほぼ明らかであろうが、次にわれわれは、これらのものの騰落の傾向にかんする彼の所論を見なければならない。この議論は「賃金について」の章のはじめから五分の一あたりのところ［I/97］からはじまっているのであるが、しかしわれわれのただちに気づくことは、それ以後の論述において、彼が、これまで厳密に守ってきた自然賃金と市場賃金との区別をすてて、ただ賃金という一般的用語のみを使用するようになった、ということである。すなわち、彼は、貨幣側からする貨幣価値の変化がないものとすれば、「賃金は二つの原因から騰落をまぬかれないことがあきらかである、すなわち、第一に、労働者の供給と需要、第二に、労働賃金が支出される商品の価格」［*ibid.*］と言っているが、彼がここで賃金騰落の第一原因として挙げたもの、すなわち労働者の供給と需要とは、さきに述べたことから明らかなように、市場賃金を左右する原因にほかならないし、またここで第二原因として挙げたもの、すなわち賃金支出の対象である諸商品の価格は、自然賃金を左右する原因にほかならないのであって、それらは決して同じものを左右する二つの原因ではないのである。私はリカアドウがなぜこのような態度に出たかについて了解に苦しむものであるが、しかしそれはともかくとして、彼がそれにつづいて加えた説明は、内容上たしかに自然賃金の騰落にかんするものと、市場賃金の騰落にかんするものとに、はっきり区別されうるのであるから、私は、彼のあいまいな取り扱い方にかかわらず、これら両者を区別して考察しようと思う。まず自然賃金の騰落論の方からはじめよう。

前に述べたように、リカアドウによれば、自然賃金とは、慣習上労働者の生活に欠くことのできないものとなっている食料、その他の必需品、および便宜品または慰安品を購入するのに必要な貨幣賃金のことである。ゆえに、自然賃金はこれらの商品のいずれかに価格変動が起れば、かならず変動をこうむるはずである。しかし前にも一言しておいたように、自然賃金の騰落を論ずる場合に、彼は、食料、その他の必需品及び便宜品または慰安品を同列において、そのおのおののものの価格変動を自然賃金に同等の影響をおよぼすものとはみなしていないのである。たとえば、「労働の自然価格は、労働者とその家族の維持に要する食料、必需品、および便宜品の価格に依存する」（前出〔、I/93〕）ことを説明したすぐあとに、「食料および必需品の価格の騰貴とともに、労働の自然価格は騰貴し、その価格の下落とともに、労働の自然価格は下落するであろう」〔*ibid.*〕と述べて、まず「便宜品」を除外している。また「利潤について」の章では、「賃金は必需品の価格に依存し、そして必需品の価格は主として食料の価格に依存する、なぜなら、他のすべての必需品はほとんど無制限に増加しうるからである」〔I/119〕と言い、『農業保護論』（一八二二年）の中では、「穀物は、それに労働の賃金が費やされる主要物品のひとつであるから、その価値は大きな程度で賃金を調整する。労働それ自体は、需要供給の作用を受けるすべての物と同じように、価値の変動をこうむるが、しかし、それはまたとくに労働者の必需品の価格によっても影響される。しかも穀物は、私のすでに述べたように、それらの必需品のなかの主要なものである」〔IV/236〕と言って、食料または穀物の価格の騰落を自然賃金の騰落の主要な原因とみなしているのである。むろん、彼は、こう言ったからといって、慣習上労働者に必要となった「食料、必需品、および便宜品」が自然賃金の実体をなすという、彼の前提をくつがえしたわけではないが、しかし彼が自然賃金の大きさを左右するものとして食料以外の必需品や便宜品の価格変動を事実上ほとんど無視して議論を進めていることは事実である。なぜなら、もし彼が食料以外の必需品や便宜品の価格変動に自然賃金を左右する力を認める意思があったとすれば、社会の進歩とともにこれらの価格がますます下落する傾向をもつことを認めた彼としては[注]、この事実を食料の価格騰貴という事実に対抗させて、これらの二つの相反する傾向が自然賃金の変動に対してある程度の相殺力をもつことになることを、換言すれば、社会の進歩とともに、食料の価格は騰貴するとしても、自然賃金は食料以外の必需品及び便宜品の価格の下落によってある程度まで騰貴の傾向を阻止されることになることを、明言したはずであるからである。

（注）「賃金について」の章のはじめの方で、彼は、「原生産物と労働とを別にすれば、すべての商品の自然価格は、富と人口との増進につれて、下落する傾向をもっている、というのは、これらの物の実質価値は、一方では、それをつくる原材料の自然価格の騰貴によって、引き上げられはするが、このことは、機械の改良、分業および労働配分の改善、また生産者の科学および技術の両面における熟練の増加によって、相殺されてなおあまりがあるからである」[I/93-4]と言って、便宜品ばかりでなく、食料品以外の必需品もまた、社会の進歩とともに下落する傾向をもっていることを、認めているのである。

ここにおいて、われわれは、リカアドウが単に議論の進行を簡単にするために、食料以外の必需品や便宜品の価格変動を自然賃金の変動に対して影響しないものとみなしたのではないということ、したがって、彼の言う自然賃金とは、その形式上の定義にかかわらず、実質上は労働者の食料の価格を標準として決定されるものであること、またそれゆえに、自然賃金の変動にかんする彼の議論は、食料の価格の変動を中心として展開されたものであることを、知りうるのである。

それでは自然賃金は騰落どちらの傾向にあるかというと、リカアドウは、「社会の進歩とともに、労働の自然価格はつねに騰貴する傾向をもっている、なぜなら、その自然価格を左右する主要商品のひとつ（食料をさす

――堀注）が、それを生産することの困難が増大するために、より高価となる傾向をもっているからである」［I/93］と答える。そしてここにいう「社会の進歩」とは、つまり富と人口との増加を意味しているのである。彼は、『利潤論』では、

「穀物およびその他すべての原生産物の価格は、一国民が富むにつれて、そしてその食料の一部分を生産するために、より貧弱な土地に頼らなければならなくなるにつれて、騰貴するものであることがたえず示されてきた」［IV/19］

と言い、また『原理』の「賃金について」の章では、

「人口が増加するにつれて、これらの必需品（主として農産物をさす――堀注）の価格は、それを生産するのにより多くの労働が必要となるであろうから、たえず騰貴してゆくであろう」［I/101］

とか、あるいは、

「地代を引き上げるのと同じ原因、すなわち、食料の付加量を同一の比例的労働量で供給することの困難の増大が、また賃金をもひき上げるであろう、ということは明らかである。それゆえに、もしも貨幣が不変の価値をもつとすれば、地代も賃金も、富と人口の増進とともに上昇する傾向をもつであろう」［I/102］

とか言っているが、これらによっても、彼が「富と人口との増加」が「社会の進歩」を意味するとしていたことが、明らかであろう。すなわち、彼は、社会の進歩、換言すれば、富と人口との増加とともに、食料に対する需要が増加し、したがって穀物――その生産には収穫逓減の法則が作用する――の価格が騰貴するから、主として穀物の価格によって左右される自然賃金もまた騰貴する傾向をもつ、と主張しようとしたのである。

むろん、彼は、社会の進歩とともに穀物の価格がつねに必ず騰貴する、と考えていたわけではなく、「農業上の改良、そこから食料を輸入しうるであろう新市場の発見は、一時的に、必需品の価格の騰貴の傾向を妨げ、ま

たその自然価格の下落をひきおこすことさえあるであろうから、これらの同じ原因は、労働の自然価格にも、それに対応する結果をもたらすであろう」[I/93]ことを、認めているのである。しかし、この章句からもわかるように、農業上の改良や穀物の輸入は、自然賃金を騰貴させずまたは下落させることすらあるけれども、しかしそれは一時的であって、長期的に見れば、社会の進歩とともに自然賃金が騰貴する傾向にあることを、彼はあくまで主張しようとしたのである。もっとも、この一時的という概念は相対的なものにすぎないのであるから、場合によれば数年あるいは数十年を意味することもあるであろう。ことにリカアドウは穀物自由貿易論者であるから、彼は、その主張が実現されたあかつきには、イギリスの穀価、したがって自然賃金がかなり長い期間にわたって騰貴しないかあるいは下落することがあることを、是認しえたはずである。要するに、一時的という概念は、長い目で見た社会の進歩すなわち富と人口との増加の趨勢に対抗する、ある不定の期間というほどの意味であろう。

以上によって、私は、自然賃金は主として穀物（食料）の価格によって左右されるが、穀物の価格は一国の富と人口との増加にともなって結局騰貴するから、長期間にわたって観察される限り、自然賃金はつねに騰貴の傾向にある、というのが、リカアドウの学説であることを明らかにした。その学説は、普通、賃金にかんするリカアドウの平行説（Paralleltheorie）と呼ばれているものである。なお、この平行説に対して彼は逆行説（Konträrtheorie）と呼ばれるべきものを説いている、と言われているのである（Cf. K. Diehl, *Erläuterungen*, II. Bd., S. 86ff.）が、私は、この逆行説は、主として、彼の言う労働の市場価格または市場賃金の騰落の傾向にかんするものである、と考えるから、これを次の項において説明し、そののちに、これら両説（平行説と逆行説、あるいは自然賃金と市場賃金の騰落の傾向）の関係についての、私の解釈を述べることにする。

五

市場賃金の変動にかんするリカアドウの主張を吟味するためには、われわれは、同時に貨幣賃金と実質賃金との区別についての彼の説明をも参照しなければならないであろう。というのは、リカアドウ流に自然賃金の意義を理解するかぎり、それは労働者の消費する商品ことに穀物の価格の騰落におうじて騰落するはずであるというのであるから、したがって、労働者は彼の必要消費物――自然的実質賃金とでも呼ぶべきもの――を受け取っているはずであるということが、当然含意されているのであり、ここでは貨幣賃金と実質賃金とを区別して考える必要は少しもないが、これに対して、市場賃金を論ずる際には、労働者の消費する商品の価格とは無関係に、労働の供給と需要との関係によって決定される賃金が取り扱われるのであるから、したがって、労働者の受け取る貨幣賃金が需要供給関係によって騰貴した場合にも、彼の消費する商品の価格がさらに大きい程度で騰貴したとすれば、彼の受け取る実質賃金は下落することになる、といったような問題が、当然考えられなければならないからである。

さて、リカアドウによれば、市場賃金は、労働に対する需要を示すものすなわち資本と、労働の供給を示すものすなわち人口との比例によって、左右されるのであるから、この比率の変動によって騰落するのであるが、彼は「社会の進歩につれて」資本と人口との比率がどのように変動するかについて、一見矛盾する二つの説明を与えているように思われる。今これを比較するために、彼の言葉を引用してみよう。

（一）「社会の自然の前進につれて、労働の賃金は、それが供給と需要によって左右されるかぎり、下落する傾向をもつであろう。というのは、労働者の供給はひきつづいて同一率で増加するであろうが、一方彼らに対する需要はより緩慢な率で増加するであろうからである。たとえば、賃金が二％の率での年々の資本増加によって左右されているとすれば、資本がわずかに一・五％の率で蓄積されるにすぎないときは、賃金は低下するであろう。

資本がわずかに一%または〇・五%の率で増加するにすぎなくなるときは、賃金はさらにいっそう低下し、そして資本（の増加──堀補足）が不変となるまで低下しつづけるであろう、その時には賃金もまた静止的となり、かろうじて現実の人口数を維持するに足るだけになるであろう」[I/101]。

（二）「賃金はその自然率に一致する傾向があるにもかかわらず、その市場率は、進歩しつつある社会では、ある不定の期間たえず自然率を超えうるであろう。というのは、増加した資本が新しい労働需要に与える刺戟が応じられるやいなや、ただちに別の資本増加が起って同一の効果を生むことがありうるからである。こうして、もしも資本の増加が漸進的かつ恒常的であるならば、労働に対する需要は、人口の増加に対して継続的な刺戟を与えうるであろう。

「……

「資本は、その価値が騰貴するのと同時に、分量が増加することがある。一国の食料と衣服の追加量を生産するのに以前よりも多くの労働が要求されることがありうるのと同時に、それらの分量に追加がなされることがありうる。その場合には、資本の分量ばかりでなく、その価値も騰貴するであろう。

「あるいは、資本は、その価値が増大することなく、否、その価値が現実に減少しつつあるあいだにおいてさえ、増加することがありうる。たんに一国の食料と衣服に付加がなされることがありうるというだけでなく、機械の助けによって、それらを生産するのに要求される比較的労働量がすこしも増加することなく、否、その絶対的減少をともなってさえ、その付加がなされることもありうる。資本の全体を合計したものも、その単独のどの部分も、以前よりもより大きい価値をもたないどころか、現実にはより小さい価値をもっているのに、その分量が増加することがありうる。

「……両方の場合に、賃金の市場率は上昇するであろう、というのは、資本の増加に比例して労働に対する需要が増加するであろうし、なされるべき仕事に比例して、それをなすべき人々に対する需要があるだろうからである。

「また両方の場合に、労働の市場価格はその自然価格以上に騰貴するであろう。……

「……

「こうしてみると、社会が進歩するごとに、その資本が増加するごとに、労働の市場賃金は上昇するであろう。」[I/94-6]

すなわち、リカアドウは、(一)では社会の進歩とともに市場賃金は下落する傾向をもつと説明し、(二)ではそれが騰貴する傾向をもつと説明しているのである。こうしてわれわれは、彼の真意がどちらにあるのかについて、ちょっと取捨にまようのであるが、しかしいっそう詳細に彼の議論の進め方を検討するならば、われわれは必ずしもまよう必要のないことを発見するであろう。なぜなら、さきにも述べたように、「社会の進歩」という概念に対して、彼は「富または資本の増加」および「人口の増加」という二つの要素を与え、これらの要素の進行速度がそれぞれことなる場合を考えて、その結果を別々に観察したものと見ることができるからである。すなわち、同じように「社会の進歩につれて」といっても、人口の増加率が資本の増加率よりも速い場合もあるし、また資本の増加率が人口の増加率よりも速い場合もある。そしてリカアドウの需要供給説によれば、前の場合には市場賃金は下落し、後の場合には騰貴する。前掲の(一)は前の場合を説明したものであり、(二)は後の場合を説明したものである。それではこれら二つの場合は、それぞれどのような観点の下で検証しうるかといえば、彼の説明によれば、資本と人口との増加率を長期間にわたって比較観察すれば、資本は結局人口におよばなくなる傾向があるから、市場賃金は不断に下落の傾向にあると言えるのであり、またこれを比較的短期間について比較観察すれば、資本が人口を上回ることが実際にしばしばあるから、市場賃金はその期間だけ騰貴の傾向にあると言えるのである。彼が（一）の場合において、単に「社会の進歩につれて」とは言わないで、「社会の自然の前進につれて」と言い、また、（二）の場合において、「ある不定の期間」と言っていることは、この間の消息を物語るものではなかろうか。こうして、リカアドウは、市場賃金にかんするかぎりは、主として逆行説を主題としたのである。

以上は、市場賃金の変動の傾向にかんするリカアドウの学説の分析的説明であるが、本項のはじめにも注意しておいたように、この種の賃金については、特に、貨幣賃金と実質賃金（すなわち、貨幣賃金をもって購入される諸商品の分量）とを区別して考える必要がある。

リカアドウによれば、市場賃金は人口対資本の関係によって定まるのであり、そしてここにいう資本は、「一国の富のうち、生産に使用される部分であり、そして労働を実行するのに必要な食料、衣服、道具、原材料、機械、など」からなるのである（前出、[I/95]）。しかし本項のはじめの引用句（二）にもあったように、資本の分量が増加した場合にも、その価値が同時に増加する場合（第一の場合）と、その価値が増加しないかあるいは反対に減少する場合（第二の場合）とがある。リカアドウによれば、これら両方の場合に市場賃金は騰貴するのであるが、しかし、第一の場合においては、食料と必需品の価格もまた騰貴するのであるから、それが労働者の「増加した賃金の大部分を吸収してしまうであろう」。すなわち、実質賃金はあまり高くはならない。ゆえに、「労働者の地位は改善されるであろうが、しかし大いに改善されることはないであろう」[I/96]。これに反して、第二の場合においては、労働者は、「彼とその家族が消費する諸商品に対して、すこしも増加価格を支払う必要がなく、そしておそらくは減少価格をさえ支払いながら、増加した貨幣賃金を受けとるであろう」から、人口に大きな増加が起るまでは実質賃金は高く、したがって「労働者の境遇はいちじるしく改善されるであろう」[ibid.]。

以上は、主として、資本が人口とは無関係に増加する場合に、それが貨幣賃金と実質賃金とにおよぼす影響にかんするリカアドウの説明であるが、次にわれわれは、人口の圧迫による生活必需品の価格騰貴の場合にかんする彼の所論を見なければならない。それによれば、人口の増加とともに、賃金が支出される各種の商品、ことに穀物は、その生産により多くの労働が必要となる結果として、必然的に騰貴するであろうが、もしもこの際、「労働の貨幣賃金（市場賃金――堀注）が低下するようなことがあれば、労働者は二重に打撃をうけ、まもなく完全に生存を奪われるであろう」[I/101]。ゆえに、貨幣賃金は騰貴するであろう。「しかしそれは、それにより労働者が、慰安品と必需品とを、それらの商品の価格の騰貴以前に彼が購入したと同じ分量だけ、購入することができるほど十分には、騰貴しないであろう」[I/101-2]。今かりに、穀物の価格が一クォーターにつき四ポンドであったときに、労働者が二十四ポンドすなわち六クォーター分を得ていたが、穀物の価格が一クォーターにつき五ポンドになったときに、労働者が二十五ポンドすなわち五クォーター分を得るようになったとすれば、彼の貨幣賃金は一ポンドだけ増加したけれども、しかし彼はこれで「彼が以前に彼の家庭で消費していたのと同じ分量の穀物と他の諸商品（すなわち、以前と同じ分量の実質賃金――堀注）を調達することはできないであろう」[I/102]。

穀物の価格が騰貴する場合における労働者の境遇は、これを同じ場合における地主の境遇と比較することによって、もっとも明瞭に理解しうるであろう。リカアドウは言う、

「地代の上昇と賃金の上昇とのあいだには、次のような本質的差異がある。地代の貨幣価値の騰貴は生産物の分けまえの増加をともなう、たんに地主の貨幣地代がより大きくなるばかりでなく、彼の穀物地代もまたそうなる。彼はより多くの穀物を得るであろう、そしてその穀物の各一定量は、価値が引き上げられなかった他のすべての財貨のより大きい分量と、交換されるであろう。労働者の運命はそれほど幸福ではないであろう。なるほど、彼はより多くの貨幣賃金を受けとるであろうが、しかし彼の穀物賃金はひき下げられるであろう。そして彼は、

賃金の市場率をその自然率以上に維持することがいっそう困難となることを知るので、穀物に対する彼の支配ばかりでなく、彼の一般的境遇も悪化するであろう。穀物の価格が一〇％騰貴するときに、賃金はつねに一〇％以下しか上昇しないであろうが、しかし地代はつねにそれ以上上昇するであろう。労働者の境遇は一般に悪化し、地主のそれはつねに改善されるであろう」[I/102-3]。

要するに、賃金がその自然率にあること（すなわち、労働の自然価格）は、労働者の受けとる貨幣賃金が、彼が彼自身と彼の家族の生存を維持するのに必要な諸商品を購入しうるのに十分なものであることを、意味しているのであるから、この場合には貨幣賃金と実質賃金とを区別して考える必要はないが、それに対する労働の市場価格は、労働者に現実に支払われる貨幣賃金を意味し、そしてこの貨幣賃金は、その額が同じであっても、必ずしも常に同一量の諸商品を購入または支配しうるわけではないから、労働者によって購入される諸商品の実際の価格のいかんによって、彼の境遇はよくもなりわるくもなるのである。

こうして、(一) 資本が増加すれば市場賃金は大きくなるけれども、しかし資本そのものの価値が同時に騰貴しているならば、実質賃金の大きな継続的騰貴、すなわち、労働者の境遇の大きな改善を期待することはできないし、また、(二) 特に人口の増加による生活必需品ことに穀物の騰貴は、貨幣賃金の騰貴の程度をこえて実質賃金を下落させ、労働者の境遇を悪化させるというのが、リカアドウの主張である。

六

以上第四項と第五項において、私は自然賃金と市場賃金との騰落にかんするリカアドウの所説を、それぞれ別々に解説した。次の問題は、彼がこれら両者のあいだにどのようなつながりあるいは関連を認めたか、ということである。

この問題に対する彼の解答は、要するに、「労働の市場価格がどれほどその自然価格から離れようとも、それは、諸商品と同じように、これに一致しようとする傾向をもっている」［I/94］、という簡単な命題に帰着するのである。しかしこの簡単な命題の中には、じつは種々の問題が含まれているのである。その主要なものを列挙すれば、第一は、リカアドウのいう自然賃金は市場賃金を平均したものであるのか、という問題であり、第二は、市場賃金を自然賃金に一致させようとするその動因は何であるか、という問題であり、そして第三は、いわゆる賃金鉄則説と彼の賃金論とはどのような関係にあるのか、という問題である。以下三項〔六、七、八〕にわたって、これらを順次に考察しよう。

第一の問題は、自然賃金は市場賃金を平均したものであるか、というのである。これについては、従来肯定的に答えた学者がかなりあるのであって、例えばディールは、市場賃金を自然賃金（彼の解するところによれば、「慣習的生存最小限」）に一致させるものは人口の増加である、というリカアドウの学説を述べた後に、「こうして、彼（リカアドウ――堀注）にとっては、人口の動きは賃金の大きな規制者である。すなわち、それは賃金が永続的に一定の平均量以上にはけっしてありえないことの究極の原因である」（Diehl, *Erläuterungen*, II. Bd., S. 5）と言い、またシュライもこれに同調して、リカアドウの賃金論を取り扱った中で、「平均賃金すなわち自然賃金は、いわゆる生存最小限に応じて決定される」（M. Schrey, *Kritische Dogmengeschichte des Ehernen Lohngesetzes*, 1913, S. 19）、と言っている。

しかし、このような解釈は、リカアドウの所論を十分に吟味しないことからおきる謬説であるように思われる。なぜならば、もしもリカアドウがそのように解していたとすれば、彼は、第一に、自然賃金を市場賃金から区別して、わざわざそれに別種の定義をあたえる必要はなかったはずであり、第二に、市場賃金が自然賃金の上または下に変動するその程度をほぼ同等と見たはずであり、また第三に、市場賃金がある不特定の期間にわたって自然賃金の上または下にとどまりうる、とは考えなかったはずであるが、しかし彼はこれらの三点に対してことごとく反対の態度にでているからである。このうち第一の点、すなわち自然賃金と市場賃金との根本的区別、についての彼の説明は、われわれはすでに知っている。だから、ここでは、第二と第三の点、すなわち、市場賃金が自然賃金に対してどのような上下関係に立つか、ということについての、彼の説明を見ることにする。彼は言う、

「労働者の境遇が繁栄して幸福になり、彼が生活の必需品と享楽品のより大きな割合を支配することができ、またそれゆえに健康で多数の家族を養育することができるのは、労働の市場価格がその自然価格を上まわるときにおいてである。しかしながら、高い賃金が人口の増加に与える奨励によって労働者の数が増加するときは、賃金はふたたびその自然価格にまで下落し、そして時には、反動のために実際それ以下に低下することもある。

「労働の市場価格がその自然価格以下にあるときには、労働者の境遇はもっとも悲惨である。その場合には、貧困は、慣習が絶対必需品としている慰安品を、彼から奪いさる。労働の市場価格がその自然価格にまで騰貴し、そして労働者が賃金の自然率が与えるであろう適度の慰安品をもつようになるのは、彼らの窮乏がその人数を減少させた後か、あるいは労働に対する需要が増加した後かにおいてのみである」[I/94]。

これらの章句によって見れば、リカアドウが、自然賃金に対する市場賃金の上下関係の状態によって、労働者の境遇のよしあしを判定しようとしたことは、明らかである。しかし、彼が、市場賃金が自然賃金以上になる場合と、それ以下になる場合とを、決して平等に考えていたのではなく、前の場合を原則とし、後の場合を例外としていたことも、また明らかであろう。キャナンは、リカアドウの自然賃金を解釈して、「それは、市場賃金がたえずその上または下に変動する平均率ではなく、市場賃金がある期間引き続いてそれ以下にありえない最小限である。ただし、ある不特定の期間市場賃金がそれ以上になることはありうる」(E. Cannan, *A History of the Theories of Production and Distribution* [*in English Political Economy from 1776 to 1848*, third edition, London, P. S. King & Son,

れは大体において正しい見方である。ただ、すぐ前に引用したリカアドウの章句の終りの方にあったように、「労働の市場価格がその自然価格以下にあるときには」前者が後者の高さにまで騰貴するようになるのは、労働者の人口が減少したあとか、あるいは労働に対する需要（資本）が増加したあとかに限られるのであって、これには相当の時間を要するわけであるから、キャナンのように、自然賃金をもって、「市場賃金がある期間引続いてそれ以下にありえない最小限である」とするのは、やや言いすぎであるように思われる。ゆえに、私は、右に述べたように、リカアドウは、市場賃金が自然賃金以上にある場合を原則とし、それ以下にある場合を例外としたものと解釈した方が、より正確ではないかと考える。前にも引用したが、彼は、「賃金はその自然率に一致する傾向があるにもかかわらず、その市場率は、進歩しつつある社会では、ある不特定の期間たえず自然率を超えうるであろう」（前出、[I/94–5]）と言い、また、資本が分量において増加しても価値において増加せずあるいは減少する場合には、労働者の境遇が大きく改善されるであろうことを述べたのちに、「労働の市場価格が、その時の低いひき下げられたその自然価格にまでふたたび下がるのは、人口に大きな追加がなされたあとのことであろう」[I/96]と言っている。これらの言葉は、市場賃金は自然賃金を越えているのが常態であると解していたことをはっきりと示している。

もっとも、この場合にリカアドウは「進歩しつつある社会では」という前提をおき、このような社会では、資本の増加が人口の増加に先立つのが普通であるから、市場賃金が自然賃金以上にあるという状態が「ある不特定の期間」継続する、と説いている。そこで、それでは「静止的な社会」または「退歩しつつある社会」においては、市場賃金は自然賃金に対してどのような関係に立つか、ということがあるいは問題とされるかもしれない。これは、進歩的・静止的・および退歩的社会状態をそれぞれ区別して考えたスミスを想起するとき、一応もっともな問題提起である。しかしながら、第一に、リカアドウは、少なくとも賃金を論ずるにあたっては、社会の状態をこのように三様に分けることなく、すべての社会の動きを、一様に「進歩的」とか「進歩しつつある」とかいう形容詞をもって示しているのであり、また第二に、彼はスミスの言う「退歩的な社会状態」においては、市場賃金はしだいに自然賃金にまで低下するが、それ以下になることは例外的である、と説いていただけである。

まず第一の点について見ると、リカアドウは、市場賃金が自然賃金を超過すること、すなわち、資本の増加率の方が人口の増加率より大きくなることを、「進歩しつつある社会」における現象と見たことは言うまでもないが、しかし前にも引用したように、「労働の賃金は、それが供給と需要によって左右されるかぎり、下落する傾向をもつであろう」との一般的傾向を述べる際にも、彼は「社会の自然の前進につれて」という副詞句をそれに加えたのである。そこで、それでは、リカアドウにあっては、市場賃金が上昇しつつある場合も、それが引続いて自然賃金以上にとどまっている場合も、またそれが下降しつつある場合も、ともに進歩的社会における現象である、と主張されたことになるが、それはひとつの矛盾ではないか、との反対論があるいは唱えられるかもしれない。しかし、すでに述べたように、彼が進歩とか進歩的とか前進とかいう文字を使用したときは、人口と富（したがって資本）の一方もしくは他方のより速い増加を漠然と意味しているのであって、彼によれば、資本の増加が人口の増加に対して優先的地位に立つ場合も、また人口の増加が資本の増加に対して優先的地位に立つ場合も、ともに「進歩的」という範疇の中にはいるのである。ゆえに、右のありうべき反対論は、リカアドウに対してはあてはまらないのである。そればかりではなく、彼はこれら二つの可能な場合をただ無方針または無秩序に列挙したのではなく、進歩しつつある社会の常態としては、資本の増加が人口の増加に対して優先的地位に立つ時期が「ある不特定の期間」継続し、そののちに人口の増加が資本の増加に対して優先的地位に立つ時期が到来する、それゆえに、市場賃金は最初のあいだは自然賃金の上にあるが、しだいに自然賃金にまで低下し、また時にはそれ以下にまで低下するにいたる、というようにまったく発展史的に説明しているのである。

次に第二の点、すなわち、リカアドウは市場賃金が自然賃金以下にまで下落する場合をほとんど例外的にしか認めていないという点について述べるならば、彼は、「人口が生存手段を圧迫しているときに」［I/99］人口過剰をふせぐのにもっとも良い手段として、「すべての国で、労働階級が慰安品や享楽品に対する嗜好をもつ」［I/100］ように、換言すれば、自然賃金を高めるように、彼らを奨励すべきことを推奨した（この政策論については、のちに述べる機会がある）あとに、次のように言っている。すなわち、

「労働階級が最小の欲望をもっていて、もっとも安い食料で満足している国々では、人民は最大の浮沈と困窮とにさらされている。彼らは災害からの避難所をもたない。彼らはより低い地位のなかに安全を求めることができない。彼らはすでに非常に低い地位にあるので、それ以下に落ちようがない。彼らの主要生活物資がすこしでも欠乏する場合に、彼らが利用しうる代用品はほとんどなく、そして彼らにとっての欠乏は、飢饉から生ずるほとんどすべての害悪をともなうのである」［I/101］。

すなわち、リカアドウは、「労働階級が最小の欲望をもっていて、もっとも安い食料で満足している」、換言すれば、自然賃金が最低位にある国々においては、市場賃金が自然賃金以下になることはありえないが、もしもそれ以下になるようなことがあるならば、そのときには労働者は「飢饉から生ずるほとんどすべての害悪」をこうむる、だから、市場賃金が自然賃金以下になった場合にも、彼らにこの害悪をまぬかれさせるためには、平素から自然賃金そのものを高く保っておくこと、すなわち、「災害からの避難所」をもつようにすることが、ぜひとも必要である、と主張したのである。これによって見れば、リカアドウにおいては、（一）自然賃金が最低位にあるときには、市場賃金はそれ以下に落ちえないのを原則とし、また、（二）自然賃金が最低位以上にあることは、市場賃金はそれ以下に落ちうるけれども、しかしそれは「避難所」に一時逃れるという程度のものであって、

決して市場賃金が自然賃金以上にとどまっている場合を相殺し、そして自然賃金という平均値を出現させうる程度のものではないのである。

要するに、市場賃金の低落的傾向にかんするリカアドゥの所論、すなわち、いわゆる賃金逆行説の本体は、けっして自然賃金以下への市場賃金の低下を意味するのではなく、むしろ自然賃金以上にあるのを常態とする市場賃金の自然賃金への低下を意味するものであること、換言すれば、市場賃金が平均されて自然賃金がえられるとリカアドゥは決して説いていないことが、以上によって明らかになったであろう。

七

前項のはじめに掲げた第二の問題は、市場賃金を自然賃金に一致させようとするその動因は何であるか、ということである。今前項において得られた結論とあわせて考えるなら、この問題は、自然賃金以上にある市場賃金の、自然賃金への低下をうながすものは何か、ということがおもな内容であり、自然賃金以下にある市場賃金の、自然賃金への上昇をうながすものは何か、ということは副次的内容にすぎないことが、明らかであろう。しかし、このいずれを考える場合にも、リカアドゥは、市場賃金を自然賃金に一致させるその動因を、マルサス流の人口原理に求めたのである。そこで、私は、リカアドゥがマルサス流の人口原理をどの程度利用したか、という点をまず説明し、そののちに、市場賃金の動き方に対して人口がどのような作用をおよぼすかについての、彼の見解を見ることにする。

リカアドゥがマルサスの『人口論』に深く傾倒し、その人口原理を尊重していたことは、彼の著書や手紙などからも推察しうるところである。しかし、彼がこの原理を賃金論に適用して得た結果は、必ずしもマルサスのそれと一致するものではなかった。今このことを述べるまえに、ひととおりマルサスの人口原理の要点を示せば、

それは、

(一) 食料は人間の生存にとって欠くことのできないものである。

(二) 人口の（可能的）増加力は食料の（現実的）増加力よりも無限定的に大きい。

(三) ゆえに、人口の増加は必然的に食料によって妨げられる。

という主張に帰着する。ここにいう食料は、必ずしも人間の生存にとって生理的に必要な食料のみを意味しているのではなく、人間の生存にとって社会的に必要な食料をも含意しているのである（Cf. *An Essay on the Principle of Population*, 1st ed., 1798, p. 132）。

さて、リカアドウはこの原理を賃金論に適用して、どの程度マルサスとは異なった結果を得たであろうか。この点についてもっともわれわれの注意をひくのは、自然賃金という概念に対する両者の解釈の相違とそこから生じる結果である。リカアドウの言う自然賃金がひとつの非現実的概念であることは、前述のとおりであるが、マルサスはこれを批判して、「私は実はこの価格（リカアドウの言う労働の自然価格すなわち自然賃金のこと——堀注）をもっとも不自然な価格とよびたい。なぜなら、自然の事態においては、すなわち富および人口の増加に大きな障害がなければ、このような価格は数百年のあいだ一般に生じえないからである。しかしまたこの価格がほんとうにまれであり、普通の事態においては、きわめて隔たった時点にあるのなら、労働の市場価格を、その固定的価格の上下へのほんの一時的な乖離にすぎないもので、すぐそこに立ち返って来るものと考えるのは、明らかに大きな誤りにみちびくにちがいない」（Malthus, *Principles of Political Economy*, 1820, p. 247［マルサス『経済学原理（下）』小林時三郎訳、岩波文庫、一九六八年、一七ページ］）と言っている。すなわち、マルサスは、リカアドウのいう自然賃金はあまりに固定的であり、したがってまたあまりに非現実的であるから、これを現実的価格である市場賃金の中心価格とみなすことはできない、と言うのである。しかし、すでに述べたように、リカアドウは決して自然賃金を市場賃金の中心価格または平均価格とみなしていたのではなく、ただ比較的高い現実の市場賃金が「社会の自然の前進につれて」［I/97］ついに帰着するはずのその点――しかもこれは絶対的に固定したものではない――と解したまでのことなのである。ゆえに、リカアドウにおいては、市場賃金の決定または上下運動については労働の需要供給関係が作用するけれども、しかし自然賃金のそれについては主として食料の価格が作用するのみであって、直接には労働の需要供給関係は作用しないのである。これに対して、マルサスにおいては、市場賃金の決定または上下運動についてばかりでなく、自然賃金のそれについてもまた、労働の需要供給関係が作用するのである。彼は言う、

「ある国の労働の自然価格または必要価格は、「その国の現実の事情の下で、労働者の平均的需要を満たすにたる平均的供給を引き起こすのに必要な価格」であると私は定義したい。そして市場価格は、一時的原因によって、ときにはこの平均的需要を満たすのに必要なもの以上またはときにはそれ以下にある、市場における現実の価格である、と私は定義したい」（ibid., p. 247–8.［同邦訳、一八ページ］）。

それでは、これら両種の賃金の定義におけるマルサスとリカアドウとの以上のような差異は、右の人口原理に関連して考えられるとき、はたしてどのような結果をもたらしてくるであろうか。労働の供給は労働者の人口を意味し、労働に対する需要は資本を意味するであろう。しかも後者はマルサスにあってもリカアドウにあってもともに広義の食料の形をとって現われるものとされているのであるから、ここにいう賃金に関する需要供給の法則とは、賃金の決定にかんする人口原理の適用を表明しているわけである。ただ注意すべきは、すでに明らかなように、リカアドウにおいては、この原理が当然市場賃金のみに適用されるべきであり、また実際にこれのみに適用されているのとは反対に、マルサスにおいては、これが当然市場賃金ばかりでなく、その平均価格たる自然賃金にも適用されるべきであり、また実際にこれらの両者に適用されている、ということである。ゆえに、次に

引用するマルサスの章句にある賃金または労働の価格という言葉は、市場賃金と自然賃金の両者いずれをも意味しうるのに反して、リカアドウの章句にあるそれは、市場賃金のみを意味するのである。

ここで、賃金と人口原理との関係についてのマルサスとリカアドウとの所説を比較してみよう。まずマルサスは、その『経済学原理』第四章「労働の賃金について」の最後の節（第五節「過去五世紀間の穀物および労働の価格に関する以上の概観から推論されうる結論について」）の中で、次のように言っている。すなわち、

「そうすると、労働の賃金のうち食料以外の部分の価値の変化を正しくしん酌すれば、労働家族が現実に稼ぎうる普通の穀物量は、同時に、人口に対する刺激の尺度でもあり、また労働者の状態の尺度でもある……ということが分かる。しかし生活必需品に対する大きな支配は、二つの方法によって、すなわち速やかに増加する生活資源かあるいは労働階級の用心深い習慣かによって達成されうるであろうということ、ならびに速やかに増加する資源は、貧民が有効に利用する能力もなくまたことの性質上永続的でありえないから、労働階級の幸福にとって大きな資源となるものは、もしそれが適切に行使されるなら、……公平な割合の生活の必需品および便宜品を労働者に確保してくれる、慎重の習慣にあるということを、常に心に銘記しておくのがもっとも重要なことである」（ibid., 290-1.〔同邦訳、七三―四ページ〕）。

これは、マルサスが、彼の人口原理からして、賃金――そのおもな実体は食料である――の増加は人口の増加をうながし、そして人口の増加はふたたび労働者の境遇を悪化させるのであるから、これを防止する最も良い方法は、「労働階級の用心深い慣習」すなわち『人口論』第二版（一八〇三年）以後にいう「道徳的抑制」による人口制限であることを、説いたものである。

これに対してリカアドウは言う、

「高い賃金が人口の増加にあたえる奨励によって労働者の数が増加するときは、賃金はふたたびその自然価格

にまで低下し、そして時には、反動のために実際それ以下に低下することもある」(前出［、I/94］)。

「社会の自然の前進につれて、労働の賃金は、それが供給と需要によって左右されるかぎり、低下する傾向をもつであろう。……(資本の増加率が減少するにしたがって——堀による補足)賃金はさらにいっそう低下し、そして資本(の増加——堀による補足)が不変となるまで低下しつづけるであろう。そのときには賃金もまた不変となり、かろうじて現実の人口数を維持するに足るだけになるであろう」(前出［、I/101］)。

「人口が生存手段を圧迫しているとき、唯一の救済策は、人民の減少か、あるいはよりすみやかな資本の蓄積か、そのいずれかである。すべての肥沃な土地がすでに耕作されている富国では、後の救済策は、あまり実効性があるわけでもなくまたあまり望ましくもない、なぜならば、もしもそれがはなはだしく推進されるなら、その効果はすべての階級をひとしく貧しくすることになるだろうからである」［I/99］。こうして、すくなくとも富国にかんするかぎり、われわれは「人口の減少」をはからなければならないが、そのためには、「人道の友としてはこう望まざるをえない、すなわち、すべての国で労働階級が慰安品や享楽品に対する嗜好をもつべきであり、これらのものを獲得しようとする彼らの努力が、あらゆる合法的手段によって奨励されるべきである、と。過剰人口を防ぐには、これよりもよい保障はありえない」(一部前出［、I/100］)。

これは、リカアドウが、マルサスとともに、賃金の騰貴から結果する人口の増加、および人口の増加から生じる賃金の再下落を認めたけれども、しかしマルサスと異なって、ここでは賃金は市場賃金のみを意味するとし、また「かろうじて現実の人口数を維持するに足るだけ」［I/101］の賃金、すなわち自然賃金への、市場賃金の低下を防ぐ手段として、マルサスのいう「道徳的抑制」よりもいっそう間接的もしくは婉曲な意味をもつ、生活水準の向上、すなわち自然賃金そのものの質的上昇を、極力推奨したのである。

こうして、リカアドウが市場賃金が自然賃金以下になる場合をほとんど例外的にしか認めていなかったことと、この自然賃金そのものを質的に高めよという主張とを合せて考えるならば、自然賃金そのものを高めることは、要するに、一面において、万一市場賃金が自然賃金以下に低下した場合にも、労働者がいわゆる「避難所」をもてるようにし、また他面において、労働者に、人口増加による市場賃金の低下を防ぐために、マルサスのいう用心深い慣習を身につけさせ、もしくは道徳的抑制を行わせることになる、というのが、リカアドウの本旨であることが、明らかとなるであろう。

以上のように、マルサスとリカアドウとは自然賃金と市場賃金との定義において異なっていたために、人口原理の適用にあたっておのずから別様の結論を導き出した。しかし、今リカアドウのみについて、彼が市場賃金の運動に対する人口の作用をどのように見たかをさらに詳しく考察してみると、われわれは、彼の「人道の友、うんぬん」の主張、すなわち、慰安品と享楽品に対する労働者の嗜好の涵養による自然賃金そのものの質的上昇を期待する議論は、ひとつの政策論であり、またひとつの希望であるにすぎないのであって、現実の事実に対する彼の解釈はおのずからこれと異なっていることが、明らかになるであろう。すなわち彼によれば、「増加した賃金はかならずしもつねにただちに食料に支出されるのではなく、最初は労働者の他の享楽品に向けられる」のであるが、「しかしながら、労働者の境遇の改善は、彼に結婚する気を起こさせ、またそれを可能にする、次いで、彼の家族の維持のための食料に対する需要が、彼の賃金が一時的に支出されていた他の享楽品に対する需要に、当然取って代わる」[I/163]。ゆえに、たとえある国において市場賃金の騰貴が一時的に自然賃金の騰貴をうながすように見えても、人口原理は結局前者を、「自然と慣習が労働者の維持のために要求する率」[I/159]にまで引き下げざるをえない。これが世の中の実状である。ただし、労働は他の諸商品とはことなって、すみやかに増減させることができない。「資本が増加する場合に、人間の数を一年や二年で増加させることはできないし、また資本が減退的状態にある場合に、その数を速やかに減少させることもできない。それゆえ、労働維持のための基金は急速に増減するのに、働き手の数は緩慢に増減するから、労働の（市場）価格が穀物および必需品の価格（すなわち自然賃金）によって正確に左右されるまでには、かなりの時間的間隔がなければならない」〔I/165.〕カッコ内の文字は堀による補足）。

要するに、リカアドゥの賃金論にとって人口原理が重要な役割を演ずるのは、市場賃金の騰落が人口の増減をもたらすという点にあるというよりも、むしろ自然賃金以上にある市場賃金が人口増加のために自然賃金にまで低下せざるをえないという点にある。

八

さきに提出した第三の問題は、賃金鉄則説とリカアドゥの賃金論とはどのような関係にあるのかということであるが、じつはすぐ前の第二の問題に対する解答が、彼の賃金鉄則説をすでに示しているのである。しかしながら、この解答のみでは、いまだ賃金鉄則説とよばれるものは成立しないのである。なぜなら、この説の主眼は、市場賃金の自然賃金への一致ということのほかに、自然賃金そのものの限定性（相対的意味における）を主張することにあるからである。

それでは、リカアドゥは実際に自然賃金そのものの限定性を主張したかというと、われわれは、若干の異論が予想されるにもかかわらず、やはりそうだと答えなければならないであろう。今その理由を述べるなら、私はすでに、（一）リカアドゥのいう自然賃金は、労働者の単なる動物的生存をたもつのに必要な商品ばかりでなく、慣習上労働者の生活にとって不可欠な慰安品または便宜品をも購入するのに要する賃金を意味することを明らかにし、次に、（二）しかし、自然賃金の騰落を論ずる段階では、彼は主として食料（穀物）の価格を基準にして、これを考察していたことを述べ、そして最後に、(三) 彼は人口原理が労働者の境遇におよぼす影響を避けるために、自然賃金そのものを質的に上昇させることを力説したけれども、しかし現実の事実としては、この人口原理が力強く作用するために、自然賃金の質を長期間高く維持するのは困難であることを認めたことを論じた。もしこれら三点の関連およびそれから推測される事柄を冷静に考察するなら、リカアドウの言う自然賃金が比較的限定された概念であることが理解されるであろう。なぜなら、上の (一) の説明の中で自然賃金の一部分をなすものとして挙げられた慰安品または便宜品は、(二) の説明の中で事実上無視され、また (三) の説明の中で現実に自然賃金の構成要素となりにくいものと断定され、こうしてこれらのものはただ自然賃金の定義の中だけに残ったにすぎないのとは反対に、食料はすべての市場賃金の帰着点である自然賃金のほとんど唯一の要素として取り扱われているからである。

リカアドウは、『原理』第一章第一節において、「同じ国で、ある時に一定量の食料と必需品を生産するのに、他の遠く隔たった時に必要な労働量の二倍を要するかもしれない、しかも労働者の報酬はたぶんほとんど減少しえないであろう。仮に以前の時期の労働者の賃金が食料と必需品の一定量であったとした場合に、もしもその分量が減少したとすれば、彼はおそらく生存することができなかったであろう」[I/15] と言っているが、これもまた、彼の言う自然賃金がいかに低いものであるかを、すなわち、その中には慰安品または便宜品を含んでいないことを、明らかに物語るものである。こうして、彼の到達した最後の結論は、次の章句の中に示されている。すなわち、

「人口の原理が人類の増殖におよぼす効果のために、最低の種類の賃金 (最低市場賃金――堀注) は、自然と慣習が労働者の維持のために要求する率 (自然賃金――堀注) のずっと上にひきつづきとどまっていることはけっしてない」[I/159]。

これは、『原理』第九章（初版では第八章）「原生産物に対する租税」の中にある章句であるが、明らかに彼の賃金鉄則説を示すものである。なぜなら、ここに言う「自然と慣習が労働者の維持のために要求する率」の内容は、自然賃金の定義にさいしては、相当広範囲のものをさすものと解釈されえたのであるが、自然賃金論の進行とともに、今や食料または穀物といった比較的限定された範囲のものをさすことになってきたからである。

以上のように、リカアドウは、一方においては、人口原理によって市場賃金の自然賃金への低下を説き、また他方においては、自然賃金そのものが比較的限定的であることを明らかにすることによって、ここにのちに賃金鉄則説と呼ばれることになるものに達したわけであるが、われわれはなおこれに関連して次の二点に注意を払わなければならない。第一は、賃金に関する彼の平行説と逆行説との関係であり、第二は、自然賃金を上昇させるべきとする彼の政策論と社会の自然的進行につれて自然賃金はおのずから上昇するという彼の平行説との差異である。

まず第一の点について見ると、すでに明らかなように、彼の平行説は、社会の進歩とともに、収穫逓減の法則の作用によって、穀物（食料）の価格が徐々に上昇していくから、食料を主な構成要素とする自然賃金は、当然上昇せざるをえない、という主張であり、また彼の逆行説は、社会の進歩とともに、人口増加率が資本増加率を上まわってくるから、需要供給の関係によって左右される市場賃金は、低下の傾向にある、という見解である。しかしもっとも重要な点は、まえにも述べたように、彼においては市場賃金ははじめから自然賃金を上まわっているものと仮定されている、ということである。すなわち、市場賃金が自然賃金を上まわっているものと仮定されているからこそ、それは自然賃金の方向にむかって低下または逆行しうるのである。しかも他方、常に市場賃金を下まわる自然賃金は、穀物の自然的騰貴につれて徐々に上昇する傾向にあるのであるから、そこでこの低下しつつある市場賃金とこの上昇しつつある自然賃金とは、いつかは合致するはずである。それゆえに、これら両

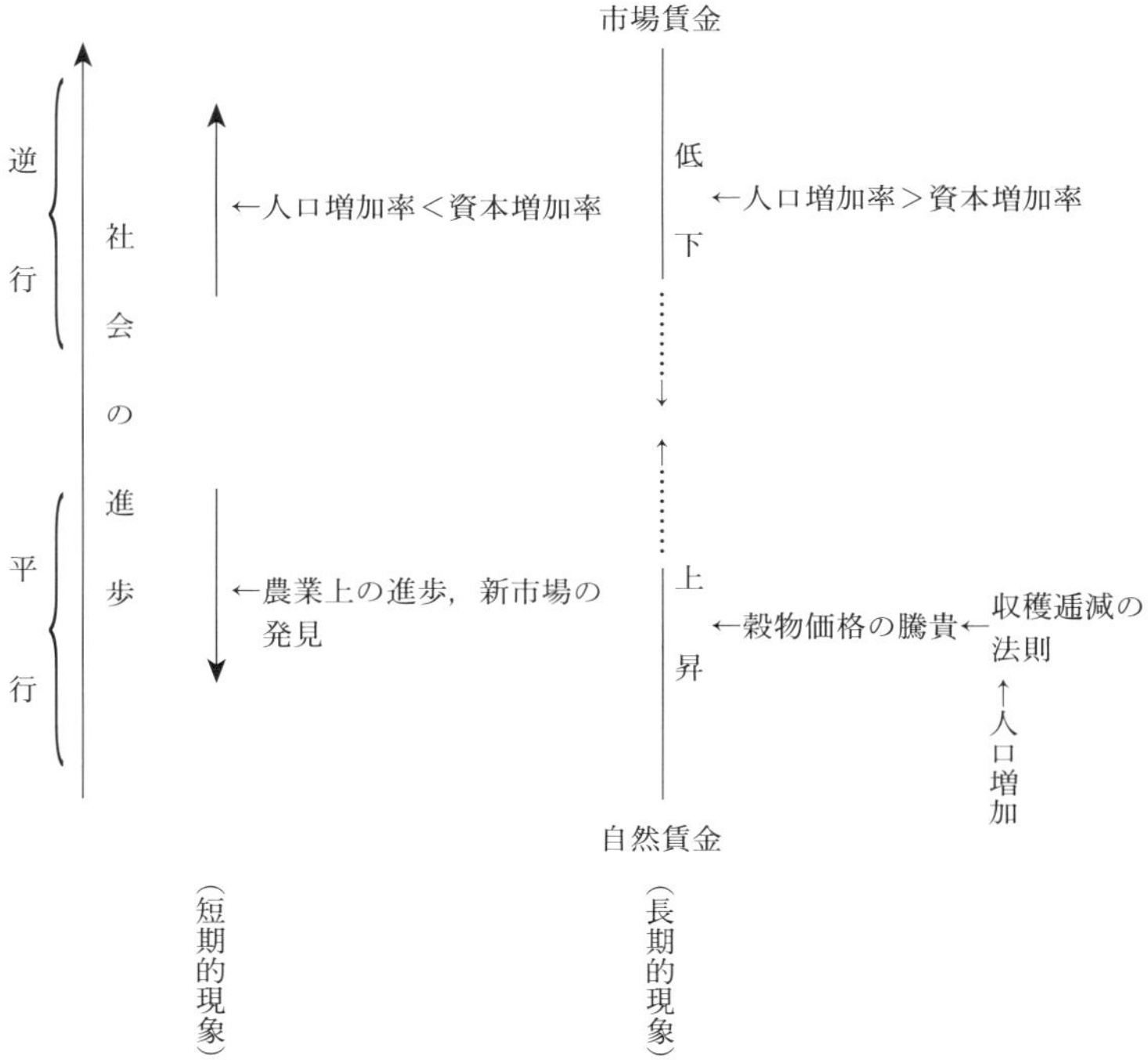

者の合致までの過程においては、平行説と逆行説とのあいだにはなんらの撞着も存在しないのである。今これを図解すれば、上の図の長期的現象の場合のようになるであろう。ただし、すでに述べたように、一時的には例外がある。

それでは、この合致点がすぎて市場賃金が自然賃金を下まわった場合はどうなるか。この場合にも、彼の逆行説と平行説とは少しも矛盾しないのである。矛盾があるとすれば、それは現実の事実における矛盾を反映しているにすぎないのである。では、現実の事実における矛盾とはなにをさしているのか。リカアドウなら次のようにこれに答えるであろう。それは、「労働の賃金が支出されるあらゆる商品が騰貴しているのに、労働の貨幣賃金（市場賃金——堀注）が低下するようなことがあれば、労働者は二重に打撃をうけ、まもなく完全に生存を奪われるであろう」（一部前出［、I/101］という矛盾である。

次に第二の点、すなわち、自然賃金を上昇させるべきだとする彼の政策論と、自然賃金にかんする彼の平行説との差異について、考察しよう。軽率に考えると、これら両説は抵触するもののように思われるであろうが、しかし決してそうではない。なぜなら、彼が自然賃金を上昇させることによって市場賃金の低下を防ぐべきであると言ったとき、それは、食料以外の享楽品や便宜品を自然賃金の現実の内容に含ませること、すなわち、労働者の生活程度の向上、ということを意味していたが、これに反して、彼が社会の進歩とともに自然賃金はおのずから上昇する傾向をもっていると言ったとき、それは、人口の増加につれて、「食料の追加量を同一の比例的労働量をもって供給することの困難の増大が、また賃金（自然賃金――堀注）をも引き上げるであろう、ということは明らかである」（I/102）、という意味であったからである。すなわち、前者は自然賃金そのものの内容を豊富にすべきであるという意味における自然賃金の上昇を論じ、後者は食料（穀物）価格が徐々に上昇していくことにもとづく自然賃金の上昇を論じているのである。前者は政策論であり、後者は現実論である。したがって、このように研究対象が異なっている以上、前の意味の自然賃金の上昇は、実際においては、その実現が一時的なものにすぎず、やがては下降の途をたどることになることを認めたからといって、それは後の意味の自然賃金の上昇を認めることと、少しも抵触しないのである。

九

以上によって、リカアドウの賃金論――富の一分割部分としての賃金にかんする議論、あるいは絶対的および実質的意味における賃金にかんする議論――の解説を終えたのであるが、なおこれに関連して彼の機械論に言及しなければならない。なぜなら、彼の機械論は、右の賃金論と同じく、労働者の絶対的境遇にかんするものであるからである。ただし、これは主として労働者の雇用を論ずるものであることに、注意しなければならない。リカアドウが旧い機械観を棄てて新しいそれを採用するにいたったいきさつについてはすでに述べたから、ここでは『原理』第三版に新たに加えられた機械観の内容を解説することにするが、リカアドウのこの改説については、ジョン・バートンの『社会の労働者階級の状態』〔真実一男訳、法政大学出版局、一九九〇年。John Barton, *Observations on the circumstances which influence the conditions of the laboring classes of society*, 1817. 堀は以下のバートンからの引用においてJ. Hollanderによる一九三四年のリプリント版をもちいている〕がかなり大きな影響を与えているのであるから、まず彼の所説を簡単に見ることにする。バートンのこの著作は、リカアドウの『原理』の初版が出版されたのと同じ年（一八一七年）の後期——リカアドウのは前期——に市場に出たのであるが、その中で、機械の採用と労働に対する需要との関係について、次のように言っている。すなわち、

「資本のあらゆる増加が、かならずしも付加的数量の労働者を動かすとは思われない。一例を想定してみよう。——ある製造業者が一〇〇〇ポンドの資本を所有し、それを二〇人の職工の扶養に使用し、彼らのおのおのに一年につき一人あたり五〇ポンドを支払う。彼の資本が突然二〇〇〇ポンドに増加する。しかしながら彼は、二倍の資金で二倍の労働者をやとうことなく、機械の建設に一五〇〇ポンドを支出する。そしてまたその機械の助けによって、以前に二〇人が行ったのと同量の仕事を、今度は五人の労働でなしとげうるようにする。そうすると、その製造業者が彼の資本を増加した結果として、十五人の人間が解雇されることにならないであろうか。

「しかし、機械の建造および修理のために若干の人手が雇用されないであろうか。——疑いもなくされるであろう。——この場合には一五〇〇ポンドの金額が支出されたので、一人当たり五〇ポンドで一年間三〇人の人間を雇用したと想像されるかもしれない。もしも十五年間存続すると計算されるならば（そして機械がそれよりも早く磨滅することはめったにないけれども）、その場合には、三〇人の労働者がつねに十五人の製造業者にこれ

らの機械を供給するであろう。――それゆえに、おのおのの製造業者は、たえず二人を雇用すると言えるであろう。また、必要な修理に一人の人間がつねに雇用されるものと想像してみよう。そうすると、以前には二〇人の職工がいたのに、今では五人の職工と三人の機械製作工とがいることになる」。

次に、各製造業者は、その収入増加(二倍となる)によって二人の家事使用人をより多く雇い入れることができるようになった、と仮定すれば、結局、以前の二〇人の織工の代りに、五人の織工と、三人の機械製造工と、二人の家事使用人、すなわち合計一〇人の労働者が、以前の二倍量の資本と収入によって使用されるにすぎないことになる(Barton, *ibid.*, pp. 16–7. [真実訳、二四―五ページ])。

バートンは以上のような仮設例をもちいて、資本の増加あるいはむしろ機械の採用が、労働に対する需要を減少させることを証明し、さらにそれに引続いて、リカアドウが機械にかんする新しい章の中に引用した、次のような説明を試みている。すなわち、

「労働に対する需要は流動資本の増加に依存するのであって、固定資本の増加には依存しない。これら二種の資本の間の割合は、すべての時・すべての国において同一である、ということが真実であるとすれば、その場合は、たしかに、雇用される労働者の数は国家の富に比例する、という結果が起こる。しかし、このような状態は起こりそうにもない。技術が開発され、文明が拡大されるにしたがって、固定資本は流動資本に対してますますより大きな割合を占めるようになる。一反のブリテン・モスリンの生産に使用される固定資本の額は、同様の一反のインド・モスリンの生産に使用されるものよりも、すくなくとも一〇〇倍、おそらくは一〇〇〇倍も多いであろう。そして使用される流動資本の割合は、一〇〇分の一あるいは一〇〇〇分の一であろう。一定の事情のもとでは、勤勉な人民の年々の貯蓄の全部が固定資本に追加されることがあり、その場合には、貯蓄が労働に対する需要を増加させるうえになんらの効果ももたないであろう、と考えることは容易である」(*ibid.*, pp. 17–8.

[I/395–6]［真実訳、二六ページ］)。

さて、話をリカアドウにもどそう。彼は『原理』(第三版)第三十一章で、自分の旧い機械観——それを公刊したことはないけれども、他の方法で支持した——について、大要次のように述べている。すなわち、自分は、労働を節約する機械の採用は、資本や労働をひとつの用途から他の用途へ移すにあたって生ずる一時的な不都合をともなう以外は、地主に対しても資本家に対してもまた労働者に対しても、ひとしく利益をもたらすものである、という意見をもっていた。そしてその理由は、機械の採用によって諸商品の価格は低落し、彼らはそれぞれ同一の貨幣所得をもっていっそう多くの商品を購入しうるから、というのであった。さらに、機械の採用によって生産力がいちじるしく大きくなった産業部門においては、若干の労働者が不用となって解雇されることはありうるけれども、しかし世の中に存在する資本の分量に変りはなく、しかもある部門において過剰となった資本は必ず他の部門において使用されるはずであって、労働に対する需要の総量にはなんらの減少も起こらないから、労働者はそれによって不利益をうけることはない、と考えていた(Cf. [I/386–8])。

次いで、彼は、この旧い機械観の一部をあらためるにいたったことについて、「以上が私の意見であった、そしてそれは、地主と資本家にかんするかぎりは、ひきつづき変わっていない、しかし、今私は、機械を人間労働に代用することは、労働階級の利益にとってしばしばはなはだ有害である、と確信するにいたっている」[I/388]と述べている。

リカアドウがこのあらたに得た確信を証明するためにもちいた例解は、要するに、機械の採用は、一国の固定資本部分を増加させ、流動資本部分を減少させるから、労働に対する需要の減退および人口の相対的過剰をもたらさざるをえないことを、一資本家の場合を例にとって示したものであるが、これを表示すれば、次のようになるであろう。すなわち、

第一年目	農業者の業務と必要品製造業者の業務とを兼営する一資本家の資本	20,000	7,000	固定資本（建物，器具など）	利潤率
			13,000	流動資本（食料と必需品）	10%
	総生産物（食料と必要品）	15,000	13,000	次年度の流動資本	
			2,000	純収入	
第二年目	労働者の半分を機械製造のために使用	20,000	7,000	固定資本	利潤率
	労働者の他の半分を食物と必需品の生産のために使用		13,000	流動資本	10%
	総生産物	15,000	7,500	機　械	
			7,500	2,000　純収入	食料と必需品
				5,500　次年度の流動資本	
第三年目	総資本	20,000	7,500	固定資本（機械）	
			7,000	固定資本（建物，器具など）	
			5,500	流動資本（食料と必需品）	
	（総資本は第一年目および第二年目の初めと同じく20,000であるが，流動資本は13,000から5,500に減少し，7,500をもって雇用されていた労働はすべて過剰となる。）				利潤率 10%
	総生産物	7,500	2,000	純収入	食料と必需品
			5,500	次年度の流動資本	

（総生産物は15,000から7,500に減少する）

こうして、「純生産物の価値は減少せず、その商品購買力はおおいに増加しうるにもかかわらず、総生産物は一五〇〇〇ポンドの価値から七五〇〇ポンドの価値に下落したであろう、そして人口を維持し、労働を雇用する力は、つねに一国民の総生産物に依存するのであって、その純生産物に依存するのではないから、必然的に労働に対する需要に減少がおこり、人口は過剰となり、そして労働階級の境遇は困窮と貧乏のそれになるであろう」[I/389-90]。

さて、以上の仮設例とそれにつづく説明とのあいだには少しくいちがった点があると思われるが、それはともかくとして、リカアドウが主張しようとしたのは、資本家がその純収入を増加させるために固定資本である機械を採用または増設することは、総収入の減少、したがって流動資本すなわち労働に対する需要の減少をもたらすから、労働階級にとって不利益である、ということである。彼がさきの仮設例を説明するまえに次のように言っている理由はこうして明らかになるであろう。「私の誤解は、社会の純所得が増加するときにはいつでも、その総所得もまた増加するであろう、という想定からおこった。しかしながら、私には、今は、地主および資本家が彼らの収入をひき出す一方の基金は増加するとしても、それに対して、労働階級が主として依存する他方の基金は減少することがありうる、ということを納得すべき理由がわかっている。それゆえに、もしも私が正しいならば、その国の純収入を増加させるのと同じ原因が、同時に人口を過剰にし、そして労働者の状態を悪化させることがありうる、ということが当然おこるのである」[I/388]。なお彼は、さきの仮設例にひきつづいて若干の説明を加えたのちに、次のような四つの結論的命題をかかげている。すなわち、

「第一、機械の発明およびその有益な充用は、つねに、その国の純生産物の増加にみちびく、もっとも、短期間ののちには、それはその純生産物の価値を増加させないかも知れないし、またしばしば減少させるかもしれない。

「第二、一国の純生産物の増加は総生産物の減少と両立しうる、そして機械が純生産物を増加させるかぎり、機械を使用しようとする動機は、つねにその使用を保証するのに十分である。

「第三、機械の使用はしばしば自分たちの利益にとって有害である、という労働階級の抱いている意見は、偏見や誤謬に基づくものではなく、経済学の正しい諸原理に一致するものである。

「第四、もしも機械使用の結果である改良された生産手段が、一国の純生産物を、総生産物を減少させない程度に増加させるならば、(私はつねに商品の分量のことを言っているのであって、その価値のことを言っているのではない)その場合には、すべての階級の境遇は改善されるであろう。地主と資本家は、地代と利潤の増加によってではなく、同一の地代と利潤を、価値のいちじるしく低減した商品に支出することから結果する利益によって、得るところがあるであろう。それと同時に、労働階級の境遇もまた相当に改善されるであろう、第一には、

家事使用人に対する需要の増加より、第二には、このように豊富な純生産物が与える、収入からの貯蓄に対する刺戟より、そして第三には、彼らの賃金が支出されるすべての消費物品の低い価格によって」（I/391-2)。

もっとも、リカアドウは、この章の終りに、以上の意見を多少緩和しており、次のように言っている。「私の試みた論述が、機械は奨励されてはならないとの推論に導かないであろうことを、私は希望する。原理を解明するために、私は、改良された機械が突然に発明され、そして広範に使用されるものと仮定してきた、しかし、実を言えば、これらの発明は漸次的であり、そして資本をその現在の用途から他に転用するという結果を生じるよりも、むしろ、貯蓄され蓄積された資本の用途を決定するという結果を生じるのである」[I/395. 強調は原文]。また、イギリスのように食料が高くその生産に多くの労働がかかる国においては、賃金は騰貴するが、機械の価値は騰貴しないから、「資本が増大するごとに、そのより大きな割合が機械に投下される」けれども、「労働に対する需要は資本の増加とともにひきつづいて増加するであろう」、ただ、それは資本の増加に比例してではなく逓減的比率で増加するにすぎないであろうと言っている（Cf. *ibid.*)。なお、彼はこれに注を付して、そこで前掲の「労働に対する需要は、うんぬん」というバートンの章句を引用したのちに、「いかなる事情のもとでも、資本の増加が労働に対する需要の増加をともなうことはないであろう、と考えることは容易ではないと私は思う。せいぜい言いうるのは、需要は逓減的比率で増加するであろう、ということである」([I/396,] footnote.) と述べている。

第五章　リカード価値論の基本的諸側面

『リカアド価値論の研究』岩波書店、一九二六年、より

森耕二郎

諸　論

第一章　リカアド価値論の重要性

経済価値学説史上においては、古来二つの価値学説——いわゆる主観的価値学説ならびに客観的価値学説が相対立しているのであるが、とりわけ後者の客観的価値学説が、まだ経済学がひとつの学問として樹立されていなかった遠い昔から今日にいたるまで、労働価値説の形をとったり生産費説の形をとったりして、経済学説史上主要な地位を占め、さまざまな大きい影響を純粋経済理論にも実際政策上にもおよぼしたのであり、またおよぼしつつあることはいまさら言うまでもない。この客観的価値説に対して古くから反対の立場にある主観的価値説は、

十九世紀の中葉すぎ、いく人もの有力な学者の手によって、学問的形態をとるにいたって以来、経済価値学界を風靡し、そのため前者の地位が若干おびやかされるにいたったにしても、なおその学問的重要性は、実質上、さまざまな意味で、依然として今日にいたるまで続いており変化していないのである。

この客観的価値説の主要なものが労働価値説であることはいうまでもない。それはすでにペティー、ボアギルベール、フランクリンなどによつて唱えられたものであるが、しかし学問としての経済学の一理論としてかなりまとまった形で説かれたのはアダム・スミスからである。ところが彼の労働価値説には、支配労働価値説と投下労働価値説とが混ざり合って述べられているのみならず、本来の形における労働価値説——すなわち後者の投下労働価値説は、ただ原始社会にのみ主として妥当するものとされ、資本が蓄積されて土地が占有されるようになった文明社会においては、むしろ結局一種の生産費価値説がとって代わるにいたったのであるから、彼の労働価値説の内容にきわめて不純であり、そのもたらす学問的重要性は比較的軽微にとどまったのである。しかしリカアドはこのスミスの価値論から支配労働価値説を除き、投下労働価値説のみを形作り発展させただけでなく、それをもって現在の資本家的社会における交換現象に妥当するものとしたのであって、実にそれは労働価値学説史上における一大進展とみなすべきである。のみならず労働価値説は、スミスにあっては、ただ彼の学説の一部をなすのにとどまるのに対して、リカアドにあっては、それは彼の全経済理論の基本的原理として取り扱われているのであって、このことは経済学が一つの科学として一段と整った形をそなえるようになったことを示すものである。

このようにリカアドにおいて、彼の労働価値説が、学問上、労働価値説そのものの純化発展であり、かつ彼の全経済理論の基礎的原則をなしていることは、経済学説史上まことに画期的な重要性をもっているのであるが、さらに彼の価値論が、当時の実際的諸問題——地金論争、地代上昇、穀物価格の騰貴、利潤率低下の現象、穀物関税廃止の可否の問題、租税転嫁の問題その他——の解明の要求から発しているのであって、単なる無益な抽象的理論的興味から出たものではないことから、さらにいっそうの重要性が加わる。このリカアドの労働価値説は、彼ののち、マルクスにいたってさらに一段の拡充と発展をとげ、彼の経済理論の出発点、基本的原理として取り扱われるにいたったのであるが、しかし労働価値説は、右に述べた意味では、すでにリカアドにおいて、ほぼその形を整えるにいたり、その前期の発展をとげ終わったものと言ってよい。リカアドの価値論、経済学が資本家的社会の前期の発達段階の経済学として、まさしく偉大な科学であったと称されるのはこのためである。以下、私はこのリカアド価値論の経済学説史上における重要性の理由を列挙し、それらのおのおのについて多少論じてみたいと思う。

（一）リカアドの労働価値説は、商品の交換価値の決定はそれの生産についやされた比較的労働の量による、という純粋な形における労働価値説、すなわち投下労働価値説であって、商品が支配または購買する労働がその交換価値を決定、測量するという支配労働価値説からまったく離れている。さきにも述べたように、アダム・スミスはこの二つの価値説を明確に区別することができずこれらを並立させたために、彼の労働価値論はきわめて不純な形のままに終始したのであったが、マルサスはこの支配労働説を継承し（彼の後年）、リカアドが投下労働説をとるのと対峙しつつ、彼ら二人は終生おのおのの価値説の正当性について論議したのである。この支配労働価値説はつまるところ賃金価値説に帰着するのであるが、この賃金価値説はむしろ一種の生産費説であって労働価値説に属すものではない。だから投下労働価値説こそ本来の労働価値説であることは言うまでもない。要するに労働価値説それ自体としては、投下労働価値説がその純粋なものであり、リカアドが支配労働価値説をとりのぞき、投下労働説のみを強調したという点において、真に大きな功績が労働価値学説史上彼に帰せられるべきである。

（二）アダム・スミスがその労働価値法則を主として原始社会における商品の交換現象に妥当するものとしたのに対して、リカアドがそれを現実の資本家的社会における商品の交換現象に妥当するものとしたことに、彼の価値論のひとつの重要な点がある。なぜなら価値論を究明することの価値は、遠い過去の社会、非現実的な仮想の社会における経済現象を明らかにすることにではなく、現実の社会において生起する現実の経済現象の本質を明らかにすることにあるからである。

（三）リカアド以前の経済学者、たとえばアダム・スミスにおいては、価値論はただ彼の経済理論の一部をなしているにとどまるが、リカアドにいたって、その労働価値論は彼の全経済理論——経済学の全内容の系統的な総括——の基本的原理とされ、その最初に置かれ、あらゆる経済現象はこの彼の価値論をまってはじめて説明されるようになった。彼においては、価値法則は単に商品交換の原則であるだけではなく、あらゆる経済現象の基本的原則なのである。このように価値法則という統一的原理をもってあらゆる経済現象を説明しようとするリカアドの態度は、経済学が独立の一科学として取り扱われるにいたったことを示すものである。ただリカアドは、経済学上の主要な問題は主として分配の問題に限定されるとするので、彼がその価値法則をもって説明しようとする経済現象は、主として所得分配に関連する現象にほかならない。分配現象と表裏の関係にある、もしくはそれを条件づける、生産現象の本質もまた価値法則を離れては理解できず、結局現在の資本家的生産方法の機構、そのもとで起きる現象の真実の説明は、価値法則に依拠して、価値の生産、分配の両側面での諸現象を解明することによってはじめて可能となることを、リカアドは考えなかったのである。もちろん彼が分配問題を問題とする場合、実際にまた当然にそれを条件づける生産問題にも若干触れざるを得なかったのではあるが。

（四）リカアドの経済学は抽象的、仮設的に表現されているため、われわれには、彼の研究方法が過度に演繹的であり、彼の学説は一見いかにも当時の実際的事情とは縁遠いものであるように思われるのであるが、実はその反対であって、彼の価値論、学説ほど当時の実際上の現象と密接な関係にあるものは少ないであろう。説明方法が抽象的であるからといってその研究方法が演繹的であるとは限らない。彼はその価値論を価値論として議論したのではなく、当時の実際的諸問題の解明に役立てるためにその基本的説明原理として彼の価値論を提起したのである。『地金の高い価格』(*The High Price of Bullion, A Proof of the Depreciation of Bank Notes*)その他多くの彼の小冊子はかなり難解なものであったにもかかわらず、当時の読書界の興味をひき、その刊行を重ねるにいたったが、それはこれらの小冊子が当時の実際的重要問題を根本的に解明しようとするものであったから、直接間接にそれらの問題に利害関係を有するものは、やむをえずそれらを顧みざるをえなかったからである。これらの小冊子をつらぬく統一的原理は、結局、彼の労働価値論であるから、この事実からも彼の価値論が実際的問題とかけ離れたものではないことがうかがわれうる。このリカアドの態度は、彼がもともとアカデミカーではなく、株式仲介人という実際家であったことからの、むしろ自然のなりゆきであろう。経済学上の論議が実際的現象の思考上の反映ではなく、架空の無益な抽象的論議に堕することは、アカデミカーが陥りやすい悪弊のひとつである。この意味において、リカアドのこの点に対する態度はおおいに尊重するに足るものであると思う。彼の著作、議会を通じて行った学説論議が当時の実際的政策の指針として非常に大きい影響を当時の政治経済界におよぼしたことはまことにもっともであると言わなければならない。キャナンは「イギリスの経済学の歴史にかんして通常見られるすべての誤った観念のうち、リカアド学派および彼の時代の経済学がほとんどまったく抽象的・非実際的性格のものであるとする思い込みほど大きな誤りはない」(Cannan, *History of Theories of Production and Distribution*, 3rd ed., [P. S. King, 1917.] p. 383［キャナン『分配論』渡辺一郎訳、聚芳閣、一九二六年、三四八ページ。訳文は大幅に改変］)と言い、パッテンは「われわれに今日なじみのある演繹的推論がリカアドの仕事であったと想像するのはまちがっている。彼は、彼をとりまく具体的事実から出発し、彼の事実研究がより完全になるにつれて、しだいにその一般化を拡大していった真の経済学者である」(Patten, *The Development of English Thoughts*, 1899, p. 310. なおこの点については次の著書を見よ。Gide et Rist, *Histoire des doctrines économiques*, p. 169〔ヂード・リスト『經濟思想史上巻』古屋美貞訳、寶文館、一九三五年、二四三ページ〕. Dunbar, "Ricardo's Use of Facts", *Quarterly Journal of Economics*, Vol. I,〔Oct. 1886,〕pp. 474–6. Lewinski, *Founders of Economics*〔*Political Economy*〕,〔P.S. King, 1922,〕p. 114. Cannan, "Ricardo in Parliament",〔*The*〕*Economic Journal*, V. II,〔1892,〕pp. 247–61)、と言っている。このことはリカアドを若干研究したものにはきわめて自明のことであるが、なおこの点について誤った考えを抱いているものがかなりあるように思われる。強く排さなければならない。

(五) このようにリカアドの研究対象は当時の実際的諸現象であり、そして彼の研究方法は決して演繹的に流れたものとはいえないのであるが、しかし彼の説明方法、明らかにしようとするそのもの自体がかなり抽象的であり、仮設的なものであることは否定することができない。しかし経済学がひとつの独立した科学である以上、「直接的な、そして一時的な効果をまったく度外視して、それらの変化から生じてくる事態の永続的な状態」(*Letters of Ricardo to Malthus*, p. 127〔the 24th January 1817, VII/120〕. この態度については、同じく pp. 18, 96, 166–7〔the 22nd October 1811, VI/64. The 7th October 1815, VI/294. The 4th May 1820, VIII/184〕を見よ)を問題とすべきことは、言い換えれば、単に外部的一時的な現象形態にのみかかわることなく、その内部的機構、関係を解明するように努めるのは、むしろ当然であろう。そしてこのようにして得られた諸経済的範疇、法則が抽象的なものであることはむしろ当然であろう。その抽象は事実の抽象であって、事実を離れた思弁的な空想ではない。この意味において、リカアドの抽象的諸命題、諸理論は決して非難されるべきではないのである。リカアド学説の不十分さはむしろ彼の抽象力の不足にあるとさえ言うものがいる(Marx, *Theorien über den Mehrwert*, II, 1, S. 37, 72.〔MEGA², II/3.3, S. 840–1, 863, 邦訳『経済学批判(1861–1863年草稿)』(第三分冊)『資本論草稿集⑥』大月書店、一九八一年、二七〇―一、三〇六ページ」)。彼以前においては、経済学はケネー、スミスにより次第に科学的内容をそなえるようになったのであるが、しかしなお多くの経済学説は常識的説明、叙述の域を出ることが少なかった。リカアドはあらゆる外面的諸現象の奥底に流れる一貫した法則を見いだそうとすることによって、経済学をひとつの科学として、一段と前に進めた。経済科学(the science of political economy)、経済法則(the law of political economy)という言葉が、スミスには見いだされないで、リカアドに見いだされるのは、彼の経済学の本質と一致する(ここに科学とは表面的な体裁、態様、分類、システムなどの整頓を意味するものでないことはもちろんである)。ただしかしリカアドは事物の歴史的発展の考察を欠いており、経済現象を発展史的、進化的流動的に見ず、自然的静止的固定的に見たという欠点がある。その結果、彼の説明叙述に理論とあいならんでそれを証拠づける歴史的要素、例証を見いだすことが少なくなっているのはやむをえないことである。

(六) リカアドの価値論、経済学説のうち、今なお間接、直接に、それ以後の経済学界に影響をおよぼしたものは少なくない。論者によって見解が異なるであろうことはもちろんであるが、彼の差額地代論は大体においてそれ以後の経済学者が受け入れており、彼の賃金論は賃金の生産費説の代表的なものとして、今なお学界の一部において顧みられつつあるだけでなく、彼の国際貿易論(比較生産費の原理)、貨幣論(貨幣数量説)、租税論など、それぞれに、現在の経済学界を直接、間接に支配している。このようにリカアドの経済学説は学問の上に大きな影響を後世の経済学界におよぼしただけでなく、それはしばしば運動の論拠として採用され、いろいろな意味において、社会運動家に利用されたのである。彼の地代論は土地社会主義者により、土地国有化理論の論拠として利用され、彼の労働価値論はホジスキン、トンプソン、エドモンズ、ブレイその他のリカアド派社会主義者をはじめ、プルードン、ロートベルトゥスなどのあらゆる感情的、思弁的社会主義者たちによつて、空想的社会主義の理論的根拠とされ、また彼の賃金論はラサール一派の社会主義者により、生産組合の設立による労働者解放運動の唯一の論拠として利用された。しかし、経済学界、社会運動の両面にわたって、リカアドの学説がもっとも大きな影響をおよぼしたのは何といっても、マルクスの経済学——社会主義理論においてであろう。このゆえに、リカアドの学説はマルクスによって弁証法的に発展させられ形を整えたと言われる。それらの種々の影響の是非の判断は別として、ともかく、リカアドの経済学説が、これらの点において、ほとんど他に比類をみないほど、大きな影響を後世の経済学界におよぼしたことは否定すべくもないのである（これ以外にも、理論経済学の創始者もしくはそのもっとも偉大なものとリカアドを評価し、さまざまな意味において、リカアド経済学を継承発展させつつ、自己の経済理論を樹立しようとしたものに、マーシャル、ディーツェル、アモン、カッセルなどの有数の学者がいる）。

リカアドに対する毀誉褒貶は種々様々であるにしても、彼の価値論、したがってまた彼の経済理論が後世の経済学界におよぼした大きな影響、彼が経済学史上において占める地位の重要性は、誰も否定できないであろう。リカアドの学説をそのまま、いなむしろ表面的に、承認し普及させたマカロックのリカアド賛辞はここでは別としても、コッサが「リカアドが、事実上、十九世紀におけるもっとも偉大な経済学者であることは、一般に承認されている」(Cossa, *An Introduction to the Study of Political Economy*, 1893, p. 311)、「彼の『経済学原理』は、たとえたしかにその長所がマカロック、ド・クインシーのような熱心なその派の人々によって過大に評価されているとはいえ、われわれの科学の歴史に一時代を画するほどに、それは創造性と深遠さとに富んでいる」(Cossa, *ibid.*, p. 313) と言い、パッテンが「リカアドよりはその論理がより完全であり、その思想がより明瞭に表現されている人は多いが、経済理論においてリカアドほどの支配的地位を勝ちえたものはほとんどいない」(Patten, "The Interpretation of Ricardo," *The Quarterly Journal of Economics*, Vol. VIII, 1893. *Essays in Economic Theory*, 1923, p. 144 に収録) と言い、また人を滅多にほめることをしなかったマルクスがリカアドをもっとも偉大な経済学者として、「ブルジョア的視界に限られてはいたにせよ、リカードは、ブルム卿が彼について、「リカード氏はまるで他の遊星から落ちてきた人のようだった（“Mr. Ricardo seemed as if he had dropped from an other planet.”）」と言えたほどの理論的な鋭さで、底のほうでは表面に現れているものとはまったく別様の観を呈するブルジョア経済を解剖した」（Marx, *Zur Kritik der politischen Ökonomie*, 8 Aufl., 1921, S. 43-4［MEGA², II/2, Dietz Verlag, 1980, S. 138. 邦訳『経済学批判』『資本論草稿集③』大月書店、杉本俊朗訳、一九八四年、二六〇ページ］）と言うのは、それぞれにことなる意味においてであろうが、ともにリカードの経済学における功績、重要性をたたえた点ではことならない。

リカアドの労働価値論、したがってまたそれに依存する彼の全経済理論は、後世の経済学界に大きな影響をおよぼしたのであるから、このリカアド価値論に対する解釈、批判もおのずから今日にいたるまで相当数出ている。しかしリカアドの学説のように深刻で包括的な性質のものは、後の人々に尽きない研究の余地を残したのであり、そのおよぼした影響が広く大きかったことは、彼の文章がかなり難解であったことと相まって、今なお彼の価値論に対する批判、解釈はほとんど他に例をみないほどに多岐にわたっており、一致した見解に達するにいたっていない。

すでにリカアドの価値学説は、ゴナー、ホランダー、ディールなどのリカアド学者をはじめ、マーシャル、ディーツェル、アモンその他の権威により、かなり詳しく解明・批判され、そしてそれらの学者の解釈は現在の学界で大体において承認されているように見える。しかし私はこれらの解釈、批判がはたしてリカアドの価値論の真意をよく伝えているのかどうかに疑問を持っている。ここにリカアド価値論の研究にこころざすのもまたこのためにほかならない。リカアド百年祭にさいして発せられたボナーの言葉――「リカアドの百年祭は彼の著書をあらたに研究することにより、もっともよく記念されるであろう」（Bonar, “Ricardo's Ingot Plan, a centenary tribute”, *The Economic Journal*, 1923, Vol. XXXIII, pp. 281-304.［引用は二八一ページから］）ならびにアモンがこの祝祭にちなんで刊行した著書の序文において言った彼の言葉――「新しがりの体系制作屋が信じてきたように、リカアドを置き換えるのがわれわれの科学における当代の任務ではなく、彼の思想を理解しそして発展させることこそこの任務なのである」（Amonn, A., *Ricardo als Begründer der theoretischen Nationalökonomie*, 1924, Vorwort [S. IV. 強調は原文。安部勇・高橋正雄共訳、アモン原著『リカアド――その學説と批評』明善社、一九二八年、「原著への序」三ページ」［森の原文ではAmonnはすべてAmonと誤記されている。以下すべて訂正］）――は、これらの人々とはいくらか異なる意味で、私が言いたいと思うことである。

諸論　第二章　リカアド価値論解釈、批判の諸態度

前章において述べたように、リカアドの価値論は経済学説史上きわめて重要な地位を占めており、その学界、実際界におよぼす影響が大きいだけに、それの批判および解釈は数えるいとまのないほど多いだけでなく、彼の価値論の構成、内容が複雑、深遠であるのに加えて、それは簡単、明確に言い表されているとは言えないため、(注)おのずからそれらの解釈、批判の態度は大変多岐に分かれざるをえない。それだけでなく経済価値の問題に対する現在の渾沌とした学界の情勢は、この事情を促進しているようにみえる。実際リカアド価値論の内容において、それについて異なった解釈がないような重要論点はないと言っても過言ではないのである。

（注）　リカアドの学説を真に理解するものが少ないのを彼がもどかしがったことは、彼の書簡集においてうかがわれうるが、シスモンディが書いているように、リカアドはかつて「彼の著書を理解したものはイギリス中で二五人以上はいない」と言ったという話である（Hollander, *David Ricardo*, [John Hopkins Press, 1910,] p. 50.［山

下英夫訳『リカードゥ研究』有斐閣、一九四一年、六一ページ」による)。このことは彼の学説が深遠であることにもよるのであろうが、また彼の文章が簡明、流暢ではないことにもよることは疑いない。リカアドが作文が上手でなかったこと(poor master of language)は、彼自身たびたび告白しており(*Letters of Ricardo to Malthus*, pp. 176–7 [the 9th October 1820, VIII/279–80]. *Letters of Ricardo to McCulloch*, pp. 47, 48. [the 18th December 1819, VIII/142–3])、またシーニョアが「哲学的卓越に達したもののうちで、リカアドがもっとも不正確な文章を書く人だ」(Senior, *Political Economy*, 2nd ed., 1850, p. 118)と言い、マーシャルが「彼の思想が深淵であるのと同じ程度に、彼の説明は混乱していた。彼は勝手な言葉のもちい方をし、それを説明していない。また、そのようなもちい方を一貫してつづけることをしていないし、予告せずにひとつの仮定から他の仮定に移行している」(Marshall, *Principles of Political Economy* [*Economics*], 8th ed., 1920, p. 813 [マーシャル『経済学原理』3、永澤越郎訳、岩波ブックサービスセンター、一九八五年、二九九ページ])、と言うとおりである。またゴナーによれば、リカアド批評が多岐にわたる原因のひとつは、彼における決定的な若干の欠陥に基づくのであるが、その欠陥のひとつとして、ゴナーは彼の「妙に欠点のある文体」(Goner, *Palgrave Dictionary of Political Economy*, 1918, Vol. III, p. 305)をあげ、リカアドの語彙はいたましいほどに制限されているだけでなく、さらに彼は、あまりに圧縮したことから起る困難を、章句や言葉をなじまない意味で使うことによって増幅させている、と言う。ところがマカロックは面白いことに、これらの学者が挙げるリカアドの欠陥を逆に彼の長所であるとしている(McCulloch, *The Literature of Political Economy*, 1845, p. 17)。とにかくリカアドが大した文才を持ち合わせていなかったことは事実であり、このためにリカアドの学説の真価が大きく傷つけられることはなかったが、いろいろな誤解を生む原因のひとつとなったことは争われないであろう。

リカアドの学説に対する諸批判が向けられるのは、(一)彼の研究、説明方法、態度、(二)彼の価値論、(三)彼の一般的分配論(地代、賃金、利潤論)、(四)外国貿易論、貨幣論、租税論、(五)彼の実際的政策論、(六)

彼の社会哲学的見解、などであるが、これらの諸理論はそれぞれに分かれた全体の一部分であるから、われわれは、それらの諸理論を、全体をつらぬいて規定する統一的原理をもって理解することによってのみ、それらの点に対する彼の真意をもっともよくとらえることができる。そしてこの統一的原理は、彼においては、すなわち彼の労働価値説であるから、ここでは主として彼の価値論に対する解釈、批判の諸態度を吟味することにして、その他の諸点に対する批判については、必要でないかぎり触れないことにする。しかもここではただ学問的に特に重要であり、異色ある批判のほんの一端をその論著とともに述べて、リカアド価値論研究の手引とするにとどめ、その詳細およびその他の批判については、本論において吟味する機会があるであろう。以下において私は、これらの批判を、大体従来の価値学説のいくつかの流れにしたがって、あえて三つに分類してみた。それら三つの批判態度のリカアド価値論に対する関係およびそれら相互の関係を有機的に説明し叙述することはここでの目的ではない。ただそれらを平面的にならべて紹介するのみである。

（一）リカアドの価値論を労働価値論と解し、それに根本的に反対するもの

この立場をとるものが、それと絶対的に反対の立場にある主観的価値論者であることは言うまでもない。イギリスにおいてすでに早くからこの態度を表明したのはかのジェヴォンズである。彼は、その著『経済学の理論』において、「繰り返しての省察および探究は、私を導いて価値はまったく効用によって定まるとのやや新奇な意見に到達せしめた。今日行われている意見は、効用よりもむしろ労働を価値の起源とするものであって、なかにははっきりと労働は価値の原因だと主張するものすらあるのである。私はこれに反し、満足な交換理論に到達するためには、ただわれわれの有する商品の量に依存するものとしての効用変動の自然法則をさえ注意深く研究すればよい」(Jevons, W. S., *Theory of Political Economy*, 4th ed., 1911, p. 1.〔ジェヴォンズ『経済学の理論』小泉信三・寺尾琢磨・永田清訳、近代経済学古典選集4、日本経済評論社、一九八六年、一ページ。強調は引用者〕）として、リカアドの労働

価値論に真っ向から反対したのである。本書の第二版の序文に見いだされるジェヴォンズの辛辣なリカアド批判——「究極において真の経済学体系が樹立されたときには、かの有能であるが、思想の間違った男デヴィド・リカアドが経済科学の車輪を誤った軌道にそらしたことが判明するであろう」(Jevons, *ibid.*, 2nd ed.'s Preface, p. li.〔同訳、p. xliv〕)——は、非常に多くの議論の的となったものである。

次に大陸における限界効用論者——メンガー、ワルラス、ベーム・バヴェルク、ヴィーザーなどが、一様にリカアドの労働価値論に真っ向から反対の立場にあることはもちろんである。ベームにいたっては、リカアドの根本的な立場は、「今日だれでも知っているように、間違っている」(Böhm-Bawerk, *Annals of the American Academy of Political Science*, 1890, Oct., p. 252) として、リカアドの価値論を簡単に片づけている。

このように主観学派が、リカアドの価値論を純然たる労働価値論であると解することは正当であるが、しかし彼らが信じるように、リカアドは経済学の車輪を誤った軌道に転じたとか、彼の価値論に対する根本的態度はまったく誤謬であるとか、いうことはそれほど容易に断言できない。とはいえ彼らのこの種の批判態度は、彼ら自身の価値論の立場からしては、まことに当然であるとしなければならない。現在限界効用説を採る学者のリカアド価値論批判は、おおよそこの種類のものである。

(二) リカアドの価値論には主観客観両様の評価の態度が見いだされるとして、このゆえにそれを是認しようとするもの

いわゆる折衷的価値論の立場にあるマーシャル、ディーツェルなどのリカアド解釈がこれである。マーシャルはイギリスにおけるジェヴォンズのリカアド非難が必ずしもあたらないことを主張することによって、この批評態度を明らかにし、ディーツェルは大陸におけるベーム・バヴェルクなどのリカアド批判を反駁することによって、この態度を表明する。

マーシャルは彼の『経済学原理』において、「リカアドの価値との関係における生産費の理論は、経済学の歴史の上できわめて重要な地位を占めており、それゆえリカアドの理論の真実の性格についての誤解は、必然的にきわめて有害なものとならざるをえない。しかも不幸にしてリカアドの理論は誤解を招くように表現されている。その結果、現世代の経済学者によって再構成される必要があったという信念が広く行きわたっている。……反対に、リカアドの残した理論の基礎的な部分は依然として真であり、その上に多くのことが加えられ、その上にきわめて多くのことが築かれてきてはいるが、それから取り除かれたものは少ない」(Marshall, *Principles of Political Economy* 〔*Economics*〕, p. 503. 〔前掲訳、二五四ページ〕)とし、その理由を、付録I『リカアドの価値論』(Marshall, *ibid.*, pp. 813–21)において、詳細に説明している。このマーシャルの解釈に対しては、アシュレーがエコノミック・ジャーナル第一巻第一号で、その反駁の論文を発表し、マーシャルの解釈とは反対に、リカアド価値論の本体は、何といっても、労働価値説ではありえないことを多くの論拠によって論証しようとした(Ashley, “The Rehabilitation of Ricardo”, *The Economic Journal*, Vol. I, 〔1891,〕 pp. 477–89)。マーシャルは後に右の付録の論文に脚注を挿入し、若干このアシュレーの反駁に答えた。

ディーツェルもまた大体マーシャルと同様の態度でリカアド価値論を解釈し、大陸における限界効用論者のリカアド価値論批判の誤りを指摘する。この両者のあいだで、この解釈問題を中心として、前〔十九〕世紀の末葉にドイツの『コンラート年報』誌上で、一時さかんに論戦が行われた(次は主な論争論文。Dietzel, „Die klassische Werttheorie und die Theorie vom Grenznutzen“, *Conrad Jahrbücher* 〔*Jahrbücher für Nationalökonomie und Statistik* ?〕, 1890, Bd. XX, „Zur klassischen Wert- und Preistheorie“, *ibid.*, 1891, Bd. I, F. III, Böhm-Bawerk, „Ein Zwischenwort zur Werttheorie“, *Conrad Jahrbücher*, 1890, Bd. XXI, „Wert, Kosten und Grenznutzen“, *ibid.*, 1892, Bd. III, F. III. この論文は最近出た彼の *Gesammelte Schriften*, 1924 に収録されている)。ディーツェルの立場について詳しくは、本論で述べること

にするが、要するに彼は、「価値論は、たしかに個々の点においては十分でないところがあるが、しかし全体としては、最終的に攻めようのない解答をリカアドから得ている」(Dietzel, 前掲第一論文 S. 562)、という意見であって、彼は「これだけ多くの騒動と争いの後にも、リカードの二重の定式――一方には費用、他方には効用――は完全にそのまま残っている。限界効用理論は古い建物を破壊したのではなく、ただそれを拡張しただけである」(Dietzel, *Theoretische Socialökonomik*, 1895, S. 296) と言っているのである。

マーシャル、ディーツェルのように、主観的評価の態度が、リカアドにおいて、客観的なそれとならんで見いだされるとすることは、恐らく正当な解釈ではあるまい。この解釈はリカアドのひいきの引き倒しではないかと懸念される。リカアドの価値論は、その本質上、一貫して客観的労働価値論であったと見なければならない。なおこのディーツェルと類似した批判態度を取るものにアモン (Amonn, *Ricardo als Begründer der theoretischen Nationalökonomie*, 1924 [邦訳前掲]) がいる。

これらのリカアド価値論批判とよく似たものであるが、若干それと異なる批判に次のようなものがある。それによれば、リカアドの価値論は、それが労働価値論であろうが、生産費説であろうが、要するに、客観的評価の態度に終始したのであるが、このリカアドの立場は価値問題を真に解決するものではない。価値の決定には、他の諸要素――主観的評価およびその他さまざまな要素――が関与することを見逃してはならないとするのである。歴史学派経済学、ディール (Diehl, *Sozialwissenschaftliche Erläuterungen zu David Ricardo's Grundgesetzen der Volkswirtschaft und Besteuerung*, 2 Bde., 1905) などの社会的法的学派をはじめ、この批判態度をとるものはずいぶん多い。このリカアド解釈はともかくとして、この批判態度には著者は結局同調することができない(なおこのほかにリカアド価値論を生産費価値論と解し、それを発展させることによって、独自の価格理論を展開主張するものにカッセルがいる。Cassel, *Theoretische Sozialökonomie*, 3 Aufl., 1923, „Die Produktionskostentheorie Ricardos etc.", *Zeitschrift f. d. ges. Staatswiss.*, 1901)。

（三）リカアドの価値論を労働価値論と解し、それを是認しようとするもの

これに属するものには以下の二（ないし三）種類の態度がある。

（A）リカアドの労働価値論を、表面的皮相的に、ほとんどそのまま受容れようとするもの

これは、リカアドの価値論が当時の価値学界を風靡した時、彼のもとに集まったいわゆるリカーディアーナの等しく取っていた態度である。マカロック、ド・クインシー、ジェームズ・ミルなどの生粋のリカアド祖述者はみなこの態度を取る。彼らがいかにリカアドの価値論を信奉、推奨したかは、彼らのリカアド価値論弁護の言葉、ならびに彼ら自身の著作によってうかがうことができる。リカアドの学説をほとんど全面的に伝習、祖述（ただし皮相的に）したと言うべきマカロックは、終生倦むことなくリカアド学説の普及宣伝に努力したのであって、彼のリカアド賛辞はいたるところに見いだされる。たとえば彼は、エディンバラ・レヴューにおいて、リカアドの『原理』初版を批評、推奨したとき、「リカアドは、経済学の進歩のために、誰よりも——恐らくスミス博士のみを例外として——多くのことをなした」（McCulloch, "On Ricardo's Principles of Political Economy and Taxation," *Edinburgh Review*, 1818, June, p. 60）、と言っているのであるが、さらにリカアドの没後二十数年して刊行されたマカロックの著『経済学文献』において、彼は依然としてリカアドに対して心からの賛辞をささげている。そこで彼はつぎのように言っている。「これ（リカアド『経済学原理』[森による付加]）はもっともすぐれた、創造的で奥深い著作である。その出現は経済学の歴史における新しい時代をなした。多くの価値のある相互に関連し合う議論は別にして、リカアド氏は交換価値の本源とそれを制限する原理を追い、技術および産業のさまざまな生産物のことなる社会階級および等級のあいだでの分配を決定する法則を示した。これらの研究において示された精神の力、もっとも深奥で困難な問題を解明するその巧妙さ、一般原理の作用を追い、それを二次的で偶然的な

性質の原理から解き放ち、そしてそのもっとも遠く離れた諸帰結を認識し評価するにあたって示される怜悧さ、すべてこれらは、いまだかつて他人によって凌駕されたことはなく、リカアドの名声は社会の機構を明らかにし、この科学を完成するのにもっとも多くの貢献をした人々の中にいつまでも際だった地位を占めるであろう」(McCulloch, *The Literature of Political Economy*, 1845, p. 16)。

マカロックの『経済学原理』(McCulloch, *Principles of Political Economy*, 1825)、ミルの『経済学綱要』(Mill, J., *Elements of Political Economy*, 1821) は、ともにリカアドの学説に従っており、クインシーの経済学に関連した論文、著書 (De Quincey, *Dialogues of Three Templars on Political Economy*, 1824, his own *Works*, Vol. IV, pp. 176–257, Masson's *Works*, pp. 37–112, *The Logic of Political Economy*, 1844) もまた、リカアドに拠ったものまたはそれを擁護するものである。

このようにマカロックをはじめこれらのリカアド学徒が、リカアドをもっとも偉大な経済学者の一人とし、彼以後経済学の進歩に見るべきものはないとして、最大の賛意と尊敬とを彼にささげたのであるが、しかし彼らのリカアド価値論の解釈はけっして正当なものとは言えない。リカアドは外的現象形態と内的本質関係とのあいだに矛盾を見いだし、不十分ながら、その矛盾の解明に努力したのであるが、マカロック等の一派にとってはこうした現象と本質とのあいだの矛盾はない、ただ外的現象があるのみである。彼らはリカアド価値論の偉大さをたたえるが、実際には、その本質を少しも理解しなかった。ましてそれがいまだいたらなかった諸点を指示し、発展させるというようなことは、彼らにはおよびもつかないことであった。俗流経済学者（フルゲール・エコノーメン）と呼ばれるわけである。

リカアドの労働価値論を皮相的に解し、これを借用して彼らの社会主義理論の根拠としたのは、トンプソン (Thompson, W., *An Inquiry into the Principles of the Distribution of Wealth*, 1824 [トンプソン『富の分配の諸原理』鎌田武治訳、京都大学学術出版会、二〇一一年〕)、ホジスキン（Hodgskin, T., *Labour Defended against the Claims of Capital*, 1825)、ブレイ（Bray, *Labour's Wrongs and Labour's Remedy*, 1839)、エドモンヅ（Edmonds, T. R., *Practical, Moral and Political Economy*, 1828）等々のいわゆるリカアド派社会主義者をはじめ、プルードン（Proudhon, *Système des contradictions économiques ou philosophie de la misère*, 1846)、ロートベルトゥス（Rodbertus, *Zur Erkenntnis unserer staatswissenschaftlichen Zustände*, 1842）などの人道的社会主義者である。彼らは、リカアド労働価値説の逆用によって、この現実の資本主義的社会において、自由交換による平等社会の実現を夢想したのである。このような慈善的人道的空想社会主義者のリカアド価値論の平等主義的適用が、リカアド価値論の正当な解釈でも応用でもなく、またその自然の発展でもないことはいうまでもあるまい。この（A）に属するものに、特にリカアドの価値論そのものを批判的に研究したものがないのは当然であろう。

（B）リカアドの価値論は、その本質において、あくまでも労働価値説であるが、しかしそれには労働価値説としていまだ未完成であったがゆえの種々の欠陥が含まれていた結果、リカアドの労働価値説に対する態度が曖昧となり、結局それを徹底させることができなかったのであって、それを正しい形をそなえた労働価値説として成長発展させることこそ、まさにリカアド価値論を理解することであり、またわれわれのとるべき途であるとするものがある。マルクスのリカアド価値論批判の態度がすなわちこのようなものであった。マルクスの価値論は実際には、リカアド価値論を延長拡充したものであって、マルクスは、リカアドの労働価値論に拠りつつ、そこから、彼によってまだ十分には明らかにされていなかった抽象的人間労働、社会的必要労働の概念、したがって真の商品価値、貨幣、および資本の概念、労働力、剰余価値の思想などを、弁証法的唯物史観の立場から導出展開し、もって現在の資本主義的生産方法の機構を暴露し、その歴史的諸運動法則を指し示そうとしたのである。マルクスは、これらの思想の多くのものの萌芽は、たとえ不十分な形、程度においてであるにしても、すでに古典派価値論ことにリカアド価値論において見いだされると考え、それを自己の経済学を発展させるための先行条件として、それに対して科学の歴史における主要な地位を与えたのである。マルクスの『剰余価値学説史』第二巻は、彼の包括的でかつ精緻なリカアド研究にあてられている。もっとも膨大で精密なリカアド研究であろう。

以上に述べたいくつかの解釈、批判のうち、どれがもっともよくリカアド価値論の本質を衝いているであろうか。仔細は私の本論で吟味することにしよう。ただ私は本章をおわるにさいし、リカアドの価値学説は、資本家的生産方法の前期の発達階梯を代表する当時のイギリスの経済状態――そこにはすでに資本家的生産方法のあらゆる弊害が現われはじめたが、なおいまだ資本家と労働者との階級的利害の衝突が意識的に感じられるにはいたらなかった――の、このような事態の意識から生み出された自然の産物であること、すなわち彼の学説は当時の経済関係の忠実な思考上の反映であり、したがってまたそれゆえにそれはひとつの科学でありえたことを、あらかじめ一言しておく。

本論　第一編

第七章　価値の実体と尺度――価値の内在的尺度と外在的尺度

リカアドのいう交換価値は相対価値であるか絶対価値であるかという問題と関連して、彼の価値論すなわち労働価値論は価値の原因の説明なのか、あるいは価値尺度の説明であるか、という問題がある。くわしく言えば、ある物の交換価値はその生産に費された労働の相対的量によるというリカアドの労働価値論の根本的命題において、彼は価値の尺度を説明しようとしたのか、価値の原因を説明しようとしたのか、あるいは価値の原因と尺度とをごちゃまぜにして説明したのか、あるいはまたそれら二者を正しく双方とも説明したのか、そのいずれであるかという問題である。この問題はアダム・スミスの価値論における同じ問題についてとともに、リカアド、マルサスののち、ジェームズ・ミル、トマス・ド・クインシー、サミュエル・ベイリーなどをはじめとして、今日にいたるまで、多くの学者、批判家によって論議されたのであるが、いまだ一致した見解に達するにいたらないのである。

この問題についての多くの批判家はおしなべて、価値の原因と尺度とを区別すべきだとして、スミス、リカアドの価値論に見いだされる曖昧と混乱は、主としてこの二つの概念を混同しているからだ、と言っているように思われる。たとえばベイリーは、「経済学の諸部門のうち価値の尺度および原因を研究する部門以上に、目的のこの不明確さと言葉のあいまいさとに悩まされている部門はないのである。一見したところ、価値の尺度と原因との観念は混同されるいかなる危険も免れるに足るほど異なっていると思われるであろう。だが、これらの観念そのものもまたこれが表現される言葉も、混同され代替され代置されていて、それらのあいだに存在する相違が明らかにまったく意識されていなかったのは、おどろくべきことである」（[Bailey,] *A Critical Dissertation on the Nature, Measures, and Causes of Value; chiefly in Reference to the Writings of Mr. Ricardo and his Followers*, London, 1825, pp. 170–1［サミュエル・ベイリー『リカアド價値論の批判——價値の性質、尺度、及び原因に関する論文』鈴木鴻一郎訳、日本評論社、一九四一年、一四九—五〇ページ］）と言い、またジョン・スチュアート・ミルは、その『経済学原理』において、以下のように言っているのである。

「価値の尺度という観念を、価値の規定者すなわちその決定原理という観念とを混同してはならない。リカアドやその他の人たちは、ある品物の価値は労働量によって規制されると言う。ここで言われている労働量とは、その品物と交換される労働量ではなく、その品物を生産するのに必要な労働量という意味である。この労働量こそその品物の価値を決定し、その品物に異なる価値を持たせないものであるというのが、彼らの所説の意味である。しかし、アダム・スミスおよびマルサスは、労働は価値の尺度である、と言う。ここで言われている労働とは、その品物を生産するあるいは生産しうる労働ではなく、その品物と引き換えられる、すなわちその品物をもって購買しうる労働量、言いかえれば、労働によって評価される品物の価値という意味である。こうしてスミスらによれば、この労働は商品の一般的交換価値を規定するものでもなければ、価値の大きい小さいを決定する作用を有するものでもなく、ただ商品の価値がいくらであるか、および価値は時と所を異にすると変動するのかまたどれだけ変動するのかということを明らかにするのみである。以上の二つの観念を混同するのは、ちょうど寒暖計と火との区別を見落とすのと同様である」（Mill, J. S., *Principles of Political Economy*, Ashley's ed., p. 568. 傍点は森［ミル『経済学原理』3、戸田正雄訳、春秋社、一九三九年、二二四ページ。末永茂喜訳、岩波文庫（三）、一九六〇年、二五一―一二ページ。強調は森による〕)。

私は本章において、この問題を吟味し、はたして彼ら多くの批判家はリカアド価値論の本質を解明しているのかどうか、すなわち彼らが言うような意味で価値の尺度と原因とを区別してリカアドの価値論を解釈、批判することは、はたしていかなる意義があるのかを検討して、結局彼らの解釈はいまだリカアドのこの問題についての態度を把握していないことを明らかにしたい。まずはじめに、この問題に関連するリカアド自身の言葉のいくつかを挙げ、次に特にリカアドのいう価値の不変の尺度について考察をくわえ、最後にこの問題について若干の私見を提示してこの章の結びとしたいと思う。

この問題についてのリカアドの言葉は、ほとんどその大部分が、『原理』のなかに見いだされる。原文そのままを引用する〔強調は森による〕。

1) "……….the exchangeable value of these commodities, or the rule which determines how much of one shall be given in exchange for another, *depends* almost exclusively *on* the comparative quantity of labour expended on each. 〔これらの商品の交換価値、すなわち、一商品のどれだけの量が他の商品と交換に与えられるべきかを決定する規則は、ほどんどもっぱら各商品に支出された労働の比較量に依存する。〕" (Ricardo, *On the Principles of Political Economy and Taxation*, p. 7. [Goner's edition, italics by Mori, ditto infra, I/12])

2) "If the quantity of labour realized in commodities, *regulate* their exchangeable value, every increase of the quantity of labour must augment the value of that commodity on which it is exercised, as every diminution must lower it. 〔もし商品に実現された労働量がその交換価値を左右するものとすれば、労働量のあらゆる増加は、労働が投下された当の商品の価値を増加させ、同様にあらゆる減少はそれをひき下げるにちがいない。〕" (*ibid*., p. 8. [I/13])

3) "Adam Smith, who so accurately defined *the original source* of exchangeable value, ... has himself erected another *standard measure of value*,............ 〔このように正確に交換価値の根源を定義し……たアダム・スミスは、みずから別の価値の標準尺度をたてて……〕" (*ibid*., p. 8. [I/13–4])

4) "........... or in other words, that it is the comparative quantity of commodities which labour will produce, that *determines* their present or past relative value, and not the comparative quantities of commodities, which are given to the labourer in exchange for his labour. 〔言いかえれば、商品の現在または過去の相対価値を決定するものは、労働が生産する商品の比較的量であって、労働者に彼の労働と引きかえに与えられる商品の比較的量ではない。〕" (*ibid*., p. 11. [I/17])

5) "In speaking, however, of labour, as being *the foundation of* all value, and the relative quantity of labour as almost exclusively *determining* the relative value of commodities,........... 〔しかしながら、労働がすべての価値の基礎であり、そして労働の相対量がほとんどもっぱら諸商品の相対価値を決定する、と論じるからといって〕" (*ibid*., p. 15. [I/20])

6) "*In making labour the foundation of* the value of commodities, and the comparative quantity of labour which is necessary to their production, *the rule which determines the respective quantities of goods which shall be given in exchange for each other*, we must not be supposed to deny the accidental and temporary deviations of the actual or market price of commodities from this, their primary and natural price. 〔労働を商品の価値の基礎とし、またその生産に必要な比較的労働量をもって、相互の交換において与えられるであろう財貨のそれぞれの量を決定する基準とするからといって、われわれは、商品の現実の価格すなわち市場価格が、この価値すなわちこれらの商品の本来的かつ自然的価格から、偶然的かつ一時的に離れることを否定するものである、と推定されてはならない。〕" (*ibid*., p. 65. [I/88])

7) "A franc is not a measure of value for anything, but for a quantity of the same metal of which francs are made, unless francs, and the thing to be measured, can be referred to some other measure which is common to

both. This, I think, they can be, for they are both the result of labour; and, therefore, labour is *a common measure*, by which their real as well as their relative value may be estimated.［フラン貨幣および測られる物が、両者に共通ななにか他の尺度に還元されえないかぎり、一フラン貨幣は何ものに対しても価値の尺度ではなく、ただフラン貨幣の素材と同一の金属のある量に対する尺度であるにすぎない。これら両者は共通な尺度に還元されうる、と私は思う、というのは、これらは共に労働の結果であるからである、それゆえに、労働は、それらの物の相対価値ばかりでなくその実質価値をも評価しうる、一つの共通尺度である。］”（*ibid*., p. 268–9.[注] [I/284]）

（注）なお右に引用したもののほかに次のような文言がある［強調は森による］。

“…………but they are not equal; the first (the quantity of labour bestowed on a commodity) is under many circumstances *an invariable standard*, indicating correctly the variations of other things;「しかしこれら両者は相等しくない、前者（一商品に投下された労働量）は多くの事情のもとで不変の標準であって、他の物の変動を正確に示す。」”（*ibid*., p. 9. [I/14]）

“…………but it is correct to say, as Adam Smith had previously said, “that the proportion between the quantities of labour necessary for acquiring different objects seems to be *the only circumstance* which can afford any rule for exchanging them for one another;［しかし、アダム・スミスが前に述べたように、「さまざまの対象を獲得するのに必要な労働量のあいだの割合だけが、これらの対象を互いに交換しあうための規則を与えうる唯一の事情であるように思われる」と言うのは正しい。］”（*ibid*., p. 11. [I/17]）

“…………yet this division could not *affect* the relative value of these commodities,…………［しかもこの分割はこれらの商品の相対価値には影響をおよぼしえないであろう］”（*ibid*., p. 18. [I/24]）

“…………still the same principle would hold true, that the exchangeable value of the commodities produced would be *in proportion* to the labour bestowed on their production, not on their immediate production only, but on all these implements or machines required to give effect to the particular labour to which they were applied.［なお、生産される諸商品の交換価値は、その生産に投下される労働に、たんにその直接の生産に投下される労働ばかりでなく、それらをもちいてなされる特定の労働を実行するのに要するすべての器具または機械に投下される労働をもふくめて、投下労働に比例するであろう、という同じ原理は依然として真実であろう。］”（*ibid*., p. 18.［I/24］）

“The exchangeable value of commodities,……… is always regulated not by the less quantity of labour……… but by the greater quantity of labour……［すべての商品の交換価値はつねに、……より少量の労働によって左右されるのではなく、……より多量の労働によって左右される］”（*ibid*., p. 50.［I/73］）

“We have seen that the price of corn is *regulated* by the quantity of labour necessary to produce it, with that portion of capital which pays no rent. We have seen, too, that all manufactured commodities rise and fall in price, *in proportion as* more or less labour becomes necessary to their production.［われわれは、穀物の価格が、なんら地代を支払わないその資本部分をもちいて、穀物を生産するのに必要な労働量によって左右される、ということをみてきた。われわれは、また、すべての製造品の価格が、その生産に必要な増減に比例して、騰落することをもみてきた。］”（*ibid*., p. 87.［I/110］）

“………the difficulty or facility of their production will ultimately *regulate* their exchangeable value.［それらの商品の生産の難易が、それらの交換価値を究極において調整するであろう。］”（Ricardo, An Essay of the Influence of Low Price of Corn on the Profits of Stock, *Works*［ed. by McCulloch, 1846］, p. 377.［IV/20］）

これらの言葉によって明らかになるように、リカアドによれば、商品の交換価値はついやされた労働量に depend on［依存するの］であり、in proportion to (as)［比例するの］である。もしくは労働量は交換価値を regulate［調整］し、determine［決定］する。もしくは労働量は交換価値の source［源泉］であり、measure［尺度］であり、standard measure［標準尺度］であり、foundation［基礎］である。さらにもしくは労働量は交換価値決定のonly circumstance［唯一の事情］なのである。

リカアドはこれらの章句によって価値の原因および尺度にかんして、いかなる見解をいだいていたのであろうか。

［中略］

リカアドがここで言う価値尺度とは、労働は価値の構成要素であるがゆえに価値の尺度である、という意味での尺度を意味する。ところがリカアドは、この意味における価値尺度（私の言う内在的価値尺度）のほかに、不変の価値尺度（私の言う外在的価値尺度すなわち価値の一般的表現形態）を問題としている。すなわちその生産に投ぜられる労働量が不変であるため、それと比較されることにより、他の商品の価値が正確に測定されるような商品が存在するのかどうかを、彼は問題とした。そして彼はこのような商品は存在しないと言うのである。彼の意識すると否とにかかわらず、とにかく、事実上、彼はこの二つの価値尺度を取り扱ったといえると思う。私は本章において特にこの価値尺度についての彼の見解を若干吟味してみたい。

リカアドのこの問題についての文章の主要なものを以下にいくつか抜き出してみる。

「諸商品が相対価値において変動した場合には、実質価値においてどちらの商品が下落しどちらの商品が騰貴したかを確かめる手段をもつことが、望ましいであろう、そしてこのことは、これらの商品を、順次に価値のある不変の価値尺度、すなわち、それ自体は他の商品がこうむる変動をまったく受けてはならない尺度と比較することによってのみ、果たされうるであろう。このような尺度を持つことは不可能である、なぜなら、それ自体、価値が確かめられるべき諸物と同一の変動をこうむらない商品は、まったくないからである。すなわち、その生産に要する労働が増減しない商品は、まったくないからである」(Ricardo, *ibid*., p. 36. [I/43–4])。

すなわち彼によれば、それは(一)その生産により多いまたはより少い労働を必要とするにいたることのない物は、ひとつとして存在しないからであり、(二)貨幣の生産に必要な固定資本と他の多くの商品を生産するのに必要な固定資本との割合が種々異なっているために、貨幣は、賃金の騰貴または下落から生じる相対的変動をこうむるであろうからであり、さらに(三)貨幣は、その生産に使用される固定資本とそれと比較される他のいろいろな商品の生産に使用される固定資本との耐久性の程度がさまざまにことなっているために、同じく賃金の変動から影響をこうむらざるをえないからである(Ricardo, *ibid*., p. 36–7. [I/44])。

「それを生産するのにつねに同じ骨折りと労働との犠牲を要する商品のみが不変である。このような商品がどのようなものかをわれわれはまったく知らない、しかしわれわれは、あたかもそれを知っているかのように、それについて仮説的に論じたり語ったりしても差し支えない、そしてこれまで採用されてきたすべての標準の絶対的不適当性を明確に示すことによって、この学問にかんするわれわれの知識を進歩させることができるであろう」(*ibid*., p. 260.[注] [I/275])

(注) 彼は『原理』初版・第二版において不変の価値尺度を、第一章第一節(ただし第二版、初版にはない)において、若干論じたが、第三版にいたってそれを削除し、別にあらたに第一章第六節「不変の価値尺度について」を付加し、そこでこの問題を詳しく論じている。以下に初版・第二版のみにあって、第三版では削除された彼の章句を挙げてみる。(この章句はゴナー版に特に参考のために引用されている。)
「もしいまでもまたいつでもそれを生産するために正確に同一量の労働を要するなんらかの一商品が見いだされうるとすれば、その商品こそは不変の価値をもち、他のものの変動を測定しうる標準としてすぐれて有用であろう。しかしわれわれはこのような商品をまったく知らない、したがってなんらかの価値標準を措定することは

不可能である。しかしながら、われわれが諸商品の相対価値の変動の原因を知りうるために、またそれらの原因が作用すると思われるその程度を計算しうるために、標準であるものの本質的特性とは何かを確かめることは、正しい理論に達するためにおおいに有用である」(*ibid.*, p. 11-2. [I/17 n3])。

なお不変の価値尺度については『原理』第一章第三節(ゴナー版二一—三ページ [I/27-9])に見られる文章を参照。

このようにリカアドが不変の価値尺度について論じることに対して、ベイリーは、価値論に対する例の立場から力強く論難する。

ベイリーによれば、価値とは同時期において相互に交換される商品の相対的関係であるから、ことなる時期における商品の価値を比較することは、それがことなるおのおのの時期において他の何らかの商品に対する関係を比較することにほかならない。これはベイリーが価値を純相対的に定義することから生じる必然的な結果である。しかしリカアドが、同じ労働の量によって生産される商品は不変の価値を有しているというとき、彼は一定の時期における価値は他の時期における価値とちょうど同じであるとするのであって、それは他の商品に対する関係においてそうであるとするのではなく、それ自身の関係においてそうであるとするのである、とベイリーは解する。こうして彼にあっては、このような不変の価値尺度である商品の存在は物理的に不可能であるのみならず、こうした商品を考えることそれ自身がすでに矛盾であるはずである。

次にベイリーはリカアドのいう価値尺度なる用語には思考上の混乱があるとして、以下のように言う。

「彼はたえず生産労働の数量が不変であることと価値が不変であることとを同一視する。ゆえに彼は次のように主張する。もしもわれわれがその生産の事情が不変である何らかの商品を見出すことができれば、それは第一に価値において不変であり、第二に、それは他の諸商品の価値の変動を指示するであろう、またはこれを確かめることを可能にするであろう、と。

「大変奇妙なことには彼はこのような商品が実際に何を示すのに役立つのか決して明らかに認識していなかった。それは、彼の主張するように、諸商品の価値の変動を指示するのに役立つものではなく、それらの生産の事情の変動を指示するのに役立つものであろう。それは価値の変動ではなく、この変動がどちらの商品に由来したかを確かめることを可能にするものであろう。彼は実はまったく異なった二つの観念を混同しているのである、すなわち、諸商品の価値を測定することと、どちらの商品にまたいかなる程度で価値の原因が変動したかを確かめることとを、混同しているのである」（[Bailey], *ibid.*, pp. 121–2.〔前掲訳、一〇五―六ページ。強調は原文。訳文は大幅に改変〕）。言いかえれば、リカアドは、労働の不変の量によって、ふたつもしくはそれ以上の商品のあいだにある価値の変化を確かめようとしたのではなく、それらを生産した労働の量の変動を確めようとしたのである。

こうしてベイリーによれば、「リカアド氏は不変の労働によって生産された一商品は価値の尺度としての性格を持つと公然とかたっているが、彼は事実上、相違を認識しないままに、その商品をもって他の諸商品を生産する労働の変動を示しうるものという考えに最後まで完全にとらわれている。彼が述べているような商品は、価値の尺度ではなく、労働の尺度、または諸商品の生産に必要とされた種々な労働量を確かめる媒介物であろう。これを何らかの対象に対してもちいうる前に、その対象の価値すなわち標準商品に対するその関係が、与えられていなければならないのであり、そしてその場合にこの与件から推論しうるのは、その生産に投下された労働量だけであろう」（[Bailey], *ibid.*, pp. 127–8.〔同訳、一一〇―一ページ〕）。

このベイリーによるリカアドの言う不変の価値尺度に対する非難は、ベイリーの価値の定義から生じる当然の結果である。彼の批判にはいくつもの欠陥があるが、それらは彼の価値論全般についての論題であるからここでは不問に付す。ただ彼が、リカアドに反対して、価値の測定は同時期における商品の相対的比較においてのみ可能であるとして、ことなる時期における価値の比較を拒絶し、価値尺度（外部的尺度）としてはただ貨幣があるだけだとしたことは、たとえ彼が貨幣の本質を十分に把握することからはるか遠く隔たっていたとしても、彼がリカアドより優れていた点と考えなければならない。マルクスがこのベイリーの態度について次のように言っているのはもっともであるといわなければならない。

「ベイリーの著書が功績をもっているのは、彼が、他の諸商品とならぶ一商品としての貨幣で表される「価値の尺度」と、価値の内在的尺度およびその実体との混同を、自分の議論を通じて明らかにしている限りにおいてである。だが、もし彼が自分で貨幣を、「価値の尺度」として、単に量的な尺度としてだけでなく商品の質的な転化としても、分析していたならば、彼は自分で価値の正しい分析に到達したであろう。彼は、そうではなく、単に、外的な「価値の尺度」——これはすでに価値を想定している——の表面的な考察と、まったくの無思想にとどまっているにすぎない」(Marx, *Theorien*, III, S. 163. [MEGA², II/3.4, Dietz Verlag, [Ost-] Berlin, 1979, S. 1324. 邦訳『経済学批判（1861-1863年草稿）』（第四分冊）『資本論草稿集⑦』大月書店、時永淑訳、一九八二年、二〇二ページ]）。

リカアドは一商品の生産に費された労働の量をその価値の（内的）尺度としたのであるが、彼は、その価値の変動を外的に測定し表現するために、その生産に不変の労働量を必要とする、したがってそれと比較することにより前者の価値が測定される、何らかの商品が存在するかどうかを見ようとしたのである。そして彼はこのような商品は存在せず、したがって貨幣もまたこのような不変の価値尺度たりえないと結論したのであるが、しかしこのような尺度の本質がどのようなものかを確めることは、正しい理論を得るために必要であると考えたのである。

この場合彼は、不変の価値尺度によって、ことなる時期における商品の価値の変動を測定しようとしたのであるが、この態度はベイリーの非難するように、またマルクスが「違った歴史的時期の諸商品の価値を比較するという関心は、実際には、それ自体経済上の関心ではなく、学問上の関心である」と言うように、決して価値尺度の問題を正しく理解したものであるとは言えない。マルクスによれば、「諸商品の価値を計るためには――価値の外的な尺度のためには、他の諸商品がそれで計られる商品の価値が不変である、ということは必要ではない。（それはむしろ、私が第一冊［一八五九年刊行の『経済学批判』］で証明したように、可変でなければならない。なぜなら、価値の尺度はそれ自身商品であり、また商品でなければならないからである。というのは、もしそうでなければ、他の商品と共通な内在的尺度をもたないであろうからである。）たとえば貨幣の価値が変わるとすれば、それは他のすべての商品に対して一律に変わるのである。だから、諸商品の相対価値は、貨幣の価値が不変のままである場合と同様に正当に貨幣で表現される」（Marx, a. a. O., S. 157.［MEGA², *ebenda*, S. 1320. 同訳一九六ページ。強調は原文］）ことになるのである。すなわち右のリカアドの態度は、彼が価値の外的尺度、もしくはその一般的表現形態としての貨幣の本質を十分に捉えることができなかったことに、その根本的原因を見いだすべきである、ということに帰着するのである。

　このことを詳しく言えば、リカアドは価値の構成内容としての労働の質的考察を怠ったために、言いかえれば、彼は、相互に交換されうる商品には、両者に共通なある質的等一性である抽象的人間労働が存在し、これによってはじめてそれらが相互に交換されうるのであることを、十分に意識しなかったために、その結果として、彼は貨幣がこの抽象的人間労働の一般的表現形態であることに、したがってそれがあらゆる商品に対して一般的普遍的価値尺度であることに、気づかなかったのである。リカアドが価値の量的問題にのみ終始し、その質的問題を顧みなかった当然の帰結であると言わなければならない。マルクスは、「「不変の価値尺度」を追求する問題は、実際には、ただ、価値そのものの概念やその性質を捜し出すことのまちがった表現にすぎない」（Marx, a. a. O., S. 159［MEGA², *ebenda*, S. 1321. 同訳一九八ページ。強調は原文］）と言っているが、リカアドの言う不変の価値尺度の

正体をよく明らかにするものと言ってよいであろう。（注）

（注）リカアドが不変の価値尺度を見つけようとするのは、価値の内容・実体である労働の概念についての不十分な理解に基づいている、とするマルクスの言葉を次にもう一つ挙げる。

「リカアドは、あたかも労働量が、「不変の価値尺度」というまちがった、あるいはまちがって把握された問題の解決になるかのように、しばしばそう考えており、また実際にときどきそう語っているが、これは、穀物や貨幣や労賃などが以前に同じような特効薬とみなされ、またそのように主張されたのと同じやり方である。このような間違った外観がリカアドの場合に出てくるのは、彼にとって価値量の規定が決定的な課題になっているからである。そのために彼は、労働が価値の要素となるときにまとう独自な形態を理解しなかったのであり、特に、個々の労働が抽象的に一般的な労働として、またこの形態で社会的な労働として現れなければならないことを把握しなかったのである。それゆえ、彼は、価値の本質が、そしてこの価値の労働時間による規定が、貨幣形成と関連していることを理解しなかったのである」（Marx, a. a. O., S. 163.［MEGA^2, *ebenda*, S. 1324、同訳二〇二ページ。強調は原文］）。

以上私は、リカアドの価値論における価値の原因と尺度ならびに価値の不変の尺度について彼の言うところを見たつもりである。以下私の解釈、批判をまとめてこの章の結びとしたい。

この問題についての多くの解釈、批判のほとんど全部は、問題の性質を理解せず、したがってまたここで問題としようとする事柄を十分に解明しえていないのであるが、私は、この問題に正しく答えようとするには、以下の事柄をよく理解することが先決であると思う。

（一）リカアドの価値論には、事実上、固有の内在的価値尺度と外在的な一般的普遍的価値尺度との二つの価値尺度の概念が見いだされる。前者は労働は価値であるがゆえに、ないしは価値の実体であるがゆえに、それ自身の量（労働時間）は価値の尺度であるという意味における価値尺度であり、後者はこのような価値の大きさを一般的に外的に表現する価値尺度、すなわち価値の大きさの一般的必然的表現形態である（もっとも、リカードは、この意味での価値尺度として貨幣ではなく不変の価値尺度を選んだのであるが）。批判者たちのほとんど全部は、この二つの尺度概念をまるで混同している。リカアド自身も明確にこの二つの概念を識別することができなかったが、事実上あきらかに、この二つの尺度を取りあつかっている。

（二）価値の内在的尺度（投下労働時間）とその外在的尺度（貨幣）との問題は、価値、真実価値と相対価値、交換価値、価値の（一般的）表現形態との問題に帰着する。だから前者の問題は後者の問題が解明されればおのずと明らかになる。

まず価値の内在的尺度からみると、リカアドが投下労働によって問題としたのが主として価値の原因だったのかあるいはその尺度であったのかは、ほとんど問題とならない。なぜなら、労働は価値あるいは価値形成実体なのだから、その量（労働時間で測られ、その労働時間は時、日などのような一定の時間部分を標準とする）は、それみずからの価値の尺度であり、また反対に、労働量が価値の尺度でありうるのは、それみずからが価値あるいは価値形成実体だからである。それ自身価値でないものの量がどうしてその価値の尺度でありうるか？リカアドの価値論において価値の実体とこのような意味における価値の尺度とが、並行して不可分の関係において論じられているのは自然であると言わなければならない。

このように商品の価値の内在的尺度はその生産に費された労働の量であるが、しかしこのままでは外的に表現されない。それを外的に表現するものがなければならない。A商品の一定量の価値がB商品の一定量によって表現される場合、B商品はA商品の外在的価値尺度である。そして多くの商品価値を一般的に普遍的に表現するものがすなわち貨幣である。リカアドは内在的価値尺度のほかにそれを一般的に外的に表現するための不変の価値尺度を見いだそうとしたのであるが、この場合の価値尺度は、実はここにいう一般的外在的価値尺度に該当するものであつて、それは貨幣であるほかない。しかし彼は貨幣の本質を分析し明らかにすることができなかったために、貨幣をこのような尺度として選択するにいたらなかったのである。価値の一般的外在的尺度はリカアドには欠けている。このことはリカアド価値論の本質的欠陥を意味する。

このようななかで、リカアドは価値の原因を説こうとしたのか、あるいは尺度を説こうとしたのかという問題に対して、あるものは、彼がこうした尺度は存在しないと言っているので、原因のみを主として説いたのだと言い、あるものは、彼が、たとえ存在しないとしても、このような不変の尺度について繰り返し論じていることから、彼は尺度の問題を主として取り扱ったのだと言う。しかしリカアドがそのどちらを説こうとしていたかを吟味することは、それ自体が誤っている、と私には思われる。なぜなら、一般的に、労働価値論においては、したがってまたリカアドの価値論においては、このような価値の外在的尺度と価値それ自身とは、価値の内在的尺度と価値それ自身との関係のように、きわめて密接な関係にあるのであって、それぞれが当然にも表裏の関係において論ぜらるべきものであり、一方を欠いては他方を取り扱うことはできないからである。だからリカアドがこのような意味での価値の一般的外在的尺度を吟味することに成功しえなかったことは、同時に価値の実体、本質の解明に十分成功しえなかったことを物語っている。価値の普遍的外在的尺度の正しい概念は価値の実体、すなわち労働の実体をよく分析しなければ、とうてい捕捉しうるものではない。この二者を切り離して価値の原因、尺度について論じるのはまったくの誤りだと言わなければならない。ジョン・スチュアート・ミルは価値の原因と尺度とを、熱と寒暖計とに対比し、二者を混同してはならないと言う。もちろんこの二者は表面上別のものである。しかしなぜ熱は塞暖計によつて測られるか？　そこには二者に共通のものすなわち熱が存在しているからにほかならない。物差しが他の物体の長さを測りうるのは、その二者に共通に存在する長さを持っているためである。価値の尺度もまた価値でなくては尺度ではありえないのは当然である。

要するに、リカアドは価値の原因を論じようとしたのか、その尺度（内在的ならびに外在的尺度）を論じようとしたのかという問題を解こうとすることは、結局徒労に終わるほかない。労働は価値の形成実体なのだから、その量は価値の尺度であり、そしてこのような価値の必然的一般的現象形態として貨幣があらゆる商品の価値、労働の量を、一般的、普遍的に測定するのである。価値の実体、内在的尺度、外在的尺度は、不可分の一体をなしているのであり、それらを切り離して考えることはできない。それらは因果の関係に置かれている。ただリカアドにおいては、それらに対する研究が粗雑で未熟なだけである。

第二章　自然価格と市場価格

リカアドは固定資本が使用される種々の場合において、商品の相対価値が利潤および賃金により変動をこうむることを説いたが、その変動は、彼によれば、ごくわずかなものであって、彼はその後も依然として、総じて相対価値は労働価値であるとする立場を取った。そうして彼は、この労働価値法則は地代が発生しても決して改変されることはないと述べたのち、さらに商品の市場価格は、かりに需要供給の変動によってその自然価値から一時的に離れることがあっても、資本が高い利潤を求めてある生産部門から他の生産部門に移っていく運動があるために、長い期間にわたってそれから離れることはできず、やがて結局はその自然価格に帰着するはずだと論じ、商品の価値決定の標準は、決してあるものの言うように需要供給の関係ではなく、依然としてその自然価格すなわち労働価値（むしろ生産価格）であることを明らかにしようと努めたのである。これが、私がここで吟味しようとするものであって、それは『原理』第四章「自然価格と市場価格について」、ならびにその補論である同第三十章「需要と供給が価格におよぼす影響について」において論じられている。この需要供給の運動に基づく外観から独立に観察しようとするリカアドの態度は、価値、価格現象を合法則的に、すなわち概念に一致した姿態において観察しようとする彼の根本的態度から来る必然の結果であって、まことに当然であると言わなければならない。

この点についてのリカードの所説は、スミスが同様な点について述べていることとその内容において若干ことなるものがあるが、大体スミスの立場を踏襲したものであって、スミスからそれほど前進しているとは言えない。それは、のちにくわしく述べるように、自由競争、資本移動、および平均利潤が商品の価値、価格におよぼす影響のほんの一部分を不十分に取りあつかっているにすぎない。

なおここに言う自然価格は、後にも述べるように、労働価値というよりは、むしろその転化した（彼にあっては修正された）生産価格であるから、多くの学者がこの自然価格と市場価格についてのリカアドの所説を、彼の価値論を批判するにあたって、その最初に持ち出し、自然価格を労働価値の出発点とするのは妥当ではない。やはりリカアドの採用した順序にしたがって彼の言う労働価値論の修正（実際には価値の生産価格化）を検討したのちに、この問題を取りあつかうのが自然であろう。

以下私はまずはじめにリカアドの自然価格と市場価格についての所説の大要を簡単に紹介し、その後にこのリカアドの所説に対する批判をこころみたうえで、さらに特にリカアドが価値、価格決定に対して需要供給に付した意義、ならびに彼のこの立場に対する一種の解釈を吟味してみたいと思う。

一

リカアドは『原理』第四章「自然価格と市場価格について」の最初で次のように言う。

「労働をもって商品の価値の基礎とし、またその生産に必要な比較的労働量をもって、相互の交換において与えられるであろう財貨のそれぞれの量を決定する基礎とするからといって、われわれは、商品の現実の価格すなわち市場価格が、この価値すなわちこれらの商品の本来的かつ自然的価格から、偶然的かつ一時的に離れることを否定するものである、と推定されてはならない。

「通常の事態においては、どんな期間にわたってでも、人類の欲望と願望が要求するまさにその程度の豊富さで、ひきつづいて供給されるような商品は、ひとつも存在しない、それゆえに、偶然的かつ一時的価格変動をこうむらないような商品は、ひとつも存在しない。

「資本が、たまたま需要されている種々の商品の生産にむかって、ちょうど必要な量で正確に割りあてられるのは、このような変動の結果にほかならない。価格の騰落とともに、利潤はその一般的水準以上に高められ、あるいはそれ以下に落とされる、そして資本は、変動が起こった特定の用途に入り込むように促進されるか、あるいはそこから引き上げるように警告されるのである」(Ricardo, *ibid*., p. 65. [I/88])。

こうしてすべての利潤率を均等化する傾向が生じるのであるが、それは、リカアドによればより不利な事業を棄ててより有利な事業に向かおうと、すべての資本使用者がたえず願望するからである。しかしこの資本の移動がどのようにして行われるかを見ることはきわめて困難であるが、おそらく、それは製造業者が彼の職業を全面的に変更することによってではなく、ただその職業に彼が投じている資本の量を減らすことによって、実現されるであろうとリカアドは言う。彼によれば社会には浮動資本が常に存在していて、企業家は一般に多かれ少なかれそれを使用するのであるから、たとえば絹布に対する需要が増加して、綿布に対するそれが減少するときは、織物屋は彼の資本をもって絹織業に移るのではなく、彼の職人をいくらか解雇し、銀行家および金持からの融資に対する彼の需要を停止する。だが絹布製造業者の場合はこれと反対である。すなわち彼はより多くの職人を雇用しようとし、こうして資金の借用に対する彼の動機が増加して、より多くを借りることになる。このようにして資本は、製造業者が彼の通常の業務を休止する必要なしに、ひとつの職業から他のそれに移動することができるのである。

このように資本が不利な生産部門から有利なそれに移動することにより、あらゆる産業には、おのずから一定の平均的な利潤がもたらされるようになるのであるが、しかし職業の性質上、一方のものは他方のものよりも、安全、清潔、容易、その他の点においてまさることがありうるので、それらを考慮して、一方のものは他方のものにくらべてより少ない利潤にあまんじなければならない。その結果Aの職業には二五パーセントの利潤、Bの職業には三〇パーセントの利潤、さらにCの職業には三〇パーセントの利潤が存在する、というような事実が、永続的に持続することがありうる、とリカアドは言う。これは平均利潤のひとつの例外もしくは障害をなすものである。

以上のように述べたのち、リカアドは一般的な例証を挙げこの話題を終えている。それによれば、仮にすべての商品がその自然価格にあり、その結果すべての職業における資本の利潤が、正確に同じ利率であるか、あるいは当事者の評価において彼が保持するかまたは放棄するある実際の、あるいは想像される利益にひとしい量だけことなるにすぎないとしよう。さて流行の変化が絹布に対する需要を増加させそして毛織物に対するそれを減少させたと仮定するなら、それらの自然価格すなわちその生産に必要な労働の量は、依然変化しないであろうが、しかし絹布の市場価格は騰貴し、そして毛織物のそれは下落するであろう。その結果として絹布製造業者の利潤は一般的平均利潤以上に上がり、毛織物製造業者の利潤は、反対にそれ以下に下がることとなるであろう。そのような時は資本および労働（賃金も利潤と同じ影響を受けるので）は、毛織物の製造からより有利な絹布製造に移転され、絹布に対する増加した需要は満たされることになる。こうしてこれら二つの商品の市場価格はふたたびその自然価格に一致し、一般的平均利潤率は回復されるにいたる。要するにリカアドによれば「諸商品の市場価格が、ある期間にわたって、ひきつづきその自然価格をはるかに上まわるかはるかに下まわることを妨げるものは、自分の資金をより不利な用途からより有利な用途へ転じようとする、各資本家のもつ欲求である。この競争こそは、諸商品の生産に必要な労働に対する賃金、および使用される資本をその本来の能率状態におくのに要する他のすべての経費を支払った後に残る価値、すなわち利潤が、各事業において、使用された資本の価値に比例するように、諸商品の交換価値を調整するものである」(Ricardo, *ibid.*, pp. 68–9 [I/91])。

以上私はリカアドの説明にしたがって、その大要を紹介した。彼がここでどのようなことを明らかにしようとしたかは、次の項目で詳細に吟味することにするが、要するに彼は、商品の価値決定は、偶然的一時的な需要供給の作用によって変動させられるのではなく、すなわち個別的な主観的な評価意識の作用によって変動させられるのではなく、その自然価格(労働価値もしくは生産価格)に依存するものであること、すなわち価値は社会的客観的に規制される社会的実在であることを、明らかにしようとしたのである。そしてこのことを説明するために、彼が、資本主義的生産方法に特有の資本、労働の自由移出入、自由競争、これらにともなって生じる平均利潤の存在を前提していたことは言うまでもない。

リカアドが商品の価値に対して与える需要供給法則の意義については、本章の後の段において特に詳細に吟味することにして、以下では私はまず資本の移動、競争によって、商品の市場価格が結局その自然価格に落ち着くというリカアドの所説を、労働価値論の本質に関連させて、深く検討してみたいと思う。こうしてわれわれは、リカアドが資本家的生産方法の外的具体的現象形態とその内的基本的関係とを区別し、その二者を正当に関係づけることにより、前者の本質――市場価格と自然価格との関係――をいかなる程度理解していたかを知ることができるであろう。私が本章で主として明らかにしようとすることは、まさにここにある。

二

以上に見たように、リカアドは、平均利潤率の法則の存在、資本の自由競争のため、商品の市場価格を結局その自然価格に帰着させる機構が存在することを明らかにしようとしたのであるが、それは私の見るところでは、競争が商品の価値および価格におよぼす影響のひとつを取りあつかったものである。

平均利潤の法則の存在のために、資本家（企業家）のあいだに惹起される競争が商品の価値および価格におよぼす影響にはおよそ二つあるであろう。

その（一）は同じ生産部門の内部での競争が商品の価値、価格におよぼす影響である。このような場合の競争は、その生産部門内における商品の価値を、社会的平均的に必要な労働量、すなわち社会的平均的生産条件の下で生産された商品の価値によって決定し、市場価値すなわち価値を成立させるのである。この場合にはこの平均的労働の量から離れた、すなわちそれより少ない労働量を生産についやす商品――平均的生産条件よりもより好条件の下に生産された商品は、それ自身の価値と平均的価値すなわち市場価値との差額だけの余剰利潤を獲得しうるのであり、農業生産部門においてはそれが地代をなすのである。いいかえれば、このような場合の競争は、その生産部門の商品が一様に平均価値・市場価値で売られることにより、いくつもの利潤率を生じさせるのである。ひとことで言えば、その生産部門においてことなる利潤率があることにより、すなわち利潤率が均等化されないことにより、市場価値が生ずるわけである。

その（二）は、ことなる生産部門のあいだでの競争が商品の価値、価格におよぼす影響である。この場合の競争は、一般的平均利潤率の法則によって、各生産部門において価値から離れた生産価格を生じさせる。この場合の競争は商品の生産価格と価値とを一致させようとはしない。むしろその反対である。したがってこのような場合においては、価値と生産価格とが持続的に乖離することがありうる。

このように競争が商品の価値、価格におよぼす影響には、二つの場合があるのであって、要するに（一）の場合においては、不等な利潤率をもったがいに等しい価値もしくは価格（この場合には価値と価格を区別するにおよばない）が存在し、（二）の場合においては、あいひとしい利潤率および生産価格を有する不等な価値が存在することになるのである。

リカアドは同一生産部門の内部で商品の市場価値が成り立つことにより、剰余利潤が発生するという（一）の競争についてはここでは何も言っていない。彼がここで問題にしたのは、（二）のことなる生産部門間における競争のおよぼす影響についてであるが、しかし彼はこの場合について余すところなくことごとく論じているというわけではない。彼はただその半面のみを問題としたにすぎないのである。

この（二）の場合には、資本の競争が平均利潤率のために商品の価値、価格におよぼすはずの影響はさらに二つに分けることができるであろう。

その（一）は、資本が不利な生産部門から有利な生産部門に移動することにより、平均利潤率が成立し、こうして商品の価値が生産価格に転化されるという影響であり、

その（二）は同様な理由により、商品の現実の市場価格が、需要供給の関係によって、一時的にその生産価格（自然価格）から逸脱することがあっても、結局それに一致しようとするという影響、すなわち生産価格が市場価格の向から中心となる機構である。

リカアドが説いたのは——他の場合との混同も含みつつ——主としてこの（二）の場合についてであることは、さきに紹介した彼の言葉によって知ることができる。

同様にリカアドは資本の移動によって惹起される市場価格と生産価格（彼の言う自然価格）との関係のみを問題としたのであるが、すなわちただ価値、価格の外部的運動のみを問題としたのであるが、この運動はその内的運動に基礎づけられるのであるから、その本質を明らかにするためにはどうしてもその内的運動にまで遡らざるをえない。だがリカアドはこのことを理解せず、この外的内的両現象の関係を理解せず、ただ外的現象のみをすでに与えられたものとして説いたにすぎない。彼のこの点についての研究の不十分さである。

リカアドにおいては、ことなる生産部門間において価格の平均的水準すなわち自然価格（実は生産価格）が前提され、したがってまた平均利潤が前提されている。しかし彼はこの平均的価格および平均利潤がどのようにして生じるのかについては、まったく考慮していない。ところがこの平均的価格ならびに平均利潤は、社会資本が競争によりそれぞれことなった生産部門に分配されることによって、価値ならびに剰余価値が転化したものであるから、彼の問題としたものの真相を明らかにするためには、まず第一にこの転化の運動を理解しなければならない。すなわちマルクスの言うように、「別々の部面間では、市場価値または平均的市場価格は、同じ平均的利潤率を生む生産価格［費用価格］に帰着させられるということをひとたび前提すれば……特殊な部面における市場価格の生産［費用］価格からのかなり恒久的な偏差、すなわち費用価格を越える上昇またはそれ以下への下落は、社会的資本の新しい移動と新しい分配とを引き起こすであろう」（Marx, *Theorien*, II. 1, S. 61. ［$MEGA^2$, II/3.3, Dietz Verlag, ［Ost-］ Berlin, 1978, S. 856. 邦訳『経済学批判（1861–1863年草稿）』（第三分冊）『資本論草稿集⑥』大月書店、時永淑訳、一九八一年、二九五ページ。強調は原文］）。

以上に述べたことの骨子を図解して見ると次のようになる。

（一）あるひとつの生産部門内における競争の価値、価格におよぼす影響

個別価値
個別価値 → 市場価値　利潤不均等 ── 余剰価値（地代はそのもっとも顕著なもの）の発生
個別価値

（二）異なる生産部門間における競争の価値、価格におよぼす影響

価　値 → 生産価格　平均利潤
市場価格 ⇅ 生産価格（自然価格）

要するにリカアドは、ここではただ市場価格と生産価格との関係を、それらが生じる経路——個別価値→市場価値→生産価格——を明らかにすることなしに、説明したにすぎないのであって、このことは、彼が価値の概念と生産価格の概念とを混同し、資本主義的生産方法の内部的機構をいまだ十分に明らかにすることができなかったことに起因するのである。

以上、リカアドがここで明らかにしようとしていることの内容がいかなるものかを基本的に吟味・検討したのであるが、次にそのうちに見いだされる二三の特殊な点について若干吟味しておきたいと思う。

（一）リカアドがここで述べている競争による資本の移動については、大体において、すでにアダム・スミスが『国富論』で説明したところであり、リカアド自身も同章において「『国富論』第七章において、この問題にかんするすべての事柄が、もっとも巧みに取り扱われている」［I/91］と言い、また別の箇所では「生産された財貨が、その価格をもってしては、それを生産して市場にもたらす全経費を、そのなかには通常利潤を含んでいるのであるが、償わない用途から、資本が移動する傾向を、スミス博士ほど十分にまたたくみに説明した著者はいない」［I/291］とも言っている。しかしこの問題についてリカアドがスミスにまさる点がなくはない。それは彼が資本が一生産部門から他の生産部門に移動するその移動の内容をより詳細に研究したことである。すなわちリカアドが資本の移動はおそらく製造業者が彼の職業を全面的に変更することによってではなく、ただその職業に彼が投じている資本の量を減らすことによって実現されるであろうとして、資本移動の過程を信用の作用に求めたことである。彼は次のように言っている。「すべての富んだ国には、いわゆる貨幣資産家階級なるものを形成している相当数の人々が存在する。これらの人々はいずれの事業にも従事しないで、彼らの貨幣の利子で生活しているが、その貨幣は手形割引かあるいは社会のより勤勉な部分への貸し付けに使用されている。銀行業者もまた大資本を同じ目的に使用する。そのように使用される資本は多額の流動資本を形成して、割合の大小はあるが、一国のあらゆる異なった事業によって使用される。どんなに富んでいても、自分の事業を自分の自己資金のみが許す範囲に限定するような製造業者は、おそらく存在しないであろう。彼は、彼の商品に対する需要の活発度にしたがって増減する、この浮動資本の若干部分をつねにもっている。絹織物に対する需要が増加し、服地に対するそれが減少すると、服地製造業者は彼の資本をたずさえて絹織物製造業に移ることをしないで、彼の労働者の若干を解雇し、銀行業者や貨幣資産家からの貸し付けに対する彼の需要を中止する。それに対して、絹織物製造業者の場合は逆であって、彼はより多くの労働者を雇用したいと望み、こうして借り入れの動機が増大する、彼はより多くを借り入れ、こうして資本は、一製造業がその常職を中止する必要なしに、一つの用途から他の用途へ移される。われわれが大都会の市場に注意して、趣味のうつり気、または人口数の変化から起こる、需要変動のあらゆる事情の下で、過剰な供給から生じる在荷過多とか、あるいは供給が需要に釣り合わないことから生じる法外な高価格とかいう結果をしばしばもたらすことなしに、国産および外国産商品が共にその要求される量において、いかに規則正しく供給されているかを観察するときに、われわれは、資本を各事業にその要求される正確な額で割りあてる原理が、一般に想像されているよりも活発に作用している、ということを認めざるをえないのである」（Ricardo, *ibid.*, pp. 66–7. [I/89–90]）。この点でリカアドがスミスにまさるのは、リカアドの時代においてはより信用経済が発達していたためであろう。

（二）リカアドがここで言う自然価格の意義は必らずしも一定していない。それはある個所では労働価値の意味に解されているかと思うと、他の個所では生産価格の意味に解されている。たとえば第四章の最初の言葉——「労働をもって商品の価値の基礎とし、またその生産に必要な比較的労働量をもって、相互の交換において与えられるであろう財貨のそれぞれの量を決定する基礎とするからといって、われわれは、商品の現実の価格すなわち市場価格が、この価値すなわちこれらの商品の本来的かつ自然的価格から、偶然的かつ一時的に離れることを否定するものである、と推定されてはならない」(*ibid.*, p. 65 [I/88. 前出])、においては、自然価格は労働価値の意味に解されている。ところが次のリカアドの言葉――「仮に、すべての商品がその自然価格にあり、その結果としてすべての用途における資本利潤が正確に同一率にあるか、あるいは当事者の評価のうえで、彼らが保持するかまたは放棄する何らかの実質上あるいは想像上の利点に相当するだけしか異なっていない、としよう」――における自然価格は、明らかに生産価格を意味するものと解すべきであるが、しかし彼はそれに続く文章において「それらの商品の自然価格、すなわちその生産に必要な労働量云々」[I/90] と言っており、まったくこの二つの概念を混同しているのである。

しかし結局一般的に見て、彼はこの章のなかでは、自然価格を生産価格の意味で理解していると言ってよいであろう。ただリカアドは労働価値が生産価格に転化することを意識的には理解しないままに、利潤、賃金はわずかの程度においてではあるが独立の価値構成要素であるとしたのだから、このようにこの二者が混同されたままで説明されているのは、彼の態度からして当然のことである。彼はここにおいて交換価値＝自然価格＝(労働)価値＝生産価格を同一視するという誤謬に陥っている。その結果リカアドは市場価格がかりに一時的にその自然価値から離れることがあっても、結局そこに落ち着き、長い期間にわたってそれから離れることができないと言って、市場価格もしくは生産価格がその真実価値から持続的に離れることを感知しなかったのである。(注)

(注) ウィティカーも彼の解釈の立場からこのリカアドの言う自然価格に二つの意味があるとしている。すなわち彼によれば、「この「自然価格」という用語は、一方で「哲学的」意義を有し他方では「経験的」意義を有している。それはせいぜい不確かな一組の言葉である。その経験的意義においてはそれは単に正常価値であって、そ

れは、競争の下で、市場価格の振動の中心をなすその価値に対するまことに適当な名称である。その「哲学的」意義は、スミスが何度か示唆したように、外界から財を獲得するための人類の費用である」(Whitaker, *ibid.*, p. 50. [Albert C. Whitaker, *History and criticism of the labour theory of value in English political economy*, 1904, New York, Columbia University Press. italics in original.])。

なおここに一言しておきたいのは、さきにも述べたように、リカアドによれば、商品の交換価値、価値は純相対的なものであって、ただ相互に交換される二つの商品の相対的比例的関係であるに過ぎないものだとすれば、ここに自然価格が彼の言う交換価値、他物を購買する力であるとする(Ricardo, *ibid.*, p. 69 [I/92])のはおかしい。このような意味における交換価値としては、むしろ偶然的一時的な市場価格のみが存在するはずであり、一般的固有的内容的な自然価格(たとえそれが労働価値だとしても、生産価格だとしても)は存在する理由がないからである。このリカアドの態度は、彼がしばしば自分が問題とするのは相対価値についてであると言いながら、実際には彼の価値論は真実価値、絶対価値に基礎を置いているものであることの証拠のひとつをなしている。

三

以上に見たように、リカアドによれば、最終的に商品の交換価値を決定するのは、生産費(生産価格)であって、ただ一時的にその市場価格に影響をおよぼすに過ぎない需要と供給との比例関係ではない。このことは彼の価値論の構成からみてまさに自然の帰結である。ところがこのリカアドの態度に対しては、彼以後多くの批判もしくはひいきの引き倒しとも言うべき解釈がある。私はここで、この点に関するリカアドの主張をより詳細に吟味すると同時に、あわせてこの点に関するある種の批判・解釈の当否を検証してみたいと思う。

リカアドはこの点について『原理』第三十章「需要と供給が価格におよぼす影響について」においてかなりく

わしい説明を加え、経済学においてほとんど公理のようになっていると彼に思われた需要供給関係が価値を決定するという説を極力反駁しているのである。

まずリカアドの例にならえば、たとえば帽子の生産費が減少したと仮定すると、この場合、その価格は、仮にそれに対する需要が二倍三倍あるいは四倍になっても、最終的にはその新しい自然価格にまで下落せざるをえないであろう。またたとえば労働者の生活資料をなす食物や衣服などの自然価格が減少したと仮定するならば、その場合、賃金は、いかに労働に対する需要が増加しようとも、結局その自然価格にまで下落せざるをえないであろう。ところが商品の価格はもっぱら供給の需要に対する比率もしくは需要の供給に対する比率によって決まる、という見解は、ほとんど経済学における公理のようになっていて、この学問における多くの誤謬の根源になっている、としてリカアドは、ブキャナン、セー、ローダーディールなどのこうした見解を反駁するのである。

そしてリカアドによれば、この彼の立場は、貨幣の価値の変動いかんにかかわらず真理であり、そしてこれらの人々がとなえる需要供給関係が商品の価値を決定するということは、独占商品についてのみ事実である（そしてまた実際にすべての他の商品の市場価格についても、限定された期間においては事実である）、と彼は言う。すなわち「一個人によってか、あるいは一会社によって独占されている諸商品は、ローダーディール卿が定めた法則におうじて変動する、それらの物は売り手がその量を増加させるのに比例して下落し、そしてそのものを購入しようとする買手の熱意に比例して騰貴する、それらの物の価格は、その自然価値とは何らの必然的関連ももたない」(Ricardo, *ibid.*, p. 376. [I/385])。しかしながらすでに繰り返し述べたように、リカアドにあっては、「競争に支配されるとともに、その量がいかなる適宜の程度にも増加しうる、諸商品の価格は、究極的には、需要と供給の状態にではなく、その生産費の増減に依存するであろう」(*ibid.*)。

なおリカアドはその友人に宛てた書簡の中でも、需要供給関係は終局的な価値規制者ではないと繰り返し言っている。たとえば一八一八年一月三十日付けのマルサス宛の書簡において、「いずれにせよ需要と供給とは価格の唯一の調整者ではないことになります。キング卿やあなたが供給と需要にどういう意味をもたせていらっしゃるのか知りたいと思います。どんなに大きい需要であろうと、ある商品の価格をその生産の経費以上に持続的に引き上げておくことができるものではけしてありません、ただしこの経費のなかには生産者たちの利潤を含めます。したがって持続的な価格の変動原因を生産の経費に求めるのは自然だと思われます」(*Letters of Ricardo to Malthus*, p. 148. [the 30th January 1818, VII/250-1]) と彼は言い、また一八二〇年十一月二四日付けの同氏宛の他の書簡において、「需要が穀物の価格とか他のすべてのものの価格におよぼす影響についても争いません、が供給はすぐその後を追ってきて、まもなく価格を規制する力をその手におさめます、そして供給は価格の規制にあたって生産費によって決定されます」(*ibid*., p. 179. [the 24th November 1820, VIII/302]) とも言っている。(注)

(注) 需要供給関係は価値を終局的に決定するものではないとするリカアドの言葉をなおもうひとつ彼の書簡の中から引用して見よう。一八二〇年一〇月九日付けマルサス宛——「セー氏が商品はそれの効用に比例して価値をもつと主張するとき、価値とは何を意味するかについて彼は正しい概念をたしかにもっていないのです。このことはもし購買者だけが商品の価値を規制するのであれば正しいでしょう。そうであればすべての人は物に対して彼らのいだく評価に比例した価格をよろこんで提供するとたしかに期待してもよいでしょう、しかし価格の規制については購買者はまったく関係するところがないというのが事実だと思います——それはすべて、販売者たちの競争によってなされるのであり、どんなに購買者たちが鉄に対してよろこんで金以上に提供したいと真にのぞんでも、彼らはそうすることができないでしょう、なぜならば供給は生産費によって規制され、したがって金は鉄ほど有用でない金属だと全人類によってたぶん考えられているにもかかわらず、金の鉄に対する比率は不可避的に現在のようになるでしょうから。……あなたは、需要と供給が価値を規制すると言われます——これはなに

も言っていないと私は思います。その理由はこの手紙の冒頭で述べました――価値を規制するものは供給であり――供給そのものは比較生産費によって左右されます」（*ibid.*, p. 173–4, 176.［the 9th October 1820, VIII/276–7, 279］）。

右に紹介したリカアドの需要供給が商品の価値、価格におよぼす影響についての所説は、彼自身の立場から考えて、なお不十分なものがあるにしても、ともかく一般的に見て、この点についての彼の態度は彼の価値論の性質から生じる当然の帰結であると言わなければならない。

このようにこのリカアドの態度を、彼の価値論の根本的立場に立ち返って解釈するものには、彼が使用価値および交換価値に対してとる態度についての場合と同じく、彼の価値論の立場をまったく否定するもの、すなわち主観学派と、それを一般的に肯定するもの、すなわち客観学派との二つがあるわけであるが、これらの解釈のほかになおひとつの解釈がある。それはいわゆる折衷学派の取る解釈であって、それによれば、リカアドはここにおいて価値、価格の決定要素として供給側の原因を見たとともに、需要側の原因をも見逃さなかったというのである。いわゆるマーシャルの解釈がこれである（ディーツェルの類似した折衷説はすでに見たとおりである）。私はこのマーシャルの解釈を以下に若干吟味し、それがいかにリカアドの立場の正しい解釈として堪えうるものであるか吟味してみたい。

マーシャルは価値決定要素を鋏の両刃にたとえ、鋏は両方の刃があってはじめて切ることができるのと同様に、物には効用と費用とがあってはじめてその価値が決定される、という立場からこのリカアドの立場を解釈しようとする。彼がその『経済学原理』付録Iで言うところによれば、リカアドは決して、商品の交換価値は単にその生産に費やされた生産費のみによって決定される、と言うのではなく、その決定はまた「人類の欲望と願望」［I/88］とに依存するものであると言う。ジェヴォンズのリカアド批判は、このリカアドが需要、効用の一面をも見たことを全然顧みなかったものであって「彼は、リカアドとミルに対して冷酷な判定を下し、彼らが実際に主張していることよりも、より狭隘で、より科学的でない学説を主張した、としているように思われる」（Marshall, *ibid.*, p. 817〔前掲訳書、三〇六ページ〕）とマーシャルは言うのである。

もう少しマーシャルの言葉を追ってみると、彼はジェヴォンズの言葉――「通常の供給と需要の法則がその必然の帰結にすぎない、交換の満足すべき理論に到達するためには、われわれが所有する商品の量に依存すると考えられる効用の変化の自然的な法則を注意深く追及するだけで足りる……労働が価値を支配することがあるのはしばしば見られることであるが、しかしそれは、供給の増減を通じて商品の効用の程度を変化させることによって、間接的な仕方で生じるにすぎないものである」――を引用したあとで次のように言う――

「まもなくわれわれの見るように、ジェヴォンズの右の二つの立言のうち後者は、リカアドとミルによって、散漫で不正確ではあるが、ほとんど同じ形で以前から行われていたものである。しかし前者の立言は両者とも受け入れなかったことであろう。なぜなら、彼らは、効用の変化の自然的法則はあまりにも明瞭であって、説明するまでもないとみなしており、また生産費は、生産者が販売のために提供する量になんら影響を与えることができないとすれば、交換価値に対してもなんら影響を与えることができないことを認めていたが、供給についてあてはまることは、必要な修正をほどこせば、需要についてもあてはまることであって、商品のもつ効用は、購買者が市場で購入しようとする量になんらの影響ももたないとすれば、交換価値にもなんらの影響も持ちえないことは、彼らの学説のなかに含まれているからである」（*ibid.*, p. 817〔同訳、三〇六―七ページ〕）。

こうしてマーシャルはジェヴォンズの中心命題――

「生産費は供給を決定する。

供給は最終効用度（final degree of utility）を決定する。最終効用度は価値を決定する」

を転倒して次のようにすれば、彼の因果連鎖よりもむしろ真理に近い連鎖を作り得ると言う。

「効用は供給されるべき量を決定し、

供給されるべき量は生産費を決定する。

生産費は価値を決定する、なぜなら、生産費は生産者が仕事を続けて行くために必要な供給価格を決定するからである」(*ibid.*, p. 819［同訳、三〇九ページ］)。

リカアドは、かりに価値決定要素として生産費を特に重視したとはいえ、需要供給の影響をも考慮に入れたのであるから、おそらくはこの連鎖を承認したであろう、とマーシャルは言うのである。

このようにリカアドの価値論には主観、客観の折衷的態度が見いだされうる、とするマーシャルの解釈は、リカアド価値論の根本的立場をあまりに無視するものではなかろうか。このような折衷的態度を自分自身が取ることの可否は別問題であるが、この態度をリカアドに押しつけることがとうてい許容し難いことはほとんど論議を必要としない、と私には思われる。リカアドが現在の社会における価値論として採用したものは労働価値説ではなく生産費説であるとするマーシャルの解釈は、たとえリカアドの価値論の本質を正しく伝えるものでないにしても、リカアドがその価値論を純粋な形において絡始一貫支持したわけではなかったことを考えると、ただちに何らの考慮もなく排斥すべきだ、というものではない。がしかしリカアドは徹頭徹尾、この需要、効用を価値決定要素としてまったく否認する態度をとっており、これが彼の価値論の根本的な特徴をなしているのであるから、マーシャルのこの点についての解釈はむしろリカアドの価値論を曲解するものであるとも言えるであろう。リカアドにあっては、需要は価格変動の一時的偶然的な原因であるにすぎず、需要と供給が一致した場合、それはなんら価値決定の説明となりえないのである。わが小泉教授は、「私はジェヴォンズらの新学説は、これをもってリカルドオの学説の不備欠陥をおぎなう資料とすることができ、リカルドオの学説をたやすく新学説と融合させるべきであり、一方を取るからといって他方をまったく捨てることは必要ではないと考える点で、大体A・マーシャルおよびハインリッヒ・ディーツェルと同じ見方をしている。ディールはこの二者の見解を批判して、リカルドオの客観主義学説とジェヴォンズらの主観主義学説とがまったく相容れ難いものであることを力説するが、その論拠は薄弱であると私には思われる」（小泉教授「續リカルドオの價値學說論」三田學會雜誌第十六巻第九號、〔一九二二年、〕四二頁）と言って、このマーシャルの解釈に同調しておられるようである。

リカアド価値論のこの点に対するこの種の解釈と類似の解釈は、マルクスの価値論、価格論においても見受けられるのであって、マルクス価値論の一解釈をなしている。それは、マルクスの『資本論』第三部の中に次の彼の章句――「ある商品がその市場価値どおりに売られるためには、すなわちそれに含まれている社会的必要労働に比例して売られるためには、この商品種類の総量に振り向けられる社会的労働の総量が、この商品に対する社会的欲望すなわち支払い能力ある社会的欲望の量に対応していなければならない」（Marx, *Das Kapital*, III, 1, S. 172. [$MEGA^2$, II/15, S. 192. 邦訳大月書店『マルクス＝エンゲルス全集』第二五巻a、二四三ページ]）――その他これに類似する章句が見いだされることを根拠に、マルクスの言う商品の価値は、その生産に費された社会的に必要な労働量と、それに対する社会的欲望、社会的使用価値もしくは社会的需要との二つの要素によって決定されるものであって、マルクスの価値論もまた一種の主観客観折衷説であるとするのである。しかしここに言う社会的欲望は価値実現の条件であって、決して価値決定の要素ではない。リカアドの場合と同じく、この種の解釈は到底許容することはできないのである。

右に述べたマーシャルの解釈は、リカアドの価値論の中に仮に不十分ながらもマーシャル自身がとる立場が見いだされるという観点からの解釈であるが、このような観点以外からリカアドの需要供給関係の価格におよぼす影響についての見解を批判もしくは非難するものは非常に多い。それは、主観的価値論の立場からこの点に対してなされるさまざまな批判、および、需要供給価値説の立場からこの点に対してなされるいくつもの批判もしくは非難である。しかし要するにこれらの批判は、実際には、非難であって解釈ではなく、結局それぞれの批判者自身がどのような立場にいるのかという問題に帰着するのであるから、ここではいちいち紹介や吟味はしないことにする。

ただ右に吟味した需要供給と価格との関係についてのリカアドの態度は、彼の立場からすればまことに当然であるにしても、それはなお不十分であって、いっそうの分析と発展を必要とすることは争われない。マルクスは『資本論』第三部においてこの点について大体リカードと同様の立場に立って、この需要供給法則と価値、価格との関係をより詳細に分析し説明している。

本論　第三篇

第三章　リカアドの価値論と利潤論

リカアドによれば、商品の価値は最大限界労働量（もしくは生産費）によって決定されるのであって、地代を支払った後に残る価値部分、またはまったく地代を払わない価値部分は賃金および利潤として、おのおの労働者および資本家または企業家に帰属する。そしてそれからさらにまず賃金が支払われて残るものが、利潤として全部企業資本家の所得をなすのだから、彼にあっては、企業資本家は残余要求者（residual claimant）なのである。

このようにして彼の利潤論は彼の価値論に依存しており、それを基礎として理論づけていると見なすべきであるようであるが、しかしもともと彼にあっては、利潤の存在は自明のこととされ、その本質を究明することに彼はほとんど興味を持たなかったため、利潤の本質、利潤率変動の原因などについての彼の見解は、曖昧模糊、または不十分なものであった。したがってまた彼の価値論と利潤論とは十分に関係づけられているとは言えないのである。そして、彼が利潤の本質および利潤率の変動を十分に彼の労働価値論の基礎に立脚させて理論づけえなかった結果、それらの正しい説明を欠くこととなり、結局彼の全経済理論に救いようのない致命的な影響をおよぼし、それ自身の発展を阻止するにいたったのである。

リカアドの利潤論において、彼の価値論との関連において問題として提起されるべきものは、言いかえれば、彼の利潤論において基本的に問題となりうべきものは、次の三点であると思う。（一）利潤の本質、その発生源泉、（二）平均利潤率の法則、（三）利潤率低落の一般的傾向。第二点については、すでに、第二篇第二章［前掲「自然価格と市場価格」、本書270―288ページ］においておよそのところを吟味したので、ここでは他の二点――これらがここで目指す限りにおいて特に重要である――のみを取り扱うことにしよう。なお彼の利潤論の枝葉をくわしく詮索することはここでの目的ではない。ここでは彼の価値論と関連するかぎりにおいて、すなわち彼の利潤論の本質に関連するかぎりにおいて、これらの問題を吟味するにとどめることにする。まず第一に彼の利潤の本質の説明は、彼の価値論といかなる関連にあるかを見る。

一

利潤の本質は何か、それはどのようにして発生するか、についてリカアドはほとんど明らかにしておらず、しかも曖昧、不明確である。キャナンの言葉を借りれば、「リカアドは具体的に利潤とは何を意味するかをきわめてよく知っていたが、その性質と起源という抽象的な問題にはほとんど興味を持たなかった。彼はこの用語に対して何も定義を与えず、またどこにもこの問題にかんしてはっきりと意見を述べていない」（Cannan, *The Theory of Production and Distribution*, pp. 205-6.［キャナン『分配論』渡辺一郎訳、聚芳閣、一九二六年、四〇ページ］）。詳しく言えば、彼の言う利潤は労働者の生産する労働価値の一部から成り立つものであるか、すなわち彼の利潤論は労働搾取説ないし剰余価値説であるか、あるいは利潤はこのような剰余労働、価値から独立して、資本もしくは資本家それみずからの原因によって成立するのであるか、すなわち彼の利潤論は資本生産力説または節欲説のいずれかに属するものであるか、について彼の態度はきわめて曖昧である。この点については多くの解釈が一致しているといってよい。ベーム・バヴェルクがリカアドを farblose Schriftsteller［灰色の文筆家］の中に数えている（Böhm-

Bawerk, *Kapital und Kapitalzins*, I, 4 Aufl., [1921,] S. 76) のは、一応もっともであろう。それゆえにこの点についての多くの解釈は、ただその重点をどこに置くかによって、相対的に区別されるにすぎないとも言いうるわけである。しかし私は、彼の利潤の本質に対する態度が明確に現れていないからといって、かならずしも彼のこの点に対する真意が推測、捕捉しえないとは思わない。彼の価値論、賃金論に対する態度から必然的に出てくる彼の利潤論が、当然に、彼の無意識のうちに、彼の言葉のうちに現われていると思うのである。私は以下にこの点についての解釈の主なものを二三挙げ、その後に、利潤の本質についてのリカアドの真意がどこにあるか、もしくはあるべきか、について、いくつかの論拠を示しつつ、若干私見を述べてみたいと思う。

ローゼンベルクは、リカアドが労働者の報酬と彼が生産したものとは、労働量で測定して同じではないとする態度、および彼の言葉——「それぞれ異なった事情のもとにおいて、相等しい価値の資本をひとつの用途かあるいは他の用途かそのいずれかに提供した人々は、取得された生産物の半分、四分の一、あるいは八分の一を得て、残りは労働を提供した人々に賃金として支払われることがあるであろう」(Ricardo, *ibid.*, p. 18 [I/24])、「魚と猟獣の比較価値は、まったく、それぞれに実現された労働量によって左右されるのであって、生産量のいかん、あるいは一般的賃金または一般的利潤の高低いかんに、かかわらない」(*ibid.*, p. 20 [I/26])——に拠って、彼が一種の剰余価値説——特にこの名称をもちいなかったが——を説いたのであって、マルクスの言うように、彼の利潤論は、事実上、剰余価値説であると言う (Rosenberg [, S], *Ricardo und Marx als Werttheoretiker*, [Unionsdruckerei, 1903,] SS. 18–9)。

ツッカーカンドルはこの点について次のように言っている。

「ベームは、リカアドを、資本利子理論にかんして、灰色の文筆家のうちに入れている。しかし労働量が交換価値を決定するという説は、おのずから、利潤は労働収益からの控除である、ということを含むものである、と私は思う。そして彼がこのような推断を下している個所を見いだすのは難しいことではない。リカアドは「労働者の報酬が彼の生産するものに比例しない」という説を代表しており、彼は自然的賃金論に依拠している、と私は主張する。彼はさらに、道具、労働要具などに費された労働は、ただこれらが生産に役立つ限りにおいてのみ、生産物の交換価値に影響するのであり、このことはそれらの道具がある一階級に属する場合にも、なんら変わらないことを明瞭に述べている」(Zuckerkandl [, R], *Zur Theorie des Preises*, [Leipzig, Verlag von Duncker & Humbolt, 1889,] S. 256, Note)。

ところがディールによればリカアドの利潤論を剰余価値説と解することは誤りである。というのは「リカアドはそもそも剰余価値説を立てなかったので、その萌芽さえ彼には存在しなかったからである。ただ「個々の例外の場合」に対してだけでなく、経済生活のもっとも重要な出来事に対しても、リカアドは労働のほかに、資本要素に独立した価値決定を許容したのである。彼は利潤を賃金とならぶ独立した一所得と解釈した。そして彼の利潤論がいかに貧弱であろうとも、彼は利子と企業者利得とに自立した役割を与えたのである」(Diehl, *Erläuterungen*, I, S. 116〔前出〕)。

リカアドの利潤の本質に対する見解についての解釈がこのようにさまざまに岐れているのは、彼がこの点について明確な意見を表明せず、一見彼が矛盾しあう複数の利潤論を支持したかのように思わせる言葉を不用意に述べていることによるのである。たとえば彼は、彼の価値論の修正を論じる場合、次のような言葉をもちいている。「価値のこの差異は、両方の場合に、利潤が資本として蓄積されることから生ずるのであり、ただ、利潤は留保された時間に対する正当な補償にすぎない」(Ricardo, *ibid.*, p. 31〔I/37〕)。

さらに他の個所には次のような言葉も見いだされる。

「すでに述べてきたように、この価格の状態が永続的になるはるか以前に、蓄積に対する動機はなくなるであろう、というのは、誰でも、自分の蓄積を生産的にする目的をもたないで蓄積する者はなく、そして蓄積が利潤に作用するのは、ただこのように使用されるときにおいてだけだからである。動機がなければ、蓄積はありえない、その結果として、このような価格の状態はけっして起こりえないであろう。農業者や製造業者が利潤なしに生活できないのは、労働者が賃金なしに生活できないのと同様である。彼らの蓄積の動機は、利潤の減少のたびごとに減少し、彼らの利潤が非常に低くて、彼らの煩労と、彼らがその資本を生産的に使用するさいに必然的に遭遇しなければならない危険とを、十分に償うに足りないときは、まったく消滅するであろう」(*ibid.*, p. 100–1 [I/122])。

「そうだとすれば、賃金が必需品の騰貴の結果としていちじるしく上昇し、したがって資本の利潤としてははなはだわずかしか残らないようになり、そのために蓄積への動機が止むにいたるまでは、生産的に使用されえないほどの額の資本が蓄積されることはありえない」(*ibid.*, p. 274 [I/290])。

これらのリカアドの文章は、ディール(Diehl, *Erläuterungen*, II, SS. 153–4)、ベーム・バヴェルク(Böhm-Bawerk, a. a. O., S. 78)などがこぞって、リカアドは利潤の本源を労働搾取説以外に求めようとしたという解釈に利用しようとするものである。しかしこれらの文言は利潤の本質に対する彼の態度を説明するのに何も役に立つものではないと思う。それらは利潤が現に存在していることとその正当性を意味しているようであるが、決して利潤の本質が何であるかを示していない。したがってこれらの言葉は彼が剰余価値説を支持したこととかならずしも相容れないものではない。なぜなら、利潤の本源すなわち剰余価値は労働価値の一部からなりたつにしても、現実における利潤としては、それは差し止められた時間に対する正常な報酬となり、資本家の苦労、危険に対する報償となり、彼らの資本を生産的に使用させるための刺戟、誘因となりうるからである。ただリカアドは利潤を与えられたものとみなし、その本質の探索をあえて問題としなかったために、彼の価値論からして当然に出て来るはずの利潤論を提起し、それを明確に支持、主張することができなかったのである。リカアドはたとえ利潤の本質について曖昧であるにしても、実は、剰余価値に利潤の本源を求めたのであって、ただ彼の利潤論をマルクスの言う労働搾取説の形式をとるところまで発展させなかったのである、と私は解する。次にこの解釈を若干証拠立ててみたい。

リカアドが労働と利潤とを対抗的なものと見て、二者は全体の二分されたものであって、一方が少なければ他方が多いという見解であることは、彼の著書のいたるところに見いだすことができる。今その主なものを若干ぬき出してみよう。

「賃金として支払われる割合は、利潤の問題にとってはもっとも重要である、というのは、利潤が高いか低いかは、賃金が低いか高いかに正確に比例するであろう、ということがただちにわかるはずだからである」(Ricardo, *ibid*., p. 21 [I/27])。

「賃金が二十パーセント上昇し、利潤がその結果としてそれより大きなまたは小さな割合で低下するとしても、これらの商品の相対価値にはすこしの変更もひき起こさないことがあるであろう」(*ibid*., p. 22 [I/28-9])。

「労働の価値が騰貴すれば、かならず利潤は低下する。もしも穀物が農業者と労働者とのあいだで分割されるとするならば、後者に与えられる割合が大であればあるほど、前者にはより小さい割合しか残らないであろう」(*ibid*., p. 28 [I/35])。

「貨幣の価値の変動による賃金の上昇は、価格に対して全般的効果を生じる、そしてその理由によって、それは利潤に対してはいかなる実質的効果も生じない。これに反して、労働者がより豊富に報酬を与えられるという事情による、あるいは賃金が支出される必需品を取得することの困難による、賃金の上昇は、若干の場合をのぞけば、価格を引き上げる効果を生じないで、利潤を引き下げるうえに大きな効果をもっている」(*ibid.*, p. 41 [I/48–9. 強調は引用者])。

「彼らの商品の全価値は二つの部分に分割されるのみである、ひとつは資本の利潤を、他は労働の賃金を構成する。

「穀物と製造品がつねに同一価格で売れるものと仮定すれば、利潤は賃金が低いか高いかに比例して高いか低いかであろう。しかし、仮に穀物の価格がそれを生産するのにより多くの労働が必要であるから騰貴するとしよう、この原因は、その生産になんらの追加労働量も要求されない製造品の価格を引き上げることはないであろう。もしそのばあい賃金がひきつづき同じであるなら、製造業者の利潤は依然として同じままであろう。だがもし、絶対に確かなのだが、賃金が穀物の騰貴とともに上昇すれば、その場合は彼らの利潤は必然的に低下するであろう」(*ibid.*, p. 87–8 [I/110–1. 強調は引用者])。

「利潤率は賃金の低下による以外にはけっして増大しえない、そして賃金の永続的低下は、賃金が支出される必需品の下落の結果として以外には起こりえない、ということを本書を通じて証明するのが、私の努めてきた点であった」(*ibid.*, p. 112 [I/132])。

「一一五ページ [I/120] をみよ、そこで、私は、穀物の生産にどんな難易があろうとも、賃金と利潤とを合計したものは同一の価値をもつであろう、ということを証明しようと試みてきた。賃金が上昇するときには、それはつねに利潤を犠牲にしておこなわれ、賃金が低下するときには、利潤はつねに上昇する」(*ibid.*, p. 398 note(注) [I/404])。

（注）同様の文言はほかにもある。

「賃金に充当されるものがより少なくなるのに比例して、利潤に充当されるものはより多くなるであろう、また逆の場合にも同じことが言える」（*ibid*., p. 404 [I/411. 強調は引用者]）。

「なんであれ賃金を増加させるものは、必然的に利潤を削減する。……というのは、利潤に影響をおよぼしうるのは、賃金の上昇だけだからである……

「しかし、この事実を容認することは、けっして、利潤は賃金の高低に依存し、……という理論を無効にはしない」（*ibid*., p. 96–7 [I/118–9]）。

「あらゆる場合に、同額の七二〇ポンドが賃金と利潤とに分割されなければならないことも、わかるであろう。もしも土地からの原生産物の価値がこの価値を超過するならば、その額のいかんにかかわらず、それは地代に属する。もしも超過がなければ、地代はないであろう。賃金あるいは利潤が上昇しようと低下しようと、これら両者がまかなわなければならないのは、この七二〇ポンドという額からである。一方において、利潤は、この七二〇ポンドのなかから、労働者に絶対必要品を供給するのに十分なものが残されないくらいに多量を吸収するほど高くは、けっして上昇しえない。他方において、賃金は、この額のいかなる部分をも利潤として残さないほど高くは、けっして上昇しえない」（*ibid*., p. 91–2 [I/115]）。

「このようにして、われわれは、以前に確立しようとこころみてきたのと同一の結論にふたたび到達する、――すなわち、すべての国およびすべての時において、利潤は、なんら地代を生じない土地において、またなんら地代を生じない資本をもちいて、労働者に必需品をまかなうのに必要な労働量に依存する、という結論に」（*ibid*., p. 105 [I/126]）。

「このようにして、私は、第一に、賃金の上昇は商品の価格はひき上げないであろうが、かならず利潤をひき下げるであろうということ……を、証明しようと試みてきたのである」（*ibid*., p. 107 [I/127]）。

「利潤は賃金に依存していると思います。――賃金は労働の需要と供給に、そして賃金が支出されてゆく必需品の費用に、依存しています」（*Letters of Ricardo to Malthus*, p. 120 [the 5th October 1816, VII/72]）。

「利潤の下落の原因として労働の下落（おそらく騰貴の誤りであろう［森による注記。スラッファ版にも同様の注記〕）のほかに私は知りません」（*ibid*., p. 197〔the 28th September 1821, IX/82-3〕なお、*Letters of Ricardo to McCulloch*, p. 72.〔the 13th June 1820, VIII/194〕参照）。

これらの文言によって明らかになるように、彼にあっては、利潤と賃金とはある一定の価値額が分割された二つの部分であるから、この二者は相対的に対抗的な関係にあるものであるが、しかしこのことはただちに必然的に、利潤は労働によって産出される価値の一部を取得することから成り立つとする労働搾取説に導くものではない。なぜなら、彼にあっては、間接労働もまた直接労働と同じく、価値の構成に参与するものとされ、この二者のあいだには価値形成的労働としての違いはまったくなく、したがって不変資本、可変資本の資本区別が明確に主張されていないからである。繰り返して言えば、利潤と賃金とは相互に対抗的な関係にあると言っても、利潤の本源は明らかに労働力にのみ求められていないために、利潤がいわゆる剰余価値から成立するとする労働搾取説は、彼にあっては、明瞭に主張されていないのである。そしてどうして彼がこの点で徹底しなかったかと言えば、それは彼が利潤の存在を自明のこととし、それがどこから来るのかを究明することに興味をもたなかったことにもよるであろうが、理論的には、すでに何度も述べたように、彼が可変資本と不変資本の区別をなしえなかったこと、労働力の概念を欠いたこと、生産価格と価値とを識別しえず、したがって利潤と剰余価値とを混同したことなどに帰すべきであろうと思う。しかしながらリカアドにあっては、利潤の本質に対する見解が明確に表現されていないにしても、彼の価値論および賃金論の構成内容は、剰余価値の思想を容れうるほど、実質上ほとんど十分な程度にまで形を整えていたのであるから、彼の利潤論は実質上労働搾取説ないし剰余価値説であったと言ってもそれほど差し支えはないわけである。

このように、リカアドが賃金と利潤とはある一定の価値総額が分割された二つの部分であるとするからといって、それがただちに剰余価値説にみちびくわけではないのであるが、にもかかわらず、彼の利潤論が実質的に剰余価値論であるとするのは、右の彼の態度とともに、彼が労働の価格すなわち労賃は労働者の受け取る生活資料の価格によって決まり、そして彼が生産する生産物の価値、価格はそれより大であると繰り返し述べていることによる。とにかく彼は、事実上、労働力の価値を生産する労働量と労働力が産出する労働量とは異なり、その差額が利潤をなすとしているにもかかわらず、なぜそうなるのかを問題とせず、したがって剰余価値という概念に到達しなかったのである。そしてこのことは、主として、リカアドが労働者が働く労働時間の一部が彼自身の労働力の価値の再生産であることを理解しなかったことに起因するのである。

　要するにリカアドにあっては、利潤の本質について大体正当な理解があったにしても、剰余価値の源泉および性質は、明瞭に理解されず、剰余労働と必要労働とを加えたものすなわち総労働時間は、ある確定した大きさとして観察され、剰余価値の大きさの差異は見逃され、資本の生産力――剰余価値への強制、すなわち一方に絶対的剰余価値への強制、他方に必要労働時間を短縮しようとするその内的衝動、は認められず、したがって資本の歴史的権能は展開されなかったのである（Marx, a. a. O., S. 125 [MEGA^2, II/3.3, S. 1029, 邦訳『経済学批判（1861–1863年草稿）』（第三分冊）『資本論草稿集⑥』大月書店、一九八一年、五七四―五ページ]）。

　リカアドは不十分ながら、実質上、剰余価値説をその根底において支持したものと見るべきであるといっても、それはただマルクスの言う相対的剰余価値について言えるにすぎない。彼にあっては、総労働価値は与えられたものとして前提され、労働者の生活資料を生産するその社会的労働の生産力が大きくなるか小さくなるかにしたがって、剰余価値は大きくなったり小さくなったりすると言われているにすぎない。絶対的剰余価値については、彼はすこしも関説するところがなかったのである。

　以上に述べたことを要約すれば、リカアドは、労働力の価値を正しく決定しえず、さらには不変資本と可変資本との区別に到達することができず、間接労働と直接労働とはともに等しく、なんらその間に差異はなく、価値形成に参与するものとしたために、剰余価値の発生を感知せず、利潤が剰余価値の転化したものであることを、明瞭に理解するにいたらなかったのである。しかしながら彼の経済理論にはすでに、(一) 労働の価格すなわち賃金は生活資料――たとえここでの生活資料は、彼によれば、労働力の再生産に必要なそれを意味せず、労働者の受けるそれを意味しているにしても――の価格によって決定されていること、(二) 労働者の生産する生産物の価値は労働の価値より大きいこと、(三) 利潤と賃金とはある一定価値額が分割された二つの部分であり、したがって一方が大きければ他方が小さいことなどが提言されているのであるから、いやむしろ彼の経済理論はこれらの提言をその主な内容としているのであるから、彼の価値論が、剰余価値説を容れうるのに実質上ほとんど十分なほど形を整えていたことは疑うべくもないのである。

第六章　リカードの価値と分配の理論

『経済学史概要　上巻』岩波書店、一九三七年、「第五章　デギッド・リカアド」

舞出長五郎

第一節　序説

リカアドは、スミスと異なり、マルサスと同じく、分配理論を経済学の主要課題とした。彼は主著『経済学および課税の原理』の序で次のように言う。

「大地の生産物――すなわち、労働、機械、および資本の結合充用によって、地表から得られるすべての物は、社会の三階級、すなわち、土地の所有者、その耕作に必要な資本つまり資本の所有者、およびその勤労によって土地が耕作される労働者のあいだに、分割される。

「しかし、社会の異なった段階においては、地代、利潤、および賃金という名称のもとに、これらの階級のおのおのに割り当てられる、大地の全生産物の割合は、本質的にことなるであろう。それは主として、土壌の現実の肥沃度、資本の蓄積と人口、また農業において使用される熟練、工夫力、および器具に依存する。

「この分配を左右する法則を決定することが、経済学における主要問題である。この学問は、チュルゴー、スチュアート、スミス、セー、シスモンディ、および他の人々の著作によって、大いに進歩したけれども、それらは、地代、利潤、および賃金の自然のなりゆきにかんしては、満足な知識をほとんど与えていない」(Ricardo, *Principles of Political Economy and Taxation.*〔舞出の原文では一九一九年刊の Gonner 版を使用し小泉訳によって引用。I/5〕)。

このように、リカアドが明らかにしようとしたのは、土地生産物が、地代・利潤・賃金の形の下に、その成立にあずかった地主・資本家および労働者の三階級に分配されるさいの法則を決定することであったのである。その際彼は、分配関係の状態を説くだけでなく、それに基づいてその変動をも説いた。むしろ社会進化の過程内におけるこれら三階級の相互関係の研究こそ彼の最大の関心事であり、彼はそれに関連して利潤率低下の法則を樹立したのである。そして彼はこのために、特に地代理論に重点を置いた。これは彼が、「これら〔真の地代学説〕を知らなければ、富の増進が賃金および利潤におよぼす影響を理解することも、また課税が社会の異なった階級におよぼす影響を十分に追及することも、不可能である、とくに、課税される商品が地上から直接に得られる生産物である場合に、そうである」(*ibid.*)、と言っていることからも明らかである。

このようにリカアドが社会の富の分配を考察し、特に地代論を枢軸として社会の三階級の相対的状態およびその変動を明らかにしようとしている理由は、当時の社会状勢と、それを背景とする彼の経済学の成立過程から説明される。

デギッド・リカアド(David Ricardo)は、オランダからイギリスに移住し、一七七一年帰化したユダヤ人エイブラハム・リカアド(Abraham Israel Ricardo)の第三子として、一七七二年ロンドンに生れた。父は株式仲買を職業として財産を作った。リカアドは高等教育を受ける時間的余裕もなく、まずロンドンにおいて、次でアムステルダムにおいて実務的教育をうけ、すでに十四歳のときに父について株式仲買の業務に従事した。その後一七九三年彼が二一歳の時クエーカー教徒ウィルキンソン嬢（Priscilla Ann Wilkinson）と結婚し、キリスト教に改宗したために、父と関係を断ち、独立して株式仲買を始めたのであるが、さいわい短期間のうちに相当の資産をなすにいたった。他方一八〇九年「地金の高い価格」を公表にして以来、多くの著述によって経済学者として名をなし、一八一九年アイルランドのポーターリントン（Portarlington）から選出され下院議員となったが、一八二三年耳の病気のために急逝したのである。

もともと、リカアドは一家をなして以来、仕事の合間をみて数学・化学・地質学等を研究していたのであるが、一七九九年温泉場バース（Bath）に滞在中、たまたまスミスの『国富論』を発見し、それを繙読して大きな興味をおぼえ、その時から彼の研究はこの学問に向かうことになったと言われている。しかしながら、彼が始めて経済論を世に出したのは、一八〇九年、はじめモーニング・クロニクル紙に寄稿し、翌年小冊子としておおやけにした『地金の高い価格、銀行券の減価の証拠』（*The High Price of Bullion, a Proof of the Depreciation of Bank Notes*）である。その執筆の機縁となったのは、イングランド銀行の正貨兌換停止（一七九七年）以来、特に同年における物価の暴騰、金地金の騰貴、外国為替相場の下落であった。彼はこの論文において、一国の通貨がすべて金銀貨または兌換紙幣より成り立つ場合には、それが発行過剰のため価値下落する時は、輸出されて、結局外国金属通貨または金銀の地金と平価となる、しかし不換紙幣の場合には、過剰であっても輸出されえず、したがってその価値は下落し、為替は逆調となる、ゆえに地金価格の騰貴はすなわち通貨価値下落の証拠であり、それは正貨兌換停止に基づく銀行券の増発による、ゆえにその対策としては銀行券発行額の収縮が必要であると論じたのである。この論旨は「地金問題委員会」の報告に採用されたが、ボーズンキト（Bosanquet）がそれに反対すると、リカアドは“Reply to Mr. Bosanquet's Practical Observations on the Report of the Bullion Committee”を著わした。次で一八一六年“Proposals for an Economical and Secure Currency; with Observations on the Profits of the Bank of England, as they regard the Public and the Proprietors of Bank Stock”を著わし、銀行券の兌換に正貨を用いるのではなく、標準の重量および品質の金銀の地金を使用し、紙幣を正貨に代用して、しかも金銀の地金との等価関係を維持することのできる案を提唱した。これによって彼はまた通貨の供給を制限し得るものと考えたのである。この提案は、イングランド銀行の兌換回復に関する審議委員会において推奨された。

しかしながらリカアドが、『経済学原理』の主要課題である分配論を研究するきっかけとなったのは、穀物法の改正問題である。まさにこの問題はマルサスのみならずリカアドの注意をも惹いた。しかしながら彼らは元来穀物関税の結果である食料品の騰貴が、資本利潤におよぼす影響についての意見をことにしていた。すなわちマルサスが、資本利潤は、食料価格の低廉化のほか、たとえば新市場の開拓のような、農業以外のあげる高利潤によっても騰貴しうると主張したのに対して、リカアドは、穀物生産の難易、食料価格したがって賃金の高い低いが、利潤の永続的減少または増加のほとんど唯一の原因であり、地代はこのような原因によって左右される利潤の高さの変化の差額であり、それは「つねに資本の利潤からさしひかれるのであり」(*Letters of Ricardo to Malthus*, ed. by Bonar, p. 59 [the 6th June 1815, VI/173])、利潤の下落と共に、それと同じ程度に騰貴する、それなのに穀物関税は低廉な食料の輸入の制限または禁止により穀物生産を困難にするのと同一の結果をもたらすものである、と解していた。ここにおいてマルサスが彼のパンフレットの中で穀物関税と地代とを弁護すると、リカアドは『穀物の低価格が資本の利潤におよぼす影響についての試論、輸入制限の不得策なことを証明し、あわせてマルサス氏の二篇の近著「地代の性質および増加にかんする研究」および「外国穀物の輸入制限政策にかんする意見の根拠」について論評する、一八一五年』(An Essay on the Influence of a low Price of Corn on the Profits of

Stock, shewing the Inexpediency of Restrictions on Importation: with Remarks on Mr. Malthus's two Last Publications: "An Inquiry etc."; and "The Grounds etc." 1815）という小冊子〔以下『利潤論』と略称〕を発表したのである。

この小冊子は標題の示すように、穀物価格の騰落が利潤におよぼす影響を明らかにし、これをもって穀物輸入制限の不当性を主張し、マルサスの所見を反駁したものである。しかも前述のようにリカアドは、地代は利潤の下落によって生じた剰余であると解していたがゆえに、「資本の利潤の問題を取りあつかうにあたっては、地代の騰落を調整する諸原理を考察することが必要である」（*Ricardo's Economic Essays*, ed. by Gonner, 1923, p. 223〔『利潤論』、IV/9〕）、また利潤の決定は賃金の決定をまってはじめて明らかにしうるので、おのずからここに賃金論が問題となる、と主張した。こうしてこのパンフレットは分配問題にかんする全理論を、しかも地代理論を中心として展開しているのである。したがってこの論文によってリカアドの分配理論の礎石が置かれたのである。

しかしながら『利潤論』は、リカアド分配理論の礎石を置いたにとどまり、いまだその展開は十分ではなく、特にそれの価値理論との関係については、説明が不十分であった。そこで親友ジェームズ・ミルの勧めにしたがって、彼がさらに論述をより組織化し、かつ詳細にして、一八一七年に公刊したのが『経済学および課税の原理』であったのである。だから『原理』も分配関係の分析を主要課題とし、特に地代理論をその解決の重要なポイントとしていることは、決して偶然ではないのである。

このように地代理論を中心として分配理論を展開しようとするリカアドは、農業資本主義的経済関係を資本主義的生産の典型的関係とした。これは、ここにおいては分配の三大範疇である地代・賃金および利潤が、同時にならび立ち、それらの相互関係がより顕著に表現されると思われたからであろう。すでに述べたように彼が、「大地の生産物は、……社会の三階級……のあいだに分割される」（Ricardo, *Principles*, p. 1〔from Gonner's edition, I/5〕）という理由はここにある。とは言っても、彼の考察する分配は、当然ながらこのような農業資本主義的生産のそれにのみ限られるわけではなく、キャナン教授が、「彼はつねに農場を国全体の産業の典型とみなし、全生産物の分配は、農場における分配によって容易に推測しうると想定したように見える」（Cannan, *Theories of Production and Distribution*, 1917, p. 341［渡辺一郎訳『分配論』聚芳閣、一九二六年、二七四ページ。訳文は改変。本訳書は原著作のうち分配論をあつかった後半部分（第Ⅵ章から最終第XI章）のみの邦訳］）というように、それは広く資本主義的生産社会全般にわたっている。しかも、地代論を第一義的とし、このような生産関係を前提とすることは、やがて彼が分配論を経済学の主要課題としたこととともに、彼の資本主義分析が労働対資本の関係ではなく、土地対資本のそれを主題とすることを暗示するものである。

このような一社会の分配についてリカアドが求めるものは、それを支配する法則である。彼は言う、「この分配を左右する法則を決定することが、経済学における主要問題である」［I/5］、と。ここにおいて彼は、事物の永久的な状態または効果と、一時的な状態または効果とを区別し、前者を問題とし、そしてそれらは、一時的偶然的事情が存在しない場合において、より明瞭にあらわれると考え、後者の事情を除外している。彼がマルサス宛の書簡において、「何度となく討論をかさねてきた諸問題にかんするわれわれの意見の相違の大きな原因は、あなたがいつも個々の変化の直接的な、そして一時的な効果を考えていらっしゃるのに対し――私はこういう直接的な、そして一時的な効果をまったく度外視して、それらの変化から生じてくる事態の永続的な状態にもっぱら注意を向けている点にあるように思えます」（*Letters of Ricardo to Malthus*, p. 127［the 24th January 1817, VII/120］と言うのは、よく彼の特質とマルサスとの相違を示している。そして彼の問題とする永続的・原則的状態または効果は、彼が「この学問はチュルゴー……の著作によって、大いに進歩させられたけれども、それらは、地代、利潤、および賃金の自然のなりゆき（natural course）にかんしては、満足な知識をほとんど与えていない」［I/5］、と言う場合の自然のなりゆきに一致する。もちろんここで言う自然のとは、自然によって与えられている法則性という意味ではなく、単に法則的・合法則的・必然的、言い換えれば事物の本質すなわち一般的法則性に適応したということを意味する（Amonn, *Ricardo als Begründer der theoretischen Nationalökonomie*, 1924, S. 3［阿部勇・高橋正雄訳『リカアドー――その學説と批評』明善社、一九二八年、五ページ。訳文は改変］）。ところが社会生活において事物の本質とは、その社会の基礎的秩序または組織であり、そしてリカアドがここに考える社会は、前述のように資本主義社会である。したがって彼のいう「分配の自然のなりゆき」とは、結局資本主義社会の基礎的秩序または組織に適合し、それら自身の生み出すもの、あるいはそれらの前提の下において合法則的であり、必然的であるものを意味する。リカアドはまさにこのようなものを求めようとしたのである。

資本主義社会の本質または基礎としてリカアドの前提とする主なものは、スミスにおけると同じく、その社会成員がまったく利己心によって動かされ、かつそれが自由に放任されること、いいかえれば、経済的利己心と自由競争の支配であり、なおその結果として、特に利潤の追及が経済行為の推進力または動因であるとされた。このような基礎的前提の下における過程、これがリカアドの追及するものである。もちろんリカアド自身も、このような前提がことごとく個々の経験的事実に該当するものと考えたのではなく、たとえば経済行為において利潤追及が推進力であるという場合、なお他の動因によって妨げられることも認めていた。しかも彼はそれは個々的・偶然的事実の問題であり、一般的・必然的事実に関する科学の問題ではなく、「経済学のほとんどすべての命題にたいして主張することができる」（*Letters of Ricardo to Malthus*, p. 18［the 23th October 1811, VI/64］）として、意識的にたまたま生じる事実的支障をしりぞけ、経済上各人は自分の利益を知り、また主としてそれによって動かされるという前提の下に研究しようとしていたのである。なおこのような前提のほかに、リカアドが分配とくにその変動の主要条件として人口の法則および土地収穫逓減の法則をあげていること、ならびにその結果として彼の資本主義社会の法則が影響を受けていることは後述する通りである。

いずれにしてもリカアドが、このように科学の問題を事実の問題から峻別し、前者が後者とことなり、一時的・偶然的事情を捨象した永久的・原則的状態および効果を取り扱うものとしていることは、普通彼の方法が抽象的・演繹的であると解される理由であり、スミスにおける内面的方法の流れをくみ、その外面的方法を展開したマルサスとことなる点である。しかしながら彼の言う永久的状態または効果は、個々の一時的・偶然的というものそれ自身からは独立しているが、なおそれらの綜合の結果であり、また彼の前提とするものは、個々の現実においては、それに反する場合がなくはないが、しかもなおそれらの根底に存在し、結局現実を支配するものである。このゆえにリカアドの法則的なものは、一時的・偶然的事情から独立であるかぎり抽象的であり、また一定の前提に立つかぎり演繹的であるとはいえ、決して事実を離れた単なる観念的思弁的なものではなく、あくまで当時の客観的現実に立脚し、その自然的・必然的な法則として実現されつつあるものであった。したがってまた彼の法則はおのずからただちに具体的・実践的政策の根拠たりうるものであり、また社会の一定の状態にのみならず、その発展にも妥当する。すなわち、動態的現象は静態的現象に基づきつつ、その必然的展開として、ともに自然的必然的なものとして理解されていた。このゆえに、彼の分配論から直接利潤低下の法則が導かれ、またその応用として経済政策ないし租税論が樹立されているのである。

こうしてリカアドにおいては、資本主義社会の分析は、理想的社会の自然的秩序の研究ではなく、客観的現実の中に、その必然的法則として実現されつつあるものの発見となった。この点において彼は、自然法または自然神教を根底として理想的秩序を求めていたケネー、スミス等と異なり、ひとえに経験に依拠しようとするマルサスと類似している。しかも後者は既述のように、帰納的・現実的方法をとり、またなお経験的法則を神意に帰した点において形而上学的・神学的臭味を脱しなかった。形而上学的・神学的臭味からの完全な脱却は、まさにリカアドから始まったのである。経済学は彼においてはじめて、資本主義の事実それ自身に基いて、その内面的機構を分析する科学として自立するにいたったのである。

このことは、当然ながら少くともイギリスにおける資本主義的事実の発展に対応したものであるが、なおリカアド学説に対するベンサム哲学の影響にもよると解される。もちろんこの点についても異論がないわけではないが（Schumpeter, *Dogmen und Methodengeschichte im G. d. S*, I, S. 64［シュンペーター著、中山伊知郎・東畑精一訳『経済学史 学説ならびに方法の諸段階』岩波文庫、一九八〇年、一五七―八ページ］）、普通にはベンサムの功利主義哲学が、親友ジェームズ・ミルの媒介により彼に伝えられたといわれる。かつてベンサムが、リカアドのことを彼の精神的孫といったのはこのためである。ブリーフス（Goetz Briefs）によれば、ベンサムの功利主義的思考の特質は、形而上学の排斥である。彼はあらゆる形而上学を排斥し、まったく経験的・実証的方法によろうとし、ここに個人の感情生活から出発して、快楽の享受と苦痛の防止が、人間欲求の内容、人生の帰趨であるとし、快楽の剰余をもって行動の動機とし、唯一の倫理的命令と解した。彼は、このような見地から社会的・経済的側面においては、利己心、自由競争等、スミスと同様の根本命題を導き出した。ただスミスにおいては、これらの根本命題は、一応形而上学的・神学的に基礎づけられていたのに対して、ベンサムは形而上学を排斥した結果、利己心の発動または自由競争は、そのまま直接に正当視され、容認された。もちろんベンサムも、個人の利益は他人の承認と同感とを得る時において益々増進するのだから、最大の幸福は、開明的利己心の発動によって、個人の幸福が同時に全体の利益と合一するようなものでなければならないとした。しかしいわゆる開明的な利己心の発動も、大きい利益のために小さい利益を放棄する利己心それ自身に基づくものであったのである（Briefs, *Untersuchungen zur Klassischen Nationalökonomie*, 1915, SS. 220–2）。

リカアドはこのようなベンサムの思想に影響されつつ、経済学から形而上学ないし神学的臭味を排斥した。しかしながら、ベンサム哲学が非歴史的であったように、リカアドは、当時の経済現象を、発展的・流動的なものではなくむしろ静止的・固定的なものと解した。この点において彼はなお非現実的・非経験的であることをまぬかれなかった。そして彼が資本主義社会の生産関係よりもむしろその分配関係を、分配の質的関係よりもむしろその量的関係を、経済学の主要課題としたことは、もちろん彼の時代的情勢によるものであったことは、すでに述べた通りであるが、また彼のこのような方法論的見地にもよるものというべきであろう。

それにもかかわらず、なおリカアドにおいて、分配が生産から分離せず、分配の問題を、それぞれの貢献に基づく土地・労働または資本の分前ならびにその変動の問題としたマルサスと異なり、社会生産物の、その成立に寄与した社会諸階級間への分割の比例およびその変動と解したのは、彼の研究の動機が、元来資本蓄積したがって生産におよぼす分配の影響という見地にあること、特に価値理論によるのであろう。

もちろん現代の分配問題は、一応価格問題であり、前者の解決は後者のそれに基かねばならないように見える。ところでリカアドは、他の場合におけるように、価格についても、その一時的・偶然的な市場価格と永久的・原則的な自然価格とを区別し（*Principles*, Ch. IV）、後者を主たる問題とし、その決定の法則が明らかにされれば、これによって価格論の課題は果されたものと考えた。しかも彼は、貨幣と商品とを区別せず、したがって「諸商品の交換価値、すなわち何らかの一商品のもつ購買力について論じるさいには、私は、つねに、なんらかの一時的または偶然的原因によって乱されないならばそれがもつであろうその力のことを意味するのであり、そしてこれがその商品の自然価格なのである」［I/92］と言うように、リカアドにあつては交換価値は自然価格であったのである。ここにおいて彼は資本主義社会の分配の研究の冒頭にまた同時にその基礎として、交換価値ないし相対価値の決定の問題をおき、それに主な注意を向けたのである。

ところでリカアドは、後述のようにこのような交換価値または相対価値の基礎に労働があることを認めていた。彼は、そもそもこの立場から、労働は一切の商品の交換関係の標準であるばかりではなく、一切の商品価値の実体であり、まさにそのために交換関係を支配するという絶対価値の見地に近づきながら、なおそれに達せず、およそ労働は相対価値の条件として前提されたにとどまる。しかもなおこのゆえに、彼においてはあらゆる異質な生産物は、等質なものとなり、ここに分配問題は、結局労働によって作り出された価値が、生産に加わる諸階級に分割される比率の研究となった。「われわれが地代、利潤、および賃金の上昇または低下について判断するつもりであるならば、それはどこか特定農場の全土地生産物の、地主、資本家、および労働者の三階級への分割によるべきであって、明らかに可変の媒介物で評価されるであろうその生産物の価値によるべきではない。われわれが利潤、地代、および賃金の率を正しく判断しうるのは、いずれかの階級によって獲得される生産物の絶対量ではなく、この生産物を獲得するのに必要とされる労働量によってである」[I/49]、と彼がいうのはこのためである。

なお、リカアドは、労働生産力の変動の主要条件として人口の法則および土地収穫逓減の法則をあげ、その社会的・歴史的条件を軽視していることは後述の通りであるが、彼が不完全ながら労働価値説の見地に立ち、分配の問題である価格の問題は、結局労働生産力の増減に依存する価値の問題と理解したのはまさに、分配の状態に基いて、その変動をも考察しようとしたからであろう。もちろんこのような見地においては、経済静態それ自身の中に動態の契機が内包され、後者は前者の必然的展開として理解されるであろう。

こうしてリカアドは、スミスにおける一面、投下労働－分解価値の見地を継承し、経済関係を、実質上社会的または階級的な関係およびその変動として、展開しようとしていたのである。

第二節　価値理論

第一項　労働価値法則の樹立

リカアドの価値理論は、スミスから出発してその投下労働説を徹底しようとしたものである。もちろんすでに述べたようにアダム・スミスは、前資本主義の社会と資本主義の社会とを区別し、前者においては商品生産のために投下した労働量間の比率が交換価値を決定するという労働価値説をとなえたが、後者においてはむしろ賃金・利潤および地代の合計が商品価値を決定するという生産費説を採った。ところがほとんど常に資本主義社会のみを見たリカアドにおいては、前資本主義社会と資本主義社会との間には本質的区別はなく、前者はむしろ機械その他の固定資本の使用が比較的少ない資本主義社会の初期の段階にすぎない。もちろん、「アダム・スミスが言及している、かの初期の状態においても、漁師が彼の猟獣を仕留めることを可能にするためには、たぶん彼自身によって作られ蓄積されたものであろうが、若干の資本が必要であろう」[I/22-3]。ゆえに資本主義社会は、遠い過去から将来にいたる唯一の社会である。したがって商品価値は常にその生産のために直接間接に投下された労働量によって決定され、賃金および利潤はこのような価値の分解部分であるとして、さらに地代の支払いもまたこのような労働価値法則に影響しないと解したのである。なおリカアドは後に労働価値論の修正を行っているが、それは初期の段階か後の段階かを問わず、社会のいかなる状態においても、固定資本の耐久性と資本の構成に差異がある場合には、その影響をうけるとしていたからである。

このようにリカアドが、前資本主義社会と資本主義社会とを区別しないのは、生産財を資本と同視するスミスの見地を極端にまで押しすすめたためである。もちろんリカアドにとっては、「資本は、一国の富のうち生産に使用される部分であり、そして労働を実行するのに必要な食物、衣服、道具、原材料、機械、等々」[I/95] であるから、いかなる社会にも存在することとなったのである。この結果として、リカアドは、前資本主義社会と異なる資本と労働との交換にともなうスミスの困難をよそに、またはじめから平均利潤率の成立を前提して、商品価値と自然価格とを混同しつつ、所論をすすめてゆくのである。

まずリカアドは、スミスにしたがって使用価値と交換価値を区別し、両者の二律背反性を明らかにし、物の所有によって取得する他の物に対する購買力である交換価値を考察の対象とする [I/11]。

ただこれらの点においても、なおスミスとことなる点がなくはない。スミスにあっては、使用価値すなわち効用が皆無であってもなお交換価値があるものがある（Smith, *Wealth of Nations*, ed. by Cannan, I. p. 30 [*Id.*, in The Glasgow edition of the works and correspondence of Adam Smith, Vol. I, Oxford, 1976, pp. 45–6（杉山忠平訳・水田洋監訳『国富論』岩波文庫、第一分冊、六〇—一ページ）]）とされたのに対して、彼は効用のないものに交換価値のあるはずがないから、交換価値は使用価値があることを前提とするとした [I/11-2]。この点においてはリカアドはもちろんスミスにまさる。しかし彼は使用価値と交換価値とが全然ことなるということおよび前者が後者の存立条件であることを主張したにとどまり、すすんで両者の関係について展開することはしなかった。その上、リカアドは使用価値と交換価値との相違を徹底させようとして、使用価値を富と同一視し、これを価値と対立させて、「価値は本質的に富とことなっている、というのは、価値は豊富さに依存するのではなく、生産の難易に依存するから」であるとする見地から、スミスがいったん「人は、彼が人間生活の必需品、便宜品、および享楽品を享受しうる程度に応じて富んでいるかあるいは貧しいかである」と正しく規定しながら、同時に「人は、彼が購買しうる労働の分量に応じて、富んでいるかあるいは貧しいかであるにちがいない」と言っているのは、失当であると批判している（*ibid.*, Ch. XX [I/273-7]）のは、スミスに劣るものといわなければならない。というのは、このようなスミスの見解、すなわち富が前分業社会と分業社会とにおいてことなると考えるのは、彼が事実上富の歴史性を感得し、無意識的ながらその限りにおいて価値をその特定の歴史的社会的形態として規定していたことを示すものであるのに対して、富が社会状態のいかんにかかわらずつねに使用価値であるとするリカアドには、このような感得の幻影さえも存在しなかったからである。

それでは、リカアドは商品の交換価値は何によって決定されるとしたのか。彼は言う、「諸商品は、それが効用を有するかぎり、その交換価値を二つの源泉から引き出す、すなわち、諸商品の希少性とそれらを取得するのに要する労働量からである」[I/12]、と。まず彼は商品を労働を費すことによってその分量を増加できるものとそうでないものとに分ける。後者の交換価値は「それらを生産するのに当初必要とした労働量とはまったく無関係であって」、もっぱらその稀少性をその源泉とする。たとえば稀な彫刻や絵画や書物や貨幣、またごく制限された範囲の土地に栽培される葡萄からのみ醸造されるワインなどがこれに該当し、「これらのものの価値はそれを所有したいと欲する人々の富と嗜好の変動とともに変動する」[*ibid.*]、とする。その意味は、結局独占商品の価値は、その需給関係によって決まるということに帰するであろう。これに反してリカアドは、前者すなわち労働によってその分量を増加することのできる商品の交換価値は、ほとんどまったく各商品に費された労働の比較的分量の多少によって決定されるとするのである。ところでリカアドによれば、「欲求の対象である財貨の最大部分は、労働によって取得されるのであって、それらの財貨は、もしもわれわれがそれらを取得するのに必要な労働を投下する気になりさえすれば、たんに一国においてばかりでなく、多くの国において、ほとんど際限なしに増加しうるであろう」。このゆえに彼は、「商品について、その交換価値について、またその相対価格を左右する法則について論じる場合には、われわれはつねに、人間の勤労の働きによって分量を増加させることができ、またその生産には際限なく競争が行われるような、そのような商品」[*ibid.*]のみを意味するとして、前者の任意に増加することのできない商品を、考察から除外しているのである。

このように労働によって任意にその分量を増加しうる商品の価値は、いいかえればその商品と交換されるある他の商品の分量は、何に依存するか。リカアドはこの問題に答えるに当り、まず生産に使用される生産手段すなわち彼の言う資本を捨象し、直接労働のみを考慮して、「その生産に必要な労働の相対的分量」がそれであるとする。彼は言う、「社会の初期の段階においては、これらの商品の交換価値、すなわち、一商品のどれだけの分量が他の商品と交換に与えられるべきかを決定する規則は、ほとんどもっぱら各商品に支出された労働の比較量に依存する」[*ibid.*]、「社会の初期の段階において、いまだ多くの機械または耐久的な資本がもちいられていないときには、相等しい資本によって生産される諸商品は、ほとんど相等しい価値をもち、そしてその生産に要する労働の多少によってのみ、相互に相対的に騰落するであろう」[I/42]、と。また言う、「もしも商品に実現された労働量がその交換価値を左右するとすれば、労働量のあらゆる増加は、労働が投下された当の商品の価値を増加させ、同様にあらゆる減少はそれを引き下げるにちがいない」、と。これは、彼の価値理論の基本原則であり、彼自身「人間の勤労によって増加しえない物を除外するかぎり、これ［労働］が実際にすべての物の交換価値の根底である、ということは経済学におけるもっとも重要な学説である」[I/13]、と述べているのである。

ここにおいてリカアドは、価値の真実の尺度として投下労働と支配労働とを混同したスミスを批判する。ここで彼は、商品が市場において支配しうる労働量とは、労働の価値、結局賃金であると解している。彼は言う、「このように正確に交換価値の根源を定義し、そして、すべての物はその生産に投下された労働の多少に比例して価値が大きかったり小さかったりすることを首尾一貫して主張すべきであったアダム・スミスは、自ら別の価値尺度をたてて、この標準尺度の多量または少量と交換されるのに比例して物の価値が大きかったり小さかったりする、と論じている。彼は標準尺度として、ある時には穀物を、他の時には労働をあげている。ただし、それは何らかの対象の生産に投下された労働量ではなく、それが市場において支配しうる労働量である。あたかも、これら二つの表現は同意義のものであるかのように、また、ある人の労働が二倍の能率をもつようになり、それゆえに彼が一商品の二倍量を生産しうるようになるであろうから、彼は必然的に労働と交換に以前の二倍量を受け取るであろうかのように。もしもこのことが本当に真実であ……るならば、一商品に投下された労働量と、その商品が購買するであろう労働量とは相等しく、いずれも正確に他の物の〔価値〕変動を測定しうるであろう。しかしこれら両者は相等しくない、前者は多くの事情のもとで不変の標準であって、他の物の〔価値〕変動を正確に示すが、後者はそれと比較される諸商品の数と同じだけの変動をまぬかれない」〔I/13-4〕、と。こうして彼が、商品の価値は、その労働に対して支払われる報償の多寡によって定まるのではなく、その生産に必要となる相対的労働量によって定まると概括しているのは、労働価値論の純化である。もっともスミスの混乱の原因は、リカアドの指摘したよりもより深く、既述のように彼が前資本主義社会から出発したためである。つねに資本主義社会のみを見たリカアドはこれを理解しなかったのである。

ところでリカアドの言うように、商品の交換価値はその生産に費される労働量が決定するとしても、種類をことにする労働生産物は、ただちにそれらの労働量によって相互に比較することはできない。なぜなら労働は商品種類のことなるにしたがってその品質をことにするからである。このような労働生産物の価値を比較するためには、このような異質労働を等質化すること、あるいはあらゆる労働の換算される単位が決定されなければならない。

この問題にかんするリカアドの説明は、ほとんどスミスの域を出ていない。彼は、「労働がすべての価値の基礎であり、そして労働の相対量がほとんどもっぱら諸商品の相対価値を決定する、と論じるからといって、私が、労働のことなった質と、ひとつの業務における一時間または一日の労働を、ある他の業務における同じ持続期間の労働と比較することの困難とに、注意を払っていない、とみなしてはならない」、と言う。しかしながらこの困難の解決を彼はただ単に市場における各種の労働に対する評価に求めるのである。すなわち彼は言う、「ことなった質の労働が受ける評価は、すべての実際的な目的のためには十分な正確さをもって、市場においてただちに調整されるようになり、そしてそれは、大抵は、労働者の比較的熟練と遂行される労働の強度とに依存する。この等級は、いったん形成されると、ほとんど変動を受けない。もしも宝石細工師の一日の労働が普通の労働者の一日の労働よりも価値があるとすれば、それは、はるか以前に、価値の等級のなかの適当な位置に調整され、配置されて、今におよんでいるのである」〔I/20-1〕、と。

ここでリカアドの言う「異なった質の労働が受ける評価」(the estimation in which different qualities of labor are held) とは、なされる各種の労働自体の計量を意味するかのようであるが、実は異質労働の価値、すなわちそれらの賃金の評定を意味するものと解すべきであろう。なぜなら本節〔『原理』第三版第一章の第二節〕の要約には、「ことなった質の労働は、ことなった報酬を受ける。このことは諸商品の相対価値の変動の原因ではない」〔I/20〕、とあるからである。もしこのように解すべきだとすれば、このリカアドの説明はただ問題の的を失しているだけでなく、同時に彼の根本命題に矛盾する結果をもたらすものである。いずれにせよ、ここで問題とされているのは、労働の質的差異の量的差異への約元であり、労働の質的差異の惹起する賃金の多い少ないではない。またもしも品質をことにする労働が、ことなる量の賃金を受けるゆえに、労働の量したがって価値の量がことなるというのならば、価値は労働量によって決定され、賃金によってではないという、彼のスミス批判の命題に矛盾することになる。しかも彼はこれにより、同一時期における異種の労働の比率は市場において定まり、一度定められたこの比率は、時が経過しても変化しないとしているのである〔*ibid.*〕。

なおリカアドは、異なる時期における同種の労働の生産物の価値については、「労働の比較的熟練と強度……

は両時期において等しく作用するから」、その比較においてほとんど顧慮する必要はないと述べているが、このようなことはほとんどはじめから問題にならないであろう。なぜならこの問題は異種の労働の比較であり、同種の労働の比較ではないからである。

このようにしてリカアドは、労働の質的差異の量的差異への約元の問題については、その存在と困難とを看過したのではないとはいえ、その解決においては事実上挫折している。ここにおいて彼みずから、彼がいわゆる絶対価値ではなく相対価値を主題としていること［*ibid.*］を口実に、この事実を弁明しようとしている。

そもそもリカアドのいう価値は、既述のように主として交換価値（value in exchange）または相対価値（relative value）を意味する。ところがこの交換価値または相対価値には、またふたつの意味が混在している。そのひとつは商品を生産するのに要する労働量によって決定されるものであって、彼の言う絶対価値（absolute value）、真実価値（real value）または積極価値（positive value）であり、もうひとつは交換比率としての商品間の関係であり、彼が絶対価値に対して相対価値（relative value）または時として比較価値（comparative value）とよぶものである。

さて絶対価値は、当該商品自体の投下労働量によって決まり、その増減にともなって上下する。これに反して相対価値は、一商品に対する他商品の交換比率であり、したがって当該商品自体の投下労働量のみならず、他の商品のそれの変動によっても影響をうける。ゆえにこの両者が相違することは明らかである。とはいえ、絶対価値と相対価値とのあいだに関係のあることはもちろん、後者は本来前者を前提とし、それによって決定されるものである。もちろん二商品の交換比率を定めうるためには、両商品がただ分量的にのみことなる等質物であることが必要であり、さらにそれらの含むこのような等質物の分量によって決定される。そしてこのような等質物がすなわち絶対価値の実体にほかならない。だとすれば、前述の異質労働の等質化の問題は、絶対価値を論ずる時にこそ重要であっても、絶対価値を前提とする相対価値においては、それは当然既定の事実とみなされがちであることもうなずけるであろう。

わがリカアドもこのような絶対価値を論じている。たとえば「もしも商品に実現された労働量がその交換価値を左右するものとすれば、労働量のあらゆる増加は、労働が増加された当の商品の価値を増加させ、うんぬん」[I/13]、と言い、また「価値は豊富さに依存するのではなく、生産の難易に依存する」[I/273]、と言うような場合の価値とは絶対価値である。さらに彼は絶対価値と相対価値との関係も述べている。彼はいう、「私は商品に費やされた労働はその商品の交換価値の尺度だと言っているのではなく、それの積極価値の尺度だと言っている、と思います。そのうえで私はこうつけくわえます。交換価値は積極価値によって規制され、したがって費やされた労働によって規制されると」(*Letters of Ricardo to H. Trower and Others*, ed. by Bonar and Hollander, 1899, p. 151 [the 4th July 1821, IX/1-2])。また次のように言う、「ひとつの商品の交換価値は、それの実質価値が変わるか、またはそれと交換される物の実質価値が変わるか、どちらかでないかぎり変わることはできない、と私は言います。それは議論の余地がありません。一着の上着で四個の帽子を買えていたものがのちになって五個の帽子が買えるようになるとすれば、私はその上着と帽子との双方の交換価値が変動したことをみとめます、がそうなったのはそれらのうちの一方か他方かが実質価値において変動した結果なのです」(*Letters to Trower*, p. 156 [the 22nd August 1821, IX/38])、と。

けれどもリカアドが、彼の価値論において主たる問題としたのは、絶対価値ではなく　相対価値であり、しかもその変動にあった。彼は言う、「私は、ひとつの商品には、一〇〇〇ポンドの費用を要するほどの労働が投下され、もう一つの商品には、二〇〇〇ポンドの費用を要するほどの労働が投下されているがゆえに、したがって一方は一〇〇〇ポンドの価値をもち、他方は二〇〇〇ポンドの価値をもつであろう、と言ったのではなく、それらの商品の価値は、相互にとって一に対する二であり、その割合でそれらは交換されるであろう、と言ったのである」[I/46-7]と。また次のように言う、「私が読者の注意をひきたいと望んでいる研究は、諸商品の相対価値の変動の結果にかんするものであって、その絶対価値のそれにかんするものではない」、と。そこで彼はこの立場から、「ことなった種類の人間労働が受ける評価の比較的程度を検討することは、あまり重要ではないであろう。われわれは公正に次のように結論してよいであろう。すなわち、たとえ最初はことなった種類の労働のあいだにどのような不平等があったとしても、またある種の手工的技巧を会得するのに、他種のもの以上に、どれほど多くの工夫力、熟練、または時間が必要であったとしても、それはひとつの世代から次の世代にかけてひきつづいてほとんど同一であるか、あるいは少なくとも、年々の変動はきわめてわずかである、それゆえに、短期間には諸商品の相対価値にほとんど影響をおよぼすことはありえない」[I/21-2]、と言っている。これは労働の質の問題に対する、彼の解決の不完全さについての弁明と見るほかはないであろう。

労働の単位が規定され、商品の価値がその投下労働量によって定まるとしても、なお一定種類の商品の生産条件には、有利なものと不利なものと、その中間にあるものと無数の段階があり、したがってそれらの生産に要する労働量はさまざまにことなる。ここにおいて一定種類の商品の価値を決定する労働量とは、いかなる生産条件において当該種類の商品の生産に要する労働量であるかが問題となる。これに対するリカアドの解答は、『原理』第二章「地代論」の中に見出される。彼は言う、「製造された物であろうと、鉱山の産物であろうと、土地の生産物であろうと、すべての商品の交換価値は、つねに、きわめて有利な、そして生産上の特殊便宜をもつ人々によって独占的に享受されているような事情のもとで、それらの物を生産するのに十分なより少量の労働によって左右されるのではなく、このような便宜をもたない人々によって、すなわち、もっとも不利な事情のもとで引き続いてそれらの物を生産する人々によって、その生産に必然的に投下されるより多量の労働によって左右されるのである、——ここに言うもっとも不利な事情とは、生産物の必要とされる分量のためには、そのもとでも生産を続行せざるをえない、そのもっとも不利な事情という意味である」［I/73］、と。

なお彼は前掲の文章についで次のように言う、「したがって、貧民が慈善家の基金で仕事をさせられる慈善施設においても、このような仕事の所産である諸商品の一般的価格は、これらの労働者に与えられる特殊な便宜によって支配されないで、他のあらゆる製造業者が遭遇しなければならない、一般の、普通の、そして自然の困難によって支配されるであろう。もしこれらの恵まれた労働者によってもたらされる供給が社会のすべての欲望に応じうるとすれば、これらの便宜をひとつも享受していない製造業者は、実際、市場から完全に駆逐されうるであろう。しかし、もしも彼がその事業を継続するとすれば、それは彼がそれから資本に対する普通の一般的な利潤率を得るという条件のもとにおいてのみ可能であろう。そしてこのことは、彼の商品がその生産に投下された労働量に比例する価格で売られる場合にのみ起こりうるであろう」［*ibid.*］、と。これによりリカアドが価値を決定するものとする労働量が、個々の生産条件における特殊的な労働量ではなく、なんらかの一般的労働量であることは明らかである。しかし、ここで彼が「一般の、普通の、そして自然の困難によって支配される」と言い、また「資本に対する普通の一般的な利潤を得るうんぬん」と言っている以上、彼の考える一般的労働量が、土地生産物のみならず、工業製品についても、最大労働量であるとされていたのかどうかという疑問が生ずる。

もちろん、前掲の「すべての商品の交換価値うんぬん」という文面からすれば、彼はあらゆる商品種類について、最大労働量が支配的であるとしていたと解すべきであろう。しかしながら、この文章は、もし社会の需要の満足上必要であるならば、それに応ずる供給追加量を得させる部分が、他の部分よりも、より大きい労働量を要する場合にも、商品の価格は一般に供給追加量を得させる部分の労働量すなわち最大労働量によって決定されるであろう。これによりこのような追加量を得させるより不利な生産条件の生産者も、一般普通の利潤を得ることが可能であるという意味であろう。そして実際にこのようなことは、一般的・経過的にはあらゆる商品種類において起りうるが、永続的・原則的には土地生産物においてのみ生じ得るはずのものとなるであろう。たしかに工業生産における生産条件は、人為的・経過的原因によって左右されることが多く、したがって任意に有利な生産条件とその下での生産の増加が可能である。そしてこうして増加される有利な条件における商品は、不利な条件における商品を圧迫する。ここにおいて不利な条件の生産者はその生産条件を改善し、少くとも有利なものと同程度まで引上げようとする。したがって工業生産においては生産条件は平均化する傾向があり、よってまた商品の価格は平均生産費に向かおうとする。ところが農業等の原始生産においては、自然的・永続的に豊度および位置が相互にことなる土地を主要な生産条件とするのであるから、任意に有利な条件とその下における生産を増加し得ない。したがって最劣等条件における商品は、有利な条件における商品によって圧迫されず、その生産は社会の需要の充足上必要である。ここではこのような種類の商品の価格は、最劣等条件における最大生産費によって支配されるからである。

このような関係についてリカアドは、前掲の「したがって、貧民が慈善家のうんぬん」という文章に続いて、次のように言う以外に、詳細に基礎づけているわけではない。「なるほど、最良の土地においては、なお同一の生産物が、以前と同一の労働をもちいて取得されるであろう、しかし、その価値は、肥沃度の劣った土地に新しい労働と資本とを使用した人々によって取得される収益が減少する結果として、高められるであろう。そうしてみると、肥沃な土地が劣等な土地にまさる利点は、けっして失われるのではな……いにもかかわらず、なお、劣等な土地ではより多くの労働が要求されるから、しかもわれわれが原生産物の追加供給をもつことができるのは、このような土地からのみであるから、その生産物の比較価値は依然として永続的にその以前の水準以上にあり、そしてそれはその生産にこのような追加労働量を要しない帽子、服地、短靴、等々のより多くと、交換されるであろう」[I/74]。しかしながら彼は『原理』第一七章において、土地生産物の価格決定は、独占商品に対する関係においては、工業生産物のそれと同様であるが、しかも相互の関係においてはことなることを次のように述べている。彼は言う、「原生産物が独占価格にあることはない、なぜならば、大麦や小麦は、服地やリンネルの市場価格と同じ程度に、その生産費によって左右されるからである。唯一の相違はこうである、すなわち、穀物の価格を左右するのは、農業に使用される資本の一部分、つまり、ぜんぜん地代を支払わないその部分であるが、これとことなって、製造品の生産にあっては、資本のどの部分が使用されても同一の結果をともなう、そしてどの部分も地代を支払わないから、あらゆる部分が同等に価格の規制者である」[I/250]、と。ここにいう農業生産における地代を納めない資本部分とは、後述するように最も不利な条件の資本であり、工業生産における資本部分がすべて同一の結果を生じるとは、生産条件の平均化を前提するということであろう。したがってリカアドも土地生産物の工業生産物に対する価格決定の特異性を認めていたものと思われる。それどころか彼の主張する差額地代説は、後述するようにこのような価格決定の特質に基づくものである。

だとすれば前掲の文章における最大労働量は、土地生産物の価値にのみ妥当し、他の商品特に工業生産物の価値については、むしろ平均労働量が基準とされていると解すべきであろう。

さて以上述べたことは、商品の生産には、労働のみが使用され、労働を補助する資本は存在しないという仮定に基づく。それでは、いかなる社会においても現実にそうであるように、使用される器具・機械・建物等いわゆる資本を考慮したならば、商品価値はどのように決定されるか。リカアドは、このようないわゆる資本は、間接労働の体現物であり、生産とともに新しい生産物に移転する、したがって商品の価値はその生産のために費される直接労働だけでなく間接労働によっても左右される、と解する。彼は言う、「アダム・スミスが言及しているかの初期の状態においても、漁師が彼の猟獣をしとめることを可能にするためには、たぶん彼自身によってつくられ蓄積されたものであろうが、若干の資本が必要であろう。なんらかの武器がなければ、ビーヴァも鹿もしとめることはできないであろう、それゆえに、これらの動物の価値は、たんにその捕獲に必要な時間と労働によってばかりでなく、また漁師の資本、すなわち、その援助によってそれらの動物の捕獲が遂行される武器を備えるのに必要な時間と労働によっても、左右されるであろう」、と。

なお器具・機械・建物の中でも、その生産に要する労働量はそれぞれことなるし、また生産に要する労働量は相等しくても、その耐久力はそれぞれことなるであろう。リカアドは、その生産により多くの労働を要する資本を使用するものはそうでないものを使用するものよりも「より多くの価値をもつであろう」、また、「耐久力の大きい器具からは、その価値の一小部分しか商品に移されないであろうし、耐久力のより小さい器具からは、それがその生産に寄与した商品に、その価値のはるかに大きな部分が実現されるであろう」[I/23]、と解する。彼は資本価値の移転の遅速を、その前提である資本の物理的耐久力のいかんと混同しているのである。

交換価値決定者として直接労働のほかに間接労働もあげたことは、スミスに対するリカアドのひとつの進歩であるとされる。なぜなら、前者にあってはいまだこの点は明らかに論述されていないからである。加えて、スミスは既述のように労働と賃金との混同のゆえに、このような器具・機械等の資本が、直接労働者以外のひとつの階級の人々に属し、それらの人々によって労働者に提供される場合、すなわち資本主義社会にあっては、資本と労働との交換に関連して困難に陥り、ついに投下労働量（実は賃金）のほかに利潤および地代が真実価格の構成部分となり、投下労働価値説は妥当しないとして、その見地から自然価格論を形成したのである。ところでリカアドは労働と賃金とを区別し、また資本主義社会を唯一の社会とみなしたために資本と労働の交換にかんする困難を見ず、彼は生産手段がひとつの階級によって独占される場合においても、商品価値は、その生産に必要な直接労働および間接労働によって決定されるとした。もちろんこのような場合においては、商品価値は、資本に対する利潤と労働に対する賃金との両所得に分割される。しかし彼は、この分割の割合およびその変動は、相対価値それ自身には影響しない、もちろん賃金および利潤は、与えられた商品価値の分解部分であって決して価値の構成部分ではない、したがってその分割の割合およびその変動は、利潤と賃金との両者にこそ影響するが、生産物の価値自体には作用しない、と解した。彼は言う、「ビーヴァと鹿を仕留めるのに必要なすべての器具は、ひとつの階級の人々に属し、そしてこれらの動物の捕獲に使用される労働は、他の階級によって提供されることがあるであろう、しかもなお、これらの動物の比較価格は、資本の形成とこれらの動物の捕獲との両者に投下される現実の労働に比例するであろう。資本が労働に比較して豊富なあるいは希少なそれぞれことなった事情のもとにおいて、相等しい価値の資本をひとつの用途かあるいは他の用途かそのいずれかに提供した人々は、取得された生産物の半分、四分の一、あるいは八分の一を得て、残りは労働を提供した人々に賃金として支払われることがあるであろう。しかもこれらの分割はこれらの商品の相対価値には影響をおよぼしえないであろう、……資本の利潤が多かろうと少なかろうと、すなわちそれが五〇パーセントであろうと、二〇パーセントであろうと、あるいは一〇パーセントであろうと、あるいは賃金が高かろうと低かろうと」[I/24]、と。リカアドはこのようにスミスにくらべて労働価値説を貫徹した。しかもそれはスミスの問題の無理解においてであった。

それだけではなく既述のように、前資本主義社会と資本主義社会とを区別せず、したがって商品価値と自然価格とを混同し、平均利潤率の成立を前提し、かつ絶対価値ではなく相対価値を主題としたリカアドは、ここでも商品価値の分解部分である利潤と賃金とは、そのいずれか一方の変化は反対の方向における他方のものの変化をもたらすのみならず、各種職業において同様の影響を惹起するのであり、したがって商品の相対価値には変化を惹起しないと主張していた。彼が生産物の賃金と利潤への「分割は、これらの商品の相対価値には影響をおよぼしえないであろう、というのは、資本の利潤が多かろうと少なかろうと……、あるいは労働の賃金が高かろうと低かろうと、これらは両用途において平等に作用するだろうからである」[I/24] と言い、また「賃金として支払われるであろう割合は、利潤の問題にとってはもっとも重要である、というのは、利潤が高いか低いかは、賃金が低いか高いかに正確に比例するであろう、ということがただちにわかるはずだからである。しかし、賃金は両職業において同時に高くあるいは低くなるであろうから、この割合は魚と猟獣の相対価値にすこしも影響しえないであろう」[I/27]と言い、また「労働の賃金のいかなる変動も、これらの商品の相対価値になんらの変動をももたらしえないであろう、というのは、それが上昇すると仮定しても、これらの職業のいずれにおいても、より多量の労働が要求されるであろうというのではなく、ただ労働がより高い価格で支払われるであろうというだけのことであり、猟師や漁師に彼らの猟獣や魚の価値をひき上げようと努めさせるのと同じ理由が、鉱山所有者に彼の金の価値をひき上げさせるだろうからである」[I/28]、と言っているのはまさにそれに相当する。

賃金と利潤が相反的に運動するというリカアドの前提は、分割される商品価値が固定的である場合にのみ正当であり、たとえば賃金の増加とともに労働の密度がまして商品価値が増加するならば、利潤もまた増加するであろう。仮に利潤が賃金の増減と反対に増減するとしても、利潤率は利潤額の総資本との相対比であるから、商品の生産に投下された総資本中労働を支持するための流動資本と、道具・機械・建物等に投下された固定資本とのあいだの組合せならびに固定資本の耐久性にも依存する。すなわちこのような組合せおよび耐久性が共に等しい場合には賃金の騰貴は諸産業の利潤率に等しい影響を与えるが、それらがことなる場合は影響の程度もことなる。たとえば賃金が騰貴した場合には、流動資本部分が多く、比較的多くの労働を使用する産業は、そうでないものに比較して、利潤の減少が大きく、したがって商品が等価労働量にしたがって交換されるかぎり、より低い利潤率を上げうるのみとなる。しかもこのような利潤率が、資本の組合せまたは回転速度のいかんにかかわらず、平均化しようとする資本主義社会における現実に矛盾するにいたるのである。

ここにおいてリカアドは、商品価値の利潤および賃金への分割およびその変動が、生産物の価値自体に変動をきたさないという主張は、諸商品の生産にもちいられる固定・流動資本の構成および固定資本の耐久性の相等しいことを条件とするものであり〔I/29〕、もしこの条件とはことなって、両種資本の構成および固定資本の耐久性がことなるならば、このような主張の例外として、商品の相対価値の変動を引き起こす原因として、商品の生産に必要な労働量のほかに、労働の価値すなわち賃金の騰落が引き入れられる〔I/30〕と解し、その場合を説明しているのである。しかもその説明を見ると、事実上彼はまず賃金騰落と無関係に、労働価値法則と平均利潤現象とのあいだの矛盾ないし困難を取り扱い、次に賃金騰落の商品価値におよぼす影響を考察しているのである。

要するにリカアドは、平均利潤率を始めから与えられた出発点としているがゆえに、このような矛盾または困難は、労働価値法則に基づいて平均利潤現象を説明することによってではなく、むしろ後者により前者を限定することによって解決されるべきものとしたのである。このゆえに彼の説明は、労働価値法則の修正と称されるのである。

第二項　労働価値法則の修正

すでに述べたように、リカアドもスミスと同様に、資本を労働に効果を与えるために必要な物的素材であると解し、したがってスミスの言う原始的社会にも資本の存在を認めた。ただこのような時代の資本は労働要具に限られた。ところが文明社会では、このほかに労働者の生活資料もまた資本に加えられた。ゆえにリカアドにおいても、資本は事実上両社会においてことなる性質を有したのであるが、彼はこの点を意識せず、したがって両社会の区別も把握しなかった。

彼は、このような素材を、その耐久力という物理的性質を標準として、固定資本と流動資本とに区別した。彼は言う、「資本は、すみやかに消滅しやすくしばしば再生産されることを要するか、あるいはゆっくり消費されるものであるかにおうじて、流動資本の項目かあるいは固定資本の項目に分類される。その所有する建物や機械が高価であり耐久的である醸造業者は、大きな固定資本部分を使用すると言われ、これに反して、その所有する資本が、主として賃金の支払いに、すなわち、建物や機械よりも消滅しやすい商品である食物や衣服に支出される賃金の支払いに使用される靴製造業者は、彼の資本の大きな割合を流動資本として使用するといわれる」[I/31]、と。これにより、彼の資本の固定部分および流動部分の区別は、スミスのあげる標準のひとつにしたがうものであることは明らかである。なお注意すべきはリカアドの流動資本の種類のなかには、原材料がなく、それは実際上賃金が費される生活資料に帰着していることである。これはすでに述べたように、スミスがケネーの先例にしたがって、労働者の生活資料を固定資本に対する流動資本の部分に属するものとしたことから、さらに一歩すすめたものである。

物理的耐久力を標準とする限り、資本価値の同収時間は少くとも直接には問題とならない。ところがリカアドはなお同時に資本価値の回収時間の長短をもって、両種資本の区別の標識としている場合もある。彼が、「農業者によって播くために買われる小麦は、パン焼き業者によってパンを焼くために買われる小麦に比較すれば、ひとつの固定資本である。前者はそれを地中に放置して、一年間はなんらの収益もあげることができない、後者はそれを挽いて小麦粉にし、それをパンとして彼の顧客に売り、そして一週間以内に、同じ業務を更新するためか、あるいはなにか他の業務を開始するために、彼の資本を回収することができるのである」[I/31]、というのはこれに相当する。

こうしてリカアドは諸職業において、両種資本の構成および固定資本の耐久性がことなる場合に、賃金の騰落が相対価値におよぼす影響を説明しようとして、数個の例証を設ける。第一の例証として彼は言う、「二人の人がおのおの一〇〇人を一年間二台の機械の建造に雇用し、そして他の一人が同数の人を穀物の耕作に雇用すると仮定すれば、おのおのの機械はその年の終わりに穀物と同一の価値をもつであろう、というのは、これらはおのおの同一量の労働によって生産されるからである。これらの機械の一方を所有する人は、翌年は、一〇〇人の援助を得て、服地の製造にこれを使用し、他方の機械を所有する人もまた、同様に一〇〇人の援助を得て、綿製品の製造にこれを使用するが、それに対して農業者はひきつづいて穀物の耕作に前年と同じく一〇〇人を雇用するものと仮定しよう。第二年目のあいだに、彼らはすべて同一量の労働を雇用したわけであるが、しかし、服地製造業者ならびにまた綿製品製造業者のもつ財貨と機械とを合計したものは、一年間雇用された二〇〇人の労働の結果である、というよりは、むしろ、二年間にわたる一〇〇人の労働の結果であろう。ところが、穀物は一年間の一〇〇人の労働によって生産される、その結果として、もしも穀物が五〇〇ポンドの価値をもつとすれば、服地製造業者の機械と服地とを合計したものは、一〇〇〇ポンドの価値をもつはずであり、綿製品製造業者の機械と綿製品もまた、穀物の価値の二倍をもつはずである。しかし、これらのものは、穀物の価値の二倍以上をもつであろう、というのは、服地製造業者と綿製品製造業者の資本に対する第一年目の利潤が、彼らの資本に追加されているのに、農業者のそれは、支出され享受されているからである。そうしてみると、彼らの資本の耐久性の程度がことなっているために、あるいは、同じことであるが、一組の商品が市場にもたらされうるまでに経過しなければならない時間の［相違の］ために、それらの商品の価値は、それに投下された労働量に正確には比例しないであろう、——それらは一に対する二とはならないで、もっとも価値のあるものが市場にもたらされうるまでに経過しなければならない、より長い時間を償うために、いくらかそれ以上となるであろう」［I/33-4. 強調は引用者］、と。

さらに続いて第二例証として彼は言う、「各労働者の労働に対して一年につき五〇ポンドが支払われ、すなわち五〇〇〇ポンドの資本が使用され、そして利潤は一〇パーセントであると仮定すれば、穀物の価値も各機械の価値も、第一年目の終わりには、五五〇〇ポンドであろう。第二年目に、製造業者と農業者とはふたたび労働維持のためにおのおの五〇〇〇ポンドを使用し、それゆえにふたたび彼らの財貨を五五〇〇ポンドで売るであろう、しかし機械を使用する人々は、農業者と対等であるためには、たんに、労働に使用された五〇〇〇ポンドという相等しい資本に対して、五五〇〇ポンドを取得するばかりでなく、彼らが機械に投資した五五〇〇ポンドに対する利潤として、五五〇ポンドの追加額も取得しなければならず、その結果として、彼らの財貨は六〇五〇ポンドで売れなければならない。そうだとすれば、資本家たちは彼らの商品の生産に年々正確に同一量の労働を雇用しながら、しかも彼らが生産する財貨が、各人によってそれぞれ使用される固定資本の、すなわち蓄積された労働の、分量がことなるために、価値をことにする場合が、ここにあるわけである。服地と綿製品とは、相等しい分量の労働と相等しい分量の固定資本の所産であるから、同一の価値をもっている、しかし穀物は、固定資本にかんするかぎり、ことなった事情のもとで生産されるから、これらの商品と同一の価値をもたないのである」[I/34]、と。

これら二つの例証において、リカアドは明らかに、農業家も製造家も原材料に支出しないということ、農業家はなんらの固定資本も投下しないということ、および固定資本（この場合には機械）は消耗し磨滅してその価値が生産物に移転されることがないということ、を前提としている。このような前提が不条理なことはしばらく措く。しかしリカアドが第一例証において説こうとしているのは、「資本の耐久性の程度がことなっているため、一組の商品が市場にもたらされうるまでに経過しなければならない時間の相違のために」、賃金の騰落が商品の相対価値に影響を与えることである。しかし事実は、資本の耐久性の相違ではなく、ただ生産過程の長短のために、製造家の資本が農業家の資本よりもより大きく、すなわち後者が五、〇〇〇ポンドであって前者が一〇、五〇〇ポンドという場合であり、また賃金の騰落とは無関係に、利潤均等の法則の結果、商品が労働価値においては交換されないことが示されているのである。またリカアドがこの説明において、織物業者および紡績業者の資本に対する第一年分の利潤は、彼らの資本に付加されているのに反して、農業家のそれは消費され享楽されたから、製造品の価値は、農業品のそれの二倍以上でなければならないと言うのは、もしそうでなければ、工業家の資本利潤率と農業家のそれとはことなることになり、それは平均利潤率の法則に反するからである。ゆえに労働価値法則は修正されるというのである。すなわちここで言われる修正とは、賃金の騰落とは別個に、彼の本来前提する平均利潤率法則のために、商品価値が費やされた資本と平均利潤との和すなわち自然価格に転化することを示すにすぎないのである。

同様に第二の例証においてもリカアドは、固定資本と流動資本との構成がことなるため、賃金の変動が商品の相対価値におよぼす影響を明らかにしようとしているのであるが、事実においては、流動資本額は同一であるが生産過程の長短のため総資本額がことなる場合、平均利潤率法則のために、商品価値が自然価格に転化しなければならないことを示しているにすぎない。特にこの例においては、「機械を使用する人々が、農業者と対等であるためにうんぬん」とあることからも、この点は明らかである。

このように、以上の例証はいずれも事実上リカアドの意図に反して、各職業の資本が投下されてから回収されるまでの時間、あるいは商品が市場にもたらされるまでの時間がことなる場合、商品価値が、賃金の騰落とは別個に、平均利潤法則のために修正されることを述べたものである。ゆえに彼がさらに第三の例証をかかげ、「私が一商品の生産に二〇人を一年間一〇〇〇ポンドの経費で雇用し、そしてその年の終わりに、ふたたび二〇人をもう一年間別の一〇〇〇ポンドの経費で雇用して、同一商品の仕上げまたは完成に当たらせ、そして二年の終わりにそれを市場にもたらすと仮定すれば、もしも利潤が一〇パーセントであれば、私の商品は二三一〇ポンドで売れなければならない、というのは、私は一年間一〇〇〇ポンドの資本を、さらにもう一年間二一〇〇ポンドの資本を使用したからである。他の一人は正確に同一量の労働を雇用するが、しかしそれをすべて第一年目に雇用する、すなわち、彼は四〇人を二〇〇〇ポンドの経費で雇用し、そして第一年目の終わりに、彼はそれを一〇パーセントの利潤を加えて、すなわち二二〇〇ポンドで、売る。そうだとすれば、二つの商品は正確に同一量の労働がそれに投下されながら、一方は二三一〇ポンドで――他方は二二〇〇ポンドで売れる場合が、ここにあるわけである」と説き、「この場合は、前の場合とことなるように見えるが、しかし実は同じである。両方の場合に、一方の商品の価格がより高いのは、それが市場にもたらされうるまでに経過しなければならない時間がより長いことによるのである。……価値のこの差異は、両方の場合に、利潤が資本として蓄積されることから生ずるのであり、ただ、利潤が留保されることに対する正当な補償にすぎない」[I/37]、と述べているが、この第三の例証は、事実において同一というのみならず、外見上もまた同一である。

しかしながらリカアドは、なお以上のほかに、実際において賃金の騰落が商品価値におよぼす影響を例証している。しかもその場合の価値とは、前述のようにして修正され、自然価格に転化したものであり、労働量によって決定された価値自体ではない。彼は言う、

「労働の価値が騰貴すれば、かならず利潤は低下する。もしも穀物が農業者と労働者のあいだで分割されるならば、後者に与えられる部分が大きいほど、前者にはより小さい割合しか残らないであろう。そのように、もしも服地または綿製品が労働者と彼の雇い主のあいだで分割されるならば、前者に与えられる割合が大きいほど、後者にはより小さい割合しか残らない。そこで、賃金の上昇によって、利潤が一〇パーセントから九パーセントに低下すると仮定すれば、製造業者は、彼らの財貨の共通価格（五五〇〇ポンド）に、彼らの固定資本に対する利潤として五五〇ポンドを追加するのではなく、その額の九パーセント、すなわち四九五ポンドを追加するにすぎないであろう。その結果として価格は六〇五〇ポンドではなく五九九五ポンドとなるであろう。穀物は引き続

いて五五〇〇ポンドで売れるであろうから、より多くの固定資本が使用された製造品は、穀物またはより少ない分量の固定資本が参加した他のどんな財貨に対しても、相対的に下落するであろう。労働の騰落による財貨の相対価値の変更の程度は、固定資本が、使用される全資本に対して占める割合に依存するであろう。きわめて高価な機械によって生産されるか、あるいはきわめて高価な建物のなかで生産される商品、もしくは市場にもたらされうるまでに長時間を要する商品は、すべてその相対価値が下落するであろうが、それに対して、主として労働によって生産されるか、もしくはすみやかに市場にもたらされる商品は、すべてその相対価値が騰貴するであろう」[I/35]、と。

なおリカアドは、「固定資本は、耐久性が小さいのに比例して、流動資本の性質に近づく。製造業者の資本を保持するために、そのような固定資本はより短い時間内に消費され、その価値が再生産されるであろう」という見地から、固定資本の耐久性がことなる場合、賃金の変動の商品価値におよぼす影響は、固定・流動両資本の構成がことなる場合に準じて論じうる。すなわち、「労働の賃金の上昇も、消耗の早い機械をもちいて生産される商品と、消耗の遅い機械をもちいて生産される商品とでは、その影響する程度は等しくないであろうが」、それは、流動資本の多い商品と、固定資本の多い商品とに与える影響と同様であって、前者の後者に対する相対価値を騰貴させる。また賃金の低落はこれと反対の結果を惹起するであろう[I/38, 9]、と解している。

このようなリカアドの説明においてまず注意すべきことは、利潤の下落がなければ賃金の騰貴はあり得ず、また賃金の下落がなければ利潤の騰貴は不可能であると前提されていることである。これは、賃金の騰落はまず利潤に影響し、それを通して結局相対価値に影響するという風に説明しようとしたためであると思われるが、この前提自身は必ずしも正しくないことはすでに述べた通りである。次に賃金の騰貴による利潤率の下落は、奇妙にも、流動資本には影響がなく、固定資本にのみ関係すると前提されているのである。最後に、このような前提の下に彼が賃金騰落の影響について論じているものが、投下労働量それ自身による価値そのものではなく、平均利潤現象の支配をうけた自然価格であることは、すでに述べたように、前例の出発点であった製造品の価格六、〇五〇ポンド、農業品の価格五、五〇〇ポンドがどのようなものであるかを考えてみれば自明である。しかもリカアドはこれをもって商品価値におよぼす影響であるとするのである。これは彼が商品価値と自然価格とを峻別せず、それどころかむしろ両者を混同していたためである。

このように自然価格に対する賃金したがって利潤の騰落の影響を、価値に対する影響であると誤認したリカアドは、賃金の騰落による自然価格の変動が、投下労働量の増減による価値における変動に比較して、極めて微弱であると説明する。彼は言う、「読者は、諸商品の変動のこの原因は、その影響が比較的軽微であることに、留意すべきである。利潤に一パーセントの低下を引き起こすほどの賃金の上昇があっても、私が仮定した事情のもとで生産された財貨は、その相対価値においてわずかに一パーセント変動するにすぎない。すなわち、これらの物は、利潤がこれほど大きく低下しても、六〇五〇ポンドから五九九五ポンドに下落するにすぎない。賃金の上昇によってこれらの財貨の相対価値にもたらされうる最大の影響でさえも、六ないし七パーセントを超えないであろう、というのは、利潤は、おそらく、いかなる事情のもとでも、その額以上の一般的かつ永続的な低下を許しえないだろうからである。諸商品の価値変動のもうひとつの大きな原因、すなわち、それらを生産するのに必要な労働量の増減については、そうはゆかない。もし穀物を生産するのに一〇〇人ではなく八〇人が必要とされるなら、穀物の価値は二〇パーセントだけ……下落するであろう」、と。

ここにおいて彼は最終的にこれを理由として次のように結論する、「そうしてみると、諸商品の価値変動の原因を評価するにあたっては、労働の騰落によってもたらされる影響をまったく考慮外に置くことは間違いであろうが、それをあまりに重視することも同様に正しくないであろう。したがって、本書の以下の部分では、……諸商品の相対価値に起こるすべての大変動は、それらを生産するためにそのときどきに要するであろう労働量の多少によってもたらされるものと、みなすであろう」［I/36-7］、と。ここにおいて、さきに事実上、商品の価値は賃金が不変である時にも、資本価値の回収時間が相違する場合には、平均利潤率法則の存在のために、一定の修正を受けることが説明されたことは忘却され、商品価値と自然価格とは混同され、後者におよぼす賃金騰落の影響が考察され、それが事実上大きくないということから、商品価値は、投下労働量の増減のみから変動すること、すなわち労働価値法則は、資本主義社会においても原則上妥当することが主張されているのである。

このようなリカアドの説明が、彼が平均利潤率をすでに与えられたものとして前提したこと、そしてそれが商品価値と自然価格との混同、さかのぼっては資本主義社会を唯一の社会形態とし、前資本主義社会をその初期としたことによることはすでに述べた。しかもそのために彼は価値論上相対価値を主題としたのであろう。そして絶対価値ではなく、相対価値を主題とするかぎり、価値または利潤の量またはその変動のみが問題となるであろう。しかもこのように量または変動の見地からその法則性を見ようとすると、個別利潤の平均化の過程は前提され、平均利潤は既定の存在として与えられるであろう。そしてこのように平均利潤が前提されるために、商品価値がこの現象のために自然価格に転化することが、労働価値法則を限定し修正するものであると解されたのであろう。

いずれにしてもこのことは、個別利潤と平均利潤との関係、したがって商品価値と自然価格との関係にかんする明確な認識が欠けていたことを意味する。このゆえに彼は、資本の構成および耐久性がことなる場合には、賃金の騰落が価値変動の一原因となると問題を提起しておいて、事実上まず商品価値が平均利潤現象のために修正されることを説き、次にこうして修正された価値（自然価格）が賃金の騰落によって影響されることを説きながら、後者の影響が軽微であるという理由に基づいて、ただちに前者の修正の意義を無視するにいたったのであろう。

もっともリカアドが、このように問題を提出し、かつ結論するにいたったのは、右のような理論上の根拠のほかに、なお実際上の根拠があげられよう。もちろんリカアドによる価値論展開の動機のひとつは、すでに述べたように穀物論争にあった。この論争において彼は好敵手マルサスに反対して、穀物生産の難易したがって賃金の高い低いが利潤が高いか低いかのほとんど唯一の原因であるとの立場を固守した。しかもこのような立場を固守するためには賃金は必ずしも高価格の原因ではないことが立証されなければならない。なぜなら彼においては利潤は、商品価格から賃金を控除した残余部分であるのだから。リカアドが、「アダム・スミス、および彼を継いだすべての著者が、私の知っているかぎり一人の例外もなく、労働の価格の騰貴は、一様にすべての商品の価格の騰貴をともなうであろう、と主張した。……私は、このような意見にはなんらの根拠もないこと……を説明するのに成功したつもりである」[I/46]、と言うのは、価値構成論に対して価値分解論を主張することに基づくのであるが、なおこのような実際的根拠によって裏付けられていると思う。

いずれにしてもリカアドは、価値が分配によって左右されることを認めたスミスに反対して、逆に分配が価値によって基礎づけられることを明らかにしようとしたのであるが、商品価値と平均利潤現象との関係に直面して、彼はこの困難から脱出しようと苦闘し努力したのであるが、事実上再びスミスと同様の見地に逆転した。なぜなら、前述のように、彼は「諸商品の変動のこの原因は、その影響が比較的軽微」であって価値との乖離は例外的であると言うが、まさにマルサスが言う通り事実上この乖離はむしろ原則的であるだけでなく、すでに価値構成論に立つ自然価格を前提するものであるからである。彼の経済学説を瓦解に導いた重要な契機のひとつはまさにここに存したのである。

第三項　自然価格と市場価格との関係

個別利潤と平均利潤、商品「価値」と自然価格との関係について右のような見解を有するリカアドは、自然価格と市場価格との区別ならびに関係を論ずる際（『原理』第四章）でも、自然価格を商品価値の意味に解し、それとそれから一時的・偶然的に乖離する市場価格との関係を論ずる文章をもって議論を開始している。彼は言う、「労働をもって商品の価値の基礎とし、またその生産に必要な比較的労働量をもって、相互の交換において与えられるであろう財貨のそれぞれの分量を決定する基準とするからといって、われわれは、商品の現実の価格すなわち市場価格が、この価値すなわちこれらの商品の本来的かつ自然的価格から、偶然的かつ一時的に離れることを否定するものである、と推定されてはならない」[I/88]、と。

しかしながらここに言う自然価格とは、事実においては、商品「価値」それ自身ではなく、すでに平均利潤法則により修正された商品「価値」であり、それと商品の需給関係によって変動する市場価格との関係が論述されているのである。すなわち彼によれば、「通常の事態においては、どんな期間にわたってでも、人類の欲望と願望が要求するまさにその程度の豊富さで、ひきつづいて供給されるような商品は、ひとつも存在しない。それゆえに、偶然的でしかも一時的な価格変動をこうむらないような商品は、ひとつも存在しない」[*ibid.*]。このゆえに現実価格または市場価格は、自然価格を超えたり下まわったりし、したがってまた利潤率が、一般的または平均的水準を超えたりまたは下まわるのである。しかしながら、「だれでも、資本を自分の好むところに使用することが自由であるかぎり、当然その資本のためにもっとも有利な用途を探し求めるであろう」。「より不利な業務を捨ててより有利なものに向かおうとする、すべての資本所有者の側のこの不断の願望は」、その商品を生産するのに使用される資本に対する利潤がより高いか低いかを基準として、自然にその業務に資本を呼びこませたり、それから去らせたりし、その結果その商品の供給の増加または減少により、価格の下落または騰貴を引き起こし、結果的に「彼らすべての利潤率を均等化しようとする、あるいは、当事者間の評価のうえで一方が他方以上にもっているかもしれないもしくはもっているように思われるかもしれないなんらかの利点を、補填するに足るような割合に利潤を定めようとする、強い傾向をもっている」[I/88–9]。当然このような資本の移動は、多くの障害により妨げられるが、なお全体の傾向として行われ、かつ信用制度の発達とともに益々強められ、「一般に想像されているよりも活発に作用している」[I/90]のである。

こうして彼は次のように結論する、「そうしてみると諸商品の市場価格が、ある期間にわたって、引き続きその自然価格をはるかに上まわるか下まわることを妨げるものは、自分の資金をより不利な用途からより有利な用途へ転じようとする、各資本家のもつ欲求である。この競争こそは、諸商品の生産に必要な労働に対する賃金、および使用される資本をその本来の能率状態におくのに要する他のすべての経費を支払った後に残る価値、すなわち利潤が、各事業において、使用された資本の価値に比例するように、諸商品の交換価値を調整するのである」[I/91]、と。これによりリカアドの言っていることが、異種の商品の市場価格は、それらの自然価格（平均利潤法則により支配された）から乖離しながら、結局それに向かおうとすることにあることは明らかであろう。

しかしながら、以上のような説明をするリカアドの本来の意図は、彼が価値原理の説明の出発点とした平衡状態がいかにして成立するか、また価値法則がいかなる力によって実現されるかを明らかにすることにある。もちろん彼の価値原理は、すでに述べたように資本主義的市場交換の現実に立脚する。したがって彼は、それが一時的・偶然的原因によっても影響されることを承認する。しかしながら彼はまずこのような一時的・偶然的原因を度外視した上で、その自然的法則性を明らかにしようとした（[I/91–2]を参照）。したがって今やこの自然的法則性と一時的偶然性との関係を明らかにし、再び現実世界そのものに復帰しようとしているのである。

もっとも自然価格と市場価格との関係の説明として見れば、リカアドの所論は、信用の機能が付加されたこと以外には、スミスの所論に対して大きく進歩しているとは認められない。ただスミスにおいては、地代が自然価格の構成要素であるとされたのとは反対に、リカアドはそうではないとする点に若干の相違がある。しかも商品価値と自然価格とを混同している彼は、これをもって、スミスの主張とは反対に、地代の支払いが労働価値法則を廃棄または修正しない理由であると解する。この点を明らかにするのが彼の地代理論である。われわれは、しかしながら、地代論を述べるに先だち、価値論に関連して、後の説明に必要な限りで、彼の貨幣論を概観しておかなければならない。

第四項　貨幣論

リカアドは、ほぼスミスと同様に、貨幣の本質を流通手段であると認識し、普通の商品であると解した。もちろん彼は、すでに述べたように絶対価値ではなく、相対価値を主題としたために、商品価値が価格として表現される過程は問題ではなく、価値と価格とはしばしば同義に用いられ、価格と貨幣流通とはむしろはじめから前提された。したがって貨幣は特殊な商品として、それによって他のすべての商品が価値を表現する一般的等価物としてではなく、流通手段として理解されたのである。

このようにリカアドによれば、貨幣は流通手段であるが、なんら特殊の商品ではなく、普通の商品である。ゆえに彼は、他の商品と同様にそれが価値変動的であり、したがって真の価値尺度ではありえないと解した［I/44］。また普通の商品であるがゆえに、彼は貨幣とその素材たる金銀とを同一視し、金銀は貨幣となっても、その商品としての性質にはなんらの変化も起らないとしていたのである（『地金の高い価格』［III/52-3］）。

いずれにしても彼は、貨幣を普通の商品と見るがゆえに、その価値を素材すなわち金銀の価値に求めた。そしてそれは素材の生産に必要な労働量によって決定されるとした。すなわち、『地金の高い価格』においては、金銀は他の商品と同じく内在的価値を有し、「それらの希少性、それらを獲得するのに支出された労働量、およびそれらを産出する鉱山で使用された資本の価値などによって決定される」［III/52］と述べたが、『原理』においては彼の労働価値説を適用して「金および銀は、他のすべての商品と同様に、それを生産して市場にもたらすのに必要な労働量に比例する価値をもつにすぎない」［I/352］と改めた。

このように貨幣は商品であり、その価値は素材価値として内在的である以上、交換の媒介たる流通貨幣量が、貨幣の流通速度を度外視すれば、既定の貨幣価値と流通商品の総価値量によって決定されるはずである。ところがリカアドは、流通貨幣量と貨幣価値との関係が問題となると、逆に貨幣価値は、流通商品の総価値と貨幣流通量とにより、いいかえれば、貨幣の需要および供給によって定まるとした。こうして『地金の高い価格』において彼はいう、「もしもこれらの国のいずれかで金鉱山が発見されるならば、流通に投ぜられた貴金属の分量が増加するためにその国の通貨の価値が低下し、それゆえにそれは、もはやほかの国々の通貨と等しい価値をもたなくなるであろう」［III/54］、「その国と他国とのあいだの均衡は、ただ鋳貨の一部分を輸出することによってのみ回復されるであろう」［III/55］、と。こうして貴金属は、各国の商業と富、それゆえに貨幣が遂行しなければならない支払の数と速度にしたがって分配されるというのである。さらに彼は、「どのような国においても、もし鉱山が発見されるかわりに……銀行券を発行しうる権限をもっている……一銀行が設立されるならば、……多額の銀行券が発行され、そしてそのことによって通貨の額がかなり増加させられるために、鉱山の場合と同じ影響が生じるであろう」［III/54–5］、と述べている。

『原理』においては彼は、貨幣鋳造料の貨幣価値におよぼす影響を考察し、ひとしく貨幣数量の制限から、貨幣価値を導いている。彼は言う。「国家が貨幣を鋳造して鋳造手数料を徴収しないかぎり、貨幣は、それと等しい量目と品位をもつ同一金属の任意の他の片と同一の価値をもつであろう。しかし、もしも国家が鋳造に対して鋳造手数料を徴収するならば、一片の鋳造貨幣は、一般に、徴収された全鋳造手数料だけ、一片の未鋳造の金属の価値を超過するであろう。……国家だけが鋳造しているかぎり、鋳造手数料のこの徴収にはなんらの制限もありえない、というのは、鋳貨の数量を制限することによって、それは考えられるどんな価値にまでもひき上げられうるからである」。こうしてリカアドにおいては貨幣価値はまったく素材をはなれ、その数量または稀少性に求められたが、彼はさらに、「紙幣が流通するのはこの原理に基づくのである。紙幣の全製作費は鋳造手数料とみなされうるであろう。それは少しも内在的価値をもたないけれども、しかも、その数量を制限することによって、その交換価値は、相等しい呼称の鋳貨、またはその鋳貨に含有される地金と、同じ大きさになる」[I/353]、と言い、また品質の低下した鋳貨の場合も同様であるとしている。

以上のようにしてリカアドは、貨幣の価値は、それが鋳貨であるか紙幣であるかまたは磨損貨幣であるかの区別なく、ひとしく流通商品の総価値と貨幣の数量とによって決定されるとするのである。いうまでもなくリカアドがこのように考えたのは、貨幣の本質を流通手段としたからである。もちろん貨幣が流通手段として機能するかぎり、その価値としての存在は、一商品が他商品と交換されるまで一時的・経過的にその価値を代表するにとどまり、それ自身重要ではない。その結果貨幣は価値としての存在からはなれて観念的存在たりうる。このゆえに、磨損鋳貨特に不換紙幣が完全な鋳貨と同様に流通し、価値を持ちうるのである。しかしながら磨損鋳貨特に不換紙幣が流通し、価値を持つのは、それが価値表章として、流通すべき金量を代表するからである。ゆえに紙幣の増発は、紙幣単位の代表する金量を減少させ、その購買力を減少させる。しかもそれは貨幣単位の、したがって価格単位の変更に基づくものであり、単なる貨幣価値の変動ではない。ところで、すでにのべたように、価値が価格に表現される過程を検討しなかったために、彼はこれをもってただちに貨幣価値の変動と考え、こうして貨幣価値はその数量に逆比例すると解した。

しかも「銀行制限時代」の混乱により、リカアドは、価値表章である紙幣の流通と、信用証券である銀行券の流通との差異の認識を妨げられたように、彼は前者の現象から、さらに金属貨幣流通の法則を導出し、紙幣と同様に金属貨幣もすべて流通に入り、流通のうちにおいてはじめて価格の形態で価値を得る、という貨幣数量説に到達したのであろう。

このようにしてリカアドが、貨幣数量説を採るにいたったのは、理論的には、商品と貨幣とが相等しいとする前提が両者が価値物であることにあるのを明確にしようとしない彼の相対価値論に基づくのであるが、実際には紙幣が減価して商品価格が騰貴した当時の現実によるのである。実際、このような関係からも、リカアドは一般の批判とは反対に、抽象の不足こそ非難さるべきであることが理解されるであろう。

第三節　地代理論

すでに述べたように、リカアドによれば、労働価値法則は資本の蓄積と利潤の発生によっては廃棄されず、ただ平均利潤現象のために、特定の場合に一定の修正をうけるが、しかもなおその原則的妥当性を失わない。「しかしながら、土地の占有と、その結果である地代の創造とが、生産に必要な労働の分量とは無関係に、諸商品の相対価値になんらかの変動を引き起こすであろうかどうか、ということを考察する仕事がなお残っている」。彼は「主題のこの部分を理解するため」に『原理』第二章および第三章において、「地代の性質とその上昇または下落を左右する法則を研究」[I/67] するのである。

これにより、前節で述べた彼の価値論が、本来分配を基礎づけることを目的としながら、同時に賃金および利潤のような分配の範疇を前提し、それらと商品価値の関係が論ぜられたのと同様に、この地代論も、価値論と直接かつ意識的に関連させられていることは明らかである。しかしながら彼の地代論がこのように価値論と関連させられていることこそ、彼の科学的貢献であるとされる。というのもこの点を除けば、リカアドの学説はアンダーソン、ウエスト等の所説の再説にすぎないからである。

なお彼の分配理論から言えば、その動態的部分は、本章に展開された農産物価値と地代との関係を枢軸としている。そして後の賃金論および利潤論は、本章における所説を前提し、それを展開し、またはその補遺であるにすぎないのである。

リカアドによれば、「地代は、大地の生産物のうち、土壌の本源的で不滅の力に対して地主に支払われる部分である」[*ibid.*]。「地代の意味を、私はつねに、土地の本源的で固有な力の使用にたいして地主に与えられる報酬と解している」(『利潤論』[IV/18.] footnote)。ここに本源的で不滅の力とは、人力によらない土地に固有な力を意味する。ゆえにリカアドは、地代は過去労働の結果である資本に対する報酬である利子または利潤から厳密に区別すべきであると主張する。ところが「地代はしばしば資本の利子や利潤と混同されている、そして通俗語では、この用語は、農業者によって彼の地主に年々支払われるものには、何にでも適用されている」。しかし「地代は土壌の本源的で不滅の力に対して地主に支払われる部分」であり、「地質を改善するためと、生産物を確保しかつ保全するのに必要な建物を建設するために使用された資本の使用に対して支払われる」[I/67] 利子や利潤とは峻別しなければならない、というのである。

しかし、土地の固有の力の使用に対して支払われる報酬と土地の改良のために投ぜられた資本に対して支払われる報酬とは、実際上このように厳密に区別できない。なぜなら彼も他の箇所でいうように、「資本の一部は、ひとたび農場の改良に支出されるならば、土地と不可分離に融合されて、その生産力を増加させる傾向がある」からである。ゆえに彼自身もこのような性質を持つ資本の使用に対して支払われる報酬が「厳密に言って地代の性質を帯びて、すべての地代法則に支配される」ことを認め、ただこのような性質を持たない資本たとえば、「建物やその他の消滅的改良に投下されていて絶えず更新される必要のある」（[I/262,] footnote）資本に対する報酬のみが利潤として、地代から区別されるべきであるとするのである。

しかも、このように「土地と不可分に融合されて、その生産力を増加させる傾向がある」資本の存在を認めることは、彼の「土壌の本源的で不滅の力」の概念とそれに基づく地代の定義が的を得たものでないことを暗示する。このことは彼みずから他の箇所において、「地代はつねに二つの等しい分量の資本と労働の使用によって取得される生産物間の差額だからである」[I/71]、と言っていることからも明らかである。事実、地代がこのような性質を有するものならば、それはいかなる生産部門であるかをとわず、すなわち工業か農業かをとわず、平均的生産条件よりも優秀な条件の下における資本に対する超過利潤にほかならない。したがってそれは資本に対する報酬と区別されるべき、土地の固有な力の使用に対する報酬であるとは言えない。ただ農業生産条件の差異は、この超過利潤を永続化する点において工業におけるそれとはことなるというだけである。リカアドが地代と利潤との差を力説するのは、後述するような両者の社会的意義にかんする彼の見解によるものであろう。もちろん地代を特に本源的で不滅の力の使用料とするならば、おのずからその不労所得性が表現されるのであるから。

地代の本質は右の通りであるとして、それではそれはどのようにして発生するのであろうか。リカアドは地代を、土地に豊度または位置に差異があることよって生じるものと、土地に収穫逓減の法則が作用すること、すなわち同一土地に対する順次の資本増加がそれに比例する増収をもたらさないことから生じるものとの、二種に分けている。

第一種から説明すると、彼によれば「豊穣でしかも肥沃な土地が豊富に存在し、現実の人口を維持するにはそのきわめて小さな部分が耕作されさえすればよいか、あるいはその人口が支配しうる資本をもってしては実際きわめて小さな部分しか耕作されえないような、そういう国に最初に定住するさいには、地代は存在しないであろう。というのは、まだ占有されていない、したがって、それを耕作したいと思う人なら誰でも自由に利用しうる豊富な分量の土地が存在する場合には、誰も土地の使用に対して対価を支払わないだろうからである」。

「供給と需要の原理に基づいて、このような土地に対してはいかなる地代も支払われえないであろう、それは、空気や水の使用に対して……なぜなにも与えられないのか……と同じ理由による。……もしもすべての土地が同一の属性をもち、分量が無制限であり、また地質が均一であるならば、それが位置の特殊な利点をもっていないかぎり、その使用に対してなんらの料金も請求されえないであろう。そうしてみると、その使用に対して地代がつねに支払われるのは、土地の分量が無制限でなく地質が均一でないからであり、また人口の増加につれて、質の劣った土地あるいは利点のより少ない位置にある土地が耕作されるようになるからにほかならない。社会の進歩につれて、第二級の肥沃度の土地が耕作されるようになるとき、地代はただちに第一等の地質の土地に発生し、そしてその地代の額はこれら二つの土地部分の地質の差に依存するであろう」。

リカアドはさらに地代の騰貴を論じる。「第三等の地質の土地が耕作されるようになると、地代はただちに第二等地に発生し、そしてそれは前例のようにこれらの土地の生産力の差異によって左右される。同時に、第一等地の地代は上昇するであろう。というのは、それはつねに、一定量の資本と労働をもちいてこれらの土地が産出する生産物間の差額だけ、第二等地の地代を上回らなければならないからである。人口が増加するたびごとに、一国は、その食料供給の増加を可能にするため、より劣った質の土地に頼ることをよぎなくされるが、それに応じて、すべてのより肥沃な土地で地代は上昇するであろう」[I/69–70]。

これによりまず明らかなことは、リカアドが地代成立の条件として、土地の品質に差異があること、すなわち豊度上ならびに位置上の差異があることをあげていることである。もっとも彼が重視したのは、豊度上の差異であり、位置の点は単に付随的に取り扱っているにすぎない。いずれも彼の地代は、土地の品質、生産力の差異から生じるものであり、同一面積の最下級地と上級地の上に投下される等額の資本および労働によって産出される収穫の差額である。すなわちいわゆる差額地代であり、したがって一般の超過利潤とその本質上同じものである。

次に明らかなことは、彼が、地代成立のためにあたかも土地所有が存在しないかのように前提することである。もちろん彼はまず、土地所有の存在しない植民地から出発して、土地が「まだ占有されていない、したがって、……誰でも自由に利用しうる」がゆえに地代は発生しないというのであるから、土地所有の存在を地代の条件としていないようであるが、続いてただちに、彼は需給の原理により「地代がつねに支払われるのは、土地の分量が無制限ではなく地質が均一ではないから」であると言い、土地所有の存在を無視して、土地への投資になんらの障害がないかのように説明している。このような説明は、土地所有の存在しない植民地の前提を資本主義社会に持ちこんだか、あるいは土地所有という社会制度を土地の自然的性質と誤解したかであり、いずれも資本主義の現実には反する。もちろんここでは、すべての土地は私有され、資本は土地所有をその投資の桎梏として見出すのである。この点で彼は、このような土地所有をみとめたスミスとことなるのである。

しかしながら、土地所有は、差額地代そのものを成立させるものではない。もちろん差額地代は、前述のように、二つの等量の資本および労働の充用によって得られる生産物間の差額であり、土地所有そのものと無関係である。ゆえにリカアドが差額地代の立場から、あえてこれを条件としていないことは理論的には正しい。さらに、それは当時の資本主義イギリスにおける歴史的事実であったらしい。おそらく、イギリス特有の「囲込条例」およびヘンリー七世以来の資本による封建的諸関係の革命的変革が、事実上あたかも土地所有がないかのような事態を惹起したのであろう（K. Marx, *Theorien über den Mehrwert* [in *Zur Kritik der politischen Ökonomie (Manuskript 1861–63)*, MEGA^2, II/3.3, S. 881. 邦訳『経済学批判（1861–3年草稿）』（第三分冊）『資本論草稿集⑥』大月書店、一九八一年、三三九ページ」)。

次にリカアドは、地代騰貴の原因として、優等地から劣等地への耕作の移行をあげ、そしてその動因として「人口の増加」あるいは「社会の発達」を前提している。このような説明は彼の時代における穀物価格の不断の騰貴と、それに基づく彼の利潤率低下の法則に由来するものと思われる。しかしなおイギリスのような比較的狭小な国土に資本が運用され、あらゆる農業上の実験が数百年来行われた所では、歴史的事実であるかもしれない。しかしながら、農業においても文明の進歩とともに技術は発達し、収穫の逓増傾向も可能である。したがってリカアドとは反対に劣等地から優等地への耕作の移行もありうる。そしてこの場合にも、新たな供給が増加する需要と同一であり、劣等地の耕作が社会の需要充足上必要な限り、優等地における地代の成立と騰貴をもたらすであろう。ゆえにリカアドの前提は一面的であるのみならず、差額地代のためには不要なものである。ただ、それはリカアドの利潤率逓減の法則の樹立のためにのみ必要であったと思われる。

次に第二種の地代を見ると、リカアドによれば、地代は右の土地の豊度の差異から生じるもののほかに、次のようにして生じるものがある。すなわち「第二、第三、第四、あるいは第五等地というようなより劣等な土地が耕作されるにさきだって、資本は既耕地においてより生産的に使用されうる、ということがしばしば起こり、いや実際、普通に起こるのである。第一等地に使用された当初の資本を二倍にすることによって、生産物は二倍にはならないとしても、……この分量は同一の資本を第三等地に使用することによって取得しうるものを上まわっている、ということがおそらく見出されるであろう。このような場合には、資本はむしろ旧地に使用され、そして同様に地代を創造するであろう、というのは、地代はつねに二つの相等しい分量の資本と労働の使用によって取得される生産物間の差額だからである。もしも一〇〇〇ポンドの資本を用いて、借地農が彼の土地から一〇〇クォーターの小麦を取得し、そして第二の一〇〇〇ポンドの資本の使用により、八五クォーターの追加収益を取得するものとすれば、彼の地主は、その借地期間満了のさいに、借地農に対して一五クォーターあるいはそれに相当する価値を追加地代として支払うことを余儀なくさせる力をもつであろう、というのは、二つの利潤率はありえないからである。もしも借地農が、彼の第二の一〇〇〇ポンドに対する収益の中の一五クォーターの減少を甘受しているとすれば、それは、この資本に対するより有利な用途が見つからないからである。普通の利潤率はそれと同じ比率なのであろう」[I/71-2]。

この場合にリカアドが、土地収穫逓減の法則を前提としていることは明らかであり、したがって第一種の地代におけるのと同様の批判が加えられるべきである。

こうしてリカアドは、両種の地代を概括してその発生および騰貴の過程を結論する。彼は言う、「そうしてみると、もしも良質の土地が、増加する人口のための食物の生産が要求する分量よりもはるかに豊富に存在するか、あるいは資本が収穫の逓減をともなうことなしに旧地に無制限に使用されうるかであるならば、地代の上昇ということはありえないであろう、というのは、地代は、つねに、比例的に減少する収穫をともなう追加労働量の使用から発生するものだからである」[I/72]、と。

しかしながら、なおこのような差額地代の存在は、そもそも農産物価格が最劣等地または最終投下資本における最大生産費によって左右されることを前提する。なぜならこのような差額地代は最劣等地または最終資本とより優等な土地またはより早く投下された資本との間の収益の差であるから、最劣等地または最終資本もまた耕作または投下されなければ存在し得ない。ところで最劣等地の耕作または最終資本が投下されるためには、同地の耕作または資本の投下にも普通一般の利潤率が取得されることを条件とする。そのためには農産物の自然価格が最劣等地または最終資本における費用を標準として定められることが必要である。この意味においてリカアドは、ある生産者が不利な条件の下において生産するとしても、ともかく、「もしも彼がその事業を継続するとすれば、それは彼がそれから資本に対する普通の一般的な利潤を得るという条件のもとにおいてのみ可能であろう、そしてこのことは、彼の商品がその資本に投下された労働量に比例する価格で売られる場合にのみ起こりうるであろう」、と言う。ところでリカアドは、すでに述べたように、商品の交換価値は、より不利な生産条件での生産が、社会の需要の充足上必要であるならば、その下における最大労働量によって決定されると解する［I/73］。そしてこの点にかんする彼の説明は不完全ではあるが、このことが農産物に該当し、その交換価値は最も不利な生産条件における最大労働量によって決定される。しかもこの商品「価値」は、自然価格であり、したがって最劣地または最後の投下資本にも平均利潤があげられる。ゆえにより有利な生産条件の資本には、その優秀さの程度に応じて平均率以上の超過利潤が生ずる。この超過利潤は地代に転化する。なぜなら「二つの利潤はありえない」［I/72］からである。「最良の土地においては、なお同一の生産物が、以前と同一の労働をもちいて取得されるであろう。しかしその価値は、肥沃度の劣った土地に新しい労働と資本を使用した人々によって取得される収益が減少する結果として、高められるであろう。そうしてみると、肥沃な土地が劣等な土地にまさる利点は、決して失われるのではなく、ただ耕作者または消費者から地主に移転されるにすぎない」［I/74］、とリカアドが言うのはこの意味であろう。

このことはさらに第三章の鉱山地代論において、次のようにより簡明に述べられている。彼は言う、「等しい労働をもちいても、非常にことなった結果をもたらす、さまざまな質の鉱山が存在する。採掘されているもっともやせた鉱山から生産される金属は、少なくとも、その鉱山の採掘に雇用されまたその生産物を市場にもたらすことに雇用されている人々によって消費される、すべての衣服、食物、および他の必需品を取得するのに十分であるばかりでなく、さらに、この企業を営むのに必要な資本を前払いする人に、一般かつ通常の利潤を与えるのにも十分な交換価値をもたなければならない。なんら地代を支払わないもっともやせた鉱山からの、資本に対する収益が、他のすべてのより生産的な鉱山の地代を左右するであろう。この鉱山は資本の普通利潤を生ずるものと想定されている。他の鉱山がこの鉱山以上に生産するものはすべて、必然的にその所有者に地代として支払われるであろう。この原理は、われわれがすでに土地にかんして主張したものと正確に同一である」[I/85]、と。

右のようなリカアドの説明が、商品「価値」と自然価格との混同に立脚するものであることは、すでに述べたとおりである。

いずれにしてもリカアドの地代は、限界の土地または資本に対する収益とそれより以上の土地または資本に対する収益との差である。したがって限界地または資本には地代が生じない、しかも土地生産物の価格は、このような地代を生じない土地または資本における生産労働量によって規制されるのである。というのは、前述のように農産物の追加的供給をなしうるのは、このような土地または資本からのみであるとされているからである。したがって彼は「原生産物の比較価値が騰貴する理由は、取得される最終部分の生産により多くの労働が使用されるからであって、地代が地主に支払われるからではない。穀物の価値は、なんらの地代も支払わない質の土地において、またはなんらの地代も支払わない資本部分をもちいて、その生産に投下される労働量によって左右されるのである。穀物は地代が支払われるから高いのではなく、穀物が高いから地代が支払われるのである。そして、たとえ地主が彼らの地代の全部を放棄するとしても、穀物の価格にはなんらの引き下げも起こらないであろう」[I/74–5]と言い、また「最大の労働量によって生産される穀物こそが、穀物の価格の規制者なのであって、地代はその価格の一構成部分としてすこしも加わらないし、また加わりえないのである」とし、本章〔『原理』第二章〕の最初で提起した問題に対しては、「それゆえに、アダム・スミスが、諸商品の交換価値を左右した当初の法則、すなわち、諸商品を生産した比較的労働量が、土地の占有および地代の支払いによってすこしでも変更されうる、と想定するのは正当ではありえない」[I/77–8]、と答えているのである。

この、「地代はその価格の一構成部分としてすこしも加わらない」とするリカアドの結論は、地代を差額地代とする彼の立場からは正当であり、その限り、これをあるときは価格の構成要素とし、あるときはそうではないとするスミスの矛盾を解決しようとするものである。しかしながら、スミスのこのような矛盾の原因は、リカアドの考えたよりもより深く、彼が差額地代のほかに、不完全ながら絶対地代に相当するものを感知したからであったことはすでに述べた。

もっともリカアドの地代が差額地代に限られるとする点については異論がある。たとえばカール・ディールなどはリカアドも差額地代のほかに絶対地代の可能なことを認めていたと解する。たしかにリカアドも「一国があらゆる部分において、しかも最高度に耕作されるにいたるまでは、土地に使用される資本の中には地代を生じない部分がつねにある」[I/252]、と言う。したがって耕作がこのような程度に達した場合、穀物価格の独占価格化により差額地代とことなる一種の地代が生じることを認めていたのである。彼が、「一国の穀物および原生産物は、一時的には、独占価格で売られるかもしれない。しかし、それが永続的にそうでありうるのは、より多くの資本が土地に有利に使用されえないときだけ、それゆえに、その生産物が増加しえないときだけである。このような時には、耕作中の土地のあらゆる部分、および土地に使用されている資本のあらゆる部分が、地代を生ずるであろう」[I/250–1]、と言うのはこのためであると（K. Diehl, *Sozialwissenschaftliche Erläuterungen zu Ricardo's Grundgesetzen [der Volkswirtschaft und Besteuerung*, W. Engelmann, 1905, 2., neu verfasste Aufl. Teil 1, Werttheorie, Grundrententheorie], I. S. 169［カール・ディール著、鷲野隼太郎訳『リカルド經濟學（一）』而立社、一九二五年、三一四―五ページ］）。しかしこれは農産物の独占価格に基づく独占地代であり、ロートベルトゥスやマルクスが主張し、そしてディールが受け入れる絶対地代ではない。

もともとリカアドの議論全体がこのような絶対地代の存在を拒否している。もちろんいわゆる絶対地代は、法律上または事実上の土地所有に基づく。すなわち農業資本が工業資本と比較してその有機的構成が低いために、利潤率がより高いのに、このような土地所有に基づいてそれが平均利潤化することを妨げられることによって成立するものとされる。したがってそれは当然商品「価値」と自然価格または生産価格との区別、資本投下の桎梏としての土地所有の存在を前提とする。ところがリカアドは前にも述べたように平均利潤率の成立を前提とし、価値と価格とを区別せず、またスミスとことなり土地所有の独占を認めないのであるから、彼には絶対地代の問題は、はじめから存在し得なかったと言わなければならない。

要するにリカアドによれば、地代が騰貴するのは、より不利な土地を耕作したり資本を投下するからである。だから社会の事情がこのような土地の耕作または資本の投下を不要にすれば、かならず地代は下落する［I/78］。このような社会の事情は、人口の減少をともなう一国の資本の減少でもありうるが、農業労働生産力の高度の発展でもありうる。後者について彼は言う。「しかしながら、一国の富と人口が増加するときにも、同じ結果が生ずるであろう、ただし、その増加が農業上の非常にいちじるしい改良をともなうので、よりやせた土地を耕作する必要が減少するか、あるいはより肥沃な部分の耕作に同一額の資本を支出する必要が減少するという、前例と同じ結果がもたらされる場合に、である」［I/79］。

農業上の改良には、彼によれば二種がある。そのひとつは「土地の生産力を増大させるもの」、もうひとつは「機械を改良することによって、その生産物をより少ない労働をもちいて取得することを可能にするもの」である。両者は「ともに原生産物の価格の下落につながる、これらはともに地代に影響をおよぼすが、しかし平等に影響をおよぼすのではない」のである。

「土地の生産力を増大させる改良とは、より巧妙な輪作、または肥料のよりすぐれた選択のようなものをいう。これらの改良は、われわれが同一の生産物をより少量の土地から取得することを絶対的に可能にする」［I/80］のだから、従来の需要を充足するのに不利な土地の耕作を不要にし、したがって穀物価格を低下させ、地代を下落させるのである。

そして、「農具の改良、農耕用の馬の使用の節約、および獣医学の進歩は」、土地に投下される資本の減少――労働の減少と同じこと――をもたらすであろう。したがって生産物の相対価値を下落させ、したがって貨幣地代の低下をもたらす。しかし、「この種の改良が穀物地代に影響をおよぼすかどうかは、種々の資本部分の使用によって取得される生産物間の差異が増加するか、不変であるか、あるいは減少するか、そのいずれであるかによって決定されるにちがいない。仮に、資本の四部分である五〇、六〇、七〇、八〇が土地に使用されて、おのおのが同一の結果をもたらし、……私が、おのおのから五ずつをひき揚げることが可能と……なるものとすれば、穀物地代にはなんらの変更も起こらないであろう。しかし、その改良によって、私が、もっとも不生産的に使用されている資本部分を全部節約することが可能となる程度のものであるとすれば、穀物地代はただちに低下するであろう、なぜならば、もっとも生産的な資本ともっとも生産的でない資本とのあいだの差額がそれによって減少するであろうからである」［I/82–3］。

しかしながら、リカアドによれば、富と人口との進歩しつつある社会においては、このような農業上の諸改良とそれにより地代を低落させる諸原因は、穀物の増加量を生産することを困難にし地代を騰貴させる諸原因に比較すれば、その効力は微弱である。なぜなら、「発達しつつある諸国においては、穀物の追加量の獲得をいっそう困難にさせる諸原因はたえず作用しているが、しかし農業上のあるいは耕作器具のめざましい改良は、そうしばしば生ずるものではない」（『利潤論』［IV/19］、footnote）からである。ゆえに農業上の諸改良は、価値法則における賃金の騰落と同様に、地代法則については第二次的要素として無視することができる。このゆえに彼は、地代は一般法則としては富と人口の増進にともなって騰貴すると結論する。

最後にリカアドは、地代の社会的影響についてケネー、スミス特にマルサスに反対し、それと対立するブキャナンに同調していた。もちろん彼によれば、「マルサス氏は、また、地代の原理を十分に説明し、そしてそれは耕作されていることとなった土地の肥沃度または位置のいずれかの相対的利点に比例して上昇または低下することを証明し、……地代の問題にかんする多くの難点に、多大の光明を投じた」。にもかかわらず、「氏は若干の誤謬に陥った……。これらの誤謬のひとつは、地代が純利得であり富の新たな創造である、とすることにある」[I/398]。なぜなら「地代は……価値の創造ではあるが、富の創造ではない。もしも穀物の価格が、穀物のある部分を生産することの困難のために……騰貴するとすれば、……その所有者はより大きな価値をもつことになるであろう。しかし、他のだれもその結果としてより少ない価値をもつことにはならないであろうから、社会は全体としてより大きな価値をもつことになるであろう、そしてその意味において地代は富の創造である。しかし、この価値は、それが社会の富、すなわち、必需品、便宜品、および享楽品に、なにものも追加しないかぎり、名目的なものである」。「そうしてみると、シスモンディ氏およびブキャナン氏が、……地代を、純粋に名目的な価値とみなし、そしてそれを、国富に対する何らの追加も形成するものではなく、たんに地主にとってのみ有利であり、消費者にとってはそれに比例して有害な、価値の移転にすぎないとみなしたのは、正当であった、ということが認められなければならない」[I/399–400]。

同様に「地代の上昇は、つねに、その国の増加しつつある富と、その増加した人口に対して食物をまかなうことの困難との結果である。それは富の兆候ではあるが、けっして原因ではない、というのは、富は、地代が静止的であるか、低下さえしているあいだ、もっともすみやかに増加するからである。地代は、利用しうる土地の生産力が減退するにつれて、もっともすみやかに増加する」[I/77]。

こうしてリカアドは、「土地は、地代のかたちで剰余を生み出すという理由で、有用な生産物の他のあらゆる源泉にまさる長所をもっている、ということを耳にする以上に月並みなことはない。……より肥沃な土地部分の当初の生産物の一部分が地代としてのけておかれるのは、ただ、土地の力が衰え、労働の代償としてよりわずかなものしか生みだされないときだけである」。ゆえに、「もし土地が地代のかたちで与える剰余生産物が長所であるとすれば、年々新たに作られる機械は旧い機械よりも効率の劣っていることが望ましいことになる」[I/75]、と結論している。

商品の価値が投下労働量によって決定されるとする限り、社会全体は、総投下労働量に相当する価値を持つのであり、特定生産部門の商品の一部分が、その投下労働量に相当する以上の価格を持つがゆえに、より大きい価値を有することにはならない。このような商品部分の相対価格が騰貴しただけ、他の商品の価格は下落するはずである。このゆえにリカアドのような労働価値論の立場からすれば、地代は彼の言う富すなわち使用価値の創造ではないだけでなく、価値の創造でもないと言わなければならないであろう。この点において彼の主張は批判されるべきである。しかしながらこの主張によって、ケネー以来スミスにおいてもマルサスにおいても、なおつきまとっていた封建的残滓は、ここにはじめて今や完全に清算されたのである。しかもその積極的意義は、地代が賃金または利潤との相互関係において考察される時、より明らかになるであろう。

第四節　賃金理論

リカアドは、労働をひとつの商品とみなし、「売買され、そして分量において増減されうる、他のすべてのものと同じであり」、それに市場価格と自然価格とがあるものとする[I/93]。

「労働の市場価格とは」、彼によれば、「供給の需要に対する割合の自然の作用から、実際に労働に対して支払われる価格のことである。労働は希少なときは高く、豊富なときは安い」。しかし「労働の市場価格は、……諸商品と同じように、自然価格に一致しようとする傾向をもっている」[I/94]。

「労働の自然価格とは、労働者たちが、平均的にいって、生存しかつ彼らの種族を増減なく永続させうるのに必要な、その価格のことである」。そしてそれは結局労働者の生活資料の価格によって定まるものである。もちろん「労働者が、彼自身と、労働者数を持続するのに必要な家族とを維持する力は、彼が賃金として受けとる貨幣量にではなく、その貨幣が購買する食物、必需品、および慣習から彼にとって不可欠となっている便宜品の分量に、依存している。それゆえに、労働の自然価格は、労働者およびその家族の維持に要する食物、必需品、および便宜品の価格に依存している。食物および必需品の価格とともに労働の自然価格は騰貴し、その価格の下落とともに労働の自然価格は下落するであろう」[I/93]。

それでは、労働の市場価格はどのようにしてその自然価格に向かうのか。リカアドは、一般商品の場合には、この説明を平均利潤率の法則に求めたのであるが、労働の場合には、人口はその生活資料の限度まで増加する傾向があるというマルサス人口法則にその説明を見出すのである。そこで彼は言う、「労働者の境遇が繁栄して幸福になり、彼が生活の必需品と享楽品のより大きな割合を支配することができ、またそれゆえに健康で多数の家族を養育することができるのは、労働の市場価格がその自然価格を上回るときにおいてである。しかしながら、高い賃金が人口の増加に与える奨励によって労働者の数が増加するときは、賃金はふたたびその自然価格にまで低下し、そして時には、反動のために実際それ以下に低下することもある。労働の市場価格がその自然価格以下にあるときには、労働者の境遇はもっとも悲惨である。その場合には、貧困は、慣習が絶対必需品としている慰安品を、彼らから奪いさる。労働の市場価格がその自然価格にまで騰貴し、そして労働者が労賃の自然率が与えるであろう適度の慰安品をもつようになるのは、彼らの窮乏がその数を減少させた後か、あるいは労働に対する需要が増加した後かにおいてのみである」[I/94]、と。

もっともリカアドは特定の場合には、このように「賃金はその自然率に一致する傾向があるにもかかわらず、その市場率は、進歩しつつある社会では、ある不定の期間たえず自然率を超える」ことがあるのを認めている。それは、資本の増加が漸進的で恒常的に行われる進歩しつつある社会においてである。もちろんこのような社会においては、「増加した資本が労働需要に与える刺激が応じられるやいなや、ただちに別の資本増加が起こって同一の効果を生むことがありうるからである」[I/95]。しかしながら彼によれば、このようなことは決して賃金の自然的過程ではない。なぜならば、労働使用の手段すなわち資本の蓄積は、利潤率に依存し、利潤率は後に詳述するように限界農業労働の生産性に依存する。ところがこのような生産性は漸次低減するものである。しかも他方の人口の増加力は終始同一である[I/98–9]。ゆえに「労働の賃金は、それが供給と需要によって左右されるかぎり、低下する傾向をもつであろう」[I/101]。しかもなおそれは生活資料の価格によって支配されるから、おのずから自然価格に向かうであろうというのである。

要するにリカアドの言う労働の自然価格は、その市場価格に対するものであり、労働と交換に獲得されるべき生活資料の価格にほかならない。当然ながらこのような生活資料は、いわゆる「労働力」を再生産するに足るものであり、またその価格は彼の価値論から結局その生産のために投下された労働量に帰せらると見てよいであろう。こうして彼の労働の自然価格は事実上「労働力」の生産に要する労働量によって決まるであろう。しかしながらつねに資本主義社会のみを見ていだリカアドには、労働と賃銀労働、特に労働と労働力との区別は明らかではなく、したがって彼は労働の自然価格は生活資料の価格であると言い、「労働力」の生産に要する労働量とは言わない。あるいはリカアドが、「利潤は賃金に依存する、しかも名目賃金にではなく、実質賃金に依存する、すなわち、年々労働者に支払われるポンドの数にではなく、これらのポンドを取得するのに必要な労働日の数に依存する」[I/143] と言っているのを見れば、一見彼においても賃金は「労働力」の価値として規定されたと解すべきであるかのようである。しかし彼がここで言っているのは、結局賃金は労働と交換に獲得される貨幣を生産するのに必要な労働量によって、つまり労働が支配する労働量によって決定されるということに帰着し、労働力の生産のために要する労働量とはことなるものと言わなければならない。ゆえにリカアドの賃金は、事実上はともかく、理論上厳密には労働価値法則から導き出されていないと解される。そしてこのことこそ、彼の価値法則によれば商品価値は投下労働量によって決まるのに、労働の価値が必要生活資料にすぎないことを、ひとつの矛盾と思わせて、多くの人々特にいわゆるリカアド派社会主義者が、彼の価値論を資本主義社会攻撃の要具として逆用するにいたった契機となったのである。

いずれにしてもリカアドによれば、賃金は結局労働者およびその家族の生活資料の価格によって決定され、ながくそれを超えることができない。それはまさに経済の自然法則である。これは後年ラッサールが、周知のように彼の賃金法則を「賃金鉄則」(das eherne Gesetz) と命名したゆえんである (Ferdinand Lassalle, *Das offene Antwortschreiben*, 1863)。しかしながら、ここに注意すべきことはリカアドの労働の自然価格とは、決して生理的生存に絶対必要な生活品の価格を意味するものではなく、「慣習が絶対必需品としている」生活資料の価格であり、したがってまた慣習の変動とともに、時と所によって変動するということである。彼自身、「それはおなじ国においても時をことにすれば変動し、また国をことにすれば実にいちじるしくことなっている。それは本質的に国民の習性と習慣に依存する」[I/96–7] と説明する。そしてこのように自然賃金の内容が変動しうるということこそ、彼が、「人道の友としてはこう望まざるをえない、すなわち、すべての国で労働階級が慰安品や享楽品に対する嗜好をもつべきであり、そしてこれらの物を取得しようとする彼らの努力が、あらゆる合法的手段によって奨励されるべきである、と。過剰人口を防ぐには、これよりもよい保障はありえない」[I/100] と言って、労働者の生活程度の向上、すなわち自然賃金そのものの上昇を、人口過剰に対する対策として強調する理由であろう。

それはしばらくおき、リカアドは労働の自然価格は、それが労働者の生活資料の価格によって定まる以上「社会の進歩とともに、労働の自然価格はつねに騰貴する傾向をもっている」［I/93］とする。なぜなら、当然にも食料品以外の商品の自然価格は、富と人口の発達にともない、機械の進歩によってまた学問技術の発達によって低落するにもかかわらず、労働の自然価格を支配する主要商品である食料品は、生産の困難の増大のために、より高価になるからである。ここにおいて彼は「地代をひき上げるのと同じ原因、すなわち、食物の追加量を同一の比例的労働量をもって供給する上での困難の増大が、また賃金をも引き上げるであろう」、と解する。しかし彼によれば、「地代の上昇と賃金の上昇とのあいだには、次のような本質的な差異がある」。すなわち前者においては、穀物地代と貨幣地代とが同時に上昇するが、後者においては貨幣賃金は上昇するが実質賃金はむしろ減退する。なぜなら、「ただその追加をもってしても、彼は、彼が以前に彼の家庭で消費していたのと同じ分量の穀物と他の諸商品を調達することはできないであろう」［I/102］。しかもこのような労働の自然価格の騰貴は利潤に重大な関係を有するのである。これは後述するとおりである。

このようにしてリカアドにおいては、賃金は直接にはその需要（資本）と供給（労働人口）との関係によって規制されるが、結局は土地生産力および人口増加力のような自然的生理的原因によって左右される。ここにおいて彼は、「他のすべての契約と同様に、賃金は市場の公正かつ自由な競争にまかせられるべきであり、けっして立法府の干渉によって統制されるべきではない」［I/105］ことを主張し、マルサスと同様にイギリスの当時の救貧法に反対している。このような主張は、賃金または労働問題の歴史性・社会性を否認し、これを絶対的・自然的問題とするものにほかならない。ところで彼は『原理』第三版にいたってあらたに「機械論」の一章を付加し、全資本の増加は、それに比例する労働需要を惹起するという［I/95］前提を修正して、それが単に逓減的な労働需要をもたらすにすぎないことを認めたため、ここに彼の賃金理論はもちろん、後述するようにそれに依存する利潤論等、広く学説体系の根本に矛盾する要素を胚胎することになった。その経緯は、最後の論述にゆずることにする。

第五節　利潤理論

リカアドは利潤の源泉について、一国または一個人の生産物またはその価値から、賃金および地代を控除した残余が利潤となる〔I/110, 112〕という以外に、なにも組織的な説明を試みておらず、その上彼がこの点にかんしてどのような見解をもっていたのかも推測困難である。

あるいは彼が、その価値論の修正を論ずる場合に、「価値のこの差異は、両方の場合に、利潤が資本として蓄積されることから生ずるのであり、ただ、利潤は保留された時間に対する正当な補償にすぎない」〔I/37〕と言い、また利潤の低落と蓄積との関係を述べる際に、「この価格の状態が永続的になるはるか以前に、蓄積に対する動機はなくなるであろう、というのは、自分の蓄積を生産的にする目的をもたないで蓄積する者はなく、そして蓄積が利潤に作用するのは、ただこのように使用されるときにおいてだけだからである。……農業者や製造業者が利潤なしに生活できないのは、労働者が賃金なしに生活できないのと同様である」〔I/122〕などと言っている点を、彼の利潤の源泉の説明と解すべきなのであろうか。しかしながら、前者はすでに利潤の存在を前提して、それが資本の回収時間の差異に基づき、いかにして種々な資本のあいだに分配されるかを説くものであり、後者は資本家が利潤を要求する心理的動機を明らかにするにとどまり、ともに利潤の経済的淵源の説明とは言いえないであろう。

もともとリカアドは、労働の価格すなわち賃金は、労働者の生活資料の価格であると解しているし、また労働者の生産する生産物の価値が、労働の価値（事実上賃金）より大きいと考えており［I/14］、さらに利潤と賃金とが、生産物の価値から地代を控除したものの分解部分であり、相反的な関係にあるものと説いているのであるから、彼の利潤論を一種の剰余価値論と見ることは、論理上正当であろう。ただすでに述べたように、リカアドの価値論は主として相対価値に関連し、絶対価値に重きを置かず、その結果価値の実体の規定が明瞭さを欠き、また賃金も労働価値法則から導かれなかった。ゆえに彼にあっては厳格な剰余価値という考えは、決して明瞭に現れてはいない。

要するにリカアドにとっては、利潤の発生と存在は、ほとんど自明の、既定のことに属し、あえてその研究が企てられなかったのである。これはベーム・バウェルクが彼の利潤論を、同様の意義を込めて「灰色の理論」の中に加えた理由であろうと思う（Böhm-Bawerk, *Geschichte u. Kritik der Kapitalzinstheorien*, 3te Aufl. ［1914.］ S. 104–6, „farblose Theorien"）。

このような利潤の源泉に対するリカアドの態度は、その平均に対する彼の態度の原因であり、結果であったであろう。いずれにしても彼が利潤均等化の現象を、すでにあるものとみて、その成立を問題としなかったことはすでに述べた。ただ平均利潤の概念そのものにかんしては、彼は地代発生前における状態と、地代発生後における状態とを区別し、前者においては、それをあらゆる生産部門の利潤の平均を意味するとしたが、後者においては、それを基準利潤として地代を支払わない耕作の限界における農業資本の利潤とし、他のあらゆる資本の利潤はそれに向かうものと解した。

この地代発生後の状態における平均利潤の見解のために、リカアドは二つのことを前提している。第一は、農業資本利潤は最劣等地において使用される資本の利潤によって規制される。ゆえに最劣等地の資本が撤回されなければ、利潤は上昇することはできないということ、これは彼の地代論で明らかにされたことである。第二は、現在の農業投資額は、現在の人口に必要な食糧を獲得する要件であり、そして現在の人口は、現在の資本運用の要件であるから、これを削減することはできないということである。この結果農業資本の状態は、現在の資本および人口の存続するかぎり、かりに商工業利潤が騰貴すると仮定しても、何ら変動しえないものである。それなのに商工業利潤が騰貴して、農業利潤のみは変化しないのは、明らかに利潤均等化の事実に矛盾する。ゆえに商工業利潤が変化すると仮定すること自体が誤りである。このようにリカアドは、商工業利潤も農業利潤に影響し、したがって平均利潤を規制するというマルサスの反対説を反駁しているのである（『利潤論』[IV/22]）。

またリカアドは、このような平均利潤は社会の富と人口との増進にともなって、低下する自然的傾向があると解する。このようにこの点にかんする彼の説明は、『利潤論』と『原理』とにおいて、すくなくとも重点の置きどころがことなるようである。

まず『利潤論』における説明によれば、「よく肥えた土地が豊富で、しかもそれが選ぶにまかせて誰でも手に入れ所有できるような国に最初に定住した場合においては、全生産物は、耕作に関係した諸支出をさし引いたあとは資本の利潤となり、それは地代としてなんら控除されることはなく、このような資本の所有者に帰属するであろう。このようにして、もしこんな土地に投下された一個人の資本が小麦三〇〇クォーターの価値のものであり、その半分は建物、器具、等々のような固定資本、また他の半分は流動資本からなっているとする。――そして、もし固定資本と流動資本を償却した後に残る生産物の価値が、小麦一〇〇クォーターあるいは小麦一〇〇クォーターと等しい価値のものであるとすれば、資本の所有者に対する純利潤は五〇パーセントあるいは二〇〇の資本に対する一〇〇の利潤となるであろう」[IV/10]。ところが、「最初の定住者の近隣の肥えた土地がことごとく耕作された後に、もし資本と人口が増加するなら、より多くの食料が要求されることになり、それはそれほど有利な位置を占めていない土地からしか獲得できないであろう。だから、土地の豊度を等しいと仮定しても、生産物をそれが生産された場所から消費される場所へと運ぶために、より多くの労働者、馬、等々を使用することが必要となり、たとえ労働の賃金になんらの変化も起こらなかったとしても、同一量の生産物を得るためには、より多くの資本を永続的に使用することが必要となるであろう。この付加分を小麦一〇クォーターの価値のものとすれば、古い土地と同一量の収穫を得るために、新しい土地に投下される全資本は二一〇となるであろう。したがって、結局資本の利潤は五〇パーセントから四三パーセントに、または、二一〇に対する九〇に低下するであろう」。そして前に述べた理由によりこれが平均利潤率となるために、一等地の利潤もまた四三パーセントに下落し、純収益一〇〇クォーターは分割されて、資本家に八六クォーター、地主に一四クォーター帰属する。こうして、「まさしくそれと同様の経過により、さらに限界地の資本増加とともに平均資本利潤は下落する。同程度に利潤は低下するであろう」、というのである[IV/13-4]。これによりリカアドが、利潤率は、利潤額が不変なのに必要な資本額が増加するために、低下するとしていることは明らかである。

もっともこのほかに、彼は利潤低下の原因として賃金の騰貴をもあげている。たしかに、前述のような生産困難の増加は、まさに穀物その他の農産物の価格を騰貴させるものである。したがって穀物価格によって大きく支配される貨幣賃金はおのずから騰貴する。ところで原生産物以外の商品は、その生産条件に変動がないので、その価格は上昇しない。ゆえに利潤はこのためにさらに低下する。この際農業資本家は、穀物価格騰貴の利益を受けるであろう。しかし穀物が安価であって、その収穫量が多い方が有利であろう[IV/19-21]と述べている。しかしながらリカアドが重視したのは、資本額の増加であり、賃金騰貴は単に付随的に論じられているにすぎない。

ところが『原理』においては、資本額の増加よりも、賃金の騰貴が重視され、さらに貨幣賃金の騰貴によって農業以外の利潤が低下することは明らかであっても、農業利潤は、農産物の価格が上昇することにより下降しないだろうとする見解を反駁することに、ほとんど主力が傾けられている。

彼の説明によれば、価格を支配する土地の生産物も、製造工業品も、いずれも地代を支払わない。それらの価値全体は、ただ二つに分かれ、ひとつは資本の利潤、もうひとつは労働の賃金となる［I/110］。しかし、この労働および資本に分けられる価額は、穀物価格の上昇とは無関係につねに同一である。たとえば［I/113-5］今小麦一クォーター四ポンド、賃金一人年額六クォーターまたは二四ポンドである時、労働者一〇人を使用して小麦一八〇クォーターを獲得し、人口および富の増加にともなって穀物価格が騰貴した結果、しだいに同一または他の土地に一〇人づつの労働者を使用し、その生産物が、順次一七〇、一六〇、一五〇クォーターであるとする。このような時は、そのおのおのの土地または資本による生産額は順次資本と労働とに分割されるのである。そして穀物価格は穀物を最劣等地または最終資本によって生産する労働量の増加に正確に応じて上昇するために、それは元の一クォーター四ポンドから順次四ポンド四シリング八ペンス、四ポンド一〇シリング、四ポンド一六シリングとなるであろう。このような時は一八〇クォーター生産され、価格が一クォーター四ポンドである時も、一七〇クォーター生産され、価格が四ポンド四シリング八ペンスの時も、同様に一六〇クォーターで四ポンド一〇シリングの時も、また一五〇クォーターで四ポンド一六シリングの時でも、つねにそれは同額の七二〇ポンドになる。ところが賃金は穀物価格の騰貴とともに上昇するから、「もしも農業者が、これらの相等しい価値のなかから、……より高い価格によって左右される賃金を支払うことをよぎなくされるなら、彼の利潤の率が穀物の価格の騰貴に比例して減少するであろう、ということは明白である」［I/113］。「生産物の一定の追加量を取得するためにより多くの労働と資本を使用する必要がある結果として、穀物の価格にどれほどの騰貴が起ころうとも、このような騰貴は、つねに、追加地代、あるいは雇用される追加労働によって、価値の上で差し引かれるであろう」［I/114］。

なお賃金は、すでに述べたように、穀物価格の騰貴とまったく同一割合では騰貴しない。たとえば、右のような穀物価格の場合には、労働者一〇人の賃金は、年額二四〇ポンドから順次二四七ポンド、二五五ポンド、二六四ポンドという割合で騰貴するにとどまるであろう。しかも労働と資本とに分割される価額が、つねに一定の七二〇ポンドであるから、少なくとも賃金が騰貴する限り、その程度のいかんを問わず利潤は下落するのであり、右の例では、四八〇ポンドから徐々に四七三ポンド、四六五ポンド、四五六ポンドとなるであろう。こうして彼は、「あらゆる場合において、製造業の利潤はもちろん農業の利潤も、原生産物の価格の騰貴が賃金の上昇をともなうなら、原生産物の価格の騰貴によって引き下げられる」[I/115]、と言うのである。

このように農産物の価格騰貴にともなう賃金の上昇によって、利潤額が減少するのであるから、その使用資本額との比、すなわち利潤率もまた下降することは言うまでもない。リカアドによれば資本額を三〇〇〇ポンドとする時は、利潤額が四八〇ポンドから順次四七〇ポンド、四六五ポンド等となるにしたがって、利潤率は一六％から、順次一五・七％、一五・五％というように低下するのである。

以上のようにリカアドは、賃金騰貴により、使用資本額が変化しない場合でも利潤額が減少するため、利潤率が低下すると言う。それは、明らかに、利潤と賃金とが固定した価額の分解部分であり、一方が大きくなれば他方はそれだけ小さくなる関係にあることを前提するものである。そして彼はこのような説明に付随的に、このような場合使用資本額の増加が利潤率を低下させると述べている。すなわち彼によれば前述の場合、農業資本が農産物からなるかぎり、その価額が増加し、たとえば三〇〇〇ポンドから三二〇〇ポンドとなるために、利潤率はさらに下落する、また工業資本は、農業資本と同じく、それが農産物からなるかぎり、その価額の上昇によって影響されるほか、賃金上昇のゆえに生産の規模を維持するために増額されることになるので、利潤率は一層低下するであろうというのである[I/117]。賃金騰貴に基づく資本額の増加は、工業資本だけでなく、農業資本にも同じように発生するはずであるが、彼はこれを工業資本についてのみ論じている。

右のように、利潤率低下の原因にかんする彼の所論は、『利潤論』と『原理』において少し相違するようである。このことは、『利潤論』におけるように、農業生産の困難の増大のため、従来よりもより多くの資本と労働が投ぜられるのに、獲得される生産物の分量が同一であるとした場合、生産物は、それにより多くの資本と労働が投ぜられているから、より大きい価値を有し、したがって利潤も増し、その結果利潤率も変化しないのではないのかという疑問を抱かせる。このような疑問は、農産物の騰貴にもかかわらず、騰貴しただけは地代に帰し、利潤と賃金とに分割される価額は同一であり、そしてそれからより高い賃金が支払われることが立証されて、はじめて消滅する。このため、リカアドみずから言うように、彼は『利潤論』の所論を補充すべく、『原理』においては賃金騰貴を力説したのであろう。そしてなおこのような主張が、スミス、マルサス等の構成価値論に反対する分解価値論の見地に立ち、賃金の騰貴は必ずしも価格騰貴の原因ではないという所見を前提することは明らかである。いずれにしても彼のより完成した考えが見られる『原理』においては、賃金騰貴が利潤率低下のほとんど唯一の原因とされているのである。しかも利潤は賃金とつねに相反的に増減するということ、ならびに耕作が優等地から漸次劣等地に向かうという前提自体に疑問があるから、このような利潤率低下の理論にも疑問があることは言うまでもあるまい。

ともあれ、リカアドによれば、食料の生産困難の増大は、社会の富と人口の自然的発展にともなう。だからそれに基づく利潤率の低下も、社会発展における必然の趨勢である。この意味において彼は、「利潤の自然的傾向は低下にある」とし、これをもって「利潤の重力」とも形容している。このような傾向は、さいわいにも必需品の生産に関連する進歩改良により、時々何度も妨げられている。しかしそれは、本来賃金が利潤と分けられるべき価額全体に等しくなり、利潤がゼロとなり、蓄積が終息し、追加労働の需要がなく、人口が増加の極点に達するまでに、作用しなくなっているであろう［I/120］。しかもリカアドは、実際上利潤がこのような限度まで低下することを否認している。もちろん彼によれば蓄積の唯一の動因は利潤の獲得であり、この動因がなくなれば蓄積はありえない。そしてこの動因は、利潤の低減にともなって小さくなり、そして利潤が、資本を生産的に使用するときに必然的に遭遇する困難と危険とを充分償うのに不足するまで下落すれば、それはまったく消滅するであろう［I/122］。ゆえに利潤の低下は、それがゼロに達するはるか以前に止むであろうというのである。

しかしリカアドにとっては、利潤は、それがかりにゼロに達しないにしても、低減の傾向があること自体、最も憂うべき事態であった。もちろん彼にとっては、資本の蓄積がなければ富の生産の拡張はなく、したがってそれにともなう労働需要の増加もない。ゆえに「資本家〔リカードの原文では「公債所有者」となっている〕の利得は国民的利得であって、他のすべての利得と同様に、その国の実質的な富と力を増加させるものである」［I/425］。資本の蓄積は単に資本家階級のみの目的ではなく、国家的・国民的・一般的目的である。利潤の低下は、蓄積を阻害するものであるから、それはただ資本家階級の不利益だけでなく、国民一般の不利益を意味するからである。

このような重要な意義を有する利潤は、主として貨幣賃金の騰貴によって低下するとされている。ゆえにリカアドにおいては、資本と労働とは利害対抗の関係にあるのである。しかしながら、本来彼の分配関係においては、労働者はまったく受動的地位におかれ、その所得は原則として固定的なものとされ、この種の貨幣賃金の騰貴も、穀物価格の騰貴率と同一程度で進むものではなく、穀物賃金としてはむしろ減少するのであるから、それは決して労働にとってなんら実質上の利益の増進をもたらすことはなく、むしろその低下をもたらす点において、利潤とことならない。そして賃金ないし労働需要は、利潤ないし資本蓄積に依存するのである。したがって、この限りにおいては、労働は資本に従属しつつ、それと利害を共同にする傾向があるとも言いうるのである。

真の利害対抗は、彼にあっては、むしろ土地対資本および労働のあいだにある。なぜなら、地代は、明らかにもともと利潤と賃金とに分割されていた生産物価値の犠牲において発生し、増大するものだからである。そしてこのうち賃金は受動的・固定的であることは前述のとおりである。ゆえに結局利害の対抗は土地と資本とのあいだにある。彼が、「地味のより劣った土地、あるいはより不便な位置にある土地が順次耕作に引き入れられることによって、地代は耕作地においては上昇し、そしてまさしくそれと同じ程度に利潤は低下するであろう」(『利潤論』[IV/14])と言い、また「地代はあらゆる場合において、土地でまえもって獲得された利潤の一部分である。それは決して新しく創造された収入ではなく、つねに、すでに作り出された収入の一部分である」[IV/18]と述べているのは、土地と資本との関係に対する彼の所見を示すものであり、「地主の利害は、社会のすべての階級の利害とつねに相反するものとなる」[IV/21]と説いているのは、利潤ないし蓄積を社会的・一般的目的とする彼の立場をあらわすものであろう。

要するに、資本主義社会の進歩にともなう資本の蓄積は、おのずから労働需要の増加をもたらす。労働需要の増加は人口増加をうながす。人口増加に応ずる穀物需要の増加は、より不利な土地の耕作または資本の投下をよぎなくし、その結果穀物価格は騰貴する。穀物価格の騰貴は、一方で地代部分の増加をきたし、他方で貨幣賃金の騰貴をつうじて、利潤部分の減少をもたらす。相対的には減少しつつも、なお絶対的に増加する利潤は、資本の蓄積をきたし、前と同様の過程を開始する。だからこのような過程の反復において、生産される社会の富のうち、労働に帰する部分は原則として固定的であり、土地に属する部分がますます大きくなり、資本の取得する部分がますます小さくなる。これがリカアドにおける社会発展にともなう分配関係変動の様相である。

このような分配関係の変動の様相、特に地代の増加、利潤の低下は、彼にとっては、はなはだ憂うべく塞心すべきものであったことは前述の通りである。しかしながらこのことは、直接には利潤の追及、資本の蓄積という、現代社会の特質によって支配されるとされているが、結局それらは、土地生産力または人口増加力のような自然的・生理的原因に基づくものとされている。したがって彼は利潤の維持、資本の蓄積を、社会的・一般的目的とみなし、それらの低下減退を憂えつつも、あえて積極的・人為的手段によって目的の実現をはかろうとしないとともに、地代収得のゆえをもって地主を攻撃しようとはしなかった。ただ利潤の低下、地代の増加が国民全般の利益に反するものである以上、それが経済の自然的過程によらず、地主等の人為的・意識的努力にもとづくときは、彼は敢然として国民全般の利益において、これを排斥したのである。ここにいわゆる経済的自由の主張者としての彼の面目と、その根底とがうかがわれるであろう。

リカアドが、マルサスに反対して穀物輸入の自由を主張したのは、まったくこのような立場にもとづく。事実彼は次のように説いている。いかに農業上の改良進歩をもってしても、穀物の輸入が禁止または制限される限り、富および人口の増加にともなって、劣等地を耕作せざるをえない。ところが「もしわれわれが法律の制定によって拘束されず、自由にまかされていたならば、われわれはこのような土地の耕作から徐々に資本を引き揚げて、現在そのような土地で作られている生産物を輸入するであろう。引き揚げられた資本は、穀物の見返りとして輸出されるような諸商品の製造に使用されるであろう。一国の資本の部分をこのように配分することはより有利であろうし、そうでなければ、それはおこなわれないであろう」[IV/32]。また別のところにおいて言う、「穀物の輸入が自由に許されるなら、多くの資本を蓄積しうるが、いちじるしい利潤率の減少も、いちじるしい地代の増加もないであろう」[I/126]。このように穀物輸入の制限は、資本の自然的分配を害し、利潤を低下させる。だからそれが維持されるのは、まったく特定階級の利益のためであり、社会全般の不利益においてである。彼は言う、「いずれかの特定階級に対する配慮が、国の富と人口の増進を阻害することになるのは、きわめて残念である。もし、地主の利益がたいへん重要であって、われわれが低廉な価格で穀物を輸入することから生ずるすべての利益を享受するのをとめようと決心させるのに足るほどであれば、それはまた、われわれに、農業や耕作用器具におけるあらゆる改良を拒否させるような影響を与えずにはおかないであろう」[IV/41]、と。

第六節　外国貿易論

リカアドが、利潤率低下の傾向を阻止するものとして、農業上の進歩改良とともに穀物輸入の自由をあげていたことは前述の通りであるが、なお次に彼の外国貿易論一般の概要を述べる。というのも彼が国際的分業の利益を根拠として貿易の自由を主張することは、スミスとことならないが、彼の場合には、このような主張が他の経済理論とくに価値論・利潤論・貨幣論などとの密接な関係において展開されているからである。

すでに述べたようにリカアドは、商品「価値」と自然価格とを混同した。この結果労働価値法則が支配し商品がその投下労働量にしたがって交換されるためには、産業間における資本および労働の移動の自由、利潤の平均化を前提とする。ところが、彼によれば、国際間にはこのような前提が欠けている。なぜなら「資本がその所有者の直接管理下にないときの、資本の想像上ないし実際上の危険は、各人が、彼の出生しまた親戚たちのいる国を去って、その固定化したすべての習慣をつけたままで、異国の政府と新しい法律とにみずからを託することに対してもっている自然の嫌悪と相まって、資本の流出を阻止するものである。私はこれらの感情が弱められるのを見るのは残念であるが、それが大抵の財産家に、彼らの富にとってのより有利な用途を諸外国に求めるよりも、むしろ彼らの自国でのより低い利潤率で満足する気持ちを起こさせるのである」[I/136–7]。このために「一国における諸商品の相対価値を左右するのと同じ規則が、二つあるいはそれ以上の国々のあいだで交換される諸商品の相対価値を左右するわけではない」[I/133]。むしろ「すべての外国財貨の価値は、それらと引き換えに与えられる、わが国の土地と労働の生産物の分量によって測定され」[I/128]、たとえば、英国の一〇〇人の労働の生産物が、ポルトガルの八〇人の労働の生産物と交換されうるのである。そこで彼はいう、「完全な自由貿易制度のもとでは、……それは労働をもっとも有利にかつ経済的に配分する一方、諸生産物の全般的数量を増加させることによって、それは全般の利益を普及させ、……文明世界をつうじて諸国民の普遍的社会を結成する」[I/133–4]、と。

このような関係を、リカアドは次のような設例を以て示そうとしている。「イギリスは、服地を生産するのに一年間一〇〇人の労働を要し、またもしもブドウ酒を醸造しようと試みるなら同一時間の一二〇人の労働を要するかもしれない、そういった事情のもとにあるとしよう。それゆえに、イギリスは、ブドウ酒を輸入し、それを服地の輸出によって購買するのがその利益であることを知るであろう。ポルトガルでブドウ酒を醸造するには、一年間八〇人の労働を要するにすぎず、また同国で服地を生産するには、同一時間に九〇人の労働を要するかもしれない。それゆえに、その国にとっては服地と引き換えにブドウ酒を輸出するのが有利であろう。この交換は、ポルトガルによって輸入される商品が、そこではイギリスにおけるよりも少ない労働をもちいて生産されうるにもかかわらず、なお行われうるであろう。ポルトガルは服地を九〇人の労働をもちいて製造することができるにもかかわらず、それを生産するのに一〇〇人の労働を要する国からそれを輸入するであろう。なぜならば、その国にとっては、その資本の一部分をブドウの樹の栽培から服地の製造へ転換することによって生産しうるよりも、イギリスから引き換えにより多量の服地を取得するであろうブドウ酒の生産にその資本を使用するほうが、むしろ有利だからである」[I/135]。

このことは諸国間の貿易が、物々交易として行われる場合を仮定したものである。そしてリカアドは金および銀が流通の一般的媒介物となる場合にも「金銀は、商業上の競争によって、もしもこのような金属が存在せず、諸国間の貿易が純粋に物々貿易であるならば起こるであろう、自然の通商に適応するような割合で、世界のことなった国々のあいだに分配されるのである」［I/137］から、結局その過程は、物々交易の場合と同様であり、単に遅速の差があるにすぎないとするのである。彼はその理由を次のように説明する、すなわち前の設例において、「服地は、そこから輸入される国でかかる費用よりも多くの金に対して売れないかぎり、ポルトガルへは輸入されえない、またブドウ酒は、ポルトガルでかかる費用よりも多くの金に対して売れないかぎり、イギリスへは輸入されえない。……さて、イギリスがブドウ酒醸造の一方法を発見し、そこでそれを輸入するよりはむしろそれを生産するほうがその利益になるものと仮定すれば、この国は当然その資本の一部分を外国貿易から国内商業へ転換するであろう。この国は輸出のために服地を製造することをやめて、自国でブドウ酒を生産するであろう。これらの商品の貨幣価格は、それに応じて左右されるであろう。すなわち、ここでは服地は引き続いてその以前の価格にあるのにブドウ酒は下落し、そしてポルトガルでは、いずれの商品の価格にも変更は起こらないであろう。服地は、その価格がポルトガルではここよりも引き続いてより高いから、しばらくのあいだはこの国から引き続いて輸出されるであろう。しかし、それと引き換えにブドウ酒ではなく貨幣が与えられるであろう。そしてついにこの国での貨幣の蓄積、および外国でのその減少が、両国における服地の相対価格に作用し、そのためにそれを輸出することが有利でなくなるであろう。もしブドウ酒製造上の改良がきわめて重要な種類のものであるならば、事業を交換することが両国にとって有利となるかもしれない。すなわち、イギリスにとっては両国にとって消費されるすべてのブドウ酒を醸造し、そしてポルトガルにとってはすべての服地を製造するのが有利となるかもしれない。しかしこのことは、イギリスにおいて服地の価格をひき上げ、そしてポルトガルにおいてそれをひき下げるであろう貴金属の新しい配分によってのみ、もたらされうるであろう」［I/137-8］、と。

このようにしてリカアドは、外国貿易は商品の数量と種類とを増加し、その豊富と低廉とによって享楽には大いに貢献するであろうが、外国商品の価値は前述のように、それと交換される自国の土地および労働の生産物の数量によって測定されるのであるから、「それはけっしてただちに一国の価値額を増大させるものではない」[I/128] と解する。したがってまた彼は「輸入される諸商品が労働の賃金が支出される種類のものでないかぎり、[外国貿易は] 資本の利潤をひき上げる傾向をすこしも持たないであろう」[I/133] と解し、アダム・スミス等が「特定の商人によって外国貿易においてときどき取得される大きな利潤は、その国の一般的利潤率を高めるであろう」[I/128] と主張するのに反対している。

実際スミス等は、「この新しい有利な外国貿易にあずかるために、他の用途から資本が引き揚げられることは、……需要がひきつづいて同一であるのに、穀物の栽培や、服地、帽子、靴、等々の製造に、より少量の資本が必然的に向けられるのであるから、これらの商品の価格は非常に増加し、そのために農業者、帽子製造業者、服地製造業者、および靴製造業者は、外国商人と同様に、増加利潤を得るであろう」、と言う。しかしリカアドは、これらの商品の「需要が減少しないかぎり、これらの商品の栽培や製造にあてられる資本は必然的に減少するであろう、ということを否認する、……そしてもしそうだとすれば、それらの商品の価格は騰貴しないであろう」[I/129]、と言う。

こうしてリカアドは、外国品の購入に、自国の土地および労働の生産物の従来と同じ部分があてられる場合と、より小さい部分があてられる場合と、より大きい部分があてられる場合との三つを区別する。もしも自国の生産物の同一の部分がこれにあてられるならば、ラシャ、穀物、帽子に対して従来と同一の需要があるであろうし、また資本の同一部分がその生産にあてられるであろう。もしも外国商品が低廉となった結果、自国生産物のより小さい部分がこれにあてられるならば、右の諸商品の生産のためにより大きい資本と、それに対するより大きい需要があることになり、その価格も利潤もともに永続的に騰貴しえない。最後にもしも、自国の生産物のより大きい部分がこれにあてられるならば、他の諸商品に対する需要は減るが、それらを生産するための資本も減り、したがって供給も減るから、価格は下落しないのである［I/129-30］。

ここにおいてリカアドは、「すべての場合に、外国産と国内の商品を合計したものに対する需要は、価値にかんするかぎり、その国の収入と資本によって制限される。もし一方が増加すれば、他方は減少するはずである」［I/130］、そして、いずれの場合にも内国商品の価格または内国産業の利潤が外国貿易の結果として上昇することはあり得ない、ただ輸入商品が労働者の食料品その他の必要品である場合だけがこの例外となる［I/133］、と結論しているのである。

リカアドの貿易論が、前述したところにより、スミスの所論を継承しつつ、これを展開したものであることは明らかであるが、なおそれは後者と同様に資本主義発展の先頭にあるイギリスを背景とし、おのずからその利益に一致するものと考えられる。そして彼が貿易論の一根拠としてあげる国際間における資本移動の原則的な不可能性は、国際信用組織が幼稚であった時代にのみ妥当するものであり、また、外国商品の価値がそれと交換される自国商品の数量またはその価値によって決まるとすることは、商品交換比率が価値によってではなく価値が交換比率によって決まることを承認する極度の背理であり、また、貨幣が商業取引の必要に応じて諸国間に分配されて物価を決めるという主張は、すでに述べたように彼の貨幣数量説に基き、したがってその欠陥を免れない。さらに、貿易と利潤との関係にかんする彼の所論が誤りであることは、たとえばインドの低廉な原料供給がイギリス産業にとっていかに重要であるかを考慮するだけで明らかである。彼のこのような所論は、結局当時の穀物論争などが、彼の全注意を穀物価格ないし賃金の影響に引きつけた結果であると考えられる。

第七節　結論

リカアドは、なお前述のような分配原理の応用として、租税論を展開している（『原理』第八章から第一八章、第二二章、第二三章、第二六章〔?・〕、第二九章を参照）。事実彼によれば「租税は、結局のところ、その国の資本または収入のいずれかから支払われる」〔I/150〕。したがって租税負担の問題は結局彼の経済学の中心問題である分配論の一面にほかならないからである。そして彼はすでに述べたように利潤の低下が資本の蓄積を阻害し、国民的・国家的幸福に反することを理由に、穀物条例に反対したが、まさに同一の理由に基づいて、政府の政策上資本に帰すべき租税を課する〔I/153〕ことを排斥するのである。

しかしながら、すでに彼の経済学の大綱は明らかになったと思われるから、さらにこれらの問題に深入することなく、次にふたたび彼の分配論を顧みつつ彼の学史上の地位を検討しよう。というのも、彼の重要さは、すでに述べたように主としてこの問題をこの学問の中心におき、その進路を開拓しようとしたことにあるからである。すでに述べたようにリカアドは資本主義社会の考察にあたり、アダム・スミスの伝統にしたがって、経済的利己心と自由競争の支配を前提し、したがって利潤の追及または資本の蓄積を、分配の起点かつ終点とした。まさに彼の分配論は、資本の蓄積——労働需要の増加、——人口の増進、——穀物需要の増加、——劣等地の耕作——穀物価格の騰貴——地代の増加——賃金の騰貴、——利潤の減少という順序の反復において、社会において生産される価値のますます大きい部分が地代に、ますます小さい部分が利潤に帰するにいたるという法則性をあきらかにすることであった。ただこのような法則性は、スミスにおける経済法則が、なお自然により、全能者によってあたえられた自然的秩序とされたのとはことなって、資本主義社会自体の本質的・永続的な法則として、偶然的・一時的事情によって妨げられつつも、なお鉄のごとき必然性をもってこの社会に貫徹するものとされた。これは、産業革命の前夜、いまだいわば理念であった資本主義におけるスミスが、この社会の現実に立脚しつつ、なお多分に形而上学または神学に依存しなければならなかったのに対して、すでにこの革命の洗礼を経てようやく実現した資本主義におけるリカアドが、ひとえにこの社会の現実の観察、その内面的法則の追及にしたがって得たことの結果にほかならないであろう。いずれにしても、こうしてリカアドにおいては、スミスにおけるような形而上学的・神学的要素が排斥され、経済学はここに始めて現実としての資本主義を取り扱うものとして、完全にひとつの科学となった。

しかも前掲の分配過程の順序からも見て取れるように、リカアドの資本の蓄積は、結局収穫逓減の法則が支配するという土地の生産力に依存し、またその需要増加に応じる労働供給の増加は、マルサスが本来その生活資料の限度にまで達するとした人口の増加力にまつものとしてある。したがって利潤の追及または資本の蓄積を起点とし終点とする社会の分配は、結局土地の生産力およびそれに続いて人口の増加力を、その根本的な決定条件としているのである。もとよりリカアドといえども、現実の場合において、これら以外のもの、たとえば新しい機械の発明、新しい販路の拡張などが分配に影響することを否認しはしない。しかし彼によれば、それらはいずれも一時的かつ特殊的にのみ分配に影響するものであり、決してその一般的・永続的条件ではない。彼は言う、「この研究をしてみて、私は土地の耕作の状態がそのほとんどただ一つの大きな持続的原因であると信ずるようになりました。そのほかにも、多かれ少なかれ継続する一時的な結果をともない、またしばしば部分的に特定の営業だけに作用する事情があります。土地に生産をさせるために必要な諸手段と比較してみた、土地の生産の状態は、すべての営業にたいして作用するもので、その効果からいって、持続的なものはこれだけです」(*Letters of Ricardo to Malthus*, p. 43 [the 16th September 1814, VI/133])、と。

ところでリカアドにおいては、いわゆる土地の生産力は自然の法則によって制約される自然科学的事実であり、また人口の増加力は不変的な生物学的事実を意味する。彼が、「土地は分量において制限され、質において相違しているので、それに対して使用される資本部分が増加するごとに、生産率は減退するであろうが、それに対して人口増加力はひきつづいてつねに同一である」[I/98]、と言うのはこの意味である。彼は、このような自然的生物的事実、彼の時代および国よりも長期にわたって支配するこの事実をもって、彼の時代と彼の国の分配の本質的・決定的条件とするのである。ここにおいて利潤または蓄積を起点とし終点とする分配関係は、自然的・生物的事実を条件としているゆえに、絶対化され、固定化され、その内在的法則、たとえば賃金の生活必要費へ帰着は、鉄則化され、利潤率の低下は、自然的・生物的原因に帰される。もちろん彼は資本主義社会の発展にともなう分配の変動を論じた。むしろこのような変動こそ彼の主要な問題であった。しかも彼にあっては、このような変動は特定の分配関係内部における量的問題であり、この関係それ自体にかんする質的問題ではなかった。

このように、特に自然的・生物的事実によって支配される資本主義社会の内在的法則は、社会的・相対的ではなく、自然的絶対性を有するために、その分配はかりに好ましくない結果を生みいとわしい困難をもたらすとしても、人間の手ではどうにもならないものであり、したがってその対策としては、物事の自然的過程にまかせるべきだとの主張が生じる。すでに述べたように、リカアドが、地代の増加は社会の利益に反すると解しながら、高い地代のゆえに不平を言うべきでないとし、また賃金が人間生活の最低限に一致する傾向があると述べながら、その決定は市場における公平で自由な取引に任せるべきだとするのは、いずれもここに由来するものと考えられる。

このように経済関係が、特に自然的・生物的事実によって支配され、したがって自然的絶対性を有すると解し、また社会の発展とともに、その動因たる利潤率は低下し、賃金は固定または下落するとする等の点において、わがリカアドはまさに人口理論の著者マルサスとほとんどその軌を同じくし、彼の理神論的世界観の下に、経済関係を人間本性の自然に帰し、経済利害の自然的調和を主張するスミスが明朗楽天的であるのに比べて、いちじるしく陰鬱で悲観的な基調を有する。これは彼がマルサスとともに、悲観派と称されるゆえんであるが、われわれはここにもまた時代の趨勢の推移をうかがうことができる。たしかにリカアドはより発達した資本主義を前提として、その社会の本質的・永続的法則を追及した。しかしスミスにおける、いわば理念としての資本主義にあっては、各人の利己心の自由な発動は、なお自然神教的にその調和を予定しえたが、彼におけるすでに現実化した資本主義においては、各人の利己心の発動は、しばしば利害の調和を欠き、それぞれの集団の運命は対立するもののようにあらわれた。それは特に土地と資本との関係において顕著であった。このような状勢においてスミス以来の自由主義の伝統を維持しうるものは、経済関係を人間本性の自然から導く経済法則の形而上学ないし神学化よりも、むしろ自然的・生物的原因の名によるその自然的絶対化であり、それが目指すのは全体の幸福よりも、むしろ最大多数者の最大幸福でなければならない。（注）なぜなら、これによって利潤ないし蓄積を動因とする経済は絶対化永久化され、その発展にともなう困難または矛盾は、残酷な自然の鉄則に基づき、したがってその対策は、単に個人の自制にまつべきものとなりうるからである。

（注）これはリカアドに影響したと称されるベンサム哲学のことである。たしかにスミスにおいては、理神論的世界観の結果、社会はともかく、神の摂理による個人の統合体であり、この点において社会は個人に先行するといえた。ところがベンサムは形而上学を排斥し、個人を唯一の実在としたために、社会はまったく個人の総和その合計であると解されるほかなかった。またスミスにあっては、利己心は、先天的に、見えざる手によって社会的利益の調和に導かれたのに対して、ベンサムにあっては、全体の利益も考慮すべき開明的な利己心に、その発動がこのような利益の調和をもたらすような実際上の保障はありえない。ここにおいてベンサムに

よったリカアドは、スミスの一般的調和をすてて、最大多数の最大幸福をその旗幟とせざるをえなかったのであろう。（Briefs, *Untersuchungen zur Klassischen Nationalökonomie*〔: *mit besonderer Berücksichtigung des Problems der Durchschnittsprofitrate*, Verlag von Gustav Fischer, 1915〕による。）

その上、このような経済法則の自然的絶対化に立つ彼らの分配論は、当時における社会階級間の状態およびその変動を明らかにし、資本主義の自然的発展に対する諸障害を撤廃する要求に科学的根拠を与えた。そして彼の分配論は、窮極において、生産の積極的参加者の所得が減退し、そうでないもののそれが増大することを主張した。その意味においてそれは、まさに土地に対する一般民衆特に資本の感情の理論的表現として、やがて穀物関税反対の根拠となりうるものであり、また彼の賃金論は、およそマルサスの人口理論と同様に、賃金低下または貧乏の不可避性の基礎づけとして、まさに労働に対する資本の責任を解除し、救貧法改廃を正当化しうるものであった。ゆえにリカアドの陰鬱な経済法則の自然的絶対化は、産業革命後の新状勢において、ただ消極的にスミスの伝統である自由主義を維持するだけであったのではなく、さらに積極的に、今や完全に封建制を清算すると同時に、ようやく強化した労働に対立するにいたった資本の、生産の躍進的要求に応ずる、資本主義の新たな解釈であり、展開であったのである。

このように考えれば、リカアドの学説が、一般に信じられているのとは反対に、むしろおおいに当時の現実に即し、その社会的要求に適合するものであったことがうかがわれる。さらに彼が分配の窮極的条件とする土地の生産力または人口の増加すら、彼においてこそ自然的・生物的事実として、絶対性・固定性を有するものであるが、歴史はむしろ、それが実はイギリス資本主義の当時の発展において、特に顕著となった具体的・特殊的事実にすぎなかったことを示している。彼はこのような具体的・特殊的なものを抽象的・一般的なものと誤認し、それによって支配されていたのである。この意味においても、彼はあまりに抽象的であったためではなく、むしろ抽象の不足のゆえにこそ非難さるべきであったのである。

しかしながらこのような経済法則の自然的・絶対的必然視は、いうまでもなく、彼の学説の限界となり、多くの困難または矛盾の原因となった。特に彼の労働価値説は、このような見地のゆえに、つねに資本主義社会のみを前提し、それと区別された前資本主義社会を認めないことから商品「価値」と自然価格、個別利潤と平均利潤との区別を不可能にし、したがって生産の進歩、固定資本の増大とともに、いよいよ明白になる矛盾を内包した。また同様の関係から、労働と賃金労働または労働力との混同は、労働価値法則と賃金法則との関係［の理解］を困難にし、特に労働者の生活困難の激化とともに逆用され批判されることになった。元来社会の発展にともなう諸種の困難ないし弊害を、自然的・絶対的・必然的として諦観することは、社会的生産力が躍進しつある時は、なお社会的通念に合致する。しかし生産力が停滞しその困難弊害がいちじるしさの度をくわえると、社会の批判をまぬかれないのが常のようである。

このような関連において、なお特に説明すべきは、彼の一般的恐慌否定論であろう。

たしかにリカアドは、すでに述べたように、現代社会経済が利潤ないし蓄積を根本動因とすることを理解しながら、その自然的絶対化のゆえに、これを直接欲望満足を目的とする自然経済と同一視した。そしてこの立場からセー、ミルと同様、一般的過剰生産ないし恐慌の可能性を否定した。ある個所で彼は次のように言う、「生産物はつねに生産物によって、あるいは勤労によって、買われる、貨幣はたんに交換を遂行するための媒介物にすぎない。ある特定商品の生産が過多であって、それに支出された資本を償わないほどの供給過剰が市場に起こるかもしれない。しかし、このことがすべての商品にかんして事実であることはありえない。穀物に対する需要は、それを食べる口の数によって制限され、靴や上衣に対する需要は、それらの物を身につける人の数によって制限される、しかし、たとえ一社会、または一社会の一部分が、その消費しうる程度の、あるいは消費したいと望む程度の、穀物の量および帽子や靴の数をもつことはありえても、同じことが、自然によりまたは技術によって生産されるあらゆる商品について言いうるわけではない。……これらすべてをあるいはその若干を実行したいという願望は、あらゆる人の胸中に植えつけられている、必要なのはただ資力だけである、そしてこの資力を与えることができるのは、ただ生産の増加だけである」[I/291-2]、と。

ここには、資本主義的商品生産社会がまったく人間の実際的欲望の満足を直接目的とする経済社会に変化していることが、はっきりと見て取れる。もちろん前に述べたことからあきらかであるが、彼は生産部門を労働者の消費する生活必需品生産部門と、資本家の消費する奢侈品生産部門に分け、前者は人口によって制限され、後者は人の欲望の無限ということから無限に拡張しうるとするのである。しかも彼によれば、前者も資本の蓄積により無限に拡大されうる。なぜなら資本の蓄積はより多くの労働を使用する力を意味するからである。ゆえに生産は一般的に欲望を超過することはあり得ない。もとよりここに欲望とは有効なすなわち支払能力のある欲望であるが、これは、資本の蓄積、生産の拡大によって作り出される。こうしてリカアドにおいては生産即消費、供給即需要であり、資本の蓄積は享楽の蓄積を意味する。ゆえに起り得べきものは部分的過剰生産であり、一般的過剰生産ではない。またそれは偶然的であり決して必然的ではない。したがってまた彼は利潤率の低下を論じ、資本蓄積の限界を予感したが、それは前述のような自然的・生物的原因に基き、社会的・歴史的事情によるものではないとしていたのである。

しかもリカアドはこのように一般的恐慌を否定することによって、個人と全体との幸福はただ単に生産と資本の発展に依存し、生産と資本の無限の発展はおのずから個人と全体との幸福に寄与するとした、スミスの伝統を維持したのである。しかしながらすでに一八一五年および一八一八〜一九年に最初の恐慌におそわれ、さらに二五年以後周期的恐慌の始まっていたイギリスにおいては、このような所論はあまりに現実に矛盾したものである。

このため、この点において彼とほぼ同じ所見を抱いていたセー、ミル等とともに、マルサス、オーエン、シスモンディ等の疑問または反対を招くにいたったのである。

とりわけシスモンディ（Sismondi, Simonde de, 1773–1842. 主著 *Les nouveaux principes d'économie politique*, 2 vols., 1819）は、はじめは古典学派の思想を信奉していたが、一度英国に旅し、その社会的現実を経験すると、一般的恐慌の不可避性をみとめた。こうして彼は、リカアドが消費はもっぱら生産によって限界づけられるという信念の下に無限の生産拡張、蓄積を主張したのに対して、生産と消費との均衡を検討し、それが資本主義的生産の発達とともに攪乱される必然性を見た。すなわち彼によれば生産の増大とともに、つねに労働もしくは原材料の使用を節約しようとする資本の努力により、労働者の所得は減少するがゆえに、彼らの消費は減退する。なぜなら資本家の所得は増大するが、肉体的制限のために、それに応じる消費の拡大は不可能であるからである。

このようなシスモンディ等の疑問または反対には、もちろんそれ自体なお多くの問題がある。しかし過剰生産または恐慌等の困難の原因が、歴史的な資本主義的生産という営利過程それ自身に内在するとする点において、それは単に過剰生産または恐慌否定論に対するのみならず、そのよって立つ経済法則の自然的絶対観にまで拡大されうる。シスモンディが恐慌論のゆえに工業主義の反対者となり、政府が発明の奨励をやめ、大資本が工業から転換すべきことを要請したのは、理由のないことではなかったのである。

しかしながら、このような自然的絶対観に対する疑問または反対は、萌芽的にはまさにリカアドの学説自身の中にも胚胎し、展開されていた。彼が『原理』第三版にいたって付加した「機械論」（第三一章「機械について」）がそれである。

そもそも機械の社会経済的影響の論議は、その使用が重要になった十八世紀以後のことに属する。そしてアダム・スミスは、機械は生産力を増進し、生産力の増進は、資本の増殖をもたらし、資本の増殖は労働基金を増大するという見地から、それは社会全般の利益を増進すると解した。この見解はリカアドも採用したのであり、彼は最初、「いずれかの部門での、労働を節約する効果をもつような機械の充用は、全般的利益である、ただ、資本および労働をひとつの用途から他の用途に移動させるにあたって大抵の場合にともなう程度の不都合が付随するにすぎない、という意見であった」。ところでその後彼が「さらによく考えてみると」[I/386]、このような見解は労働階級にかんする限りいちじるしく変化をうけ、『原理』第三版においては、「機械の使用はしばしば自分たちの利益にとって有害である、という労働階級の抱いている意見は、偏見や誤謬に基づくものではなく、経済学の正しい原理に一致する」[I/392]、と結論するにいたったのである。

彼がこのように結論した理由は、機械の使用は、それによって「地主および資本家が彼らの収入を引き出す一方の基金は増加するとしても、それに対して、労働階級が主として依存する他方の基金は減少することがありうる」、それゆえに、「その国の純収入を増加させるのと同じ原因が、同時に人口を過剰にすることがありうる」[I/388]、という点にある。そして彼は事実上この理由の前提として、機械は、賃金支払いにあてられる流動資本をそれが使用される産業から遊離し、これを他の産業に投下するとした以前の見解をあらため、このような資本を固定資本化し、それが代置するすべての労働に職業を与えないと説いている[I/389-90]。この点は資本の蓄積過程について述べた次の章句に明確にあらわれている。彼は言う、機械は「資本をその現在の用途から他に転用するという結果を生ずるよりも、むしろ、貯蓄され蓄積された資本の用途を決定するという結果を生ずる。資本と人口が増加するごとに、食物は、その生産がより困難になるために、一般的に騰貴するであろう。食物の騰貴の結果は賃金の上昇であろう、そして賃金が上昇するごとに、それは貯蓄された資本を以前よりも大きな割合で機械の使用に向かわせる傾向をもつであろう。機械と労働はたえず競争している、そして前者は、しばしば、労働が騰貴するまでは使用されえないのである。……それゆえに、資本が増大するごとに、そのより大きな割合が機械に投下される。労働に対する需要は資本の増加とともにひきつづいて増加するであろうが、しかしその増加に比例してではない、その比率は必然的に逓減的であろう」[I/395]、と。

リカアド経済学の解説者カール・ディールは、彼の新機械論の動機はジョン・バートンの著作『社会の労働者階級の状態』(John Barton, *Observations on the Circumstances which influence the Conditions of the labouring Classes of Society*, 1817〔真実一男訳、法政大学出版局、一九九〇年〕)にあるようだと述べている(K. Diehl, *Erläuterungen zu Ricardo's Grundgesetzen*, II, S. 425〔前掲邦訳書には(一)と(二)を合わせて原書のIの訳文が掲載されており、IIの訳はない〕)。これは、リカアドが、前掲の文章の注にこの著作から引用し、そしてそれが「多くの貴重な知識を含んでいる」[I/396]と述べていることによるものであろう。しかしながらこれと同時に、このようなリカアドの新見解は、十九世紀の初葉において、急激な工業技術の発展の下に、特に最初の一五年間工業諸地方におけるいわゆるラダイット運動(Ludditen Bewegungen)によって大規模な機械破壊が行われ、機械と労働との抗争が極めて顕著であった当時のイギリスにおける現実に刺戟されたものと見うるであろう。

もしそうだとするならば、「機械論」は、現実の変化とともに、いさぎよくその謬見を訂正しようとするリカアドの学者としてのすぐれた人柄をしのばせるものではある。しかしながら彼が、利潤および地代からなる純所得を増加させるのと同一の原因が、同時に過剰人口を生み、労働の地位を困難にすることを認めることは、富の生産の増進が、ただちに社会全般の幸福の向上に資するというスミス以来の伝統に反するだけでなく、これを維持しようとして、貧乏その他の困難を、土地の生産力または人口の増加力のような自然の鉄則に帰した彼の本来の見解が、今や明らかに現実と矛盾し、到底支持しえなくなっていることを自白するものにほかならない。なぜなら彼は今やこのような困難の存在を認めるだけでなく、その原因が資本主義社会における営利過程そのものの内にあるとするのだからである。いかにももっともなことであるが、現実の発展にかかわりなくいつまでも伝統のみを追おうとする彼の学徒、とりわけマカロックは、リカアドの機械論が公表されると再三書簡を送って、それがリカアドの著書を破壊し、かつ学問に対して重大な害悪をもたらすと指摘し、さらに一八二五年公刊の『経済学原理』(J. R. McCulloch, *Principles of Political Economy*, 1825, Part II, Ch. IV) においても機械の改善に言及して、彼の見解を反駁したのである〔本書第三章の178ページを参照〕。

もっともリカアド自身は、真理の愛好者として、現実と論理の命ずるところにしたがって、彼の所見を変更したにとどまり、このような変更の彼の学説体系に対する重要性を意識し、それから導かれるべき結論を引き出したわけではない。このために、彼の機械論において、萌芽的には、自然的・絶対的必然観に対する疑問ないし反対が胚胎され、展開されていたと先に述べたのである。しかしながら、なおこれによって客観的には、スミスの流れをくむ古典派経済学が、リカアドにいたってはじめて完全に封建制を清算し、形而上学的・神学的色彩を脱却し、資本主義の事実分析の学として自立すると同時に、すでにそれに対する疑問または否定的要素を胚胎し、漸次転回をよぎなくされる地位にあったのではないかと考えられるのである。

事項・人名索引

（頻出するリカードとマルサスは含まない）

ア 行

アモン，アルフレード（Amonn, Alfred）10, 27–8, 73, 102, 164–5, 185, 242–3, 249, 306
アンダーソン，ジェームズ（Anderson, James） 136, 343
イングランド銀行（Bank of England） 24, 120–2, 124–5, 303–4
ヴィーザー，フリードリヒ・フォン（Wieser, Friedrich von） 188–9, 247
ウエスト，サー・エドワード（West, Sir Edward） 44, 130–3, 343
『エディンバラ・レビュー』（*Edinburgh Review*） 24, 96, 125, 250
オッペンハイマー, F.（Oppenheimer, F.） 100, 102, 166, 172–3

カ 行

価値（の）実体 254, 264, 266–9, 310–1, 318, 361
価値（の）尺度 61, 63, 87–8, 90, 93–4, 122, 145, 148, 151, 178–82, 254–69, 315, 339
カッセル，グスタフ（Cassel, Gustav） 154, 242, 249
貨幣数量説 21–2, 126, 241, 342, 374
貨幣（の）価値 66, 109, 126, 200–2, 205, 265, 282, 294, 339–41
河上 肇 12, 15, 17, 23, 31, 33–9, 40–3, 48, 53, 56, 63–4, 99, 101, 104
機械 69, 75, 108–9, 145–6, 149–50, 164, 173–7, 198–200, 204, 207, 210, 228–34, 259, 301, 312–5, 323–6, 328–30, 333, 352, 355, 359, 376, 382–5
キャナン，エドウィン（Cannan, Edwin） 18, 27, 45, 73, 123, 176, 214–5, 239, 290, 306
クラーク，ジョン・ベイツ（Clark, John-Bates） 84–5, 102
ケアンズ, J. E.（Cairnes, J. E.） 67, 186
『経済学原理』（マーシャル，1890年 etc.）（*Principles of Economics*, Marshall, 1890） 32, 62, 190, 245, 248, 285–6
『経済学原理』（マカロック，J. R. 1825年）（*Principles of Political Economy*, McCulloch, 1925） 178, 251, 385
『経済学原理』（マルサス，1820, 1836年）（*Principles of Political Economy*, Malthus, 1820, 1836） 5, 18–9, 61–2, 87, 93, 97, 140, 148, 179, 182, 219–21
『経済学原理』（ミル，J. S. 1848年 etc.）（*Principles of Political Economy*, Mill, J. S., 1848, etc.） 4, 95, 255
『経済学史——学説ならびに方法の諸段階』（シュンペーター，1914年）

(*Epochen der Dogmen- und Methodengeschichte*, Schumpeter, 1914)　133, 156, 309
『経済学における諸定義』(マルサス, 1827 年) (*Definitions in Political Economy*, Malthus, 1827)　61, 92, 180
『経済学の理論』(ジェヴォンズ, 1871 年) (*Theory of Political Economy*, Jevons, 1871 etc.)　99, 186, 246–7
『経済学批判』(マルクス, 1859 年) (*Zur Kritik der politischen Ökonomie*, Marx, 1859)　21, 27, 36, 66, 75, 243, 265
ケネー, フランソワ (Quesnay, François)　241, 308, 328, 354–5
小泉信三　17, 22–3, 25, 31–3, 38–42, 47, 53–4, 64–7, 119, 286–7
『国富論』(スミス, 1776 年) (*An Inquiry into the Nature and Causes of the Wealth of Nations*, Smith, 1776)　4, 6, 18–9, 138, 278, 303, 313
穀物法 (条例)　65, 79, 128–30, 136, 161, 235–6, 304, 375
固定資本　109, 136, 147–52, 162–4, 167, 174–7, 198–9, 230–2, 261, 270, 312, 326–8, 330–3, 362, 380, 383
『古典派経済学研究』(ブリーフス, ゲッツ, 1915 年) (*Untersuchungen zur Klassischen Nationalökonomie*, Briefs, Goetz, 1915)　160, 171–2, 309, 379
ゴナー, E. C. K (Gonner, E. C. K.)　18, 24, 57, 73, 154, 243, 245

サ 行

差額地代　168, 241, 323, 346–8, 351
搾取　21, 46, 58, 78, 290, 293–4, 297
シーニョア, ナッソー・ウィリアム (Senior, Nassau William)　44, 67, 99, 135, 185, 245
ジェヴォンズ, スタンリー (Jevons, Stanley)　67, 98–9, 186–9, 246–7, 284–5, 286–7
地金　119–26, 236, 239, 303–4, 341
地金委員会 (Bullion Committee)　21, 123–4, 303
地金論争 (Bullion Controversy)　18, 66, 236
市場価格 (商品の)　68–9, 109, 121, 142, 192, 197, 270–4, 276–8, 280–2, 310, 337–8
市場価値　95, 183, 275–8, 287
市場賃金　68–70, 193, 196, 198, 201–2, 206–7, 209–28
シスモンディ, シモンド・ドゥ (Sismondi, Simonde de)　109, 244, 302, 354, 382
自然価格 (商品の)　68–9, 109, 142, 160, 167, 183, 192, 197, 204, 270–4, 276–82, 290, 310, 313, 324–5, 331–9, 348–51, 370, 380
自然 (的) 価値　95, 180, 270, 282
自然賃金　68–70, 192–7, 202–7, 212–28, 358–9
『資本論』(マルクス, 1867, 1894 年) (*Das Kapital*, Marx, 1867, 1894)　19, 21, 26, 33, 36, 46, 53, 55, 79, 114–5, 175, 287
『社会の労働者階級の状態』(バートン, 1817 年) (*Observations on the Circumstances which Influence the Conditions of the Labouring Class of Society*, Barton, 1817)　174, 229, 384
需要 (と) 供給　68, 95, 142, 148, 155, 159, 182–8, 190, 196, 198, 201–3, 207–9, 216, 220, 222, 226, 270–1, 274–88, 296, 314, 337, 340, 345–6, 355–9, 376

タ 行

William) 104, 161, 241, 251

ハ 行

バートン，ジョン（Barton, John） 174, 177, 229, 234, 384
鋏の両刃 62, 102, 190, 284
比較優位（comparative advantage）（生産費） 79, 158, 241
ブキャナン，デヴィド（Buchanan, David） 143, 184, 282, 354
福田徳三 12, 15, 17–8, 31–6, 39, 40, 44, 60–4, 67, 73, 181–2, 187
ブリーフス，ゲッツ（Briefs, Goetz） 160, 171, 309, 379
『分配論』（キャナン，1893年 etc.）（*A History of the Theories of Production and Distribution in English Political Economy from 1776 to 1848*, Cannan, 1893 etc.） 27, 176, 214–5, 239, 290, 306
ベイリー，サミュエル（Bailey, Samuel） 44–5, 182, 254, 262–4
ベーム–バヴェルク（Böhm-Bawerk） 40, 45, 84, 115, 154, 188–9, 247, 290–1, 293, 361
ベンサム，ジェレミー（Bentham, Jeremy） 309, 378
ボーズンキト，チャールズ（Bosanquet, Charles） 21, 123–4, 303
ホランダー，J. H.（Hollander, Jacob H.） 14, 18, 24, 28, 45, 61, 73, 90, 120, 124–5, 163–4, 229, 243–4

マ 行

マーシャル，アルフレッド（Marshall, Alfred） 15, 17, 32–3, 39, 61–2, 67, 73, 102, 190, 242–3, 245, 247–9, 284–7
マカロック，J. R.（McCulloch, J. R.） 24–6, 44, 61, 90, 97, 148, 166, 174, 177–80, 242, 245, 250–1, 385
マルクス，カール（Marx, Karl） 16–7, 19, 20–3, 26, 30, 36–46, 50, 55–60, 63–7, 71–9, 83–6, 104, 114–6, 171–2, 175, 198, 237, 240, 242, 252–3, 264–6, 277, 287, 298, 346, 351
マルクス経済学 10, 16, 22, 35–6, 38–9, 40, 50, 55–6, 58–9, 63, 78
マルクス主義 15–6, 26, 33, 35–7, 39, 55–6, 58, 77
ミル，ジェームズ（Mill, James） 44, 141, 178, 250–1, 254, 309, 380, 382
ミル，ジョン・スチュアート（Mill, John Stuart） 4, 15, 17, 39, 44, 57, 61, 67, 79, 90, 94–9, 101, 141, 157–8, 176, 255, 268, 285
メンガー，カール（Menger, Carl） 98–9, 188, 247
『モーニング・クロニクル』（*Morning Chronicle*） 24, 119–21, 124, 127, 305

ラ 行

『リカアド價値論の批判：價値の性質，尺度，及び原因に關する論文』（［ベイリー］，1825年）（*A Critical Dissertation on the Nature, Measure and Causes of Value*, [Bailey], 1825） 182, 255, 263
『リカアド——その學説と批評』（アモン，1923年）（*Ricardo als Begründer der theoretischen Nationalökonomie*, Amonn, 1923） 27, 165, 185, 244, 249, 306
『リカルド經濟學』（ディール，カー

ル，1905年）（*Sozialwissenschaftliche Erläuterungen zu David Ricardo's Grundgesetzen der Volkswirtschaft und Besteuerung*, Diehl, Karl, 1905） 27, 154, 195, 206, 213, 249, 292, 351, 384
流動資本 109, 136, 147, 149–52, 174–7, 198–201, 230–2, 279, 326–33, 362, 383
『理論社会経済学』（ディーツェル，1895年）（*Theoretische Socialökonomik*, Dietzel, 1895） 185, 249
労働の市場価格 169, 193, 197, 206, 209, 212–5, 219–20, 355–7
労働の自然価格 69, 169, 192–7, 203–6, 209, 212–5, 220–1, 282, 355–9
労働力 46, 78, 195, 252, 297–8, 357–8, 380
ローダーディール，ジェイムズ（Lauderdale, James Maitland, Earl of） 184, 282
ロートベルトゥス，ヤゲッツォ，J.K.（Rodbertus, -Jagetzow, Johann Karl） 39, 64, 241, 252, 351

ワ 行

ワルラス，レオン（Walras, Léon） 188, 247

◉編著者

竹永 進（たけなが すすむ）

1949年生まれ。大阪市立大学大学院博士課程単位取得退学。大東文化大学経済学部教授。専攻は経済理論・経済学史。著書に『リカード経済学研究』（御茶の水書房），編著に *Ricardo on Money and Finance: A Bicentenary Reappraisal*（co. ed. with Yuji Sato, Routledge），*Ricardo and the History of Japanese Economic Thought: A selection of Ricardo studies in Japan during the interwar period*（Routledge），訳書にルービン『マルクス価値論概説』（法政大学出版局），同『マルクス貨幣論概説』（編訳，法政大学出版局），『ルービンと批判者たち』（編訳，情況出版），ドゥルプラス『「政治経済学」とマルクス主義』（共訳，岩波書店），デュメニル／レヴィ『マルクス経済学と現代資本主義』（こぶし書房），ビデ『資本論をどう読むか』（共訳，法政大学出版局）ほか。

大戦間期日本のリカード研究

2017年2月20日　初版第1刷発行

編著者　竹永　進

発行所　一般財団法人　法政大学出版局

〒102-0071 東京都千代田区富士見2-17-1

電話 03（5214）5540　振替 00160-6-95814

組版：HUP　印刷：平文社　製本：誠製本

ISBN978-4-588-64544-0

哲学的急進主義の成立Ⅰ〈ベンサムの青年期〉　E・アレヴィ／永井義雄訳　七六〇〇円

哲学的急進主義の成立Ⅱ〈最大幸福主義理論の進展〉　E・アレヴィ／永井義雄訳　六八〇〇円

哲学的急進主義の成立Ⅲ〈哲学的急進主義〉　E・アレヴィ／永井義雄訳　九〇〇〇円

自律の創成〈近代道徳哲学史〉　J・B・シュナイウィンド／田中秀夫監訳／逸見修二訳　一三〇〇〇円

近代イギリスを読む〈文学の語りと歴史の語り〉　見市雅俊編著　二八〇〇円

歴史のなかの消費者　フランクス、ハンター編／中村尚史・谷本雅之監訳　四四〇〇円

福祉国家と家族　法政大学大原社会問題研究所、原伸子編著　四五〇〇円

情報時代の到来　D・R・ヘッドリク／塚原東吾・隠岐さや香訳　三九〇〇円

人生の愉楽と幸福〈ドイツ啓蒙主義と文化の消費〉　M・ノルト／山之内克子訳　五八〇〇円

＊表示価格は税別です